本书得到以下项目资助

国家社会科学基金重点项目“现代社会的发展主题及其历史唯物主义研究”(12AZX003)

华侨大学哲学与社会发展学院学科建设经费

财富、权力与正义

现代社会发展的历史唯物主义研究

刘荣军 著

人民出版社

谨以此书献给在现代社会中砥砺奋进的

新时代中国特色社会主义

目　录

第四篇　现代社会发展规律与中国特色社会主义伟大实践

序　言

孙承叔

刘荣军的《财富、权力与正义——现代社会发展的历史唯物主义研究》即将出版了，他请我作序。作为他的博士研究生导师，我欣然应允。

读完厚厚的书稿，我陷入了沉思。记得10年以前，刘荣军博士毕业后出版的第一部专著是《财富、人与历史——马克思财富理论的哲学意蕴与现实意义》。那部著作以近500页的篇幅思考的核心问题就是财富问题，即财富与人的发展和社会发展的历史关系问题，以及社会主义市场经济中的财富发展问题。而即将出版的这部著作，又以450多页的篇幅思考了人类社会中的正义问题，即在市场经济基础之上，作为社会主体的人民如何才能真正幸福？刘荣军认为，财富、权力与正义作为"现代社会的发展主题"，其实质是"如何处理好社会主义与现代社会、现代市民社会、现代资本主义的关系问题"，他认为这是"一个关系社会主义发展的根本问题和主导话题"。我认为这一判断是十分准确的！抓住了这一问题，也就抓住了现代社会的发展主题，抓住了当今时代的发展脉搏！这是一个青年学者对时代课题的最高学术自觉，是哲学研究时代性、人民性的集中表现。

现代社会，本质上就是以市场经济为基础的人类第二大社会形态，它是以资本与劳动关系为基础发展起来的，由于劳动从属于资本，因而市场经济本质上就是以资本为竞争主体的经济体系，资本是作为最有竞争力的经济权力出现在现代社会的。此外，还有国家的力量和人民的力量。作者以

“财富、权力与正义”为正标题，正是对当今社会三大主要力量价值目标的深刻揭示，资本追求财富、国家象征权力、人民追求正义，三股力量的博弈构成活生生的现代史。而如何协调好三种力量，则成为全球最高的政治理念。这是一个很大也很难的课题，刘荣军艰难而自信地迈出了第一步。

纵贯全书，我感到有九大理论亮点值得我们关注。

一、以市民社会为突破口切入当代世界

现代社会起源于市民社会，它构成理解当今社会的基本领域。该书的前面两篇重点研究了这一领域。

“市民社会”是一个十分复杂的概念。如著名学者俞可平所说：在马克思早期文本中，“经济基础”、“生产关系”、“资产阶级社会”这些概念都不完全等同于“市民社会”概念，“市民社会”的外延比它们要宽泛得多，是一个任何其他概念都不能替代的概念①。在日本还形成了“市民社会派马克思主义”，专门探讨了“市民社会”概念在马克思思想发展中的地位以及中后期逐渐消失不用的问题。最值得关注的是第二国际中修正主义鼻祖伯恩斯坦关于“捍卫”市民社会的宣言：“在今天，任何人都清楚知道，所谓对资产阶级斗争、所谓消灭资产阶级社会是意味着什么。可是所谓对市民的社会斗争，或消灭市民的社会，究竟是什么意思呢？……没有人想破坏作为文明地组织起来的共同体的市民社会。无宁恰恰相反。社会民主党既不想瓦解这个社会，也不想使这个社会的全体成员无产阶级化。不，无宁说社会民主党所不断努力追求的，是把劳动者从无产者的社会地位提高到市民的社会地位，使市民阶级或市民的地位普遍化。就是说，社会民主党不是要建立无产者的社会来代替市民的社会，而是要建立社会主义的社会组织来代替资本主义的社会组织。”②

---

① 俞可平：《马克思的市民社会理论及其历史地位》，《中国社会科学》1993年第4期。

② 伯恩斯坦：《社会主义的前提和社会民主党的任务》，三联书店1958年版，第90页。

那么，什么是市民社会呢？市民社会的本意就是指社会的经济活动、经济领域。它有广义、狭义两种理解。狭义的市民社会是指16世纪以来以资本与劳动关系为基础、以市场交换为内核的全部经济活动。正如马克思所说："市民社会包括各个人在生产力发展的一定阶段上的一切物质交往。它包括该阶段的整个商业生活和工业生活，……'市民社会'这一用语是在18世纪产生的，……真正的市民社会只是随同资产阶级发展起来的。"①"这种物质的生活关系的总和，黑格尔按照18世纪的英国人和法国人的先例，概括为'市民社会'。"②可见，市民社会的第一个含义就是指现代资产阶级经济社会，即一切物质的生活关系的总和，整个社会的商业生活和工业生活。由于它以雇佣劳动为基础，以资本间的竞争为内核，因而这是一个"一切人反对一切人"的战场。如黑格尔所说："市民社会是个人私利的战场，是一切人反对一切人的战场。"③这一视角也为马克思、恩格斯所接受。恩格斯就曾深刻指出："竞争最充分地反映了流行在现代市民社会中的一切人反对一切人的战争。这个战争，这个为了活命、为了生存、为了一切而进行的战争，因而必要时也是你死我活的战争，不仅在社会各个阶级之间进行，而且也在这些阶级的各个成员之间进行。"④正是这一特殊领域的发现，使马克思把握住了现代社会的根本。西方思想家主要是在这一层面使用"市民社会"概念的。与西方思想家不同，马克思则在黑格尔市民社会概念中发现了人类历史的秘密，即经济构成整个人类历史的基础，从而创立了历史唯物主义。如马克思、恩格斯所说："受到迄今为止一切历史阶段的生产力制约同时又反过来制约生产力的交往形式，就是市民社会。……这个市民社会是全部历史的真正发源地和舞台。""市民社会这一名称始终标志着直接从生产和交往中发展起来的社会组织，这种社会组织在一切时代都构

---

① 《马克思恩格斯选集》第1卷，人民出版社2012年版，第211页。
② 《马克思恩格斯选集》第2卷，人民出版社2012年版，第2页。
③ 黑格尔：《法哲学原理》，商务印书馆1961年版，第309页。
④ 《马克思恩格斯全集》第2卷，人民出版社1957年版，第359页。

成国家的基础以及任何其他的观念的上层建筑的基础。”①由此可见，广义的市民社会就是指以往一切社会的经济基础，它构成国家与上层建筑的基础，是历史的真正发源地和舞台。在这里，它本质上已经上升为历史唯物主义的基本范畴，马克思历史观的形成与这一普遍领域的发现有很大关系。当然，无论是广义还是狭义，市民社会在本原的意义上首先都是指的社会的经济领域。

那么，为什么俞可平要说市民社会是一个复杂的概念呢？因为黑格尔在创立市民社会理论时，不仅发现市民社会是“私利”的战场，而且发现市民社会是市民的一种“联合”。在创立资产阶级国家以前，市民的力量是很小的，为了摆脱封建王权和神权的压迫，为了平息市民间的纷争，最主要的是为了保证所有市民的生命安全、财产安全和贸易自由，市民必须联合起来，组成同业公会、建立警察和司法组织，因此市民社会也是一个伦理实体，在家庭、市民社会、国家的序列中居于第二位。在《法哲学原理》第 188 节，黑格尔就曾指出：“市民社会含有下列三个环节：第一，通过个人的劳动以及通过其他一切人的劳动与需要的满足，使需要得到中介，个人得到满足——即需要的体系。第二，包含在上列体系中的自由这一普遍物的现实性——即通过司法对所有权的保护。第三，通过警察和同业公会，来预防遗留在上列两体系中的偶然性，并把特殊利益作为共同利益予以关怀。”②因此，只有通过司法、警察、同业公会、需要的体系，以确保每一个市民的生命权、财产权、自由权，市民社会才能发展起来。孤立的个人是无能为力的，个人必须与某种普遍性相联系。黑格尔说：“在市民社会中，每个人都以自身为目的，其他一切在他看来都是虚无。但是，如果他不同别人发生关系，他就不能达到他的全部目的。……由于特殊性必然以普遍性为其条件，所以整个市民社会是中介的基地；在这一基地上，一切癖性、一切秉赋、一切有关出生和幸运的偶然性都自由地活跃着；又在这一基地上一切激情的巨浪，汹

① 《马克思恩格斯选集》第 1 卷，人民出版社 2012 年版，第 167、211 页。
② 黑格尔：《法哲学原理》，商务印书馆 1961 年版，第 203 页。

涌澎湃。"①

正是因为市民社会蕴含着某种个人利益与普遍利益的结合，所以黑格尔又对市民社会作了进一步的理解。他提了三点："市民社会是个人私利的战场，是一切人反对一切人的战场，同样，市民社会也是私人利益跟特殊公共事务冲突的舞台，并且是它们二者共同跟国家的最高观点和制度冲突的舞台。"②第一点是内核，第二点、第三点说明市民社会也是一种经济公共领域，它把分散的市民联合起来，并向国家表达市民社会的政治要求。但它的出发点和目的都是为第一点服务的，即确保资本的自由和利益。第二点、第三点被后来的葛兰西、阿伦特和哈贝马斯所发挥。葛兰西甚至把市民社会看作上层建筑的一部分。由于俞可平看到了当代学者的思考，因而把市民社会看作一个复杂的概念也就不足为怪了。

但是，市民社会从根本上应该被看作一个经济社会，它的上层建筑功能本质上是为经济基础服务的。正如皮雷纳所说："在最初的市民阶级的思想中，没有任何人权和公民权的观念。他们要求人身的自由，也并非把自由当作天赋的权利。只在有利可图的情况下他们才寻求人身的自由。"③"市民阶级本身就是商业复兴的产物，而最初商人与市民两个名词就是同义语。不过当它发展成为一个社会阶级时，市民阶级就变成了一个具有高度特性的合法的阶级。"④这个新发展起来的市民阶级就是资产阶级，因此商人、市民、资产阶级是同一内涵的不同阶段。市民社会公共性所代表的不是无产阶级，而是有产阶级。警察、司法、同业公会在资产阶级国家没有成立时，就是潜在的政治国家，它一开始就是为了确保有产者的生命、财产和经营自由，无产阶级是被排斥在公共权力之外的。无产阶级作为一个阶级，是"一个并非市民社会阶级的市民社会阶级"⑤，它因无产而无法参与同业公会，

---

① 黑格尔：《法哲学原理》，商务印书馆 1961 年版，第 197—198 页。

② 黑格尔：《法哲学原理》，商务印书馆 1961 年版，第 309 页。

③ 皮雷纳：《中世纪的城市》，商务印书馆 2006 年版，第 108 页。

④ 皮朗：《中世纪欧洲经济社会史》，上海人民出版社 1964 年版，第 45 页。皮朗与皮雷纳是同一人。

⑤ 《马克思恩格斯选集》第 1 卷，人民出版社 2012 年版，第 15 页。

因而与警察、司法等公共权力无缘。正因为如此,马克思把同业公会与资产阶级官僚政治打上等号,认为:“同业公会构成市民社会的官僚政治,官僚政治则是国家的同业公会。……在社会中创立了同业公会的那种精神,在国家中创立了官僚政治。……同业公会是市民社会企图成为国家的尝试,而官僚政治则是那种确实使自己变成市民社会的国家。”①由于黑格尔涉及到了市民社会的深处,因此该书认为:黑格尔是“马克思之前市民社会理论的集大成者”,“黑格尔不仅是全面地总结近代市民社会理论的第一人,而且是深刻地建构现代市民社会理论的第一人”。在某种意义上,没有黑格尔也就没有历史唯物主义。

二、现代市民社会的本质含义

如果说黑格尔是创建近代市民社会理论的第一人,那么马克思就是破解现代市民社会理论的第一人。不站在马克思的肩上是无法理解现代社会历史主题的。

现代市民社会是从中世纪市民社会发展而来,那么二者的根本区别是什么呢?在于“劳动力成为商品”,在一极出现了雇佣劳动,在另一极出现了资本。马克思说:“最大的交换,不是商品的交换,而是劳动同商品的交换。”②“一旦劳动人口不再作为商品生产者进入市场,不再出卖劳动产品,而是出卖劳动本身,或者更确切地说,出卖他们的劳动能力,那么,生产就会在整个范围内,在全部广度和深度上成为商品生产,一切产品都变成商品”③,现代市场经济才可能形成。由于每一个人都必须凭借货币才能生存,又由于“资本是对劳动及其产品的支配权”④,并加倍地追求货币,使得作为财富的货币才

① 《马克思恩格斯全集》第3卷,人民出版社2002年版,第58—59页。
② 《马克思恩格斯全集》第30卷,人民出版社1995年版,第105页。
③ 《马克思恩格斯全集》第47卷,人民出版社1979年版,第353页。
④ 马克思:《1844年经济学哲学手稿》,人民出版社2000年版,第21页。

可能成为“发展一切生产力即物质生产力和精神生产力的主动轮”①。马克思说：“资本一出现，就标志着社会生产过程的一个新时代。”②这个新时代就是以物的依赖性为基础、以人的独立性为特征的人类第二大社会形态。舍此不能“形成普遍的社会物质变换、全面的关系、多方面的需要以及全面的能力的体系”，因而也就不能“为第三阶段创造条件”③。所有现代的矛盾都是以此展开的，财富，或对财富的追求构成现代社会的第一个主题。

由于市民社会是社会生活的一个特殊领域，运行着与其他领域不同的规律，因而对于分析现代社会具有特殊的意义。

三、充分肯定西方思想家对现代社会的合理探索

在现代市民社会形成过程中，西方思想家起了很大的作用。该书第一篇第二章和第三章对此作了积极的探索。16 世纪到 19 世纪，随着资本主义的兴起，西方最进步的思想家不约而同地为市民社会的诞生作思想、理论准备，他们或从人性恶、或从天赋人权、或从人的肉体感受性、或从自利的个体、或从社会契约论等多方面论证了市场经济的必然性，论证了人的生命权、财产权、自由权。这些思想家在 16 世纪有马基雅维利、博丹，17 世纪有格劳秀斯、斯宾诺莎、霍布斯、洛克、普芬道夫，18 世纪有曼德维尔、哈奇森、休谟、斯密、边沁、孟德斯鸠、伏尔泰、卢梭、拉美特利、狄德罗、孔狄亚克、爱尔维修、霍尔巴赫，以及 19 世纪前后的康德、黑格尔、马克思。该书从另一角度，即社会政治哲学角度探索了他们对现代社会发展主题的思考。

该书得出的一个重要结论是市民社会的发展与市民社会的政治要求是同步的。马基雅维利是第一个提出“权力是法的基础”④的理论家。他认为一个人只有生活在一个强有力的政府统治的社会里才能保证不受他人侵犯

① 《马克思恩格斯全集》第 30 卷，人民出版社 1995 年版，第 176 页。

② 马克思：《资本论》第 1 卷，人民出版社 2004 年版，第 198 页。

③ 《马克思恩格斯全集》第 30 卷，人民出版社 1995 年版，第 107—108 页。

④ 《马克思恩格斯全集》第 3 卷，人民出版社 1960 年版，第 377 页。

而获得安全感，因而强调国家高于个人、政治高于道德，而政治国家的真正价值就在于公共事务的治理与成就。他也是最早使用“国家”（state）这一政治概念的人。马基雅维利代表着现代政治哲学的兴起。霍布斯创立了“利维坦”国家理论，但“利维坦”本身不是目的，“这个庞然大物‘利维坦’……是以保护自然人为其目的”，“人们的天赋自卫权力是不能根据信约而放弃的”，“如果一个君主为他自己和他的继承人放弃主权时，臣民就恢复了绝对的天赋自由”①。洛克根据自然法，认为人们是生而平等和独立的，因而“任何人都不得侵害他人的生命、健康、自由或财产”②。人的生命、健康、自由或财产权是无法让渡的，如果君主违背了契约，人民有权推翻他。正是洛克“简明朴实而有说服力的陈述”，使他的理论“传给了 18 世纪，进而成了英国和欧洲大陆此后政治哲学赖以发展的渊源”③。哈奇森在 18 世纪初提出了功利主义的重要命题：“最好的行为是实现最大多数人的最大幸福的行为，同样，最坏的行为是引起最大多数人的最大不幸的行为。”④休谟是一位感性主义思想家，他认为“理性是并且也应该是情感的奴隶”，从此人们抛弃了自然法外衣，而从人自身寻找历史发展的动力。亚当·斯密是苏格兰启蒙运动中最伟大的道德哲学与社会经济学家。他在现代经济学的“圣经”《国富论》中，发现了经济独立运行的规律，开辟了个人私利通过竞争创造社会公利的道路。孟德斯鸠、伏尔泰和卢梭是 18 世纪的法国启蒙运动思想三杰。孟德斯鸠明确提出了私人产权是公共利益的核心：“如果说，个人的利益应该向公共的利益让步，那就是荒谬背理之论。……因为公共的利益永远是：每一个人永恒不变地保有民法所给与的财产。”⑤孟德斯鸠由此提出了著名的三权分立、权力制衡学说。伏尔泰在《哲学通信》一书中把英国的现实介绍到法国，从而成为“法国启蒙运动公认的领袖和导

① 霍布斯：《利维坦》，商务印书馆 1985 年版，第 1、165、189 页。
② 洛克：《政府论》下篇，商务印书馆 1964 年版，第 4 页。
③ 萨拜因：《政治学说史》下卷，上海人民出版社 2010 年版，第 209 页。
④ 转引自梯利：《伦理学导论》，广西师范大学出版社 2002 年版，第 108 页。
⑤ 孟德斯鸠：《论法的精神》下册，商务印书馆 1961 年版，第 189—190 页。

师”,认为“英国是世界上抵抗君主达到节制君主权力的唯一的国家”①,因而影响了整整一代思想家。

该书认为,所有上述思想家的政治学说都是围绕着市民社会的生命权、财产权、自由权展开的。只有卢梭是一个例外。卢梭以平等的公民权利为基础,提出了以“公意”为内核的“人民主权”论。卢梭认为,“公意”是不同于“众意”的概念。“公意只着眼于公共的利益,而众意则着眼于私人的利益,众意只是个别意志的总和。但是,除掉这些个别意志间正负相抵的部分而外,则剩下的总和仍然是公意。”当“我们每个人都以其自身及其全部的力量共同置于公意的最高指导之下”的时候,我们生活于其中的共同体就获得了灵魂,“共同体就以这同一个行为获得了它的统一性、它的公共的大我、它的生命和它的意志。这一由全体个人的结合所形成的公共人格,以前称为城邦,现在则称为共和国或政治体”②。卢梭通过公意发现了共和之路,从而奠定了美国《独立宣言》和法国《人权宣言》的理论基础。该书由此认为,卢梭是“第一个引导人们重新发现社会的思想家”。

卢梭的思想为德国思想家康德所继承。康德给卢梭以极高的评价:“牛顿完成了外界自然的科学,卢梭完成了人的内在宇宙的科学,正如牛顿揭示了外在的秩序与规律一样,卢梭则发现了人的内在本性。”③这个本性就是人的社会性,即“人类进入社会的倾向”。康德在充分肯定人的非社会性的基础上,强调了人的社会性。他说:“大自然使人类的全部秉赋得以发展所采用的手段就是人类在社会中的对抗性,但仅以这种对抗性终将成为人类合法秩序的原因为限。”④因为人类具有一种更强的社会性,正是这种社会性使人类能摆脱野蛮、走向文明,创建“一个道德的整体”。因此,康德发出了“人是目的”的号召,并为创建世界和平而积极努力。

黑格尔是市民社会理论的提出者,在研究中他发现了市民社会的两极

① 伏尔泰:《哲学通信》,上海人民出版社 1961 年版,第 26 页。
② 卢梭:《社会契约论》,商务印书馆 2003 年版,第 35、20—21 页。
③ 转引自施特劳施、克罗波西:《政治哲学史》,河北人民出版社 2009 年版,第 696 页。
④ 康德:《历史理性批判文集》,商务印书馆 1990 年版,第 6 页。

分化倾向，并提出“怎样解决贫困，是推动现代社会并使它感到苦恼的一个重要问题”①。他的结论是必须通过国家，认为国家是高于家庭和市民社会的最高伦理实体。黑格尔认为：“现代国家的本质在于，普遍物是同特殊性的完全自由和私人福利相结合的，所以家庭和市民社会的利益必须集中于国家”；“国家是客观精神”，是行进在地上的神；“成为国家成员是单个人的最高义务”；“个人本身只有成为国家成员才具有客观性、真理性和伦理性”②。

马克思认为，黑格尔的国家观是一种抽象的国家崇拜。因为在德国现实生活中，黑格尔拥护的是君主立宪制，君主是“意志最后决断的主观性的权力”，它把“被区分出来的各种权力集中于统一的个人，因而它就是整体即君主立宪制的顶峰和起点”。君主是不能用选举的方法产生的，“君主选举制倒不如说是各种制度中最坏的一种”③。在马克思看来，因为君主立宪制是落后的政治形式，所以黑格尔“只是阐发了国家形式主义”④。黑格尔的国家理想“只有在‘人’成为国家制度的原则时才有可能”⑤。由于“民主制是一切形式的国家制度的已经解开的谜”，所以当黑格尔“把作为人民的整体存在的国家同政治国家混为一谈”时，他也就把“市民社会的各等级是政治等级”的原理偷换成了“市民社会是政治社会”的原理⑥，所以黑格尔国家制度的本质是脱离人民。与此相反，马克思从“必须使国家制度的实际承担者——人民成为国家制度的原则”出发，认为国家能否成为行走在地上的神，关键是“人民是否有权为自己制定新的国家制度”⑦。

从西方近代思想家的思想历程看，现代性的第二个主题必然是国家问

① 黑格尔：《法哲学原理》，商务印书馆 1961 年版，第 245 页。
② 黑格尔：《法哲学原理》，商务印书馆 1961 年版，第 261、253—254 页。
③ 黑格尔：《法哲学原理》，商务印书馆 1961 年版，第 287、304 页。
④ 《马克思恩格斯全集》第 3 卷，人民出版社 2002 年版，第 144 页。
⑤ 《马克思恩格斯全集》第 3 卷，人民出版社 2002 年版，第 27 页。
⑥ 《马克思恩格斯全集》第 3 卷，人民出版社 2002 年版，第 39、98 页。
⑦ 《马克思恩格斯全集》第 3 卷，人民出版社 2002 年版，第 72—73 页。

题,即权力与财富的关系问题,更具体说,是政治权力与经济权力、国家权力与财产权力的关系问题。

四、坚持马克思主义的哲学立场

如何看待马克思以前思想家在社会历史领域的理论贡献,如何看待马克思与黑格尔的思想分歧,如何分析当代中国和世界的现实问题,我感到有必要提出哲学立场问题。哲学立场,就是哲学家思考社会历史问题的立脚点和最后归宿,也就是说,你站在什么立场上看问题,最终为谁谋利益。立场不同,结论必然不同。这是比观点更重要并影响和决定观点与方法的东西。马克思认为分析现代社会有两种基本哲学立场,一种是市民社会立场,另一种是人类社会立场。马克思说:“旧唯物主义的立脚点是市民社会,新唯物主义的立脚点则是人类社会或社会的人类。”①因此市民社会与人类社会是两种不同的哲学立场。

市民社会,如前所述,无论广义或狭义,本质上都是指一个社会的经济过程。市民社会也有政治要求,但其根本目的是保护市民的生命权、财产权、自由经营权。市民社会立场的要害就是忽视了人民,忽视了整个社会的存在,而把市民、市民社会的利益作为最高利益。

人类社会则指人们生活的全体,它除了经济领域,还包括人的所有生活领域,更广一点,也包括与民生、经济相关的全部政治领域。这是一个更大的概念,包括人的所有活动和所有生活,因此它是把人民生活包含在内的思维原则和思维立场。现代社会好比三层楼的圆锥体,最上面那层是政治上层建筑,中间这一层是市民社会或经济社会,底下最大的那层是所有人共同的生活世界或民生世界,真正的人类社会是包括生活世界在内的社会生活总体。因而市民社会与人类社会是两个不同的哲学立场。站在市民社会立场必然维护市民社会的利益,旧唯物主义强调人的自私本性,强调人的生命

① 《马克思恩格斯选集》第1卷,人民出版社2012年版,第136页。

权、财产权、自由权，强调竞争，强调大市场、小政府，本质上都是为经济服务，为财产服务，为资本服务的。人民的利益和总体社会的利益是在他们视野之外的。他们做到了用市民的或市民社会的眼光看问题，但做不到用人民的或人类社会的眼光看问题。

该书在马克思思想发展史中深刻揭示了马克思的哲学立场。在《论犹太人问题》中，马克思敏锐地指出："实际需要、利己主义是市民社会的原则"，"实际需要和自私自利的神就是金钱"①，资产阶级是决不会想到广大民众的苦难的。虽然"政治革命是市民社会的革命"，但"政治解放本身并不就是人的解放"②，因为无产阶级的解放一直在他们的视野之外。在《1844年经济学哲学手稿》中，马克思就是站在人民的立场批判国民经济学"不把工人作为人来考察"："国民经济学不考察不劳动时的工人"，他们把工人"只当作劳动的动物，当作仅仅有最必要的肉体需要的牲畜"，而不是当作有全面需要的人。所以，资本的后果就是"物的世界的增值同人的世界的贬值成正比"③。在《德意志意识形态》中，马克思批判资产阶级"把所有各式各样的人类的相互关系都归结为唯一的功利关系"，认为"这种看起来是形而上学的抽象之所以产生，是因为在现代资产阶级社会中，一切关系实际上仅仅服从于一种抽象的金钱盘剥关系"，"对资产者来说，只有一种关系——剥削关系——才具有独立自在的意义；对资产者来说，其他一切关系都只有在他能够把这些关系归结到这种唯一的关系中去时才有意义，……这种利益的物质表现就是金钱，它代表一切事物，人们和社会关系的价值"④。这种抽象的形而上学本性就是资本的本性，这是由它的立场决定的。

哲学立场不仅是观察问题的立脚点，而且是归宿，是我们需要维护的根本利益。马克思哲学立场的提出，实际上是提出了社会生活的最高存

① 《马克思恩格斯全集》第3卷，人民出版社2002年版，第194页。
② 《马克思恩格斯全集》第3卷，人民出版社2002年版，第186、180页。
③ 马克思：《1844年经济学哲学手稿》，人民出版社2000年版，第14—15、51页。
④ 《马克思恩格斯全集》第3卷，人民出版社1960年版，第478—480页。

在——人类社会的正义问题，即以人民幸福为内涵的社会正义。这个内涵是被市民社会所忘却了的。

五、财富、权力与正义——当代世界的根本问题

市场经济是人类历史上最有效的经济发展方式，因而资本具有存在的合理性，而资本的发展必然是社会的两极分化。那么，在市场经济条件下，人民如何幸福？这不仅是一个经济问题，而且是一个社会政治哲学问题。在市场经济条件下，任何个人都无法与资本抗衡，唯有组成人民国家，才可能引导资本、驾驭资本，使资本为人民服务。因此，在市场经济基础之上，国家的立场是根本性的，国家站在资本立场上，为资本服务，其国家性质只能是资本主义。国家唯有站在人民立场上，驾驭资本，其性质才可能是社会主义。因而资本、国家、人民构成当代世界的力量三极，当代世界的根本问题就是资本、国家、人民的关系问题。

马克思说："现代的市民社会是实现了的个人主义原则"①，它是以私利为中心的。"实际需要、利己主义是市民社会的原则；只要市民社会完全从自身产生出政治国家，这个原则就赤裸裸地显现出来。"②也就是说，"利己主义的市民社会"必须要有"利己主义的国家"与之相适应。现代资本主义社会，本质上就是资本主义经济与资本主义政治的统一。一旦国家站在市民社会立场上，把市民社会利益作为国家维护的最高利益，把市民社会原则作为国家治理的最高原则，其结果必然背叛人民、背叛社会。马克思反对的正是作为国家最高理念的市民社会原则和立场。这种立场的实质是把人看作经济人，把社会看作经济社会，把金钱原则、财富原则、利润原则、竞争原则看作社会运作的最高原则，其结果必然导致社会的两极分化，导致自然生态的破坏，导致社会共同生活原则的瓦解，导致生活世界的殖民化和人民群

① 《马克思恩格斯全集》第3卷，人民出版社2002年版，第101页。
② 《马克思恩格斯全集》第3卷，人民出版社2002年版，第194页。

众的边缘化。由于这种立场在客观上维护了资本的利益，因此这个立场本质上就是资本立场。马克思反对的正是以资本为最高原则的市民社会立场。在这种治国理念下，不是资本为人民和社会服务，而是人民和社会成为资本增值的工具。

资本主义从起源发展至今已经500多年了，一个基本的事实就是世界范围严重的两极分化。根据国际施乐会报告，"2016年全球最富有的1%人口所拥有的财富超过其余99%人口的财富总和"，而"全球8个超级富豪拥有的财富，相当于全球较贫穷的一半人口（36亿人）的财富总和"。财富急剧地向1%最富有人手里集中，这就是资本主义500多年发展的基本事实！资本不仅统治着经济，而且统治着政治，使国家异化为资本的工具。正如马克思所说："现代的国家政权不过是管理整个资产阶级的共同事务的委员会罢了。"①在资本和国家的双重统治下，社会也发生了普遍异化，"整个人类社会只是成为创造财富的机器"②。连西方有识之士列菲伏尔都批评说：在现代社会，"道德和意识、爱情和科学都成了贸易手段"，以致"金钱的需要"成了政治经济学造成的"唯一的真正需要"，"金钱的数量"成了"人的唯一主要的品质"，"社会的本质是没有人性的，只是金钱。它的本质就成了纯经济的了"，"一种没有人性的力量支配着一切"③。不难发现，当今世界的两极分化，当今世界的金钱化、资本化，正是资本原则统治世界500多年的必然结果，是市民社会哲学立场统治世界的必然结果。正因此，马尔库塞把一味追求金钱的社会称为"单面社会"，把一味追求金钱的人称为"单面人"。面对当代中国铺天盖地的金钱大潮，我们难道没有必要反思吗？

总之，现代社会的根本问题是资本、国家、人民这三者的关系问题。资本追求财富、国家代表权力、人民追求正义，这部著作以《财富、权力与正义》为书名，其目的就是要解开它们之间内在的秘密。由于人民是社会生

---

① 《马克思恩格斯选集》第1卷，人民出版社2012年版，第402页。

② 《马克思恩格斯全集》第42卷，人民出版社1979年版，第263页。

③ 《西方学者论〈1844年经济学—哲学手稿〉》，复旦大学出版社1983年版，第193—194页。

活的主体,因此,此三者关系本质上也就是政治国家、市民社会、人类社会三者的关系。马克思认为,在政治国家、市民社会、人类社会三者的关系中,最高、最基本的存在是人类社会。人类社会中的生活世界是一切政治、经济的发源地和最后归宿。人类社会作为总体是高于政治、高于经济的最高存在。因此,在政治国家、市民社会、人类社会三者的关系中,不是政治国家和市民社会高于人类社会,而是人类社会高于政治国家和市民社会。政治、经济只有在为人民服务从而为社会服务时才具有其合法性和合理性。因此,只有人民、人类社会构成国家治理的最高原则,构成一切政治、经济行为的本体论基础,才可能有真正的社会正义,才可能有真正的社会主义。这正是马克思思考一切政治、经济、社会问题的根本哲学立场。遗憾的是,市民社会立场依然是当今世界上绝大多数国家采取的立场。这正是世界两极分化并充满矛盾冲突的根本原因。

六、从经济正义到社会正义

16 世纪以来的西方先进思想家之所以坚持市民社会的哲学立场,是因为他们看到了市场经济的历史进步性和历史必然性。现代市民社会本质上就是以市场经济为内核的经济过程,即以雇佣劳动为基础、以金钱为目的、以资本为竞争主体的经济过程。从经济的角度看问题,站在市民社会立场是正确的,因为没有雇佣劳动,没有资本,没有普遍的竞争,经济就发展不起来。问题的关键就在于,在现代社会生产中,资本是主体,而工人则是从属的力量。正如马克思所说:“工人的联合”表现为“资本的生产力”,“劳动的集体力量”作为社会劳动的性质是“资本的集体力量”,包括“科学”和“分工”在内的“一切社会生产能力”都是“资本的生产力”,因此,“资本本身表现为一切社会生产能力的主体”①。资本的目的是生产剩余价值。为什么狭隘的目的却导致经济的发展呢?这是由市场经济的竞争机制决定的。马

① 《马克思恩格斯全集》第 30 卷,人民出版社 1995 年版,第 587 页。

克思说:“自由竞争是建立在资本上的整个资产阶级生产的基础。……竞争不过是资本的内在本性,是作为许多资本彼此间的相互作用而表现出来并得到实现的资本的本质规定,不过是作为外在必然性表现出来的内在趋势。”①因此,虽然每一个资本家的目的都是狭隘的,但是他只有通过市场并以满足社会需要的方式,生产社会需要的东西才能获得利润,由此展开了资本家之间的竞争:谁越能发现社会的需要,谁越能生产出社会需要的产品,谁越能高效率地生产出社会需要的产品,谁就能获得最大的利润。正是这种以狭隘目的驱动的资本生产使社会需求不断被发现、被满足、被高效地满足,成为最有利于社会发展的方式。因此,尊重市场、鼓励平等竞争就成为市场经济的发展机制和合理内核。在这里,资本的内涵可以是广义的,它既可以是私有资本,也可以是合资资本,还可以是国有资本,关键是要形成独立自主的竞争主体。它反对垄断,也反对用非市场方法获得财富。从这方面讲,只要坚持了公平竞争,也就坚持了经济正义。正如马克思所说:“生产当事人之间进行的交易的正义性在于:这种交易是从生产关系中作为自然结果产生出来的。……这个内容,只要与生产方式相适应,相一致,就是正义的;只要与生产方式相矛盾,就是非正义的。”②在市场经济条件下,人们尊重资本通过市场竞争获取利润,反对以非市场的方法和手段获取利润。为了发展经济,城市市民和西方思想家必然追求与此相适应的政治权力,在最初是通过同业公会,进而是建立资产阶级的政治国家,以确保每一个有产者的生命权、财产权和自由经营权。

但是,经济正义并不等于政治正义和社会正义。经济正义是相对于经济游戏规则的正义,资产阶级从狭隘的私利出发,它所要求的政府只是小政府,只是保证有产者利益的政府。但是国家是社会的代表,国家的权力是人民赋予的,国家只有尽力为人民服务,它才是正义的。如果它用人民给它的权力为资本或官僚服务,那它就是非正义的。所以,真正的社会正义就是人

① 《马克思恩格斯全集》第30卷,人民出版社1995年版,第394页。

② 马克思:《资本论》第3卷,人民出版社2004年版,第379页。

民幸福,这是一个长期的发展过程。如恩格斯所说:“真正的自由和真正的平等只有在公社制度下才可能实现;……这样的制度是正义所要求的。”①因此,当前,在我国社会主要矛盾已经转化为人民日益增长的美好生活需要和不平衡不充分的发展之间的矛盾的情况下,国家的任务必然是双重的:既要发展经济,又要改善民生,但按政治正义的本质要求,是为人民服务、为全社会服务、为社会主义服务。社会正义高于经济正义,也高于政治正义。要真正实现社会正义,我们首先就要经济正义,以发展经济,同时也要政治正义,以维护社会,这必然是一个长期的发展过程。就此来说,在当今许多的发展中国家,发展经济都是第一位的硬道理,因此他们的政治停留在为经济服务的水平上。这正是世界上由市民社会立场引发的理论和实践占主导地位的根本原因。

七、国家是实现社会正义的关键因素

要实现社会正义,使社会中的人都幸福生活,除了经济正义,更重要的是政治正义。因此,国家作为政治权力的主体,对于社会正义的实行具有举足轻重的作用。也就是说,在资本、国家与人民的三维关系中,国家是站在资本的立场还是站在人民的立场、国家是为资本服务还是为人民服务,不仅决定这个国家的社会性质,在相当程度上还决定这个民族的历史命运。

从现实历史看,资本的发展离不开国家。资本发展的基本条件是资本所有者的生命权、财产权、自由经营权,因此在资本弱小而资本主义国家没有建立的时候,资本是通过同业公会来保护其生命权、财产权、自由经营权的,“同业公会是市民社会企图成为国家的尝试”,“同业公会构成市民社会的官僚政治”,而一旦资产阶级革命成功,市民社会的官僚政治就“使自己变成市民社会的国家”,“市民社会的等级和政治意义上的等级是同一的,

① 《马克思恩格斯全集》第3卷,人民出版社2002年版,第482页。

因为市民社会就是政治社会，因为市民社会的有机原则就是国家的原则"①。也就是说，国家与市民社会是一体的，国家的立场就是资本的立场，国家的利益就是资本的利益，国家是为资本服务的。这种国家在维持资本主义的统治、向外拓展争夺殖民地，进而爆发第一、第二次世界大战，建立以美国为首的世界霸权的过程中起了很大的作用。它一方面极大地推进了全球经济的发展，促进了世界经济一体化，但另一方面也造成了世界上绝无仅有的两极分化，造成了无数不应有的灾难。随着2008年以来全球性金融危机的爆发与蔓延，这种立场和建国原则现在越来越受到人们的批评和质疑。

社会主义是在批判资本主义的过程中发展起来的。由于我们很长时间背离了市场经济这一发展规律，因而走了很长一段弯路，直到改革开放以后我们才逐渐走上社会主义市场经济发展道路。现在看来，社会主义与资本主义的区别不是要不要搞市场经济，而是在市场经济基础之上，以什么作为国家治理的最高原则：以资为本的是资本主义，以人为本、以社会为本的才是社会主义。因此，一个国家的性质在相当程度上是由国家的理念、国家的立场决定的。在资本主义看来，金钱原则、利润原则、资本原则是社会进步的根本原则，因此不是社会高于资本，而是资本高于社会，人本质上是经济人，社会本质上也是经济社会，它们都是为资本和金钱服务的。在社会主义看来，人本原则和社会原则是社会生活的最高原则，不是资本高于社会，而是社会高于资本，承认资本、发展资本的目的是让资本更好地为社会服务。因此社会主义国家必然承担比资本主义国家更高的社会责任，它不仅要发展经济，而且要让所有的人民都过上幸福的生活。如果说社会正义就是人民幸福，那么社会正义的根本前提就是政治正义。

除了资本主义建国思路与社会主义建国思路，第三种建国思路也应当引起人们的注意，这就是法西斯集权主义，就是在资本、权力、人民三维关系中，政治权力既不为资本服务，也不为人民服务，而是为官僚自身服务，从而

① 《马克思恩格斯全集》第3卷，人民出版社2002年版，第58—59、90页。

堕落为官僚集权主义国家。这种建国思路的极端代表就是法西斯主义。苏联政权最后解体,从根本上讲是国家政权脱离人民。因而政治正义从而社会正义必然包含着对官僚集权政治的批判,包含着真正人民政权的重建,因而必然是一个长期而艰难的过程。

八、以人民为中心的中国道路

中国改革开放40多年,如果用一句话来概括最主要的经验,那就是在中国共产党领导下走上了社会主义市场经济的发展道路,社会主义是方向,市场经济是基础。经过40多年市场经济的洗礼,中国经济和综合国力取得了举世瞩目的伟大成就,我国国内生产总值占世界生产总值的比重由改革开放之初的1.8%上升到15.2%,多年来对世界经济增长贡献率超过30%。现在,我国是世界第二大经济体、制造业第一大国、货物贸易第一大国、商品消费第二大国、外资流入第二大国,我国外汇储备连续多年位居世界第一,中国人民在富起来、强起来的征程上迈出了决定性的步伐!然而,在取得伟大成就的同时我们也遇到了新中国成立以来前所未有的两极分化、生态破坏、官场腐败等严峻问题。在改革开放初期,我们说贫穷不是社会主义,那么在改革开放40多年后,我们同样可以说两极分化不是社会主义,生态破坏不是社会主义,官场腐败不是社会主义,社会主义道路如何走已经成为国人关心的核心问题。正如该书所说:"经济上的市场化与再分配问题,政治上的反腐败与制度化问题,构成了当代中国社会主义社会建构中必须正确处理的两个核心问题。"所以,中国的道路是十分艰难的,它不仅要求经济正义,而且要求政治正义和社会正义。

中国的经济正义应该是成功的,它从农村联产承包起步,不仅突破了人民公社的束缚,解放了大批劳动力,使农民工成为可能,而且使乡镇企业异军突起,使整个农村进入了市场经济大潮。20世纪90年代初,抓大放小,工人大批下岗,虽然阵痛,但却形成了中国最初的市场主体。各级政府招商引资,扩大开放,开创了中国经济发展的良好局面。经济正义的最主要内容就是按照市场原则，培育经济要素和经济主体。它的目标就是最大限度地发展生产力，推动经济发展，应该说，中国这一步是相当成功的。中国在最短的时间里，不仅从高度集权的计划经济转向了市场经济，而且创造了中国历史上最高的生产力，成为世界经济史上广为称颂的“中国奇迹”。

与经济正义相比，中国的政治正义却有严重滞后的性质。任何国家政权都肩负着两项重任：一是发展经济，二是改善民生。在改革开放初期，中国政府把工作重心放在经济上是情有可原的，而且中国的改革是自上而下由政府推动的，中国政府在经济的发展上功不可没。但是市场经济的必然趋势是两极分化，当中国的经济体量发展为世界第二的时候，社会的两极分化也必然积累到相当程度。中国政府必须明确地意识到这种矛盾并采取必要的措施，关注和提高民生，缓解这种矛盾，这是社会正义的必然要求。市场经济开辟了每一个人通过自己的努力改善自己生活的可能，但这是经济正义，而不是政治正义。真正的政治正义是以人民为中心的发展，它不仅包括市场经济决定的初次分配，而且包括政府调节的再次分配，包括普遍的社会福利和普遍的人民主权。除了二次分配的滞后，还有两件事引起了人民的极大不满：一是新中国成立以来前所未有的官场腐败。从上到下，全国各个层面都发生了严重的政治性权力腐败事件，他们上下勾结、权钱交易、贪污腐败、买官卖官、鱼肉百姓，成为中国政治生活中的毒瘤。正如该书所说：“政治权力与资本权力之间的合谋”，这是“危害社会最严重的腐败现象！”“相对于基于资本的财富不平等来说，这种基于权力的财富不平等更应该引起我们的反思。”因为他们不是经济致富，而是贪污致富。可以说，“腐败现象与特权问题不仅关系到经济社会领域的财富分配和收入不平等，而且也影响到政治领域的国家治理能力和民主法治的有效推进，已经成为一个危害当代中国经济、政治、社会、文化、生态和党的建设发展全局的普遍性社会现象”。二是把一部分政府在民生问题上的社会责任完全推向了资本。医保、养老、教育、居住、就业等民生问题，从20世纪90年代初期开始走向商品化，结果资本乘虚而入，在一定程度上破坏了改革开放的社会生态。

如果说经济正义是资本主义的本质，那么政治正义才是社会主义的本质。资本的真正领域在经济,在经济以外不能是资本说了算。如果资本侵占政治,其结果必然是政治腐败;侵占道德,必然是道德堕落;侵占生活世界,必然是生活世界的殖民化、人民群众的边缘化。世界上所有的发达国家(美国除外,因为它有霸权)都是正确解决了社会福利才走上发达国家道路的,否则必然落入"中等收入陷阱"而导致社会矛盾不断。而只有解决了基本的社会福利,经济所需要的内需才能发展起来,否则谁又敢随便乱花钱呢?

可喜的是,党的十八大以后,我们党和国家以政治上反贪腐、经济上反贫困推动中国特色社会主义进入了新时代。党的十九大最振奋人心的一点,就是再一次强调了中国共产党和中国共产党人的初心和使命:"为中国人民谋幸福,为中华民族谋复兴","永远把人民对美好生活的向往作为奋斗目标"。第一次明确把满足人民的美好生活作为社会主义的本质,作为党的根本出发点和奋斗目标,这是市场经济条件下坚持社会主义的最高自觉,是500多年社会主义运动的最新发展。它说明,社会主义不是简单的苏联模式,社会主义是为人民谋幸福的运动,这一方向就是社会正义的方向。

九、人民幸福就是社会主义

社会主义国家不同于资产阶级国家。资产阶级国家以维护资本的利益为原则,社会主义国家则以人民的事业为根本出发点和目标。党的十九大的战略决策说明,新时代中国特色社会主义不仅实现了我国社会主要矛盾的转变,而且意味着国家战略、国家理念、国家机构、国家功能的重组和新生:必须建立起解决医保、教育、养老、住房、就业的国家机构,使民生问题落到实处;必须协调好发展经济与改善民生的有机关系;必须防止政治腐败,建立起高效廉洁的干部队伍,真正践行"权为民所赋、权为民所用、权为民所制"的马克思主义权力观和"权为民所用、情为民所系、利为民所谋"的无产阶级群众观。从本质上说,这不仅是国家治理的改革问题,而且是社会主义的新生问题。

政府在某种意义上是权力机构，但更是执行机构，因此要使社会主义国家新生，单靠政府的力量是远远不够的，还必须充分发挥党和人民的力量。党是人民利益的代表，而人民则是社会主义事业的根本推动力量，是真正的社会主人。如果经济只是遵循经济发展原则，贯彻“使市场在资源配置中起决定性作用”的指导原则，如果政府的经济工作不再是直接管理企业，而是创造公平的市场环境并监管市场，如果政府把主要的工作放在民生和社会上，即在合理税收的基础上逐步解决市场不能解决的民生和社会问题，那么党的主要工作就是听取人民群众意见，领导和监督好经济和政府的良好运行。走共同幸福的社会主义道路是人民的心声，但人民的意见往往是分散的、不系统的，党的最主要工作就是要把人民的心声变成人民的意志并进一步变为社会的现实，因此党和人民本质上是一体的，党的合法性基础在人民，人民是通过党领导整个国家和政府的。政府是办事机构，是执行机构，而灵魂和头脑则是党。因此，有什么样的党，就必然会有什么样的政府。

中国共产党是执政党，其执政的合法性，就在于人民的支持，因而不断地倾听民声、表达民意、维护民权、升华民智，是执政党合法性的基础和根本。中国共产党从来不谋求自己的私利，为人民服务是党的宗旨。只有中国共产党始终代表人民的利益，中国才可能真正坚持社会主义。因此人民国家的建设，本质上也是中国共产党的建设，即站在人民的立场上，重建党和人民的本质关系，尤其是市场经济条件下的党和人民关系。因为人民不是被代表、被管理的，人民是国家生活的主人，必须“保障人民知情权、参与权、表达权、监督权”，必须“依法实行民主选举、民主协商、民主决策、民主管理、民主监督”。为达此目的，当然就需要“把权力关进制度的笼子里”。

因此，为了确保中国共产党的正确领导，保持党和人民的亲密联系就成为最核心的一环，其中最重要的是发挥人民代表作用和坚持人民代表大会制度。人民的意见往往是分散的，最难的工作不是意见的表达，而是集中正确的意见，把人民的意见变成人民的共识，并通过人民代表大会上升为人民的意志。由此必须开展两方面的工作：一是公共领域建设，二是人民代表大会制度建设。社会生活的复杂性和社会工作的艰巨性，要求人民代表大会制度成为一种常设的议事和决策机构，专门听取、研究、调查人民意见，并最终形成高质量的人民提案，经各级人民代表大会表决成为地方和国家的意志。如果各级人民代表大会都实体化为常设的决策与监督机构，如果各级代表大会都有互联网与全国人民保持紧密联系，如果所有的问题都能得到及时充分的反映和研究，如果我们的高校和各级研究机构都能参与重大问题的讨论，如果政协、工会、青年团、妇联及各种民间组织都能着力关注民生问题并把意见汇总到各级人大提案组，如果9000多万中国共产党员都关注民生和社会，如果各级人民代表都能常年进行实地调查，如果各级人大提案都能充分地在网上征求人民意见，如果所有的提案的执行情况都能受到人民的监督，我们的中华人民共和国、我们的中国特色社会主义就一定能超过所有资本主义国家而自立于世界民族之林。

我认同该书的这个基本结论："全面深化改革并不只是一个完善社会主义市场经济的纯粹的经济发展问题，而是一个与经济、政治、社会、文化、生态、党的建设等紧密联系的综合性社会发展问题。"该书上述九大理论亮点，思想深邃，理论深刻，是刘荣军十多年研究和思考的结晶。刘荣军告诉我，他打算在《财富、权力与正义》出版后，着手进行他关于财富哲学的第三部研究即《财富、劳动与共和》，争取把《财富、人与历史》、《财富、权力与正义》、《财富、劳动与共和》做成关于财富哲学的"三部曲"。我认为，他的第三部著作会是一个青年学者对中国历史命运的经济哲学与政治哲学相结合的哲学思考，是一位热血青年对人民共和国的理论热诚。我期待着他的第三部财富哲学的诞生！

2019年10月于上海兰花教师公寓

（序言作者为复旦大学哲学学院教授、博士生导师）

导　论

马克思“市民社会”概念的现代社会转型与重要意义

“现代社会”就是存在于一切文明国度中的资本主义社会，它或多或少地摆脱了中世纪的杂质，或多或少地由于每个国度的特殊的历史发展而改变了形态，或多或少地有了发展。……但是，不同的文明国度中的不同的国家，不管它们的形式如何纷繁，却有一个共同点：它们都建立在现代资产阶级社会的基础上，只是这种社会的资本主义发展程度不同罢了。所以，它们具有某些根本的共同特征。在这个意义上可以谈“现代国家制度”，而未来就不同了，到那时，“现代国家制度”现在的根基即资产阶级社会已经消亡了。

——马克思：《哥达纲领批判》

“市民社会”概念是马克思经由黑格尔法哲学批判、政治经济学批判和意识形态批判这三重批判而创立历史唯物主义的思想阶梯。然而，自日本学者平田清明指出“市民社会”是一个在马克思前期文本中曾发挥了巨大作用而在其中后期文本中却“消失了的范畴”以来，国内外学术界进行了聚讼纷纭的探讨。而对马克思文本与思想的研究表明，认为“市民社会”概念在马克思中后期文本中是个“消失了的范畴”的说法并非一个“文本事实”，而是一个“学术假象”。

"市民社会"概念是马克思经由黑格尔法哲学批判、政治经济学批判和意识形态批判这三重批判而创立历史唯物主义的思想阶梯。然而,自日本学者平田清明指出"市民社会"是一个在马克思前期文本中曾发挥了巨大作用而在其中后期文本中却"消失了的范畴"①以来,学术界普遍认为"市民社会"概念在马克思文本中是个两度"消失了的范畴":先是在"黑格尔法哲学批判"之后的《巴黎手稿》中的"暂时消失",后是在《德意志意识形态》之后的"永久消失"。面对"市民社会"概念在马克思中后期文本中是否消失的问题,国内外学者进行了聚讼纷纭的探讨。本书认为,"市民社会"概念在马克思中后期文本中是个"消失了的范畴"的说法并非一个"文本事实",而是一个"学术假象"。马克思在早期从"关于整体的一个混沌的表象"的"市民社会"中抽象出了作为"物质的生活关系的总和"的"市民社会"这个历史唯物主义的基础概念,在中后期则强化并凸显了以"现代市民社会"/"现代资产阶级社会"为典型形态和具体表现的"现代社会"的时代特征和价值立场,把"现代社会"概念从一个描述性的实存性概念提升为了一个分析性的本质性概念和价值性概念。探讨马克思"市民社会"概念的现代社会转型具有重要的理论意义与现实意义。

一、马克思"市民社会"概念的具体形象与抽象概括

探讨马克思"市民社会"概念的含义必须结合马克思对"市民社会"使

① 平田清明:《市民社会和社会主义》,岩波书店 1969 年版,第 50 页。

用的不同语境和文本进行理解。那么,这种理解的突破口在哪里?笔者认为是《德意志意识形态》中的如下论述:"'市民社会'这一用语是在18世纪产生的,当时财产关系已经摆脱了古典古代的和中世纪的共同体。真正的市民社会只是随同资产阶级发展起来的。"①仔细考辨可以发现:马克思实际上按照"财产关系"是否"摆脱了古典古代的和中世纪的共同体"这个标准把市民社会划分成了"真正的市民社会"和"非真正的市民社会"两个序列。

所谓"真正的市民社会"序列,是马克思用来指称从中世纪后期的商业贸易中兴起、经过资产阶级政治革命确定下来、直到19世纪获得典型化表现的市民社会。马克思在其他地方所说的"现代的市民社会"②和"发达的市民社会"③等,都属于这种意义上的"真正的市民社会"序列,其根本特点是"抛弃了共同体的一切外观并消除了国家对所有制发展的任何影响的纯粹私有制"④。"真正的市民社会"之所以能从18世纪以前那种"先前的市民社会"中产生出来,得益于市场经济的发展和资产阶级政治革命的推动。就是说,市场经济的内在要求最终通过资产阶级政治革命实现了市民社会与政治国家的分离。法国大革命就是它的典型代表。马克思说:"只有法国大革命才完成了从政治等级到社会等级的转变过程,或者说,使市民社会的等级差别完全变成了社会差别,即在政治生活中没有意义的私人生活的差别。这样就完成了政治生活同市民社会的分离。"⑤从发生学的意义上说,这种"真正的市民社会"是与世界历史和现代社会相伴而生的,因而我们可以笼统地称之为"现代的市民社会"。

所谓"非真正的市民社会"序列,是马克思用来指称欧洲近代社会之前私人领域和私人交往关系的社会范畴,也就是马克思所说的"古典古代的

---

① 《马克思恩格斯选集》第1卷,人民出版社2012年版,第211页。
② 《马克思恩格斯全集》第3卷,人民出版社2002年版,第91、101页。
③ 《马克思恩格斯全集》第2卷,人民出版社1957年版,第148页。
④ 《马克思恩格斯选集》第1卷,人民出版社2012年版,第212页。
⑤ 《马克思恩格斯全集》第3卷,人民出版社2002年版,第100页。

和中世纪的共同体”。马克思在别的地方所说的“希腊人的市民社会”①、“奴隶占有制的市民社会”②、“中世纪市民社会”③、“旧的市民社会”④、“旧日市民社会”⑤、“先前的市民社会”(“过去的市民社会”)⑥,以及恩格斯所说的“封建社会和行会市民社会”⑦等,都是这种意义上的市民社会序列,其根本特点是财产关系尚未摆脱古典古代的和中世纪的政治共同体,表现于外就是它的政治社会性或政治等级性。马克思说:“中世纪的精神可以表述如下:市民社会的等级和政治意义上的等级是同一的,因为市民社会就是政治社会,因为市民社会的有机原则就是国家的原则。”⑧相对于“现代的市民社会”来说,这类市民社会我们可以笼统地称之为“先前的市民社会”。

然而,进一步考察便会发现,“先前的市民社会”(“非真正的市民社会”)和“现代的市民社会”(“真正的市民社会”)这两种概念序列的粗略划分,对于马克思来说是远远不够的。从归根结底的意义上说,这两种概念序列都是市民社会“受到迄今为止一切历史阶段的生产力制约同时又反过来制约生产力的交往形式”⑨而表现出来的具体的市民社会形象,它们的背后都隐含着“一个合理的抽象”的“市民社会”概念,这就是马克思后来所说的在对黑格尔法哲学的批判性分析中所得出的作为“物质的生活关系的总和”的“市民社会”,它是“法的关系”和“国家的形式”的“根源”⑩。显然,这样的“市民社会”与我们今天所说的“经济基础”、“生产关系”、“交往形式”等是同等程度的哲学范畴。对于这个意义上的“市民社会”概念及其含

---

① 《马克思恩格斯全集》第1卷,人民出版社1956年版,第335页。
② 《马克思恩格斯全集》第3卷,人民出版社2002年版,第386页。
③ 《马克思恩格斯全集》第26卷第3册,人民出版社1974年版,第586页。
④ 《马克思恩格斯全集》第3卷,人民出版社2002年版,第186页。
⑤ 《马克思恩格斯选集》第1卷,人民出版社2012年版,第233页。
⑥ 《马克思恩格斯全集》第1卷,人民出版社1956年版,第345页;《马克思恩格斯全集》第3卷,人民出版社2002年版,第101页。
⑦ 《马克思恩格斯全集》第7卷,人民出版社1959年版,第404页。
⑧ 《马克思恩格斯全集》第3卷,人民出版社2002年版,第90页。
⑨ 《马克思恩格斯选集》第1卷,人民出版社2012年版,第167页。
⑩ 《马克思恩格斯选集》第2卷,人民出版社2012年版,第2页。

义，马克思、恩格斯在历史唯物主义创立时期的《德意志意识形态》中论述得最为全面、最为充分，也最为透彻。他们说：

> 受到迄今为止一切历史阶段的生产力制约同时又反过来制约生产力的交往形式，就是市民社会。……市民社会是全部历史的真正发源地和舞台。①
>
> 市民社会包括各个人在生产力发展的一定阶段上的一切物质交往。它包括该阶段的整个商业生活和工业生活，因此它超出了国家和民族的范围，……市民社会这一名称始终标志着直接从生产和交往中发展起来的社会组织，这种社会组织在一切时代都构成国家的基础以及任何其他的观念的上层建筑的基础。②

如果说马克思、恩格斯在《德意志意识形态》中所实现的哲学革命就是识破思辨哲学的幻想，清算从前的哲学信仰，创立历史唯物主义，那么很显然，具有了"经济基础"、"生产关系"、"交往形式"等概念内涵的"市民社会"概念当然也就成了马克思建构新历史观的基础性概念。正如马克思、恩格斯所说：

> 这种历史观就在于：从直接生活的物质生产出发阐述现实的生产过程，把同这种生产方式相联系的、它所产生的交往形式即各个不同阶段上的市民社会理解为整个历史的基础，从市民社会作为国家的活动描述市民社会，同时从市民社会出发阐明意识的所有各种不同的理论产物和形式，如宗教、哲学、道德等等，而且追溯它们产生的过程。这样做当然就能够完整地描述事物了（因而也能够描述事物的这些不同方面之间的相互作用）。③

如果上述分析能够成立，我们便会得到马克思关于市民社会概念的两种意义：一是抽象的市民社会概念，即作为"一个合理的抽象"的"市民社会一般"，它相当于我们今天所说的"经济基础"、"生产关系"、"交往形式"等

① 《马克思恩格斯选集》第1卷，人民出版社2012年版，第167页。

② 《马克思恩格斯选集》第1卷，人民出版社2012年版，第211页。

③ 《马克思恩格斯选集》第1卷，人民出版社2012年版，第171—172页。

概念；二是具体的市民社会形象，作为"市民社会一般"的具体化、特殊化和时代化，它不仅包括了"先前的市民社会"（"非真正的市民社会"）和"现代的市民社会"（"真正的市民社会"）这样两种概念序列，而且只要社会本身仍然是一个建立在"物质的生活关系的总和"基础上的私人领域和私人交往关系的范畴，它就逻辑地包含着"未来的市民社会"的可能性建构。

乍然一看，这里关于抽象的市民社会概念和具体的市民社会概念的划分，俨然是日本学者城塚登对马克思市民社会的"双重形象"的划分。然而仔细考究就会发现其中的本质差异。城塚登的"双重形象"说认为，马克思1844年以前所说的市民社会是指近代政治革命的结果产生出来的资产阶级社会这一具体形象，而《德意志意识形态》中所说的市民社会指的是作为生产关系总和的抽象形象。市民社会的具体形象是其抽象形象同一定的政治、法律关系紧密结合的结果。只有把市民社会既作为经济关系又作为一定的政治过程、法律过程和思想过程从整体上看待，才能真正把握马克思的市民社会概念。① 显然，城塚登主张使市民社会的抽象形象重新复归其具体形象的观点，确实从逻辑与历史、抽象与具体的双重关系出发抓住了马克思市民社会概念的根本内涵，对于我们研究马克思的市民社会概念具有非常重要的指导意义。然而，城塚登认为马克思的市民社会概念在1844年表现为具体形象而在《德意志意识形态》及其之后表现为抽象形象的说法，不仅过于武断，而且也不符合马克思的思想事实。

这里的关键是，如何看待马克思使用"市民社会"（"现代的市民社会"）与"资产阶级社会"的区别？这一问题背后牵扯到学术界关于马克思市民社会概念争论的一个焦点问题：市民社会是否是马克思前期使用而后期弃之不用的一个不成熟的概念？而对这一问题的回答在本质上又涉及马克思对黑格尔市民社会概念的继承与超越问题。

毫无疑问，马克思在《莱茵报》时期就曾使用过"市民社会"的概念；但

---

① 参见城塚登：《青年马克思的思想——社会主义思想的创立》，求实出版社1988年版，第137—158页。

是同样毫无疑问，马克思对“市民社会”真正的认真研究却是从批判黑格尔法哲学开始的。黑格尔作为近代市民社会的第一个伟大综合者，其市民社会概念固然是对近代商业社会和市民社会的具体把握，但也不能说没有一点抽象意味。如果说凡概念都是抽象的，那么当黑格尔在《法哲学原理》中把市民社会当作意志自由在伦理阶段的一个思辨逻辑环节时，它实际上已经具有了某种抽象性的含义，正如马克思所说：黑格尔的市民社会概念是“按照18世纪的英国人和法国人的先例”对“物质的生活关系的总和”的“概括”①，这就是黑格尔称之为“通过个人的劳动以及通过其他一切人的劳动与需要的满足，使需要得到中介，个人得到满足”的“需要的体系”②。然而遗憾的是，尽管黑格尔已经有了对于市民社会“需要的体系”的抽象形象的自觉意识，可是出于思辨体系的需要，黑格尔最终还是把整个市民社会当作了与政治国家相对立的“私人等级”的社会，这就使他从“国家决定市民社会”的立场出发，将市民社会变成了“轻视现实关系而局限于言过其实的重大政治历史事件的历史观”③的一个环节。从这个意义上说，马克思对黑格尔市民社会理论的批判，首先就是他批判地继承了黑格尔市民社会概念的抽象意义，将“物质的生活关系的总和”明确地剥离出来，还原成了“法的关系”和“国家的形式”的“根源”，从而将黑格尔“国家决定市民社会”的唯心主义原则颠倒成了“市民社会决定国家”的唯物主义原则。

然而从另一方面看，马克思不仅批判继承了黑格尔市民社会概念的抽象意义，他还批判继承了黑格尔市民社会概念的具体的社会形象。黑格尔认为市民社会“是在现代世界中形成的”。所以他的市民社会其实就是“现代的市民社会”（“真正的市民社会”）在具体形象上的观念表达。这一点无疑被马克思所继承。但与黑格尔不同的是，马克思认为“市民社会”在现代社会的具体形象，也存在一个一般性与特殊性的关系问题，就是说，“现代社会”既表现为“现代的市民社会”这个一般性概念也表现为“现代的资产

---

① 《马克思恩格斯选集》第2卷，人民出版社2012年版，第2页。

② 黑格尔：《法哲学原理》，商务印书馆1961年版，第203页。

③ 《马克思恩格斯选集》第1卷，人民出版社2012年版，第167页。

阶级社会”这个特殊性概念。而当马克思将市民社会概念的抽象形象(即作为“全部历史的真正发源地和舞台”的“经济基础”、“生产关系”和“交往形式”)剥离出来还原成历史唯物主义的基础性概念之后,他的市民社会概念的具体形象也就复归成了作为“现代社会”这个具体形象的市民社会概念了。这样一来,当马克思创制历史唯物主义的任务一旦完成而把他的理论目标转向对“现代社会”的政治经济学批判和社会政治哲学研究时,他也就没有必要再继续使用那个剥离了抽象形象的“市民社会”概念了,而是转而使用与“现代社会”(总体)本质相关的“现代的市民社会”(一般)及其现实表现“现代的资产阶级社会”(特殊)这些具体形象的市民社会概念了。对马克思后期的著作进行研究可以发现,马克思虽然很少再使用“市民社会”这样笼统的、抽象的概念了,但他却始终没有放弃使用诸如“现代社会”、“现代市民社会”、“现代资产阶级社会”等更为具体的市民社会概念。

那么,马克思为什么能提炼出抽象的“市民社会”概念呢?这得益于两个方面的原因。

首先,研究内容上,抽象的市民社会概念只能是从法哲学批判转向政治经济学批判的产物。道理很简单,法哲学批判主要探讨的是市民社会与政治国家之间的关系,因而只需把市民社会作为一个总体概念把握就足够了。但是,对于自觉认识到“对市民社会的解剖应该到政治经济学中去寻求”①的马克思来说,政治经济学批判本身就意味着对市民社会自身各个要素的结构性分析。这就是马克思为什么在《1844 年经济学哲学手稿》(《巴黎手稿》)中对私有财产、异化劳动、分工、交换、货币、需要等“国民经济学和市民社会”②的基本要素进行批判性分析的根本原因。由于这种分析已经深入到了市民社会内部,因而市民社会这个总体概念自然也就成了“暂时消失”的范畴。事实上,经历了黑格尔法哲学批判而对政治经济学批判抱有更多期待的马克思对这两者之间的原则界限已经有了一定的理论自觉:法

① 《马克思恩格斯选集》第 2 卷,人民出版社 2012 年版,第 2 页。
② 《马克思恩格斯全集》第 3 卷,人民出版社 2002 年版,第 232 页。

哲学批判针对的是“市民社会和国家之间”的“不一致”，是市民社会同“国家制度的后果”的“片面的对立”；政治经济学批判则理应针对“市民社会和市民社会本身之间”的“不一致”，是市民社会同“（国家）制度的前提”的“全面的对立”。[①] 这种原则区分意味着，只有深入到政治经济学批判中，马克思才能通过对现代国家及其世俗基础的批判对现代社会政治哲学作出更为彻底的批判，从而确立起现代社会历史理论的更加广泛和深入的基础。[②]显然，在这一问题上，日本的“市民社会派马克思主义”更加充分地理解了马克思：内田义彦通过让马克思与斯密对话酝酿出了一个以“市民社会”概念为核心来重新解读马克思的潮流[③]；平田清明则明确地提出要在对市民社会这个“消失了的范畴”的挖掘、复原和探索中重新认识马克思[④]；望月清司期望从本源共同体——市民社会——社会主义的历史贯通性中对市民社会概念的消失给出符合马克思思想发展史的求解，他说：“‘市民社会’一词在《经济学哲学手稿》和《穆勒评注》中几乎完全消失或缺失了。这一奇妙现象并不意味着马克思暂时——当时也许是永远——放弃了‘市民社会’概念，正好相反，它表明了马克思那一不寻常的决心：要从一个对自己而言全新的角度，即‘国民经济学’——英国政治经济学——来重新获得自己早已在批判黑格尔时习惯了的那一‘市民社会’概念。”[⑤]城塚登致力于从法哲学批判向政治经济学批判的转变中复原市民社会概念在马克思早期思想发展中的重要作用[⑥]。

其次，研究方法上，抽象的市民社会概念只能是对发达的资产阶级关系

---

① 参见《马克思恩格斯选集》第1卷，人民出版社2012年版，第11、15页。

② 吴晓明：《黑格尔法哲学与马克思社会政治理论的哲学奠基》，《天津社会科学》2014年第1期。

③ 参见望月清司：《马克思历史理论的研究》，北京师范大学出版社2009年版，“总序”第12页。

④ 参见望月清司：《马克思历史理论的研究》，北京师范大学出版社2009年版，“译者解说”第10页。

⑤ 参见望月清司：《马克思历史理论的研究》，北京师范大学出版社2009年版，第37页。

⑥ 参见城塚登：《青年马克思的思想——社会主义思想的创立》，求实出版社1988年版，第55—67页。

进行理论分析的产物。在这里,马克思以“劳动”这个“现代的范畴”的产生为例所阐述的科学抽象法同样可以启发我们思考“市民社会”概念的形成与发达的资产阶级之间的必然关系。马克思说:“劳动这个例子令人信服地表明,哪怕是最抽象的范畴,虽然正是由于它们的抽象而适用于一切时代,但是就这个抽象的规定性本身来说,同样是历史条件的产物,而且只有对于这些条件并在这些条件之内才具有充分的适用性。”①“这个被现代经济学提到首位的、表现出一种古老而适用于一切社会形式的关系的最简单的抽象,只有作为最现代的社会的范畴,才在这种抽象中表现为实际上真实的东西。”②

根据马克思这里所阐述的科学抽象法,市民社会概念具有与劳动概念相同的“现代社会”意涵:市民社会尽管有自己的生成、发展与演化的历史,但它作为最抽象的概念只能出现在现代资产阶级社会中。诚如恩格斯所说:“关于市民社会的科学,也就是政治经济学”③,而“政治经济学是现代资产阶级社会的理论分析,因此它以发达的资产阶级关系为前提”④。从原则的高度来说,马克思对市民社会的科学抽象是至关重要的,因为它标志着马克思在对“发达的资产阶级关系”这一“现代的市民社会”的睿智理解中,捕捉到了与世俗生活原则本质相关着的历史命运的最深刻的东西,迎来了自己由法哲学批判向政治经济学批判的第一次转变之后的又一次“思想转变”——由政治经济学批判转向意识形态批判以寻求哲学世界观在根基处的建构。这就是马克思在给列斯凯的信中谈及他“把《政治经济学》的写作工作搁下来”的根本原因:“我认为,在发表我的正面阐述以前,先发表一部反对德国哲学和那一时期产生的德国社会主义的论战性著作,是重要的。为了使读者能够了解我的同迄今为止的德国科学根本对立的政治经济学的观点,这是必要的。……这就是我在一封信中告诉过您的在《政治经济学》

① 《马克思恩格斯选集》第2卷,人民出版社2012年版,第705页。
② 《马克思恩格斯选集》第2卷,人民出版社2012年版,第705页。
③ 《马克思恩格斯全集》第16卷,人民出版社1964年版,第409页。
④ 《马克思恩格斯选集》第2卷,人民出版社2012年版,第6页。

出版以前必须完成的那部论战性著作。”①

总之，正是在对现代资产阶级关系的政治经济学批判和意识形态批判中，马克思确立了自己在哲学世界观和方法论上的革命性变革，看似偶然实则必然地创立了历史唯物主义。与这一过程相伴随的，是马克思对市民社会概念两种意义的确立：一是概括了抽象的市民社会概念，即作为“物质的生活关系的总和”的“市民社会一般”；二是区分了具体的市民社会形象，即“市民社会一般”的具体化、特殊化和时代化，它包括了“先前的市民社会”和“现代的市民社会”这两个序列。然而，由于马克思早期更加强调和关注“随同资产阶级发展起来”的“现代的市民社会”序列，所以学术界普遍认为，马克思早期的“市民社会”概念具有广狭二义：广义的市民社会是指社会发展各历史时期的经济制度，即决定政治制度和意识形态的“物质的生活关系的总和”；狭义的市民社会是指资产阶级社会的物质关系。这种理解虽然过于笼统，但它至少说明马克思早期的市民社会概念包括有不同含义。正如俞可平所说：在马克思早期文本中，“经济基础”、“生产关系”、“资产阶级社会”这些概念都不完全等同于“市民社会”概念，“市民社会”的外延比它们要宽泛得多，是一个任何其他概念都不能替代的概念。② 所以，那些认为市民社会概念的“永久消失”是因为它是马克思早期使用的一个不科学、不成熟的概念，所以被后来的马克思弃之不用的观点，以及那些认为市民社会概念从来就没有消失，因为“市民社会”指的就是“资产阶级社会”的观点，都是对马克思“市民社会”概念的简单化、片面化理解：前者无力解答马克思中后期除使用“资产阶级社会”（德语 kapitalisitischen Gesellschaft；英语 bourgeois society）这个具有明确含义的词语外为什么还继续使用“市民社会”（bürgerliche Gesellschaft）这个具有双重含义的德文词语的文本事实；后者无法解决“现代资产阶级社会”、“现代市民社会”和“现代社会”在概念内涵与发展逻辑上的交叉与重叠问题。

---

① 《马克思恩格斯全集》第 27 卷，人民出版社 1972 年版，第 473 页。

② 参见俞可平：《马克思的市民社会理论及其历史地位》，《中国社会科学》1993 年第 4 期。

二、马克思“市民社会”概念的消失假象与现代转型

那么,马克思早期文本中的“市民社会”概念在经历了对其抽象意义的剥离后,是否就完全萎缩成了“资产阶级社会”的代名词,从而使“市民社会”真地成了一个“永久消失”了的范畴呢?回答是否定的!据考证,马克思不仅在中后期继续而频繁地使用了 bürgerliche Gesellschaft 这个德文词语,而且在他亲自校订的《资本论》第一卷法文版和恩格斯亲自校订的《资本论》第一卷英文版中,这个词还被分别译成了法语的 société civile(“市民社会”)和 société bourgeoisie(“资产阶级社会”)以及英语的 civil society(“市民社会”)和 bourgeois society(“资产阶级社会”)。不仅如此,在马克思用英文写成的《法兰西内战》中,他还同时使用了 civil society 和 bourgeois society 这样两个词。这说明,在马克思、恩格斯心目中,“市民社会”与“资产阶级社会”并不是两个毫无差别的概念。①

既然马克思在中后期多次使用了 bürgerliche Gesellschaft 并且将它拆分成法语和英语的“市民社会”和“资产阶级社会”这样两个不同的词,那么人们为什么会把这个词仅仅翻译成“资产阶级社会”的代名词从而造成了“市民社会”好像是个“消失了的范畴”这种学术假象呢?笔者认为,这其中既有主观的原因,也有客观的原因;既有马克思的原因,也有我们的原因。

我们知道,在黑格尔法哲学批判时期,马克思把黑格尔国家理念决定家庭和市民社会的唯心主义国家观颠倒成了家庭、市民社会是国家的“前提”和“基础”的唯物主义国家观。在马克思看来,既然市民社会是政治国家的“前提”和“基础”,那么政治国家与市民社会的对立就是同一共同体内部的对立。所以,为着要彻底消灭具有阶级性、虚幻性的政治国家,就必须将政

---

① 参见俞可平:《马克思的市民社会理论及其历史地位》,《中国社会科学》1993 年第 4 期。

治国家连同它的世俗基础即“市民社会”一起消灭掉。由此出发，马克思一方面超越了黑格尔力图以普遍的、至善的伦理国家超越特殊的、有缺陷的市民社会的发展路径，提出了“历史任务就是国家制度的回归”①、“为消灭国家和市民社会而斗争”②的理论任务；另一方面又从“政治革命是市民社会的革命”的历史进步性和“政治解放本身并不就是人的解放”③的历史限度出发，主张把“部分的纯政治的革命，毫不触犯大厦支柱的革命”（即“政治解放”）推进并提升到“彻底的革命、全人类的解放”④的高度。将这一理想叙事具体到革命实践中，就是无产阶级革命相对于资产阶级革命所应有的彻底性：无产阶级革命不仅要消灭“资产阶级社会”，最终也要消灭资产阶级社会的世俗基础即“市民社会”。

然而，马克思不仅仅是一个思想家，他“首先是一个革命家”：“他毕生的真正使命，就是以这种或那种方式参加推翻资本主义社会及其所建立的国家设施的事业，参加现代无产阶级的解放事业。”⑤1848 年欧洲革命的爆发给马克思提供了一个实现他的抱负、运用和检验历史唯物主义的机会。这次革命虽然失败了，但在为总结这次革命经验教训而写的《1848 年至 1850 年的法兰西阶级斗争》和《路易·波拿巴的雾月十八日》中，由于马克思一方面把无产阶级革命与不断革命、阶级斗争和无产阶级专政理论联系起来，另一方面频繁地使用 bürgerliche Gesellschaft 指称“资产阶级社会”，所以给人一种 bürgerliche Gesellschaft 就是“资产阶级社会”的感觉。这种感觉不仅因为第二国际理论家在宣传、捍卫与发展马克思主义而与机会主义和修正主义的斗争中得到了强化，而且还叠加上了 19 世纪晚期无产阶级革命高涨带来的无产阶级与资产阶级的“阶级矛盾激化”以及 20 世纪上半叶社会主义国家诞生带来的社会主义与资本主义的

① 《马克思恩格斯全集》第 3 卷，人民出版社 2002 年版，第 42 页。

② 《马克思恩格斯全集》第 42 卷，人民出版社 1979 年版，第 238 页。

③ 《马克思恩格斯全集》第 3 卷，人民出版社 2002 年版，第 186、180 页。

④ 《马克思恩格斯全集》第 3 卷，人民出版社 2002 年版，第 210 页。

⑤ 《马克思恩格斯选集》第 3 卷，人民出版社 2012 年版，第 1003 页。

“意识形态对立”，从而使得用“资产阶级社会”对译 bürgerliche Gesellschaft 成了一个历史传统。当人们用“资产阶级社会”格式化地对译 bürgerliche Gesellschaft 时，就会习惯成自然地认为“市民社会”就是一个“消失了的范畴”。

为了说明上述分析的合理性，我们这里举几个例子。

第一个例子是《德意志意识形态》中“Die bürgerliche Gesellschaft als solche entwickelt sich erst mit der Buorgeoisie”这句话中“bürgerliche Gesellschaft”一词的中文翻译。这句话的英文译文是“‘Bürgerliche Gesellschaft’ as such，i.e.as bourgeois society，only developed with the bourgeoisie”①，但中文译文在不同时期却出现了不同的翻译情况。在 1960 年版的《马克思恩格斯全集》中文第 1 版第 3 卷中，这句话被翻译为“真正的资产阶级社会只是随同资产阶级发展起来的”，但却添加了“《bürgerliche Gesellschaft》这个术语既有‘资产阶级社会’的意思，也有‘市民社会’的意思”这样一个“编者注”。② 在 1972 年版的《马克思恩格斯选集》中文第 1 版第 1 卷中，这句话被翻译为“真正的资产阶级社会[bürgerliche Gesellschaft]只是随同资产阶级发展起来的”，同样添加有“《bürgerliche Gesellschaft》这个术语既有‘资产阶级社会’的意思，也有‘市民社会’的意思”这个内容相同的“编者注”。③ 表面上看，译文和编者注都没有变化，但由于编译者将“bürgerliche Gesellschaft”这个德文原词以括号的形式放在了“资产阶级社会”的后面，至少给人们提供了用“资产阶级社会”翻译“bürgerliche Gesellschaft”是否恰当的思考空间。在 1995 年版的《马克思恩格斯选集》中文第 2 版第 1 卷中，这句话则被翻译为了“真正的市民社会只是随同资产阶级发展起来的”，其下的“编者注”的内容也相应地变成了“‘市民社会’的原文是‘bürgerliche Ge-

---

① 剑桥政治思想史原著系列影印本：《马克思早期政治著作选》，中国政法大学出版社 2003 年版，第 135 页。

② 《马克思恩格斯全集》第 3 卷，人民出版社 1960 年版，第 41 页。

③ 《马克思恩格斯选集》第 1 卷，人民出版社 1972 年版，第 41 页。

sellschaft'，这个术语也有'资产阶级社会'的意思。"①此后，《德意志意识形态》（节选本）（2003 年版）②、《马克思恩格斯文集》第 1 卷（2009 年版）③、《马克思恩格斯选集》第 3 版第 1 卷（2012 年版）④都采用了与 1995 年版《马克思恩格斯选集》中文第 2 版第 1 卷相同的译法。另外，在 1960 年、1972 年、1995 年、2003 年的版本中，只是在含有这句话的当页才加有"《bürgerliche Gesellschaft》这个术语既有'资产阶级社会'的意思，也有'市民社会'的意思"的脚注，而在翻译为"市民社会"的同一文献的其他地方以及其他文献中则没有这样的脚注。但在 2009 年和 2012 年的版本中，只针对这句话的脚注内容则被卷末的尾注内容代替了，适用到了第一次出现有翻译为"市民社会"的所有文献中（2009 年版中含有这句话的脚下仍然习惯性地保留了脚注，2012 年版中则彻底清除了这一脚注痕迹）⑤。显然，bürgerliche Gesellschaft 的翻译变化与注释变化说明了两个问题：第一，bürgerliche Gesellschaft 一词既可以指"资产阶级社会"，也可以指"市民社会"，二者并非是毫无差别的；其二，随着时代的变化和现代社会的发展，学术问题和翻译问题不再受到政治意识形态的干扰，真正做到了从经典著作译文的统一性和准确性出发进行更具时代意义和科学意义的翻译。

第二个例子，是马克思《孟德斯鸠第五十六》中一段话的译文对照。这句话的德文原文是："Aber wir rufen den Arbeitern und Kleinbürgern zu：Leidet lieber in der modernen bürgerlichen Gesellschaft，die durch ihre Industrie die

① 《马克思恩格斯选集》第 1 卷，人民出版社 1995 年版，第 130 页。

② 马克思、恩格斯：《德意志意识形态》（节选本），人民出版社 2003 年版，第 75 页。

③ 《马克思恩格斯文集》第 1 卷，人民出版社 2009 年版，第 582—583 页。

④ 《马克思恩格斯选集》第 1 卷，人民出版社 2012 年版，第 211 页。

⑤ 《马克思恩格斯文集》第 1 卷，人民出版社 2009 年版，第 766 页注释 11 标注的 13、30、124、214、308、502、540 等页码，分别对应的是《〈黑格尔法哲学批判〉导言》、《论犹太人问题》、《1844 年经济学哲学手稿》、《神圣家族》、《关于费尔巴哈的提纲》、《德意志意识形态》等文本，第 582 页仍然习惯性地保留了关于"市民社会"的脚注；《马克思恩格斯选集》第 1 卷，人民出版社 2012 年版，第 868 页注释 11 标注的 11、136、167、211 等页码，分别对应的是《〈黑格尔法哲学批判〉导言》、《关于费尔巴哈的提纲》、《德意志意识形态》等文本，第 211 页则完全去掉了关于"市民社会"的脚注。

materiellen Mittel zur Begründung einer neuen, euch alle befreienden Gesellschaft schafft, als daß ihr zu einer vergangenen Gesellschaftsform zurückkehrt, die unter dem Vorwand, eure Klassen zu retten, die ganze Nation in mittelalterige Barbarei zurückstürzt!"①这句话在《马克思恩格斯全集》中文第一版第6卷中的翻译是:"但是我们向工人和小资产者说:宁肯在现代资产阶级社会里受苦,也不要回到已经过时了的旧社会去! 因为现代资产阶级社会以自己的工业为建立一种使你们都能获得解放的新社会创造物质资料,而旧社会则以拯救你们的阶级为借口把整个民族抛回到中世纪的野蛮状态中去!"②但是,在韩立新翻译的日本著名学者望月清司的《马克思历史理论的研究》的"中文版序言"中,《马克思恩格斯全集》这段话中被翻译为"现代资产阶级社会"的两个地方都被改译成了"现代市民社会"③。结合上下文可知,马克思在这里指的显然是与"旧社会"相对照的"现代社会"或"现代市民社会",因而"现代市民社会"的译法显然要比"现代资产阶级社会"的译法更为科学、也更有说服力。

第三个例子,是马克思对 civil society(市民社会)和 bourgeois society(资产阶级社会)的分别使用。比如,《法兰西内战》是从理论上总结巴黎公社经验教训、发展唯物主义历史观的著作,它是马克思于 1871 年 4—5 月用英文写成、于 1871 年 6 月以单行本形式在伦敦出版的。但是值得注意的是,马克思在《法兰西内战》中分别使用了 civil society(市民社会)和 bourgeois society(资产阶级社会)这两个概念。不仅如此,在马克思亲自校订的法文版《资本论》第一卷中,bürgerliche Gesellschaft 一词还被分别译为了 societe civile("市民社会")和 societe bourgeoisie("资产阶级社会");而在恩格斯亲自校订的英文版《资本论》第一卷中,bürgerliche Gesellschaft 一词同样被分

---

① Montesquieu LVI, Karl Marx-Friedrich Engels-Werke, Band 6, S. 182 - 196, http://www.mlwerke.de/me/me06/me06_182.htm.

② 《马克思恩格斯全集》第6卷,人民出版社 1961 年版,第 230 页。

③ 参见望月清司:《马克思历史理论的研究》,北京师范大学出版社 2009 年版,"中文版序言"第2页。

别译为了 civil society（“市民社会”）和 bourgeois society（“资产阶级社会”）。这充分说明，在马克思那里，“市民社会”与“资产阶级社会”并不是完全等同、毫无差别的。①

上述三个例子充分说明，马克思后期并没有放弃“市民社会”概念的精神实质，他只是在剥离了“市民社会”概念的抽象形象并将之当作历史唯物主义的基础性概念之后，更为关注“市民社会”概念的具体形象，即“现代社会”（其实质是“现代市民社会”）这个一般性概念或“现代资产阶级社会”这个更为具体的特殊性概念。就是说，“现代社会”（“现代市民社会”）这个一般概念恰恰是马克思从“现代资产阶级社会”这个特殊概念中概括出来的一个更适合于表达现代市民社会发展本质的概念。正如马克思所说：“‘现代社会’就是存在于一切文明国度中的资本主义社会，它或多或少地摆脱了中世纪的杂质，或多或少地由于每个国度的特殊的历史发展而改变了形态，或多或少地有了发展。”②尽管在马克思的时代，“现代社会”在现实层面上指的就是现代资本主义社会，但是这并不表明马克思所说的现代社会永远只能是现代资本主义社会。至少，从与传统社会相区别的意义上说，马克思所讲的“现代社会”无疑包含了比现代资本主义社会外延更宽泛、内涵更深厚的意义，因而在现实层面上不仅包括了最先出现的现代资本主义社会，而且还包括了后来出现的现代社会主义社会。马克思以《资本论》为核心的政治经济学批判在表面上是为了揭示“资本主义生产方式以及和它相适应的生产关系和交换关系”③，而其深层动因显然在于还原“现代社会”的市民社会根基及其“由何而来”、“因何而在”、“向何而去”的历史唯物主义逻辑，正如马克思所说：《资本论》的“最终目的就是揭示现代社会的经济运动规律”④。这种现代社会的经济运动规律，既适用于现代资产

① 参见伍俊斌：《马克思市民社会理论评析》，《福建论坛》（人文社会科学版）2010 年第 6 期。

② 《马克思恩格斯选集》第 3 卷，人民出版社 2012 年版，第 373 页。

③ 马克思：《资本论》第 1 卷，人民出版社 2004 年版，第 8 页。

④ 马克思：《资本论》第 1 卷，人民出版社 2004 年版，第 10 页。

阶级社会,也适用于(至少是部分地或有限地适用于)现代社会主义社会。

另外,用“资产阶级社会”格式化地对译 bürgerliche Gesellschaft,也与德语 bürgerliche Gesellschaft 本身的多义性、歧义性客观相关。德语中没有与法语或英语的“市民社会”和“资产阶级社会”分别对应的固有词汇,只有 bürgerliche Gesellschaft 这个意义不是很明确的词语。这使人们对它的理解产生出两种截然不同的思想效应:从好的方面说是双关性,从坏的方面说就是歧义性。马克思是从双关性来理解无产阶级革命的彻底性的,认为无产阶级革命既然要消灭“资产阶级社会”就要消灭它的世俗基础即“市民社会”,因而要以彻底消灭 bürgerliche Gesellschaft 为己任。而伯恩斯坦则是从歧义性方面理解的。他说:“我明白地用从资本主义的社会向社会主义的社会推移这种说法,而不用今天习用的‘从市民的社会’这种说法。‘市民的’(bürgerlich)这个词的这种用法,也是一种隔世遗传的东西,它在任何情形下都是意义不明的说法。它一方面可做德国社会民主党的熟语用法不良的例证,同时又是把敌我双方的误解巧妙地连接起来的东西。在这件事情上,责任的一半在于德语。在德语里面,没有表示与特权市民的概念有别的有平等权力的市民概念的固有的词。”①在这里,伯恩斯坦看到了 bürgerliche 这个用语的歧义性,看到了“敌我双方”都有可能利用 bürgerliche 来为自己进行理论论证和辩护的可能性,但他却明显地误读了马克思,把马克思归结为“故意”混淆“敌我双方”之间对立的人。显然,正是这种简单化、片面化的理解最终使伯恩斯坦走向了彻头彻尾的“修正主义”。他说:“在今天,任何人都清楚知道,所谓对资产阶级斗争、所谓消灭资产阶级社会是意味着什么。可是所谓对市民的社会斗争,或消灭市民的社会,究竟是什么意思呢?特别是在德国,这意味着什么呢?在德国的最大而且居于首位的国家,即在甚至取消妨碍市民发展的封建制度的大部分尚且成为问题的普鲁士,这究竟意味着什么呢?没有人想破坏作为文明地组织起来的共同体的市民社

① [德]伯恩斯坦:《社会主义的前提和社会民主党的任务》,三联书店 1958 年版,第 89—90 页。

会。无宁恰恰相反。社会民主党既不想瓦解这个社会,也不想使这个社会的全体成员无产阶级化。不,无宁说社会民主党所不断努力追求的,是把劳动者从无产者的社会地位提高到市民的社会地位,使市民阶级或市民的地位普遍化。就是说,社会民主党不是要建立无产者的社会来代替市民的社会,而是要建立社会主义的社会组织来代替资本主义的社会组织。"①这里暴露出来的,从表面上看是对 bürgerliche 的理解问题,但从根本上看则是伯恩斯坦与马克思在无产阶级革命问题上表现出的那种根本性原则区别:无产阶级解放与革命的最终目的,除了要消灭资产阶级社会,还要不要消灭市民社会?

进一步说,伯恩斯坦与马克思之间的对立是否仅仅意味着革命目标上的对立而非革命策略上的对立?笔者认为不是的!在被称为恩格斯的"政治遗嘱"的《法兰西阶级斗争》"导言"(写于 1895 年 2 月 14 日—3 月 6 日)中,恩格斯曾如此坦陈:

> 历史表明我们也曾经错了,暴露出我们当时的看法只是一个幻想。历史走得更远:它不仅打破了我们当时的错误看法,并且还完全改变了无产阶级进行斗争的条件。②

> 历史表明,我们以及所有和我们有同样想法的人,都是不对的。历史清楚地表明,当时欧洲大陆经济发展的状况还远没有成熟到可以铲除资本主义生产的程度。③

然而,如果就此断章取义地以为恩格斯是对无产阶级革命目标与斗争策略的根本改变,甚至认为恩格斯就是修正主义的"鼻祖",那也未免太过草率了。因为恩格斯这篇"导言"强调的是无产阶级政党应根据变化了的条件制定新的斗争策略,从而实事求是地坚持马克思主义的革命辩证法。正因此,恩格斯一方面充分肯定德国社会民主党应当利用"普选权"这一合

① [德]伯恩斯坦:《社会主义的前提和社会民主党的任务》,三联书店 1958 年版,第 90 页。

② 《马克思恩格斯选集》第 4 卷,人民出版社 2012 年版,第 382 页。

③ 《马克思恩格斯选集》第 4 卷,人民出版社 2012 年版,第 384—385 页。

法斗争形式为未来的决战积蓄和准备力量，另一方面也强调不能放弃暴力革命和“革命权”，强调“革命权是唯一的真正‘历史权利’”①。这与伯恩斯坦把议会斗争夸大为唯一合法的斗争形式、企图用修正主义的改良主义替代马克思主义关于无产阶级彻底革命的思想是大相径庭的。

事实上，伯恩斯坦提出的问题和恩格斯面对的问题，马克思不是没有思考过。早在1850年11月，马克思就在《法兰西阶级斗争》中指出：“在这种普遍繁荣的情况下，即在资产阶级社会的生产力正以在整个资产阶级关系范围内所能达到的速度蓬勃发展的时候，也就谈不到什么真正的革命。只有在现代生产力和资产阶级生产方式这两个要素互相矛盾的时候，这种革命才有可能。”②面对1848年欧洲革命失败后资本主义进入的相对平静的经济繁荣时期，再加上对政治经济学的不辍研究，马克思最终在《〈政治经济学批判〉序言》中提出了“两个决不会”的观点：“无论哪一个社会形态，在它所能容纳的全部生产力发挥出来以前，是决不会灭亡的；而新的更高的生产关系，在它的物质存在条件在旧社会的胎胞里成熟以前，是决不会出现的。”③从根本上说，“两个决不会”是对《共产党宣言》中“两个必然”的补充、完善与发展，两者辩证地说明了无产阶级革命所应持有的科学态度：既要坚信“两个必然”的历史趋势，又要正视“两个决不会”的客观现实。

这种历史辩证法和革命辩证法的科学态度是极其重要的，它决定了既是革命家又是思想家的马克思此后的理论致思路向：既然历史用经济革命证明了资本主义的基础“还具有很大的扩展能力”，无产阶级革命“还远不能以一次重大的打击取得胜利，而不得不慢慢向前推进”④，既然资本主义的新变化、新现象表明社会主义代替资本主义将是一个长久得多、复杂得多、曲折得多的历史过程，那么重新审视作为无产阶级革命对象的“现代市民社会”就是一件非常重要的理论事件。由此，马克思的市民社会概念作

---

① 《马克思恩格斯选集》第4卷，人民出版社2012年版，第395页。

② 《马克思恩格斯选集》第1卷，人民出版社2012年版，第541页。

③ 《马克思恩格斯选集》第2卷，人民出版社2012年版，第3页。

④ 《马克思恩格斯选集》第4卷，人民出版社2012年版，第385页。

为他的社会历史理论的核心概念，迎来了它的又一次深刻转型：在经历了“完整的表象蒸发为抽象的规定”，从“关于整体的一个混沌的表象”的市民社会中抽象出了作为“物质的生活关系的总和”的“市民社会”概念之后，还得经历“抽象的规定在思维行程中导致具体的再现”①，亦即“使抽象形象重新向具体形象复归”②，从“现代资产阶级社会”和“现代市民社会”这两个“特殊”概念中重新概括、提炼并凸显出“现代社会”这个基础性概念理当具有的时代特征与价值原则。

毋庸置疑，马克思关于社会历史理论的研究虽然触及人类社会发展的所有历史阶段，但他关注的重点始终是作为具体的“这个社会”的“现代社会”。对于这样的“现代社会”，马克思无论是在早期还是在中后期都使用了三组词语来表达：一组是意义比较明确的 modernen（heutigen）Bourgeoisgesellschaft（现代资产阶级社会），一组是与 bürgerliche Gesellschaft 这个双关语经常联合使用的 modernen（jetzigen/heutige/wirkliche/gegenwärtigen）bürgerliche Gesellschaft（现代市民社会/现代资产阶级社会），另一组就是直接使用的 modernen（jetzigen/heutige/wirkliche/gegenwärtigen）Gesellschaft（现代社会），如马克思在早期著作《黑格尔法哲学批判》、《德意志意识形态》和中后期著作《资本论》、《哥达纲领批判》中，都曾多次使用了“现代社会”这一概念。这至少说明了两个问题：首先，“现代社会”并非是马克思中后期才使用的概念，它与“现代市民社会”/“现代资产阶级社会”一样，都是马克思指称现代性社会的基础性概念，甚至多数情况下就是被作为“现代市民社会”/“现代资产阶级社会”的同义语、缩略语而使用的，因而贯穿、贯通了马克思早期与中后期思想之间的整体性与连续性；其次，bürgerliche Gesellschaft 这个词不仅在马克思早期的文本中而且在马克思中后期的文本中始终具有两种基本含义：在直接意义上指的是“现代资产阶级社会”这个“特殊”，但在间接意义上指的就是以“现代资产阶级社会”为典型形态和现

① 《马克思恩格斯选集》第 2 卷，人民出版社 2012 年版，第 700—701 页。

② 城塚登：《青年马克思的思想——社会主义思想的创立》，求实出版社 1988 年版，第 156 页。

实表现的“现代市民社会”。正如内奥克利奥斯所说:“在马克思的后期著作中,凡是在讨论‘资产阶级社会’(bourgeois society)的地方,他同样是意味着在讨论‘市民社会’(civil society)。”①

既然如此,笔者为什么说马克思直到中后期才“重新概括、提炼并突出了”“现代社会”这个基础性概念的时代特征和价值立场呢?笔者的依据是,马克思早期使用的“现代社会”还只是一个描述性的实存性概念,而中后期使用的“现代社会”则被强化并提炼成了一个分析性的本质性概念和价值性概念。

在笔者看来,我们大体可以1848—1850年为时间界标,将马克思自身的思想发展史区分为早期和中后期两个大的历史发展阶段,这种划分是与马克思从事政治经济学研究和批判所经历的两个大的发展阶段基本契合的:先是在巴黎和布鲁塞尔对政治经济学的首次集中研究和批判,后是在伦敦对政治经济学的再次研究和深入批判。正如马克思所说:他在巴黎“开始研究”政治经济学(布鲁塞尔时期只能看成是被驱逐移居后的“继续进行”),而伦敦时期则是他的经济研究工作的“重新进行”和“再从头开始”②。这里的关键就在于,如果说现代社会就是伴随着modernen bürgerliche Gesellschaft(现代市民社会/现代资产阶级社会)的发展而产生和发展起来的,那么,在经历了对于modernen bürgerliche Gesellschaft的法哲学批判、政治经济学批判和意识形态批判之后,在经历了历史唯物主义的创立、1848年欧洲革命的洗礼以及欧洲革命之后直至1871年巴黎公社革命之前对政治经济学批判的再度深入研究之后,马克思对早期使用的以modernen bürgerliche Gesellschaft为典型形态的“现代市民社会”概念进行重新概括与提炼所得到的新的“现代社会”概念,也就不再是“关于整体的一个混沌的表象”的描述性的实存性概念,而成了“一个具有许多规定和关系的丰富的总体”③的分析性的本质性概念和价值性概念。

---

① 转引自单提平:《市民社会的拯救与发展》,《济南大学学报》2007年第4期。

② 参见《马克思恩格斯选集》第2卷,人民出版社2012年版,第2—4页。

③ 《马克思恩格斯选集》第2卷,人民出版社2012年版,第700页。

要言之，以 modernen bürgerliche Gesellschaft 为典型形态和现实表现的"现代社会"概念，在马克思那里至少具有早期和中后期两种不同的概念属性。马克思早期使用的"现代社会"概念，是他经由法哲学批判转入政治经济学批判和意识形态批判而对"现代市民社会"的经验描述，因而还是一个具有描述性的实存性概念。说它具有描述性，是因为它还只是对以"现代市民社会"为感性生活状态的现代性社会的现象学描述；说它具有实存性，是因为它还只是黑格尔所说的对"直接事物"（"现代市民社会"的表象）的经验描述，因而表现为"没有经过反思的直接性"的"存在"或者只是作为"存在和反思的直接同一"的"实存"（"实存即是现象"）①。然而，马克思中后期的"现代社会"概念，是马克思经由政治经济学批判（特别是《资本论》及其手稿的写作）转入历史唯物主义再创造和科学社会主义新奠基之后对"现代市民社会"的生理解剖，因而已经成了一个具有分析性的本质性概念和价值性概念。说它具有分析性，是因为它已经深入到了以"现代市民社会"的生产生活方式而生产生活着的人们的全部社会生产生活及其社会现实本身之中；说它具有本质性和价值性，是因为它已经是黑格尔所说的对"现实事物"（"现代市民社会"的本质）的社会本质的科学揭示和理性期待，因而表现为"本质与实存或内与外所直接形成的统一"的"现实"②。

三、马克思"市民社会"概念现代社会转型的理论本质与重要意义

如果上述分析成立，那么，当我们撇开名词术语的纠缠，从原则高度重新审视马克思以"现代市民社会"（"现代资产阶级社会"）为历史根基的"现代社会"概念从早期的描述性经验概念转换成中后期的分析性价值概念时，这种语义转换背后的理论本质和重要意义也就清楚明白了。

---

① 黑格尔：《小逻辑》，上海人民出版社 2009 年版，第 275 页。

② 黑格尔：《小逻辑》，上海人民出版社 2009 年版，第 275 页。

首先，它张显了马克思主义以现代市民社会为研究对象和批判对象的价值立场和理论自信。

在《资本论》“第一版序言”中，马克思指出：“我要在本书研究的，是资本主义生产方式以及和它相适应的生产关系和交换关系。”“本书的最终目的就是揭示现代社会的经济运动规律。”①如果说，“资本主义生产方式以及和它相适应的生产关系和交换关系”决定了“现代社会的经济运动规律”不能从“作为知性科学的经济学”出发进行简单、片面的理解，而必须从“政治经济学批判”这样的“艺术的整体”②来理解，那么“资本主义”与“现代社会”这两个特定用语所揭示出来的恰恰是一种互文性理解：只有在对“现代资产阶级社会”这个典型形态的解剖中，“现代社会”的发展主题才能历史地呈现出来。它说明，历史唯物主义不仅包括以“人类历史的发展规律”为内容的“人类史观”（“人类社会史观”）和以“现代资本主义生产方式和它所产生的资产阶级社会的特殊的运动规律”为内容的“现代史观”（“现代社会史观”）这样两个维度，而且其“最本质、最重要、最具有当代意义”的部分就是“现代史观”，它是“马克思人类史观的最高表现，是最真、最活的历史唯物主义”。③

毋庸置疑，经过历史唯物主义的哲学革命和政治经济学研究的重新进行后，马克思在《〈政治经济学批判〉导言》中对 bürgerliche Gesellschaft（资产阶级社会/市民社会）这个他终其一生都非常重视的“现代社会”的典型形态的研究对象和批判对象作出了两个逻辑与历史相统一的科学判断和事实判断：“资产阶级社会是最发达的和最多样性的历史的生产组织”；“资产阶级社会本身只是发展的一种对立的形式”④。这两个事实判断既是马克思写作《政治经济学批判》/《资本论》的“总的导言”⑤，也是马克思界定“现

① 马克思：《资本论》第1卷，人民出版社2004年版，第8、10页。

② 《马克思恩格斯〈资本论〉书信集》，人民出版社1976年版，第196页。

③ 参见孙承叔：《资本与历史唯物主义》，复旦大学出版社2013年版，“序”第3—5页。

④ 《马克思恩格斯选集》第2卷，人民出版社2012年版，第705—706页。

⑤ 《马克思恩格斯选集》第2卷，人民出版社2012年版，第1页。

代社会”时代特征和历史阶段的指导方针。在《1857—1858 年经济学手稿》中，马克思就从三大社会形态发展角度分析了“现代社会”“以物的依赖性为基础的人的独立性”的奇特的矛盾景观：“现代社会”形成了“普遍的社会物质变换、全面的关系、多方面的需要以及全面的能力的体系”，因而成为人类社会发展中“为第三个阶段创造条件”的“第二个阶段”①。显然，马克思关于三大社会形态划分的宏大气魄和独具一格，成为他后来研究和考察“现代社会”“由何而来”、“因何而在”和“向何而去”的“总纲领”，构成了他在《资本论》、《哥达纲领批判》、《给维·伊·查苏利奇的复信》等著作中分析和判断“现代社会”时代特征和历史阶段的知识论前提。

然而，如果以为马克思关于现代社会的时代特征和历史阶段的分析仅仅就是一种事实性判断，那就可能无法真正深入到马克思现代社会理论的深层用意和理论本质这一维度中去。在笔者看来，相对于马克思早期对现代社会的经验性描述来说，马克思中后期关于现代社会的本质性分析，不仅仅是对现代社会时代特征和历史阶段所作的一种事实性判断，它在根本上还包含着马克思对现代社会发展趋势的一种价值性期待：现代社会作为人类社会发展中从“第一个阶段”（传统社会）向“第三个阶段”（未来社会）转变过程的“第二个阶段”，它必然要担负起一种承“前”启“后”、由“此”达“彼”的桥梁作用；唯有如此，现代社会才能真正推动人类社会实现从政治解放到人类解放、从市民社会到人类社会的历史转变，为实现人的自由全面发展的共产主义社会奠定基础。

我们知道，马克思所以能在揭示现代社会的发展规律中创立历史唯物主义这一现代唯物主义，就是因为他批判地继承并发展了以黑格尔为集大成者的近代市民社会理论。马克思说：市民社会是在“16 世纪以来就作了准备、而在 18 世纪大踏步走向成熟的”②。马克思主义诞生之前的 19 世纪上半叶，西欧流行的三种社会思潮（自由主义的现实功利、国家主义的犬儒

---

① 《马克思恩格斯全集》第 30 卷，人民出版社 1995 年版，第 107—108 页。

② 《马克思恩格斯选集》第 2 卷，人民出版社 2012 年版，第 683 页。

冷漠、空想社会主义与共产主义的悲天悯人）都与近代市民社会的发展有着这样那样的关系。显然，在“工业以至于整个财富领域对政治领域的关系，是现代主要问题之一”①，因而经济活动已经被提升到政治问题高度的现代社会，这种情况本质重要地决定了以黑格尔法哲学批判为出场语境的马克思哲学的基本视域与问题意识首先是对现代市民社会的政治本性与经济本性的研究：既然“马克思从黑格尔的法哲学出发，得出这样一种见解：要获得理解人类历史发展过程的锁钥，不应当到被黑格尔描绘成‘大厦之顶’的国家中去寻找，而应当到黑格尔所那样蔑视的‘市民社会’中去寻找”②，那么，为了对市民社会的解剖而深入到政治经济学研究中去，对于马克思就具有了特别重要的意义——通过政治经济学批判不仅可以解剖现代市民社会以批判自由主义和国家主义，而且可以批判平行于自由主义和国家主义之外的空想社会主义和共产主义而重构现代社会发展理论。

在马克思看来，黑格尔的“市民社会”与“国家”之间的二元对峙反映了自由主义与国家主义或者说英国式经济自由主义与法国式政治自由主义之间的二元对峙：现代市民社会的人“不得不与自己在本质上分离”而“现实地”表现为“私人—公民”或“公人—私人”的双重人格③。因此，不仅“市民社会”中的“市民”概念内契着斯密“经济人”概念的映象，以“市民”身份出现的“现实的人”本身“就是现代国家制度的私人”④，而且“市民社会”本身也变成了以“私人所有”和“物化的个人”为基础的社会，变成了“个人私利”和“一切人反对一切人”的“战场”以及“私人利益与共同的特殊事务冲

---

① 《马克思恩格斯选集》第1卷，人民出版社2012年版，第6页。此句关键论述在《马克思恩格斯选集》中文第一版中的译文是：“工业以至于整个经济界和政治界的关系是现代主要问题之一。”（《马克思恩格斯选集》第1卷，人民出版社1972年版，第6页）在这里，无论是“整个财富领域对政治领域的关系”还是“整个经济界和政治界的关系”都说明，现代社会在根本上就是一个经济社会与政治社会既离异、排斥与对抗又同构、互动与共生的社会发展阶段。

② 《马克思恩格斯全集》第16卷，人民出版社1964年版，第409页。

③ 《马克思恩格斯全集》第3卷，人民出版社2002年版，第96—97、175页。

④ 《马克思恩格斯全集》第3卷，人民出版社2002年版，第102页。

突”和“它们二者共同与国家的最高观点和命令冲突”的“场所”①。就此来说,黑格尔“国家高于市民社会”的唯心主义命题体现了他力求用国家超越自在的市民社会的深刻之处。但是,黑格尔用国家的外在的伦理批判克服市民社会自身的矛盾的虚幻性与无力性,最终促使马克思在“市民社会决定国家”的逻辑颠倒中提升出了将“现实的人”与“真正的人”相统一的“人的解放”的时代命题。马克思说:“现实的人只有以利己的个体形式出现才可予以承认,真正的人只有以抽象的 *citoyen*[公民]形式出现才可予以承认。”②在马克思看来,“现实的人”具体、现实但虚伪,“真正的人”理想、高尚但虚幻,因此这两种人都必须进行改造才能获得新生。这就是马克思在《〈黑格尔法哲学批判〉导言》中所提出的那个现代社会发展的重大课题:

> 一旦现代的政治社会现实本身受到批判,即批判一旦提高到真正的人的问题,批判就超出了德国现状。……德国人那种置现实的人于不顾的关于现代国家的思想形象之所以可能产生,也只是因为现代国家本身置现实的人于不顾,或者只凭虚构的方式满足整个的人。③

笔者认为,马克思在这里实际上是给自己提出了这样一个有关现代市民社会的时代性、总体性问题:在个人主义、国家主义和社会主义的对抗中,人的个体性、私利性和特殊性能否以及如何上升为社会的公共性、公益性和普遍性?后来的事实说明,当马克思通过黑格尔法哲学批判把捉到了现代社会发展的这个总体性问题后,无论是对现代市民社会的解剖,还是对现代资产阶级社会的批判,马克思都主张把他们放置到政治经济学中进行研究和批判。在一定意义上说,正是在对现代市民社会的批判继承中,马克思才在《共产党宣言》、《资本论》、《哥达纲领批判》等经典著作中确立起了变资本主义社会为共产主义社会(社会主义社会)的价值立场和理论自信。在这一点上,列宁无疑是真正理解马克思的。他说:“资本主义社会必然要转

---

① 参见《马克思恩格斯全集》第 3 卷,人民出版社 2002 年版,第 54 页;同时参见黑格尔:《法哲学原理》,商务印书馆 1961 年版,第 309 页。

② 《马克思恩格斯全集》第 3 卷,人民出版社 2002 年版,第 188 页。

③ 《马克思恩格斯选集》第 1 卷,人民出版社 2012 年版,第 6—9 页。

变为社会主义社会这个结论，马克思完全是从现代社会的经济的运动规律得出的。”①

其次，它涵养了中国特色社会主义在探索现代社会发展规律中实现民族复兴的时代主题和基本原则。

历史地考察，由市场经济所架构、以私有财产和独立于国家为基本特征的“资产阶级社会”/“市民社会”同“现代社会”有着无法割裂的内在联系。“资产阶级社会”和“现代市民社会”构成了马克思考察“现代社会”的两个不完全相同的理论视角：“资产阶级社会”是以雇佣劳动为基础的生产关系，作为一种特殊的社会制度形态，它在社会革命（包括资产阶级革命和无产阶级革命两层含义）的意义上含有更大的阶级斗争品性与意识形态特性；“现代市民社会”是以发达的商品经济即市场经济为条件的生产关系，作为一种普遍的经济社会形态或社会经济形态，它在社会发展的意义上含有更大的经济发展品性和商品经济特性。马克思确实说过“‘现代社会’就是存在于一切文明国度中的资本主义社会”②，但那只是表明，马克思是在现实层面和典型形态上认可现代社会就是资本主义社会，并不表明马克思所说的现代社会就永远只能是资本主义社会。至少，在与传统社会和未来社会相区别的意义上，在社会主义与资本主义的共在成为一种事实的情况下，马克思所说的“现代社会”（“现代市民社会”）在现实层面上无疑包括了现代资本主义社会和现代社会主义社会这样两种不同的社会形态和社会制度。尽管如此，这两种社会形态与社会制度的差异和区别也并不影响它们对现代社会发展规律的分别探讨与共同交流，就如同社会主义市场经济和资本主义市场经济的关系一样。所以，站在现代社会的发展角度，“资产阶级社会”和“现代市民社会”这两种理论视角既有重叠，也有交叉，但不完全相同。这正是人们为把马克思文本中的“bürgerliche Gesellschaft”翻译成“资产阶级社会”还是“市民社会”以及把《哥达纲领批判》中的“bürgerliche

① 《列宁选集》第2卷，人民出版社2012年版，第439页。

② 《马克思恩格斯选集》第3卷，人民出版社2012年版，第373页。

Recht”翻译成“资产阶级权利”还是“市民权利”争论的原因。

事实上,由于“资产阶级社会”与“现代社会”(“现代市民社会”)的重叠性和交叉性,又由于现实社会主义国家的发展起点都比较低,基本上诞生在经济文化比较落后的国家,这就使得在逻辑上本应是“后现代社会的社会主义”现实地表现为了“现代社会的社会主义”。这决定了中国特色社会主义的发展也就是中国特色社会主义现代化的发展,必须依据我国具体国情和时代发展条件,既深刻认识和把握现代社会发展的一般规律和社会主义现代化发展的普遍规律,又深刻认识和把握我国社会主义现代化发展的特殊规律,处理好社会主义与现代社会(现代市民社会)的关系这个事关全局的根本性问题。道理很简单,处身于现代社会且是从资本主义社会向共产主义社会的革命转变时期,现实的社会主义社会(包括中国特色社会主义)既面临着“不仅苦于资本主义生产的发展,而且苦于资本主义生产的不发展”这个“现代的灾难”,又面临着“由于古老的、陈旧的生产方式以及伴随着它们的过时的社会关系和政治关系还在苟延残喘”这个“遗留下来的灾难”①。这种双重困境必然要求现实的社会主义社会执行好既发展生产力又变革生产关系的双重任务,在解决好“解放与发展生产力”这个功能性要求的同时解决好“实现社会公平与正义”这个合法性要求,从“推进国家治理体系和治理能力现代化”的角度创造“社会把国家政权重新收回,把它从统治社会、压制社会的力量变成社会本身的充满生气的力量”②的社会制度和文化条件,真正践行“权为民所赋、权为民所用、权为民所制”的马克思主义权力观和“权为民所用、情为民所系、利为民所谋”的马克思主义群众观。这对于经历了长期农耕文明和封建专制的传统社会且叠加了新中国成立后长期计划经济体制的我国社会主义来说尤为重要。就此来说,经济上的市场化与再分配问题、政治上的反腐败与制度化问题,构成了中国特色社会主义现代化发展必须正确处理的两个核心问题,也构成了中国特色社会

---

① 《马克思恩格斯选集》第2卷,人民出版社2012年版,第82—83页。

② 《马克思恩格斯选集》第3卷,人民出版社2012年版,第140页。

主义建构和谐社会和建设小康社会的合法性来源与正当性根据。当代中国能否从马克思所揭示的现代市民社会的经济本性与政治本性的相互关系出发，积极地处理好财富领域与政治领域、经济社会与政治社会、市民社会与政治国家的关系问题，自觉地建设社会主义市场经济和社会主义法治国家，是推动当代中国进一步深化改革的动力之源。

最后，值得注意的是，在我们的研究中，由于"资产阶级社会"（特殊）与"现代市民社会"（普遍）这两个既相联系又相区别的概念共同构造了"现代社会"的历史根基和社会基础，因而"现代社会"具有了区别于"资产阶级社会"和"现代市民社会"的价值立场与革命本质，这就使得如何处理现代社会发展与市民社会发展的关系问题成了中国特色社会主义现代化发展进程中必须时时面对的一个主导话题和时代课题。特别是自20世纪70年代末期以来，随着市场化和民主化的全球性潮流以及我国现代化建设与改革开放伟大事业的发展及其与之紧密相关的市场经济、法治国家、民主政治、和谐社会、国家治理等社会变革的相继开展和深入推进，国内学者借助"市民社会"这一西方传统政治哲学和社会理论的核心概念对我国的社会变革进行了多方面、多领域的深入探讨。然而，随着我国现代化事业的发展和改革开放事业的深化，我们的现代社会得到了迅速成长，由此带来的最大思想变化是"市民社会"的"'社会'一面的历史形象得以展开"，而"它的'市民'一面的缺陷也更为充分地暴露了出来"，于是，"反思'市民'，正视'社会'的声音也日渐变得洪亮了起来"①。这种反思集中起来，就是如何看待马克思主义与自由主义、马克思主义与社群主义、马克思主义与国家主义之间的关系问题，而其核心问题就是马克思主义的"人的自由发展原则"与自由主义的"个人至上原则"之间的关系问题（现在许多宣传"市民社会"的文章，其主观目的就是要张扬个人自由主义及其价值观）。从归根结底的意义上说，这些问题背后所牵涉到的，正是马克思所说的"政治解放"与"人类解放"、"市民社会"与"人类社会"的本

---

① 张康之、张乾友：《新市民社会背景下的国家与社会治理》，《文史哲》2011年第1期。

质差别问题，因而内契着社会、国家、政府和官员究竟“是站在人民的立场上，还是站在资本的立场上”①这个马克思主义社会历史理论的最高问题。它说明，当代中国如果无法“从市民社会内部寻找超越市民社会的根据”②，洞悉马克思市民社会理论批判和现代市民社会转型背后孕育着的从个体主体性的生成到社会公共性的回归的内在逻辑和理论本质，也就无法把现代社会公共性的回归和社会主义合法性的落实统一起来，在现实社会主义社会条件下为“每个人的自由发展是一切人的自由发展”的“自由人联合体”③奠定物质前提和文明基础。

更为深入地说，由于“自由个人主义是西方‘自由’制度的支点，而‘自由个人的联合体’则是马克思对于共产主义的制度辨认，个人观是当代意识形态争论的焦点”④，所以，围绕着市民社会与现代社会的人学争论而产生的资本主义社会与社会主义社会之间的意识形态争论也就成了中国特色社会主义现代化的一个主导话题。对此，我们必须正确对待。一方面，我们不能因为社会主义与资本主义在意识形态上的“异”而扭曲了它们在现代社会发展问题上的“同”。正如有学者所说：当代社会主义国家“肯定在经济、政治、广义的精神文化以及社会体制等方面与发达的资本主义国家有较大差距”，但如果把这种差距扭曲成社会主义的理想信念并“在意识形态中抽象化和教条化”，那就“必然会设置出社会主义与资本主义认识方面的藩篱”。⑤ 另一方面，我们亦不能因为社会主义与资本主义在发展问题上的“同”而忘记它们在意识形态上的根本对立。正如有学者所说：“尽管‘社会主义’和‘资本主义’这类概念，在今天一些人看来

---

① 孙承叔：《资本与历史唯物主义》，复旦大学出版社2013年版，第78页。

② 侯惠勤：《马克思的意识形态批判与当代中国》，中国社会科学出版社2010年版，第254页。

③ 《马克思恩格斯选集》第1卷，人民出版社2012年版，第422页。

④ 侯惠勤：《马克思主义的个人观及其在理论上的创新》，《马克思主义研究》2004年第2期。

⑤ 叶险明：《关于资本主义与社会主义关系认识的方法论批判》，《哲学研究》2013年第9期。

已不合时宜,但仍是概括当今时代本质的理论抽象,它们并没有所谓‘意识形态终结’。”①那些认为社会主义与资本主义存在根本对立因而反对资本主义制度创造的一切文明成果的观点,以及那些认为社会主义与资本主义在发展中不断“走向趋同”的观点,都是大可怀疑的。它们都没有从现代社会(现代市民社会)的历史方位出发完整地把握中国特色社会主义全面深化改革和扩大开放的时代课题。

① 王伟光:《马克思主义的世界历史理论与中国特色社会主义道路》,《哲学研究》2015年第6期。

第一篇

现代社会的市民社会根基及其思想史考察

市民社会包括各个人在生产力发展的一定阶段上的一切物质交往。它包括该阶段的整个商业生活和工业生活,因此它超出了国家和民族的范围,尽管另一方面它对外仍必须作为民族起作用,对内仍必须组成为国家。“市民社会”这一用语是在18世纪产生的,当时财产关系已经摆脱了古典古代的和中世纪的共同体。真正的市民社会只是随同资产阶级发展起来的;但是市民社会这一名称始终标志着直接从生产和交往中发展起来的社会组织,这种社会组织在一切时代都构成国家的基础以及任何其他的观念的上层建筑的基础。

——马克思、恩格斯:《德意志意识形态》

如马克思所说，市民社会是在“16世纪以来就作了准备、而在18世纪大踏步走向成熟的”。马克思所以能在揭示现代社会的发展规律中创立历史唯物主义并建构起现代社会发展理论，就是因为他批判地继承并发展了以黑格尔为集大成者的近代市民社会理论。当我们撇开名词术语的纠缠，从原则高度审视马克思以“现代市民社会”/“现代资产阶级社会”为历史根基的“现代社会”概念从早期的描述性经验概念转换成中后期的分析性价值概念时，有必要探讨现代社会的市民社会根基及其思想发展史。

第一章　现代市民社会的两种历史传统

恩格斯在《家庭、私有制和国家的起源》中指出：国家是“从社会中产生但又自居于社会之上并且日益同社会相异化的力量”①。如此一来，就有一个前提性问题必须首先予以说明：产生了国家之前的社会与产生了国家之后的社会，两者的本质区别是什么？毫无疑问，摩尔根在《古代社会》(1877)中的论述给我们提供了两个重要启示。一方面，人类迄今为止的一切政治形态，“按时间顺序说”都可以归纳为两种基本形式：“先出现的第一种形式以人身、以纯人身关系为基础，我们可以名之为社会，这种组织的基本单位是氏族……第二种方式以地域和财产为基础，我们可以名之为国家。这种组织的基础或基本单位是用界碑划定范围的乡或区及其所辖之财产，政治社会即由此而产生。”②按照摩尔根的解释，第一种方式的“氏族社会”是古代社会的政治结构，而第二种方式的“政治社会”则是近代社会或文明社会的政治结构。摩尔根从政治结构出发对氏族社会与政治社会的划分，毫无疑问成了社会与国家划分的经典表述。另一方面，摩尔根在论述政治社会的产生时认为，政治萌芽必须从蒙昧社会状态中的氏族组织出发去寻找，然后顺着政治制度的各种演进形态才能下推到政治社会的建立。就此来说，“荷马时代的希腊部落、罗马建城以前不久的意大利部落以及恺撒时代的日耳曼人部落”还都属于“高级野蛮社会”而非“文明社会”③。因此，

① 《马克思恩格斯选集》第4卷，人民出版社2012年版，第187页。

② 摩尔根：《古代社会》上册，商务印书馆1977年版，第6页。

③ 摩尔根：《古代社会》上册，商务印书馆1977年版，第11页。

尽管第一种政治方式“在希腊人和罗马人当中，直至文明发展以后”都“仍然存在”着，但是唯有“竭心尽智”地“创建了乡和市区”因而“创立了第二个伟大的政治方式”之后，希腊人和罗马人才真正地进入到了“文明社会”。①

摩尔根的人类学研究告诉我们，在希腊人和罗马人那里，氏族社会与政治社会是同存的，因而社会与国家是共在的。依这种标准来看，如果说市民社会与政治国家的分离是近代社会的事情，那么它们的同存共在其实早在古希腊罗马那里就是一种客观事实了。因而，探讨市民社会与政治国家分离之前的社会状况或国家状况的发展情况，就必须从古希腊罗马的“政治社会”即“城邦国家”开始。这是探讨现代社会之市民社会根基及其思想发展史的逻辑前提与历史前提。

毋庸置疑，恩格斯在路易斯·亨·摩尔根的研究成果基础上充分利用马克思《路易斯·亨·摩尔根〈古代社会〉一书摘要》而写作《家庭、私有制和国家的起源》的时代，正是“欧洲中心论”大行其道的时候，所以恩格斯只描述了希腊、罗马和德意志三个民族的国家起源问题。事实上，当古希腊罗马接受西亚、北非文明的影响，从原始氏族社会进入阶级文明社会之前，国家就已经在埃及、波斯、印度、中国等东方文明国家经历了两千多年的历史演进。然而，与这些东方国家所表现出来的“神权国家”或“政教国家”的性质不同，古希腊罗马国家一开始就表现出“城邦国家”或“政治国家”的性质。这种国家采取的是公民政治与私人生活合二为一的形式，而且大多数情况下公民政治都处在相对于私人生活来说的绝对优势地位，但它毕竟为市民社会留下了一定的活动空间。正是这种活动空间，使得西方社会结构在经历了中世纪初期的社会分化、裂变与重组后，能够在中世纪欧洲教会权力与世俗权力相互斗争的社会缝隙中产生出“城市公社”、“城市社会”或“城市共和国”那样的新的市民社会形式。由此，古希腊罗马和中世纪欧洲，实际上为近现代市民社会的形成提供了两种历史传统。

---

① 摩尔根：《古代社会》上册，商务印书馆1977年版，第6—7页。

一、“城邦国家”中的公民生活与私人生活

研究古希腊的政治与社会发展史，人们往往会跳过古希腊人的氏族社会制度而直接探讨其“城邦国家”的基本特点。而事实上，古希腊“城邦国家”的确立，乃是希腊人在从氏族社会向政治社会转变过程中，根据其特有的自然环境与社会环境而对希腊政制的自觉建构。就自然环境来说，古希腊山丘纵横且河流交错，土地贫瘠但环海而立。山丘纵横且河流交错的自然环境既在无形之中把希腊社会分割成一块一块小平原、小山丘、小岛屿，同时也为各个部落之间频繁而残酷的战争提供了安全屏障。土地贫瘠但环海而立使得希腊人在农业活动之外，其倚海而居的航海、经商、殖民等商贸活动与掠夺战争具有非常悠久的历史传统。这些自然环境都为希腊城邦的产生和存在提供了便利条件，当然也需要各个城邦建立自己的军队，以保卫城邦独立和内部安全。就社会环境来说，古希腊在公元前 8 世纪至公元前 6 世纪，已经基本完成了从游牧文明到农耕文明的进化，其航海、经商、殖民等商贸活动也发展到了鼎盛时期，各个城邦都急需建立能够适应商贸活动与商品经济的政治制度。但是，与当时西亚的波斯和北非的埃及毗邻而居的希腊，由于见证了这些东方国家那种建立在发达而稳定的农耕文明基础上的君主集权国家所导致的官僚腐败、制度保守、社会停滞、国力衰竭等弊端，因而希望建立一个既能克服东方君主国家的社会弊端，又能保留希腊氏族社会中的民主灵魂，同时还能适应希腊城邦国家的发展需要的国家组织形式。在这种情况下，以人民主权和轮番为治为本质特征的民主政治就逐渐取代了早期希腊的王权政治和贵族政治，成为了希腊各城邦国家的首要选择。①

---

①　与希腊城邦基本上都采用的民主制相比，希腊城邦中唯有斯巴达是一个极其罕见的例外。斯巴达实行的其实是一种由双国王和贵族元老院议事会共同统治的专制统治。这种专制统治的经济基础是建立在土地公有制基础上的自给自足的农业经济，闭塞保守与发展缓慢是其基本的社会特征，因而可以说是希腊城邦中一个较为落后的城邦。当然，这种专制统治是相对于其他希腊城邦的民主制而言的，它与东方国家的那种王权式的专制统治是不同的。但是，因为斯巴达的军队遵纪守法，勇敢坚毅，战斗力强，加上其公民素有质朴奉公的献身精神，所以能够在希腊城邦中长期称雄。参见徐新：《西方文化史》，转引自张国群：《人类出路》，海南出版社 2013 年版，第 84 页。

谈及希腊城邦，首先会联想到亚里士多德（公元前384—前322年）关于“人类自然是趋向于城邦生活的动物（人类在本性上，也正是一个政治动物）”[①]的经典论述。因为这一论述揭示了希腊城邦生活的两个基本事实：一方面，城邦作为一种国家实体，关涉到城邦公民的政治生活与社会生活；另一方面，个人作为城邦的组成部分，必须共同集合于城邦这个整体才能让大家满足其需要。由此出发，亚里士多德从公民与城邦相统一的角度对它们进行了定义：“（一）凡有权参加议事和审判职能的人，我们就可说他是那一城邦的公民；（二）城邦的一般含义就是为了要维持自给生活而具有足够人数的一个公民集团。”[②]亚里士多德的定义说明，“什么是‘城邦’”和“什么是‘公民’”这两个问题其实是“城邦政制”的两个不同面相。希腊的“城邦国家”这种政制问题的本质重要地涉及到了两个根本问题：一是城邦的国家生活，二是城邦的公民身份（公民资格），而将两者串接起来的其实就是作为城邦国家的公民的政治生活。

按照亚里士多德的理解，人们为了满足其自然需要，建立了三种不同层次的社会组织，首先是人类满足日常生活需要而建立的社会的基本形式即“家庭”，其次是为了适应更广大的生活需要而由若干家庭联合组成的初级形式的社会团体即“村坊”。然而，一当由若干村坊组合而为“城邦（城市）”的时候，社会就进化到了“高级而完备的境界”。[③] 之所以这样说有两个原因：首先，在城邦这种社会团体中，“人类的生活可以获得完全的自给自足”，就是说，“城邦的长成出于人类‘生活’的发展，而其实际的存在却是为了‘优良的生活’”[④]；其次，城邦作为“自然的产物”，它是“社会团体发展的终点”。我们在城邦这个终点不仅“见到了社会的本性”，亦因其“极因”（即最终目的）而看到了“这个完全自足的城邦正就是［自然所趋向的］至善

① 亚里士多德：《政治学》，商务印书馆1965年版，第7页。
② 亚里士多德：《政治学》，商务印书馆1965年版，第116—117页。
③ 亚里士多德：《政治学》，商务印书馆1965年版，第6—7页。
④ 亚里士多德：《政治学》，商务印书馆1965年版，第7页。

的社会团体”①。正是看到了城邦具有相对于个人来说的“高级而完备”的“社会团体”优势，亚里士多德特别看重希腊公民个人对于希腊城邦的高度依赖性。他说：“我们确认自然生成的城邦先于个人，就因为[个人只是城邦的组成部分]，每一个隔离的个人都不足以自给其生活，必须共同集合于城邦这个整体[才能让大家满足其需要]。凡隔离而自外于城邦的人——或是为世俗所鄙弃而无法获得人类社会组合的便利或因高傲自满而鄙弃世俗社会的人——他如果不是一只野兽，那就是一位神祇。”②在亚里士多德看来，个人要想成为不被隔离而自外于城邦的人，就要努力地参加到城邦的政治生活中，通过政治参与实现希腊人特有的道德观念。这种对城邦和个人同时有用、能够为人们带来荣誉的道德品性，就是希腊人称之为“幸福”的东西。

可是，在希腊城邦中，只有公民才有资格参加城邦政治生活。这样，城邦的政治生活问题自然转化成了城邦的公民身份（公民资格）问题。事实上，按照每个人的政治地位和法律地位，希腊城邦的人口通常被划分成三个主要阶级：一是奴隶阶级，他们处于社会最底层，毫无政治地位和法律地位，被亚里士多德称为“有生命的工具”、“有生命的财产”③；二是定居本邦的外邦人，他们作为非公民的自由人，虽然适应了城邦经济的商业化发展需要，但却很难取得公民权（除非作出特殊贡献），因而同样没有参加城邦政治生活的权利；三是公民阶级，他们是出身于本邦公民家庭的成年男性（妇女和儿童是没有公民权的自由人），只有他们才有资格参加本邦的政治生活与社会生活。显然，奴隶阶级的毫无地位、外邦居民的无权地位和公民阶级的特权地位，形成了鲜明的对比，更加强化了城邦作为公民团体的性质。④ 这样，在希腊城邦国家中，尽管存在着雅典民主政治与斯巴达寡头政治这两种城邦政制的区别，但它们却有着一个共同的特点：城邦的最高治权

① 亚里士多德：《政治学》，商务印书馆1965年版，第7页。
② 亚里士多德：《政治学》，商务印书馆1965年版，第9页。
③ 亚里士多德：《政治学》，商务印书馆1965年版，第11—12页。
④ 参见晏绍祥：《古典民主与共和传统》（上卷），北京大学出版社2013年版，第11页。

都寄托于公民集体身上。[①] 以此为基础,希腊城邦普遍实行的是一种主权在民的政制原则,"公民大会"与"轮番为治"就是这种主权在民原则的贯彻和落实。以雅典为例,公民不仅可以出席公民大会,参与公民大会的辩论和投票,而且可以轮流参加议事会和陪审法庭,处理国家事务,审理案件,调解纠纷。即使是在"不那么民主"的斯巴达,其国王也由两人担任,且其权力平等;其长老会和监察官也都由多人出任,轮流执政。[②] 不难想象,正是在这种城邦政制中,孕育出了古希腊民主、平等、自由、法治与理性的精神传统。

那么,城邦公民在政治生活之外又是如何生活的呢? 亚里士多德从城邦与家庭的区别出发,认为公民除了基于城邦的"政治生活"或"公共生活"之外,还存在另外一种生活方式,即基于家庭的"家务生活"或"私人生活"。亚里士多德认为,一个完全的家庭是由身份和地位不同的奴隶和自由人(包括家主、妇女和儿童)组成的。家主具有公民权,奴隶、妇女和儿童则没有公民权。在家庭中,奴隶处于依附地位,妇女处于从属地位,他们的存在似乎天生就是为那些处于家主地位的公民创造生活资料,提供生产性、生活性、服务性的活动资料而已。亚里士多德就是从这种整体论和目的论出发理解公民即家主的私人生活的。在他看来,一个完全的家庭除了"主奴关系"、"配偶关系"、"亲嗣关系"这三项要素以外,还有另一项更为主要的要素即"致富技术"[③]。因此,尽管存在着认识上的差别,即"有些人认为整个'家务'就在于致富,另一些人则认为致富只是家务中的一个主要部分",但私人生活或家务管理的主要活动就是"获得财产"则是毋庸置疑的[④]。亚里士多德说:"财产既然是家庭的一个部分,获得财产也应该是家务的一个部分;人如果不具备必需的条件,他简直没法生活,更说不上优良的生活。"[⑤]

---

① 参见晏绍祥:《古典民主与共和传统》(上卷),北京大学出版社 2013 年版,第 8 页。

② 参见晏绍祥:《古典民主与共和传统》(上卷),北京大学出版社 2013 年版,第 8 页。

③ 亚里士多德:《政治学》,商务印书馆 1965 年版,第 10 页。

④ 亚里士多德:《政治学》,商务印书馆 1965 年版,第 10 页。

⑤ 亚里士多德:《政治学》,商务印书馆 1965 年版,第 11 页。

由此出发,亚里士多德不仅区分了两种“获得财产的技术”,即“为生活而从事于觅取有限的物资”的“自然的”“家务管理”和“专以聚敛财富(金钱)为能事”的“不合乎自然的”“货殖”,而且认为作为“家主和政治家”的公民应该熟悉家务管理这种获得财产的自然技术,因为这种致富方式和技术“不但有益于家庭团体,也有益于城邦团体”①。一方面,对于城邦公民来说,自外于城邦的公共生活而过一种彻底的私人生活,“首先意味着被剥夺了对真正的人的生活具有本质意义的东西:被剥夺了来自于被他人看见和听见的现实性,被剥夺了与他人的‘客观’关系,被剥夺了达到比生命本身更加永恒的境界的可能性”②。所以,无论对于那些想通过参与城邦政治而保持与公民集体或公共生活联系的普通公民,还是对于那些想作为有闲阶级而从事修养德性、担任公职的行政人员以及议事和审判人员等著名人物,都必须拥有一定的财产作为政治保障。正如阿伦特所分析的那样:“从历史上看,无论是财富还是财产都比其他的私人事情或私人关怀对公共领域具有更重要的意义,两者至少在形式上或多或少起着相同的作用,成为一个人进入公共领域、具备充分的公民资格的主要条件。”③另一方面,对于作为城邦公民的家主来说,无论是对“无生命工具”还是对“有生命工具”(奴隶)的管理,都是对其“家有财产”的管理。由于“家务和政务,以及主人的治理奴隶同政治家和君王统治人民完全相同”④,所以,家务管理即家有财产管理这种致富技术,在更高的意义上其实是对公民政治能力的训练与培养。以这种观点审视希腊人对于家务管理与公民生活和私人生活的关系可以发现,他们虽然在家务生活或私人生活方面保有充分的活动空间因而保有一定的个人自由,但最终还是将其消弭到了公民的政治生活与公共生活这种城邦自由之中去了。正如阿伦特所说:“‘私人的’一词,就其原初的剥夺涵

---

① 参见亚里士多德:《政治学》,商务印书馆 1965 年版,第 21—29 页。

② 汉娜·阿伦特:《公共领域和私人领域》,载汪辉、陈燕谷主编:《文化与公共性》,生活·读书·新知三联书店 1998 年版,第 90 页。

③ 汉娜·阿伦特:《公共领域和私人领域》,载汪辉、陈燕谷主编:《文化与公共性》,生活·读书·新知三联书店 1998 年版,第 92 页。

④ 亚里士多德:《政治学》,商务印书馆 1965 年版,第 10—11 页。

义而言，只有与公共领域的多元性联系起来才有意义。”①“古代人必须每天穿越横亘在他们面前的那条鸿沟，越过狭窄的家庭领域，‘升入’政治领域。”②

遗憾的是，无论是柏拉图（公元前427—前347年）的《理想国》还是亚里士多德的《政治学》，他们对城邦国家的论述都只是一种历史想象。一方面，希腊人对城邦的公民身份（公民资格）的认同本身受到荷马理想的巨大影响，存在着贵族主义的文化倾向，体现出非常明显的排他性与不平等性。其最大特点是，与物质财富的功利性追求不同，希腊人更加注重精神世界的非功利性追求，因而对体力劳动和体力劳动者极其鄙视，往往将人划分成高贵者和低贱者、贵族和平民两类，认为他们在外貌、体格、能力、德性等所有方面都是不平等的。③ 不仅如此，就是公民阶级，其参政的范围与程度也是各不相同的。在有闲阶级的阶级人数不可能比现在一个与之同等规模城市的有闲阶级人数还多的希腊城邦，绝大多数公民都还只是依靠自己的劳动来维持生活的商人、工匠或农民（他们除了人身自由等基本权利能够得到保障外，其他权利绝大部分时间都处于“蛰伏”状态）的情况下，“只有那些能够担任公职、出任元老的人能经常行使他们作为公民的权力”，因为“只有他们才有充分的时间全面了解有关国家的事务，也只有他们有足够的财力接受必要的演说训练”④。显然，这种实际情况是和希腊城邦所主张的主权在民的政制原则背道而驰的。至少它为我们揭示了这样一个事实，古希腊的城邦政制实行的其实是包含着不同程度的民主因素，但远非真正民主的政体形式。

另一方面，希腊城邦之所以能够实行主权在民、轮番为治的政制原则，那也是由希腊城邦在基本上都是“小国寡民”的社会状态所决定的。在这

① 汉娜·阿伦特:《公共领域和私人领域》，载汪辉、陈燕谷主编:《文化与公共性》，生活·读书·新知三联书店1998年版，第89—90页。

② 汉娜·阿伦特:《公共领域和私人领域》，载汪辉、陈燕谷主编:《文化与公共性》，生活·读书·新知三联书店1998年版，第66页。

③ 参见晏绍祥:《古典民主与共和传统》（上卷），北京大学出版社2013年版，第69页。

④ 晏绍祥:《古典民主与共和传统》（上卷），北京大学出版社2013年版，第35、16页。

里，“城邦的大小（人口的多寡）”成了希腊城邦政制实行主权在民、轮番为治这种直接民主政治的决定性因素。比如，柏拉图理想中的城邦国家的公民人数仅有五千多人，亚里士多德虽然没有具体规定其理想国家的公民人数，但是却对“城邦的大小（人口的多寡）”进行了原则上的规划。他说：“一个城邦最适当的人口限度：这该是足以达成自给生活所需要而又是观察所能遍及的最大数额。”[①]总之，希腊城邦由于其范围相对狭小、公民人数相对较少的“小国寡民”状态，使它能够实行主权在民的直接民主制度。这既是它的优势，也是它的局限所在。空间狭小、人口较少的“小国寡民”状态，使希腊人能够有条件实行公民直接参政的民主政治，但也容易滋生城邦本位主义——希腊城邦不仅拒外邦人于公民权之外，而且对相邻城邦的情况漠不关心，这必然导致城邦之间各自为政的发展格局。这种情况能够适应民族社会向政治社会的转变，但却无法适应城邦政制向大一统式帝国政制的转变。

史学界普遍认为，在经历了雅典和斯巴达为争夺希腊霸权而爆发的伯罗奔尼撒战争[②]后，希腊城邦政制即开始走入下坡路。依此标准，柏拉图生活在希腊城邦的危机时代，而到亚里士多德时，希腊城邦已经分崩离析了。显然，在一个城邦基础已经在某种程度上瓦解、形态已经不再是城邦的国家中，亚里士多德还希望用城邦的政治手段恢复城邦的政制体系，显然是脱离历史发展实际的一种历史想象，而罗马共和国时期对包括了高级官职（包括执政官、副执政官和监察官）与低级官职、元老院和公民大会于一体的共和政治的实践，充其量也只是希腊“城邦政制”临死前的一种“回光返照”。正因此，学术界普遍认为，亚里士多德的去世，乃是一个具有历史意义的大事件。如萨拜因所说：“在政治哲学史中，亚里士多德于公元前 322 年的逝

---

① 亚里士多德：《政治学》，商务印书馆 1965 年版，第 361—362 页。

② 伯罗奔尼撒战争是以雅典为首的提洛同盟与以斯巴达为首的伯罗奔尼撒联盟之间的一场战争。这场战争从公元前 431 年一直持续到公元前 404 年，期间双方曾几度停战，最终斯巴达获得胜利。这场战争结束了雅典的经典时代，也结束了希腊的民主时代，强烈地改变了希腊的国家。几乎所有希腊的城邦都参加了这场战争，其战场几乎涉及了整个当时希腊语世界。在现代研究中也有人称这场战争为“古代世界大战”。

世标志着一个时代的结束，正如他那位比他早去世一年的伟大学生的一生标志着一个新的政治学时代的开始以及欧洲文明史的开始。城邦的失败乃是政治思想史上的一条十分明确的分界线。”①事实也说明，在经历了最初亚历山大的征服及其继承者的分割，以及后来罗马共和国和罗马帝国对希腊化国家②的征服之后，古典时期的希腊城邦再也无法作为自足的政治单元而独立存在了，城邦不仅让位给了军事化的帝国这种更加强大的政治单元，而且日益丧失了其独立性。到公元前1世纪的时候，不管是雅典式的民主政治、斯巴达式的寡头政治，还是罗马式的共和政治，都先后退出了实际的政治生活。

然而，城邦政制退出了历史舞台，对城邦政制特别是城邦与公民关系的观念反思与思想反拨却伴随着马其顿帝国和罗马帝国对希腊世界的先后征服而在希腊化时期③取得了历史性突破。伴随着长期征服带来的战争、动乱以及生活贫困和颠沛流离，那些失去城邦保护的个人在庞大帝国的战争机器面前既失落又无助，开始从关注城邦的政治生活和公共生活转而寻求个人内心深处的灵魂安宁和伦理修养，由此产生出以伊壁鸠鲁学派和斯多葛学派为主要代表的哲学流派。伊壁鸠鲁不仅以偶然性的形式分析了人的自由意志，而且从社会契约角度论述了个人与社会正义的问题。斯多葛学派则分别在马其顿和罗马统治的不同时期形成了早期斯多葛学派和晚期斯多葛学派。早期斯多葛学派站在“众生平等”的立场上，提出了自然法思想的最初萌芽。他们提倡不分种族的大同世界和抽象普遍的世界公民，主张

---

① 萨拜因：《政治学说史》（上卷），上海人民出版社2008年版，第183页。

② 亚历山大死后，他的四大将军之间发生了争权夺利的激烈斗争，到公元前3世纪上半叶陆续形成一系列各具特色的希腊化国家。后来，罗马在向地中海东部地区扩张的过程中，利用希腊化诸国的各种矛盾灭亡了它们，逐步使各希腊化地区并入罗马。

③ 从公元前323年马其顿国王亚历山大去世直到罗马帝国完全确立之前的历史时期被称为“希腊化”时期。希腊化时代占主导地位的政体，是存在地区差异的以国王为中心的君主专制。大批马其顿人和希腊人移居埃及和西亚各地，使在很大程度上与希腊城邦体制有关的城市制度在西亚等地得到发展。当然，除了以马其顿人和希腊人为公民主体的城市外，还有一些各地原有的以寺庙为中心的城市或公社。这一时期希腊文化在伴随着帝国的扩张而向四周迅速传播的同时，其自身也经历了巨大的发展变化。

根据个体的人的实际处境把他们划分为道德和政治两个不同的序列,从而对政治与伦理采取了截然二分的态度,提出了“人的双重忠诚”的社会思想:作为普遍的人类中的一员,作为世界公民,人应该忠诚于源于人性的自然法;作为某一国家的一位公民,作为某一种族中的一员,人应该忠诚于该国家的人为法或习惯习俗。可以发现,这种思想已经在悄无声息间实现了社会政治哲学的一种历史跃迁:将城邦政制中关于城邦与公民、城邦与政治的关系问题推进到了帝国政制中有关个人与人类、个人与伦理的关系问题。这种思想到了罗马统治时期虽然被顺应自然、服从整体、不问政治的主流思想所改变,但对于个人与人类关系的思考则成了此后人们的思想常识。在这一过程中,无论是伊壁鸠鲁学派对个人与社会问题的关注,还是斯多葛学派对个人与人类的理解,都本质重要地标志着一种新的、以个人为中心的社会思想的产生。正如塔恩所说:

> 作为一种政治动物(亦即作为一种 polis 或自治城邦之一分子)的人,已经随着亚里士多德的去世而终结了;作为一个个人的人,则始于亚历山大。这种个人既需要考虑如何安排自己的生活,又需要考虑他与其他个人的关系(他同这些个人构成了“人们居住的世界”);为了满足前一需要,产生了种种研究行为的哲学,而为了满足后一需要,则产生了某些新的有关四海之内皆兄弟的思想。①

总之,伴随着城邦的衰落、失败和帝国的征服、统治,当人们不得不学会作为一个个人去生活和思想的时候,“个人”概念终于出现在了欧洲文明史的地平线上。从“作为一种政治动物的人”的政治生活与公共生活出发竟然发展出了一种与其相对而立的“作为一个个人的人”的自由意志与私人生活,难怪萨拜因将这一根本性变化调侃为是亚里士多德之后“最为戏剧性的对照”②。

对于亚里士多德之后城邦政制的这种发展趋势,罗马哲学家西塞罗

---

① 转引自萨拜因:《政治学说史》(上卷),上海人民出版社 2008 年版,第 183—184 页。

② 萨拜因:《政治学说史》(上卷),上海人民出版社 2008 年版,第 183 页。

(公元前106—前43年)有着非常独特的历史感悟,这从他将在希腊语πολις(polis)基础上形成的politike koinonia翻译成societas civilis就可看出。在希腊语中,“政治”、“城邦”、“公民”等词语,全都出自同一个词根πολις(polis),意指同“乡郊”相对的“堡垒”或“卫城”,后来人们就把卫城、市区、乡郊统称为一个πολις(polis),综合土地、人民及其政治生活而赋予了其“城邦”或“国家”的意义。① 在这里,πολις(polis)既指城市又指国家,或同时指两者,但它首先指的是相互依赖的个人与城市组织结合在一起的社会共同体及其中的社会政治生活。正因此,亚里士多德在其《政治学》中首先提出了politike koinonia的概念,用它指称政治共同体或城邦国家,即“自由和平等的公民在一个合法界定的法律体系之下结成的伦理—政治共同体”②。而西塞罗在公元前1世纪将politike koinonia翻译成拉丁文的societas civilis时就赋予了其更为宽泛的意义,不仅意指“单一国家,而且也指业已发达到出现城市的文明政治共同体的生活状况。这些共同体有自己的法典(民法),有一定程度的礼仪和都市特性(野蛮人和前城市文化不属于市民社会)、市民合作及依据民法生活并受其调整,以及‘城市生活’和‘商业艺术’的优雅情致”③。显然,西塞罗对societas civilis从而对politike koinonia因而也是对πολις(polis)的意义界定,恰恰反映了罗马法观念从市民法向万民法甚至统一法转变的社会现实,因而是从野蛮与文明、国家与社会、公民与市民的多重视野出发对城市共同体的理论界定。正因此,当西塞罗对societas civilis的意义规定在14世纪为欧洲人广为接受并将其翻译成英文civil society时,它就同时具有了“文明社会”、“公民社会”、“市民社会”等多层含义,尽管它们在本质上都是“城市社会”的不同译法。

总之,从希腊时期规模有限的城邦社会发展到罗马时期疆域辽阔的帝国体系,从城邦公民的政治生活和公共生活发展到帝国居民的商业生活和

---

① 参见亚里士多德:《政治学》,商务印书馆1965年版,第113页注①。

② 柯亨、阿拉托:《市民社会与政治理论》,转引自何增科:《市民社会概念的历史演变》,《中国社会科学》1994年第5期。

③ 《布莱克维尔政治学百科全书》,中国政法大学出版社1992年版,第125—126页。

私人生活，从特别注重公民的政治生活发展到更加重视市民的私人生活，这就是城邦国家的兴起及其衰退带给我们的历史遗产。它说明，随着“作为一个个人的人”的概念的出现，市民社会在公民社会的母体中已经发育出了它的胚芽。

二、“城市社会”中的市民等级与市民社会

法国历史学家基佐在《欧洲文明史》（1828）中对东方文明与欧洲文明作了非常独特的区分。他认为，东方国家埃及、印度等之所以陷入一种长期停滞状态乃是因为其文明原则的单一性使然。这种单一性原则有时候能够导致一种惊人的发展，但在这惊人的腾飞之后往往会是突如其来的耗竭和衰落。“国家并没有被毁灭，社会继续存在，但一动也不动，仿佛冻僵了。”①与此相反，近代欧洲文明则具有一种多样性特征：“社会组织的一切形式、一切原则都在其中并存着；宗教的和世俗的势力；神权政治的、君主政治的、贵族政治的、民主政治的成分；各行各业，各式人等互相混合、互相挤压；存在着无数程度不等的自由、财富和势力。这些各色各样的势力处于一种互相不断斗争的状态，然而没有一个能消灭其他势力而占有整个社会。”②基佐的这一区分尽管夸大并美化了欧洲文明，但用来分析中世纪欧洲的社会状况，确实具有一定的指导意义。

罗马政制、罗马军队和罗马法，像三驾马车一样，使罗马帝国从公元前27年奥古斯都大帝登位到公元180年奥勒留皇帝去世的两百年里空前强盛。伴随着帝国的强盛的，就是那个以罪为经、以爱为纬的基督教的兴起以及罗马皇帝对它的血腥镇压。直到313年君士坦丁大帝颁布“米兰赦令”，基督教才取得了合法地位。380年基督教更是被定为罗马国教，成为官方支持的唯一宗教。与此同时，罗马帝国却盛极而衰。道德败坏，生活奢靡，

① 基佐：《欧洲文明史》，商务印书馆1998年版，第22页。

② 基佐：《欧洲文明史》，商务印书馆1998年版，第23页。

宫廷内乱，连年内战，再加上奴隶制度的穷途末路和北方蛮族的觊觎侵扰，君士坦丁大帝于330年将帝国主力东迁至拜占庭。395年狄奥多西一世死后，罗马帝国就永远地分成了东西两半。此后，随着5—6世纪时北方日耳曼蛮族对罗马帝国的入侵而在西部帝国原来地盘上建立起诸多王国。伴随着这些王国的不断扩张，特别是法兰克王国在后来的分裂组合，终将西罗马帝国楔成了碎片化的社会格局。然而，7世纪中叶开始的阿拉伯人（信奉伊斯兰教的穆斯林人）对欧洲的侵略性进军，尽管因为拜占庭帝国和法兰克王国的英勇抵抗而粉碎了它对基督教欧洲两翼实行包抄合围的强大攻势，但却对西部欧洲后来的社会秩序与发展轨迹产生了巨大影响。

一方面，阿拉伯人入侵的直接后果是封锁了地中海，基本上中断了自古希腊以来的海上贸易与商业活动。在古希腊罗马时期，地中海一直是商业贸易的中心。无论是马其顿帝国还是罗马帝国，都把地中海作为它的一个内湖，因而是沟通东西的重要纽带。虽然说从3世纪末期起这种商业贸易随着罗马帝国的衰落也出现了逐渐衰退的现象，但就是在日耳曼人入侵之后也一直没有中断过。然而，“日耳曼人入侵以后得以幸存的世界秩序，在伊斯兰教的入侵中却难免于难。一场全球性大灾难的不可抗拒的力量将世界秩序抛出了历史的轨道。”①随着伊斯兰教扩张力量的快速推进及其对地中海的封锁，古代世界的秩序被摧毁了——“古代世界聚集起来的地中海共同体完结了”②。从此以后，“地中海把欧洲的东部和西部分开，而不是将其统一起来。原来联结拜占庭帝国与西部日耳曼诸王国的纽带断裂了。”③伊斯兰教入侵对地中海文明的中断，也就是对海上贸易与商业活动的中断，更是对以商业贸易为主要活动的城市文明的中断。这种断裂是重要的，因为它让商业凋敝，让城市衰落，让城邦时期积聚起来的个人力量和市民社会的胚芽在经历了妊娠的剧烈反应期并沉寂了几个世纪之后重新释放出来。

另一方面，阿拉伯人入侵的间接后果是成就了法兰克王国的内陆国家

---

① 皮雷纳：《中世纪的城市》，商务印书馆1985年版，第15页。
② 皮雷纳：《中世纪的城市》，商务印书馆1985年版，第15页。
③ 皮雷纳：《中世纪的城市》，商务印书馆1985年版，第15页。

优势，确定了其为欧洲中世纪奠基者的历史地位。随着罗马帝国的分裂特别是西罗马帝国的灭亡，作为欧洲大陆新主人的日耳曼人开始登上历史舞台。在他们建立的十多个大的王国中，法兰克王国只是其中一个，尽管在随后的扩张中它占据着越来越重要的地位。但是，由于阿拉伯人的入侵封闭了地中海，西部欧洲的重心从以前的地中海沿岸“北移”了，这就使得“在西部仅起第二流历史作用的法兰克王国将要成为西部命运的主宰”创造了条件①。尽管法兰克王国强盛时期在地理位置上已经达到了地中海沿岸，但从总体上来说，由于“在这个从此以后切断了与地中海的联系的国家里，南方人只起次要的作用”，又由于法兰克王国“基本上是一个内陆国家，它对外再无交往，是一个封闭的国家，一个没有出口的国家，生活在几乎完全隔绝的状态之中”，因而法兰克王国尽管也实现了“以推翻传统的世界秩序作为基本条件”从而“为中世纪欧洲奠基”的历史使命，但是其实现这种历史使命的经济基础在相当大的程度上却是由它作为内陆国家和农业国家的双重特性决定的。② 正因此，皮雷纳认为，无论查理大帝时代在其他方面的成就看起来是多么辉煌，但“从经济观点来看，它是一个倒退的朝代”③。

法兰克王国及其后来的分裂为中世纪欧洲奠基的主要成果，就是在综合吸收罗马社会、日耳曼传统和基督教精神的基础上创建的中世纪主义秩序，它包括了封建制度和基督教社会这两个方面的重要内容。

（1）封建制度。按照汤普逊的说法：“罗马贡献了财产的关系，日耳曼人贡献了人身的关系，它们的结合形成了封建制度的主要性质。”④具体地说，欧洲中世纪的封建制度就是一种以土地分封、军事采邑、领主政治、庄园经济、人身依附为特征的等级社会和特权社会，它既是一种国家管理制度也是一种社会经济形态。在这种社会制度下，等级森严，界限分明，每个人都处于一定的等级系统中。尤其值得注意的是，在军事采邑的封建庄园中，庄

① 皮雷纳：《中世纪的城市》，商务印书馆 1985 年版，第 17 页。

② 皮雷纳：《中世纪的城市》，商务印书馆 1985 年版，第 17—19 页。

③ 皮雷纳：《中世纪的城市》，商务印书馆 1985 年版，第 27 页。

④ 汤普逊：《中世纪经济社会史》下册，商务印书馆 1963 年版，第 325 页。

园居民不仅是庄园主即领主的佃农,而且直接就是他的臣民,领主以其无上权力决定着每个人的权利和义务。因此,封建制度的确立产生了一个显然十分重要的变化:"它改变了人口在地面上的分布"①。这个变化对于欧洲文明的性质和进程发生的影响主要体现在三个方面:"居社会优势的成分、社会的管理突然从城市转到乡间;私有财产渐渐变得比公共财产更为重要;私人生活比公共生活更为重要。"②封建制度在6—7世纪就开始了,经过8—9世纪的拼装重组,到10—11世纪时终于形成,在12—13世纪时达到高峰。

(2)基督教社会。日耳曼人侵入罗马后的一个具有历史意义的现象是,日耳曼人用武力征服了罗马帝国,而罗马帝国则用宗教征服了日耳曼人。侵入罗马帝国后建立的日耳曼诸王国最终都皈依了基督教。这其中,日益强盛的法兰克王国功不可没。最早是克洛维国王的皈依确保了基督教在西部欧洲的优势地位,然后是矮子丕平把罗马城及其附近的土地赠与教皇,最后是查理曼大帝直接由教皇加冕称帝。这一系列重要事件伴随着正在形成中的封建制度,促成了教会权力的出现和基督教社会的独立,最终确立了教会势力对世俗生活的支配地位。如果说,"世俗势力与宗教势力之分离"还只是"5世纪时基督教教会赐予欧洲世界的三大恩典"③中的其中之一,那么随着基督教对法兰克人的征服以及法兰克军队的四处扩张,基督教神权和日耳曼政权就已经在逐渐地彼此融合并且重合了,在罗马帝国的中心终于建起了一个独立而日益强大的基督教国家。④ 正是在这种意义

① 基佐:《欧洲文明史》,商务印书馆1998年版,第63页。

② 基佐:《欧洲文明史》,商务印书馆1998年版,第64页。

③ 基佐:《欧洲文明史》,商务印书馆1998年版,第36页。

④ 基督教在早期为了自身的发展,提出了"把上帝的给上帝、把凯撒的给凯撒"的二元论观点。奥古斯丁的关于"上帝之城"与"地上之城"的学说就是适应这种二元发展的需要而提出来的。罗素在《西方哲学史》中就指出,中世纪的所有二元对立,如僧侣与世俗、天国与地上、拉丁与条顿等,都可以在教权与王权的二元对立中表现出来。虽然教权与王权在不同时期和不同地区出现过因为"任命权"而互争雄长的情况,如教皇波尼伐斯八世与英王爱德华一世和法王菲利浦四世的斗争、教皇约翰十二世与巴伐利亚王列维斯的斗争等,但从总体上来说,9—12世纪是一个教权逐渐上升并最终达到高峰的过程。

上，汤普逊认为：

中世纪的历史基本上是中世纪教会的历史。……教会在一个惊人的程度上把宗教活动和世俗事务、理想观念和实践行为联在一起。如果说它的头是在天堂上，它的脚则一向是立在地面上的。①

教会成长为一个大地主。土地不仅是当时物质财富的最普遍形式，也是几百年来差不多独一无二的财富生产形式。教会的土地占有权和世俗性，跟着时间的进展而给教会带来了政治权力、优越的社会地位和经济的资源以及那管理和控制社会的权力。②

总之，一方面是城市商业的衰落，另一方面是封建制度和基督教社会的确立，这两个方面"此消""彼长"，共同构成了中世纪后期商业复兴和城市发展的社会背景，为市民社会的最终生成奠定了隐蔽的社会基础。

然而，商业的沉沦和城市的沉寂不可能永远持续下去。正如基佐所说：

封建制度一旦彻底建立，人人各就各位，定居在自己的土地上，停止了流动的生活。这样过了一些时候，市镇又获得一点重要性，再次显出活力。……只要人们瞥见秩序与和平的一丝光亮，就产生了希望，随着希望又工作起来。市镇也是这样。封建制度的大局甫定，采邑领主就有了新的需求，又想有所进取和改善。为了满足这需求，商业和工业重又在领地上的市镇里出现。③

在这里，我们首先必须像皮雷纳那样提出这样一个问题："9世纪时在西部欧洲那种基本上以农业为基础的文明中，是否有城市存在？"皮雷纳认为，对这个问题的回答要"根据所给予城市一词的含义"而区别对待：

如果所指的是一个地方，其居民不是以耕种土地为生，而是从事商业和工业，那么回答应该是"否"；如果我们把城市理解为一个社会，具有法人的资格，并拥有自己特有的法律和制度，那么回答也是否定的。反之，如果我们认为城市是一个行政中心或者一个堡垒，则我们不难相

---

① 汤普逊：《中世纪经济社会史》下册，商务印书馆1963年版，第262页。

② 汤普逊：《中世纪经济社会史》下册，商务印书馆1963年版，第262页。

③ 基佐：《欧洲文明史》，商务印书馆1998年版，第121—122页。

信加洛林时代几乎与其后的数世纪有着同样多的城市。这就是说存在于当时的城市没有中世纪和近代城市的两个基本属性——市民阶级的居民和城市组织。①

显然,依据“市民阶级的居民”和“城市组织”这两个标准,中世纪早期是没有“城市”的,有的只是“城镇和城堡”。这种“城镇和城堡”作为通常意义上的“城市”,他们“当时所起的作用”是明显不同于“城市以后所起的作用”的。然而,由于“城镇和城堡在城市的历史上起过重要的作用。可以说,它们是城市的踏脚石”②。因此,探讨中世纪晚期的“城市”就必须探讨其与中世纪早期的“城镇和城堡”的内在关系。倘若我们对西欧城市发展史进行一番梳理就会发现,中世纪早期是城镇和城堡代替城市成为政治中心,而中世纪晚期则是城市在城镇和城堡的基础上转型为工商中心。

如前所述,中世纪欧洲是以封建制度和教会社会为根本组织的社会制度。在这种社会中,一方面,罗马时代遗存下来的城市尽管“缩小和萧条了”,但是“还继续存在”着,然而其功能却发生了根本变化:首先,由于不再是“商业中心”,这些古代的罗马城镇“十分显然地失去了大部分的人口”,它们的“城市特性”随着商人一起消失了;其次,由于充当了主教们的“驻节地”,这些城镇“虽然在世俗管理方面失去了作用,但是并未失去宗教管理中心的性质”,罗马遗存下来的城镇建筑大多被改换成了修道院那样的新型城堡;最后,由于城镇既是主教驻节地同时“又是堡垒”,主教管辖的城市自然成为附近居民的避难所——“城镇不折不扣地是受到侵略、掠夺和充满恐怖的社会的保障”。虽然由于此后城堡的大量建立,使得城镇不再单独起这种保护作用。③ 另一方面,受到“我的附庸的附庸不是我的附庸”的观念影响,封建诸侯或庄园领主之间的私法私战极其盛行。出于自我防御的军事需要,封建诸侯或庄园领主纷纷仿效希腊城邦的传统而建造出一个个拔地而起的庞大城堡。城堡最先是“军事设施”,后来又加上了“行政中

① 皮雷纳:《中世纪的城市》,商务印书馆 2006 年版,第 36 页。

② 皮雷纳:《中世纪的城市》,商务印书馆 2006 年版,第 49 页。

③ 参见皮雷纳:《中世纪的城市》,商务印书馆 2006 年版,第 38—45 页。

心”的性质。尽管如此，城堡却“没有显示出一丝一毫的城市特性”：

> 战时居民到那里避难；平时他们去那里参加审判会或者缴纳应缴的贡赋。……居民中除了作为主要组成部分的骑士和教士以外，只有他们雇来为他们服务的人，这类人的数目肯定是很少的。他们是城堡的居民，而不是城市的居民。在这样的环境中，商业和工业不可能出现，甚至无法想像。这样的环境本身不生产任何东西，靠邻近的土地的收入生活，只起消费者的作用，别无其他经济作用。①

总之，“城市虽然还存在着，可是它已经失去了工匠和商人居民以及罗马帝国残存下来的市政组织”②。因此，“无论就城市这个词的社会意义、经济意义或法律意义来说”，中世纪早期“都不存在城市这个东西”；“城镇和城堡只是筑垒之地和行政中枢”③。

然而，10—11 世纪开始的商业复兴改变了一切。随着日耳曼人的归化和阿拉伯人侵略的消退，西欧人民终于能够在大陆腹地的封建庄园中集中精力发展他们的农业经济了。自 1050 年前后起，西欧出现了农业革命和人口增长这样两个互相影响、互相促进的历史现象。“人口增加和重新活跃（前者既是后者的原因也是结果）转过来有利于农业经济。但是人口增长必定也对商业产生影响。”④有了人口和财富的增加，就为以农业和土地为基础的西欧经济奠定了坚实的物质基础，也为商业复兴奠定了稳固的物质基础。与此同时，1096 年开始的第一次十字军东征也标志着地中海重新回到了欧洲的怀抱，标志着东西方商路被打通了。这样，从 10—11 世纪起，欧洲商业进入了复兴时期。这种复兴是从南欧地中海沿岸（主要是意大利）和北欧波罗的海与北海沿岸（主要是尼德兰和德意志）这两个策源地逐渐向欧洲大陆腹地推进并展开的。

---

① 皮雷纳：《中世纪的城市》，商务印书馆 2006 年版，第 48 页。

② 皮朗：《中世纪欧洲经济社会史》，上海人民出版社 1964 年版，第 37 页。中文版《中世纪欧洲经济社会史》的作者皮朗和中文版《中世纪的城市》的作者皮雷纳其实是同一个人，即比利时著名历史学家 Henri Pirenne（1862—1935 年）的不同译名。

③ 皮雷纳：《中世纪的城市》，商务印书馆 2006 年版，第 48 页。

④ 皮雷纳：《中世纪的城市》，商务印书馆 2006 年版，第 53 页。

商业的复兴必然带来城市的兴起,它所引起的变化首先就是西欧城市结构的改变。"中世纪城市的起源与……商业复兴直接相关,前者是果后者是因,这是毋庸置疑的。"①简单地说,以商业为生的商人最初必然聚居在城镇或城堡等设防地点之内以供应它们的生活必需品。然而,由于"城堡只是四周用城墙围起、面积狭窄有限的堡垒",所以结果只能是"由于缺少地方,商人们从一开始就不得不定居在城堡之外"。他们在城堡旁边建起一个"外堡"(forisburgus)或"郊区"(suburbium),并且以"新堡"(novus burgus)相称,以区别于与之相连的封建城堡即"旧堡"(vetus burgus)。② 这里最关本质的地方就是,功能上的相互区别以及现实中的相互融合,使得"城市"诞生了:

> 较老的一个是堡垒,另外较新的一个是商业地点。正是通过这两种成分的逐渐融合,第一个一点一点被第二个所吸收,城市诞生了。③

> 中世纪城市,是从某个城堡前面或附近的"堡"的一个地方化的商人集团兴起来的。我们必须区别两个中心:一个老的和军事的——城堡,另一个新的经济社会——"堡"。最后,后者并吞了前者,因而两者合成为一个社会了。④

城市最先是在意大利北部和尼德兰及其附近地区为数有限的地方发展起来的,然而从 11 世纪到 15 世纪,在欧洲大约诞生了 5000 个左右的城市和市镇,一些地区甚至有一半以上人口从农业转向了商业。

总之,"城市的兴起,论过程,是演进的;但论结果,是革命的"⑤。城市兴起的最大的革命性成果就是社会政治结构的改变和市民社会雏形的出现。这表现为相互联系的几个方面。

首先,商业的复兴和城市的兴起产生了以经商为职业的商人群体以及

---

① 皮雷纳:《中世纪的城市》,商务印书馆 2006 年版,第 85 页。
② 皮雷纳:《中世纪的城市》,商务印书馆 2006 年版,第 91 页。
③ 皮雷纳:《中世纪的城市》,商务印书馆 2006 年版,第 93 页。
④ 转引自汤普逊:《中世纪经济社会史》下册,商务印书馆 1963 年版,第 418 页注①。
⑤ 汤普逊:《中世纪经济社会史》下册,商务印书馆 1963 年版,第 424 页。

商人阶级，而商人的出现反过来又刺激了商业繁荣与城市扩张，这种相互作用必然把城乡重新联为一体。在一个以农业为基础的封建文明中，在一个人民依附于土地、每个人隶属于一个领主的社会组织中，商人能够周游各地而不属于任何人，这本身就显示了商人“不仅是自由人而且是享有特权的人”的特殊性，显示了他们“摆脱了仍然压在农民身上的领地权力和领主权力”的自由性。[①] 按照皮雷纳的说法，商业适应着人类“追求冒险”与“喜爱谋利”的本性，因此在本质上具有“传染性”和“渗透性”。[②] 商业活动的这种传染性和渗透性使它成为了一种开放的外向型活动，在 12 世纪时就使西部欧洲开始摆脱传统农业活动那种静止的封闭状态。慢慢地，商业和工业不再仅仅处在“从属于农业”的地位，而是反过来支配农业；农业产品不再只是供土地所有者和耕作者的消费品，而是作为交换品或原料被卷入到“总的商品流通系统”中。这样，禁锢着经济活动的领地制度的框框被打破了，乡村重新趋向于城市。日益紧密的利害关系使得城市和乡村之间的相互依赖显著增强。

其次，城市的发展壮大和城市生活的强化，培育了城市市民等级与市民阶级，最终使他们成为了继教士、贵族之外的“第三等级”。随着商业和商人的出现，一个全新的市民阶层在城市生活中崭露头角。虽然说市民并不都是商人，但在最初的时候，市民指的就是那些与商业活动有着直接联系的人，正如皮雷纳所说：

> 商人聚居地称为新堡，以别于原来的旧堡。从而新堡的居民最迟从 11 世纪初期起得到市民（burgenses）这个名称。……这个词于 1007 年第一次出现在法兰西；1056 年出现在佛兰德尔的圣奥梅尔；以后经莫泽尔河地区（1066 年出现在于伊）传入神圣罗马帝国。因此新堡即商人城堡的居民，得到了或者更可能是他们为自己创造了市民这个名称。奇怪的是，这个名称从来没有应用于旧堡的居民。旧堡的居民被

---

① 皮雷纳：《中世纪的城市》，商务印书馆 2006 年版，第 83 页。

② 皮朗：《中世纪欧洲经济社会史》，上海人民出版社 1964 年版，第 24 页。

> 称为堡垒的居民或营地的居民。这进一步地并且特别有意义地证明，城市居民的起源问题不应在原来堡垒的居民之中而应在移民之中去寻找答案，商业使得移民大批来到原来堡垒的周围，并且从11世纪起移民开始将老居民同化。①

正因为"市民"是一个新出现的名称，所以"市民这个名称不是一开始就普遍使用的。除了市民这个名称以外，根据老的传统，公民(cives)这个名称仍旧使用"②。最初的市民阶级，除了商人以外，还包括数量相当大的被雇用来从事"一切经商所必需的用品的人"以及为了维持城市居民的日常生活的"数量很大而且行业日益增多的手艺人"③。城市最初还可以通过原来的仆役和工匠提供这样的人员，但随着商业和城市规模的扩大，这些人员就只能"从外面"获得了。久而久之，市民的概念就由最初的商人阶级扩大到了所有的城市居民身上，并且形成了一个具有高度特性的合法的阶级。"市民阶级本身就是商业复兴的产物，而最初商人与市民两个名词就是同义语。不过当它发展成为一个社会阶级时，市民阶级就变成了一个具有高度特性的合法的阶级。"④市民阶级最不可少的需要就是个人自由。作为市民阶级的合法身份，自由不仅是市民的一种"个人的特权"，而且也是城市土地所有的"地区特权"。在这里，城市使市民获得了人身自由，市民的人身自由则成了城市得以存在的重要基础——城市与市民之间建立起了一种同生共死、休戚与共的紧密联系。从此，市民等级或市民阶级成了封建城市中继教士和贵族之外的第三种社会力量，"市民阶级在他们旁边取得了自己的位置，从而使社会得以补全，或者更确切地说，使之臻于完善。……社会具备了它的一切构成元素"⑤。以14世纪法国的三级会议为例，市民阶级"虽然在地位方面居第三，但在重要性方面不久即成第一"⑥。

---

① 皮雷纳：《中世纪的城市》，商务印书馆2006年版，第97页。
② 皮雷纳：《中世纪的城市》，商务印书馆2006年版，第97页。
③ 皮雷纳：《中世纪的城市》，商务印书馆2006年版，第98页。
④ 皮朗：《中世纪欧洲经济社会史》，上海人民出版社1964年版，第45页。
⑤ 皮雷纳：《中世纪的城市》，商务印书馆2006年版，第134页。
⑥ 皮雷纳：《中世纪的城市》，商务印书馆2006年版，第144页。

再次,随着市民阶级人身自由的获得与强化,以司法自治和行政自治为核心的城市制度也确立起来了。市民的人身自由不仅是城市得以存在的重要基础,而且也是市民阶级的最基本的经济权利、社会权利与政治权利的重要保障。皮雷纳对市民阶级自由的主要要求及其最低限度作了这样的层次性分析:

> 他们所要求的首先是人身的自由,这保证商人或工匠可以来往和居住于他们所愿意的地方,并且可以使他们自己和孩子的人身摆脱对领主权力的依附。其次他们要求赐予一个特别法庭,这样他们就可以一举摆脱他们所属的审判管辖区的繁复以及旧法律的形式主义的程序给他们的社会和经济活动造成的麻烦。再次他们要求在城市中建立治安,即制定一部刑法以保证安全。他们要求废除与从事商业和工业以及占有和获得土地最不相容的那些捐税。最后他们要求相当广泛的政治自治和地方自治。①

然而,由于中世纪的城市是在封建主或教会的领地上兴起来的,在物质上掌握着土地所有权的封建主掌握着城市的权力,他们把城市作为额外财源,任意向城市居民勒索赋税,摊派徭役,甚至肆意抢劫。在这种情况下,城市市民为了取得自己的上述自由权利,逐渐展开了反对领主的沉重剥削和压迫的斗争。从 11 世纪开始,城市市民或者"通过赎买"、或者"通过武力"、或者"利用贵族的弱点或者他们之间一心只顾争吵的机会"等方式②,迫使封建国王或教俗领主以颁布"特许状"的形式建立了"自由城市"、"城市公社"、"城市共和国"等独立的、自治的社会实体,取得了城市的自治权,不仅免除了许多封建劳役和赋税,明确了市民人身与工商经营活动等基本权利和义务,而且确认了城市在立法、司法和行政管理等方面所获得的不同程度的自治主权和经商特权。11 世纪后期起,"执政官"的大量出现就反映了城市自治的基本特点。总之,"城市公社从其初创之时就建立了为它自

---

① 皮雷纳:《中世纪的城市》,商务印书馆 2006 年版,第 108 页。

② 伯恩斯、拉尔夫:《世界文明史》第 2 卷,商务印书馆 1995 年版,第 31 页。

己行使职权所必需的工具,并且毫不犹豫地踏上了它从此以后一直沿着走下去的道路"①。

第四,市民阶级的自由性以及城市生活的自治性,促进了社会阶层的流动性,打开了传统封建社会和等级社会的缺口,将人们从封闭的身份共同体中引领出来。城市市民的人身自由,说到底其实是劳动的自由,是奴役性劳动向自由性劳动转变的结果:"在城市出现以前,劳动是奴役性的;随着城市的出现,劳动成为自由的。这一事实的后果是无法估量的。"②在等级森严的封建社会,以劳动自由为载体的市民的人身自由以及与之相伴而生的城市生活的自治性以及市民生活所展示出来的那种较为舒适、讲究的生活方式,无疑具有非常强烈的示范效应,成为失去土地的农民和不堪压迫的农奴从封建庄园向城市逃亡的一个有力激励。过去无处可逃的农奴,现在有了可以出逃的地方。德意志的谚语"城市的空气使人自由"成了适合于所有地方的真理。中世纪欧洲流行这样一种惯例:这些流亡或逃亡到城市的人,只要在城市里住满一年零一天,就确定无疑地成为该城市的当然市民。在这种意义上,第一,尽管市民阶级本身也是一个特权等级,但是这种市民社会的等级与传统社会的等级具有本质上的不同:它不再以人的身份状况而是以人的居住地域或财产状况来划分等级!由此,市民社会打开了传统等级社会的缺口,将人们从封闭的身份共同体中引领出来。正如有学者所说:"如果没有市民社会从等级世界中的突围而出,政治生活将永远都只是身份精英们的权力游戏。市民社会打开了等级世界的缺口,将人们从封闭的身份共同体中引领出来,特别是在政治平等和自由的原则下开展的社会交往活动,使人们的社会生活出现了某种可以在理论上被提炼为'公共性'的东西。"③第二,尽管市民社会阶级从一开始就决定了他们作为先到先来者具有相比于后到后来者的那种市民优越性,决定了城市市民必然会采用排他性、排斥性、排异性的手段,经常地且顽固地拒绝乡村居民分享他们已

① 皮雷纳:《中世纪的城市》,商务印书馆 2006 年版,第 112 页。

② 皮雷纳:《中世纪的城市》,商务印书馆 2006 年版,第 66 页。

③ 张康之、张乾友:《新市民社会背景下的国家与社会治理》,《文史哲》2011 年第 1 期。

经取得的特权，但恰恰"就是这个如此排他的市民阶级，承担了向周围传播自由思想并且促使（虽然并非有意）农村阶级逐渐解放的使命"[①]。在这种意义上，城市的兴起与市民阶级的诞生，本身就是一个"去身份化"、"去等级化"的历史过程。正如梅因所说："所有进步社会的运动"其实就是一个"从身份到契约"的运动过程[②]。

最后，随着市民阶级的形成以及城市制度的确立及其发展壮大，在封建社会的土壤上就形成了一个不同于农奴等级制的城市等级制。"中世纪的城市本身是一个个体，但是一个集体的个体，即一个法人。"[③]作为一个集体，市民阶级本身也是一个特权等级，也需要他们的等级象征，这就是行会和同业公会。正如汤普逊所说：无论中世纪行会的根源是什么，有两个事实是清楚的：一是"它们与市民阶级的产生和城市的形成同时发生"；二是在它们萌芽时"就是组织起来的自由商人或手艺人团体，以保护他们摆脱不自由的竞争和同等团体的竞争"。[④] 在行会中，行会成员是"师傅"，师傅之下是"帮工"和"学徒"。然而，随着行会逐渐富裕和强大，行会中就出现了大行会与小行会、大师傅与小师傅的分化，大行会中的大师傅便在形式上和实质上"贵族化了"，"一个贵族阶级在城市中成长起来"[⑤]。他们不仅狡猾地篡改了行会的规章，以便排斥较低等级的工人或商人，保证他们自己对行会控制权的垄断，而且很自然地同城市政权结合了起来，有意无意地谋求政治地位。到14世纪时，行会不仅成为"剥削和垄断的团体"，而且"在城市里产生了一种和农村等级制相似的等级制"——"同业公会所有制，即手工业的封建组织"[⑥]。对此，马克思和恩格斯正确地指出：

> 封建时代的所有制的主要形式，一方面是土地所有制和束缚于土地所有制的农奴劳动，另一方面是拥有少量资本并支配着帮工劳动的

---

① 皮雷纳：《中世纪的城市》，商务印书馆2006年版，第134页。

② 梅因：《古代法》，商务印书馆1959年版，第97页。

③ 皮雷纳：《中世纪的城市》，商务印书馆2006年版，第115页。

④ 汤普逊：《中世纪晚期欧洲经济社会史》，商务印书馆1992年版，第559页。

⑤ 汤普逊：《中世纪晚期欧洲经济社会史》，商务印书馆1992年版，第562页。

⑥ 《马克思恩格斯选集》第1卷，人民出版社2012年版，第150页。

自身劳动。这两种所有制的结构都是由狭隘的生产关系——小规模的粗陋的土地耕作和手工业式的工业——决定的。①

总之,商业的复兴、城市的兴起、市民阶级的产生和城市制度的确立,为近代市民社会的诞生提供了一切必须的物质的和精神的社会要素。随着这些社会力量的发展壮大,市民社会已经走到了近代社会的门槛上。

三、对近代市民社会两种历史传统的分析与比较

当我们分别考察了近代市民社会的两种历史传统后,对它们之间的相同和差异进行一番分析和比较,就是一个很有理论意义的事情了。这种比较能够帮助我们客观地看待近代市民社会两种历史传统的积极意义与历史局限。

从总体上说,古希腊罗马的城邦国家与中世纪的城市社会,最大的区别就是政治与经济的差异,正如皮雷纳所指出的:"如果说城市在政治组织方面的作用在古典时代比在中世纪为大,那么城市的经济影响在中世纪则远远超过古典时代。"②表现在城市生活中,如同韦伯所说,二者存在着"性格"上的差异③。古典时代的城市生活是一种以身份为手段、以德性为目的的政治生活。作为一种"政治人",城邦公民在行为中几乎没有掺杂任何经济上的考虑。如果说城邦中存在着经济行为,那也是服务于其政治目的的。与此相反,中世纪的城市生活则是一种以经商为手段、以谋利为目的的经济生活。作为一个"经济人",中世纪城市市民的任何行为都是出于经济目的,市民可能会在某些问题上(如反对贵族与领主的勒索、摊派甚至抢劫等)采取政治行动,但这种政治行动完全是出于经济上的考虑。④ 就经济影

① 《马克思恩格斯选集》第1卷,人民出版社2012年版,第150页。

② 皮雷纳:《中世纪的城市》,商务印书馆2006年版,第66页。

③ 参见韦伯:《非正当性的支配——城市的类型学》,广西师范大学出版社2005年版,第22—36页。

④ 张康之、张乾友:《城市、市民社会与近代国家的产生》,《人文杂志》2009年第4期。

响来说,中世纪虽然还没有市场经济的概念,但人们却普遍受到了重商逐利的市场取向与利益驱动的推动与影响,“追求利润的思想指导着他的一切行动”①。就此来说,商业、商人、城市、市民,这些概念至少在中世纪的历史语境中几乎是同时产生的,因而是具有同等程度的概念。

城市在政治与经济上的性格差异,在城市生活中明显地表现为公民与市民的差别。在古典时期,城市的政治生活不限于城镇的城垣之内。城镇本身是为整个部落建立起来的,部落中的每一个人,无论居住在城墙之内还是城墙之外,都可以成为城镇的公民。而在中世纪,市民的概念却大大地强于公民的概念。在中世纪城市诞生之后存在着一个非常奇怪的现象:随着城市的兴起,出现了“市民”这个概念,但这个概念在一开始却没有得到普遍使用,人们仍旧根据老的传统使用“公民(civis)”这个词。正因此,在当时的文献中用来指城镇居民的civis(公民)一词,仅仅是一个“地形学”上的名称,并不具有“法律上的意义”。“在最初的市民阶级的思想中,没有任何人权和公民权的观念。他们要求人身的自由,也并非把自由当作天赋的权利。只在有利可图的情况下他们才寻求人身的自由。”②相反,无论是对传统概念的借用,如“civis(市民;公民)”,还是对新概念的创造,如“poorter(市民)”、“poortmannus(市民)”、“burgensis(市民)”等,市民都指称城市中的主体,即主要是商人以及与商业活动有关的手工业者、行会师傅和劳工阶级。在这里,“市民”不是相对于“公民”的概念,而是相对于“臣民”的概念。市民阶级的最大特点就是他的自由性。正如范迪尔门所说:“一个市民比一个农民更能决定他自己的一生。”③作为“自由人”,市民对人身自由的争取和对城市自治的争取是一致的。

然而,相对于中世纪的封建领地制度,中世纪的城市制度并不是主要的,城市社会并不是社会生活的主流。中世纪欧洲从整体上仍然是在物质上由大土地所有者所控制、在精神上由对商业极端仇视的教会所控制的封

① 皮雷纳:《中世纪的城市》,商务印书馆2006年版,第76页。
② 参见皮雷纳:《中世纪的城市》,商务印书馆2006年版,第97、43、66页。
③ 范迪尔门:《欧洲近代生活》,东方出版社2004年版,第62页。

建社会。正如皮雷纳所反复强调的那样:“从各种观点看来,九世纪以后,西欧在本质上是一个农业社会。”[①]“从社会统计学的观点说来,中世纪社会,本质上是农业社会,这是毋庸置疑的事实。”[②]也正是在这种意义上,马克思和恩格斯指出:“古代的起点是城市及其狭小的领域,中世纪的起点则是乡村。”[③]明白这一点是至关重要的,它说明,中世纪兴起的新型城市文明,是在社会性质从总体上来说是以农业社会为基础的封建主义与基督教会的夹缝中生长并发育起来的,这种情况直接导致了中世纪晚期城市发展由兴盛到危机的历史转变。

事实上,在封建社会的土壤上兴起的中世纪城市,自产生之日起就深深地打上了封建的烙印:一方面它受领和扩散着源自乡村的一些封建因素,另一方面它又创造了具有封建内容的特定事物。这主要体现在四个方面:一是以手工业行会制为特征的城市等级制。在行会制度中,产生了帮工、学徒对师傅、个人对行会之间一定的人身依附关系。二是城市贵族阶级的出现。随着行会的发展,产生了一个由富有的、有显赫政治地位和社会影响的上层市民构成的城市贵族阶层。面对下层民众表现出的盲目、放肆、凶猛的民主精神和原有领主重建权威的压力和威胁,城市贵族往往出于自身利益的考虑而表现出畏首畏尾、固守本分、过于迁就、适可而止的态度,从而在城市贵族和下层劳动阶级之间形成了一道鸿沟。三是城市发展的分隔性、孤立性与封闭性。无论是面对内部城市贵族的压迫,还是面对外部其他国家的侵占,城市都没有采取一致行动进行对付,各个自治城市被分割成了许多心胸狭窄的社会共同体,权力和土地小块割据的局面蕴藏着的脆弱性使多数自治城市不能联合御敌。四是城市和乡村貌合神离的社会现实。城市市民阶级的出现,在一方面看促进了城乡融合,在另一方面看则又引致了城乡分化,因为它把“一”分成了“二”,使得中世纪欧洲在封建社会基础上出现了城市生活与农村生活的区分。正如马克思、恩格斯所说:“城市已经表明了

① 皮朗:《中世纪欧洲经济社会史》,上海人民出版社 1964 年版,第 11 页。
② 皮朗:《中世纪欧洲经济社会史》,上海人民出版社 1964 年版,第 53 页。
③ 《马克思恩格斯选集》第 1 卷,人民出版社 2012 年版,第 149 页。

人口、生产工具、资本、享受和需求的集中这个事实;而在乡村则是完全相反的情况:隔绝和分散。城乡之间的对立只有在私有制的范围内才能存在。城乡之间的对立是个人屈从于分工、屈从于他被迫从事的某种活动的最鲜明的反映,这种屈从把一部分人变为受局限的城市动物,把另一部分人变为受局限的乡村动物,并且每天都重新产生二者利益之间的对立。"①

城市自身的封建特性在其兴起之初有力地保护了它的成长与壮大,保证了城市工商业的顺利发展。但是,随着城市的进一步发展,这种封建因素必然演变成城市发展的严重桎梏,因为城市自身的封建性质越来越不适应城市工商业的发展所培育出的新生的商品市场经济关系或资本主义生产关系了,而城市的旧的封建性躯壳却依然大大地禁锢着这些新生事物的成长。这种新与旧的矛盾冲突及其日益激烈,在14世纪的"大饥荒"与"黑死病"所引发的农业危机的强烈冲击下,最终导致了中世纪晚期欧洲普遍性的社会危机与城市危机,城市生产萎缩,经济萧条,市场荒芜。对于中世纪晚期城市危机的封建性质与根源,有学者给予了全面而深刻的论述:"所谓城市危机的实质是封建危机,有两个方面的含义。一是指城市及其整个社会的封建性质引发了城市危机,是封建制度引起了城市的危机,这是城市危机的基本根源。……但在同时,城市危机又加深了封建主义制度的危机,使封建生产关系又一次面临崩溃瓦解的边缘。"②

城市的出现引起了欧洲社会结构的改变,社会结构的改变引发了封建社会一系列的社会危机和阶级斗争。不仅原有的教权与王权的斗争、贵族与王权的斗争、农民(农奴)与封建的斗争没有停息,而且在新增加的市民与封建的斗争(包括市民与王权的斗争、市民与贵族的斗争、行会师傅与帮工学徒的斗争、城市平民与富商大贾或城市上层分子的斗争等)的推动下更趋尖锐化了。在这种情况下,从12世纪到15世纪,欧洲社会拥有了包括"国王、世俗贵族、教士、市民、劳动平民、宗教和世俗的权力"在内的"众多

① 《马克思恩格斯选集》第1卷,人民出版社2012年版,第184—185页。

② 刘景华:《中世纪晚期西欧城市危机论》,《长沙水电师院学报》(社会科学版)1990年第1期。

的独特力量”,形成了“组成国家和政府的一切必要因素”①。就城市社会而言,城市成了王权、贵族、教会与市民这四种社会力量的角力场。在这四种社会力量的斗争与角力中,王权因面临着教会与贵族两种力量的挤压(特别是因贵族拥土自重而表现出的王权相对衰弱)而希望重建公共权威,市民也因面临着教会与贵族两种势力的盘剥而要求获得权利保障,他们之间产生了一种天然的同盟关系:在国王与贵族之间,市民扮演着一种中间力量;在贵族与市民之间,国王又扮演着一种中间力量。四种社会力量斗争并整合的结果是,到14—15世纪中世纪行将结束的时候,教会势力和贵族势力逐渐衰落下去了。这样,在历史舞台上就只剩下了封建王权和城市市民这两种主要社会力量。然而,这两种社会力量同样因为封建制度的衰落而要求社会结构获得一种新的质性改变,这就是为着适应新兴资产阶级的发展需要,一方面是统一的民族国家的孕育,另一方面是独立的市民社会的培育。当然,这两种社会力量在能够分化为国家与社会或者说政治国家与市民社会之前,首先必须从封建社会的母体中成为一个高度重合的政治共同体,就如同双胞胎婴儿在诞生前必须共处于一个母体中那样。

---

① 基佐:《欧洲文明史》,商务印书馆1998年版,第134—135页。

第二章　近代市民社会的准备阶段及其裂变式发展

中世纪中后期虽然出现了城市公社、市民等级与市民社会的雏形，但从总体上来说，中世纪的城市并不是政治统治的中心，而只是政治统治的边缘地带，所以中世纪的市民等级和市民社会也只能生长于整个封建制度的缝隙中。在这种情况下，人民的私人生活和国家的政治生活是高度重合、高度同一的。正如马克思所说：

> 中世纪存在过农奴、封建庄园、手工业行会、学者协会等等；就是说，在中世纪，财产、商业、社会团体和人都是政治的；国家的物质内容是由国家的形式设定的。每个私人领域都具有政治性质，或者都是政治领域；换句话说，政治也就是私人领域的性质。在中世纪，政治制度是私有财产的制度，但这只是因为私有财产的制度就是政治制度。在中世纪，人民的生活和国家的生活是同一的。①

> 中世纪的精神可以表述如下：市民社会的等级和政治意义上的等级是同一的，因为市民社会就是政治社会，因为市民社会的有机原则就是国家的原则。②

就此来说，近代市民社会的形成与发展，正是以中世纪市民社会与政治社会的高度同一为出发点的，市民阶级先是作为同盟者帮助专制君主实现

---

① 《马克思恩格斯全集》第 3 卷，人民出版社 2002 年版，第 42—43 页。

② 《马克思恩格斯全集》第 3 卷，人民出版社 2002 年版，第 90 页。

了绝对国家的统一,而后又作为革命者实现了市民社会自身与政治国家的分离。正如马克思所说:“市民社会”是在“16 世纪以来就作了准备、而在 18 世纪大踏步走向成熟的”①。在这一过程中,近代思想家首先揭示了“市民”个人的特殊的权利与价值,而后又发现了“社会”众人的普遍的权利与价值,由此把市民社会概念所包孕的个人与社会、普遍与特殊、经济与政治、私人与公共等矛盾关系揭示出来了。这为 19 世纪黑格尔和马克思对市民社会的理论综合提供了直接理论基础。

一、16—17 世纪近代市民社会的准备阶段

作为现代社会的序曲,15 世纪是这样结束的:一方面,以商业和手工业为基础、以城市为空间、以市民阶级为主体的市民社会,日益重要地产生了自由贸易和贸易保护的发展需要;另一方面,在尚未有民主意识和法治观念的情况下,国家理念和民族理念日益抬头,政治和军事权力日益集中到专制君主一人身上。这种情况既加深了王权与封建贵族之间的矛盾,也强化了王权与市民阶级之间的合作,由此促进了封建制度瓦解和民族国家创建的发展趋势。正如恩格斯所说:

> 在十五世纪,市民对社会来说,已经比封建贵族更为必要了。②
>
> 在十五世纪时,封建制度在整个西欧都处于十分衰败的状态。在封建地区中,到处都楔入了有反封建的要求、有自己的法和武装的市民的城市;它们通过货币,已经在一定程度上使封建主在社会方面甚至有的地方在政治方面从属于自己;即使在农村中,在农业由于特别有利的条件而得到发展的地方,旧的封建桎梏在货币的影响下也开始松弛了;只有在新征服的地方,例如在易北河以东的德意志,或者在其他远离通商道路的落后地区里,才继续盛行旧的贵族统治。但是,无论在城市或

① 《马克思恩格斯选集》第 2 卷,人民出版社 2012 年版,第 683 页。

② 《马克思恩格斯全集》第 21 卷,人民出版社 1965 年版,第 448 页。

> 农村,到处都增加了这样的居民,他们首先要求结束连绵不断毫无意义的战争,停止那种总是引起内战……的封建主之间的争吵,结束那种不间断地延续了整个中世纪的、毫无目的的破坏状态。这些居民本身还过于软弱,不能实现自己的愿望,所以就向整个封建制度的首脑即王权寻求有力的支持。①

显然,在社会普遍混乱、秩序正待形成、人心比较涣散的时代背景下,封建君主或国王作为“人格化的绝对统治权”和“人格化的共同意志”,不仅一般地体现了普通民众追求民族独立与国家统一的发展愿望,而且特别地体现了市民阶级要求通过专制王权和统一国家清除市场壁垒、维护社会安全、建立统一规划、保障贸易自由以及国际贸易保护的发展需要。恩格斯说:“在这种普遍的混乱状态中,王权是进步的因素,这一点是十分清楚的。王权在混乱中代表着秩序,代表着正在形成的民族而与分裂成叛乱的各附庸国的状态对抗。在封建主义表层下形成着的一切革命因素都倾向王权,正像王权倾向它们一样。”②

历史事实也说明,伴随着中世纪中期的十字军运动,欧洲社会就开始出现了由封建领地概念向民族国家概念演化的发展趋向。从1096年到1291年的十字军运动,是一场以宗教信仰的名义和影响发动的宗教性军事行动,但是它从一开始就受到西欧封建国王、领主或贵族的热烈追捧而发展为一种“全国性事件”甚至“全欧性事件”③。它不仅在经济上为大规模的商业运动和海外贸易提供了最有力的推动作用,而且在政治上推动了欧洲由以前那种各据一隅、各自为政的“普遍的地方性趋势”向“集中化趋势”的发展,“十字军运动大大减少了小封地、小领地、小领主的数量,而把权势集中到较少的人手中”。随着十字军运动的开展,“小的实体被大的吸收,或簇拥在大实体周围”。由此,十字军运动在封建制度内部造成了两个主要的

---

① 《马克思恩格斯全集》第21卷,人民出版社1965年版,第450—451页。

② 《马克思恩格斯全集》第21卷,人民出版社1965年版,第453页。

③ 基佐:《欧洲文明史》,商务印书馆1998年版,第137页。

社会效果,即“大采邑的扩大以及社会中心的产生”①。随着市民阶级的壮大和市民社会的出现以及资本主义生产关系的形成,随着王权的兴起以及民族意识、领土观念和国家理念的出现,随着从混乱性、敌意和战争中产生的现代欧洲观念和民族国家观念的日益强化,到 15 世纪末 16 世纪初的时候,君主专制制度便已成为或正在很快成为西欧一种非常普遍的政治体制了,不仅在西班牙、英格兰、法国出现了国王高度集权的发展趋势,而且在邦国林立、帝国软弱的德意志内部也出现了当时盛行的君主专制制度的发展趋势。② 唯一的例外就是意大利,其国家统一的计划不仅发展缓慢,而且总是无法完成。这是因为,由于自由城市的强大和教皇国的存在,意大利不仅无法形成独立的王权力量,而且政治腐败与政治无常的现象同时并存。这种情况在客观上使得意大利变成了法国人、西班牙人和德意志人利益争夺的对象。内部矛盾加上外部争战,意大利陷入了长期的四分五裂之中。

正是在这样的历史背景下,16 世纪的马基雅维利、博丹等思想家以及 17 世纪的自然权利论和社会契约论的思想家登场了。如果说,他们毫无例外地都把国家问题放在了他们思想研究的首要位置,那也正说明了恩格斯的这样一个观点:这些思想家正是“从探讨社会关系进到了探讨国家关系,从经济方面转到政治方面来了”③。然而,在他们关于国家主权与社会契约的阐述中,都自觉不自觉地涉及到了市民社会的问题。正是在这个意义上,马克思认为:16 世纪以来甚至 17 世纪是市民社会的准备阶段。

马基雅维利(Niccolò Machiavelli,1469—1527),生活于 15 世纪下半叶到 16 世纪上半叶的意大利佛罗伦萨共和国。马基雅维利一生深感痛恨的是意大利的四分五裂,极其向往当时法国和西班牙的强大统一,决心为促进意大利的统一而奋斗。1512 年佛罗伦萨共和国倾覆后,马基雅维利开始深

① 基佐:《欧洲文明史》,商务印书馆 1998 年版,第 144—145 页。

② 萨拜因认为,普鲁士和奥地利作为主权国家在后来的兴起,同早些时候在西班牙、英国和法国出现的变化并没有什么差别,只不过是被推迟了一段时间而已。参见萨拜因:《政治学说史》下卷,上海人民出版社 2010 年版,第 6 页。

③ 《马克思恩格斯全集》第 21 卷,人民出版社 1965 年版,第 451 页。

入研究古希腊罗马的政治历史，并结合当时意大利的社会政治生活写出了《君主论》和《提图斯·李维十论》（简称《论李维》）两部政治著作。奇怪的是，前者主张君主专制而后者向往民主共和；更为奇怪的是，这两本书差不多于1513年前后同时开始撰写，于1517年前后同时完成，于马基雅维利去世后才正式出版发行（《论李维》直到马基雅维利去世4年后的1531年才公开问世，《君主论》直到马基雅维利去世5年后的1532年才出版印行）。这种矛盾性说明了马基雅维利很可能抱有这样的政治幻想：尽管他非常向往古希腊罗马的民主共和这种"政治理想"，但对于当时意大利的"政治现实"来说，君主专制才是最明智的选择。正因此，《君主论》作为一本向国家元首进谏的小册子，在阐述君主可以使用政治手段和军事措施实现国家统一、在伸张"为达目的，可以不择手段"这样的治国之道与兴国之术而必须兼具"老虎的勇猛"和"狐狸的狡猾"的时候，不仅包含着马基雅维利力图通过强力君主实现国家的统一与强大这样一种极其现实功利的理论动机，或许还包含着一种书中没有表达出来但却是马基雅维利"真正渴望的那种以罗马共和国为典范的民治政府"①的理论涌动。

无论这种设想是否属实，至少马基雅维利在近代之初就以其惊世骇俗的方式给社会政治哲学作出了奠基性的理论贡献：受到意大利文艺复兴熏陶的马基雅维利，本身就是文艺复兴的伟大思想家，他当然会以"人的眼光"而不再以"神的眼光"观察国家和社会问题，即使这种人的眼光还带有经验论的理论局限和性恶论的人性设定，但它毕竟不同于古希腊那种理想化的抽象观念和中世纪那种原罪论的神学观点。正因此，马克思将马基雅维利与哥白尼的伟大发现相提并论，认为马基雅维利发现了"国家的引力定律：国家的重心是在它本身中找到的"。马克思说："马基雅弗利、康帕内拉和其后的霍布斯、斯宾诺莎、胡果·格劳修斯，以及卢梭、费希特、黑格尔

① 萨拜因：《政治学说史》下卷，上海人民出版社2010年版，第11页。可以印证这一观点的最著名的论述，莫过于卢梭的这一观点："马基雅维里自称是在给国王讲课，其实他是在给人民讲大课。马基雅维里的《君王论》乃是共和党人的教科书。"参见卢梭：《社会契约论》，商务印书馆2003年版，第91页。

等都已经用人的眼光来观察国家了，他们是从理性和经验中而不是从神学中引申出国家的自然规律。”[①]在马克思看来，相对于那些“认为意志是法的基础”的理论家来说，马基雅维利第一个明确地确立了“认为权力是法的基础”[②]的理论家的历史地位，这本身就是对国家问题的一种正名和反驳。

进一步说，用人的眼光而不是用神的眼光观察国家和社会，首先就必须把世俗社会与宗教社会、政治标准与道德标准分离开来。在马基雅维利写作《君主论》的前后，正是宗教改革运动酝酿与兴起之时，即使全欧性的宗教改革没有过多地影响到马基雅维利，但是政治的反复无常与宗教的正邪难分，以及宗教社会（天主教会）的腐朽、腐化与僵化，已经成了有目共睹的社会事实。这使得马基雅维利不再相信神学政治家所鼓吹的那种把政治与宗教、政治与道德捆绑在一起的理论说辞，认识到政治国家的价值就在于公共事务的治理与成就。他从个人只有生活在一个强有力的政府统治的社会里才能保证不受他人侵犯而有安全感的角度出发强调国家高于个人、政治高于道德，认为具有政治家情操的国家元首不必千篇一律地遵循基督教会的道德蒙诫，而必须致力于社会的安定与秩序，把个人的财产安全和生命安全作为国家的首要目的，认为财产安全和生命安全乃是人性所具有的最普遍的社会欲求。马基雅维利认为，为了国家利益、社会秩序和个人安全，政治家可以不择手段而不受宗教和道德的约束。正是在这种意义上，萨拜因认为，马基雅维利的国家理论已经称得上是一种“普世的利己主义”[③]了。毋庸置疑，马基雅维利的这种人学国家观，虽然没有直接提到市民社会的概念，但在客观上确实为近代市民社会的发展奠定了国家的物质性前提：只有借助于统一国家的政治背景，市民社会的人们才能真正走出封建社会的政治等级结构，开始形成公共权力和私人权利、普遍利益与特殊利益乃至政治国家与市民社会的分离、对立与整合，才能在市民意识的基础上培育并发展出真正的公民意识。显然，马基雅维利的这种政治谋划适应了中世纪后期

① 《马克思恩格斯全集》第1卷，人民出版社1956年版，第128页。
② 《马克思恩格斯全集》第3卷，人民出版社1960年版，第377页。
③ 萨拜因：《政治学说史》下卷，上海人民出版社2010年版，第15—16页。

(12 世纪到 15 世纪末 16 世纪初)相继兴起的“三 R”运动力求为个人和社会的发展提供历史契机的发展趋势:罗马法复兴(Revival of Roman Law)“把个人从古代社会的权威中解放出来”①;文艺复兴(Renaissance)带来了“世界的发现和人的发现”②;宗教改革(Reformation)则“将宗教逐出或几乎逐出了政治,恢复了世俗权力的独立性”,从而带来了“人类心灵的解放以及精神领域内绝对权力的废黜”③。

然而,人的重新发现只是奠定了现代国家的精神前提,精神领域的绝对权力的废黜也并不表明政治领域的绝对权力的废黜。当马基雅维利把世俗社会与宗教社会、政治标准与道德标准分离开来论述的时候,他显然是过分误读了政治与道德之间本应具有的那种“更为密切的关系”。按照萨拜因的说法,当马基雅维利用自己的聪明才智对专制君主以及在此后兴起的民族国家的治国之道进行了精彩研究的同时,他由此“所揭示出来的才智”是同他“所掩盖的才智”一样多的:当他认为政治上的成败主要取决于政治家的机智或愚钝的时候,他在事实上不仅颠倒了政治与宗教、道德、经济之间的正常秩序,而且也颠倒了它们之间的因果功效。这直接决定了马基雅维利政治思想的两大历史缺憾:“狭隘的地方性”和“短暂的时间性”④。马基雅维利之后两个多世纪的历史发展表明,在政治与道德的关系背后隐含着它们与经济的更为本质、更为深刻的关系,正是由经济关系决定的市民社会与政治国家的关系构成了现代市民社会的基本问题。正是在这种意义上,马克思客观地指出了以马基雅维利为开端的 16 世纪以来甚至 17 世纪的国家理论的缺陷:“从近代马基雅弗利、霍布斯、斯宾诺莎、博丹,以及近代的其他许多思想家谈起,权力都是作为法的基础的,由此,政治的理论观念摆脱了道德,所剩下的是独立地研究政治的主张,其他没有别的了。”⑤亦如卡

---

① 梅因:《古代法》,商务印书馆 1959 年版,第 146 页。
② 布克哈特:《意大利文艺复兴时期的文化》,商务印书馆 1979 年版,第 280 页。
③ 基佐:《欧洲文明史》,商务印书馆 1998 年版,第 201 页。
④ 萨拜因:《政治学说史》下卷,上海人民出版社 2010 年版,第 26 页。
⑤ 《马克思恩格斯全集》第 3 卷,人民出版社 1960 年版,第 368 页。

西尔所说：

> 有了马基雅维利，我们才站到现代世界的门槛上。向往的目标业已达到，国家赢得了完全的自主。但是，获得这一结果得付出高昂的代价，国家是完全独立的，但同时又是完全孤立的。马基雅维利的思想利刃斩断了从前使国家固着于人类存在的有机整体的一切联系。政治世界丧失了与宗教、形而上学以及人类的道德、文化生活等一切形式的联系，它孤零零地存在于空荡荡的世界中。①

值得注意的是，尽管马基雅维利在为"国家"这个现代政治术语添加含义方面所做出的贡献超过了任何其他政治思想家的努力，但他的思想毕竟缺乏理论系统性、道德感召力和制度可行性。在他之后的法国人博丹（Jean Bodin，1530—1596），毫无疑问是对马基雅维利思想进行更为系统论证的第一人。博丹的《国家论六卷》出版于 1576 年，作为法国宗教战争（1562—1598）期间的产物，其公开目的就是强化王权和国家主权，为独立的、超越一切世俗与宗教限制的国家权力提供理论和逻辑上的论证。在博丹看来，如同一个家庭只能有一个居于绝对支配地位的家长，一个国家也只能有一个单一的主权。由此，博丹从主权者与臣民的对峙出发，不仅把主权定义为"不受法律约束的、对公民和臣民进行统治的最高权力（supreme power）"②，认为主权作为一种至高无上的权力，其最大的特点就是它的"永恒性"与"绝对性"，而且对国家进行了界定，认为国家只有在公民服从一个共同主权者的统治的情况下才会存在。显然，博丹希望通过强调主权而排除封建关系与教会势力对国家事务的干涉，反映了那个时代贯穿欧洲的走向中央集权的普遍趋势。正如基佐所说："一个更富有生命力的文明必须首先把各自为政的社会因素混合、同化、熔于一炉。首先必须有利益、法律、生活方式和思想的高度集中，一句话，必须有共同的权力和舆论。"③然而，过于强调国家主权甚至专制王权，必然把公民身份定义为对主权者的绝对服从。

---

① 卡西尔：《国家的神话》，浙江人民出版社 1988 年版，第 156 页。

② 萨拜因：《政治学说史》下卷，上海人民出版社 2010 年版，第 82 页。

③ 基佐：《欧洲文明史》，商务印书馆 1998 年版，第 174 页。

正如博丹所主张的那样,尽管公民之间可能存在许多其他关系,但使他们成为公民的首先却是“服从”,即对一个共同的主权者的服从。所不同的是,受当时正在兴起的自然法理论的影响,博丹虽然像马基雅维利一样主张君主的绝对统治,但已经不再像马基雅维利那样赞成君主的专断独行了。最为典型的就是,博丹根据自然法论证了人身自由的不可侵犯和私有财产的不可侵犯,认为君主只有在征得人民同意和认可的情况下才能行使其征税权。可以看到,这里已经隐含着臣民可以拒绝和反抗那些不遵守自然法的国王的权利,尽管这种反抗很可能还只是一种被动反抗的权利。尽管如此,从总体上看,正如萨拜因所说的那样,“虽然博丹对主权理论的论述是16世纪出现的最为明确的论述,但是它却飘浮在空中,只有定义,而没有解释。秩序良好国家的目的、臣民服从义务的性质以及国家与构成国家的家庭之间的关系,都需要做出进一步的分析”①。但是,也正是博丹思想中的诸多含混不清及其引发的问题,“在很大程度上占据了博丹之后一百年间政治哲学的注意力”②,引发了霍布斯和洛克等人更为系统的阐发。

在马基雅维利和博丹之后,自然法理论与社会契约成了17世纪欧洲各国思想家集中探讨的理论主题。这其中比较著名的有:荷兰的格劳秀斯(Hugo Grotius,1583—1645)、斯宾诺莎(Benedictus Spinoza,1632—1677),英国的霍布斯(Thomas Hobbes,1588—1679)、洛克(John Locke,1632—1704),德国的普芬道夫(Samuel Pufendorf,1632—1694)等,他们实际上构成了18世纪启蒙运动的思想先驱。他们的理论主题是共同的:对公民国家在政治上、法律上和道德上的正当性基础进行分析与论证。由于霍布斯与格劳秀斯相差五年出生但比后者多活了整整一代人时间,而洛克与斯宾诺莎和普芬道夫是同年出生但比后两者活得更为长久一些,加之英国在17世纪发生的政治革命具有贯穿始终的学术意义,所以我们主要以霍布斯和洛克的思想为线索阐述17世纪的社会政治哲学思想。

① 萨拜因:《政治学说史》下卷,上海人民出版社2010年版,第90页。
② 萨拜因:《政治学说史》下卷,上海人民出版社2010年版,第90页。

霍布斯一生多次去过法国，特别是1640年至1651年流亡法国的11年更是成为他人生发展的重要时期，《论公民》(*De Cave*,1642)和《利维坦》(*Leviathan*,1651)就是在流亡法国期间写作并出版的。由于《利维坦》所隐含的现实主义与自由主义思想既引起了信仰圣公会的英国保王派的震怒，又引起了信仰天主教的法国人的震怒，霍布斯最终不得不向革命派的英国政府表示归顺而寻求保护，于1651年冬天回到英国。

霍布斯面对的理论主题依然是马基雅维利和博丹式的，但其解决方案则与他们有点不一样。马基雅维利追求的是强力“君主论”基础上的国家力量，博丹追求的是绝对“主权者”支配下的国家统一，而霍布斯追求的则是强大“利维坦”外衣下的个人自由——个人的自我保全。霍布斯第一个明确地把社会政治哲学的重心从国家身上扭转到了公民身上，认为国家本身不是目的，而是保护公民安全的手段。因此，尽管霍布斯也像马基雅维利和博丹那样，把强大统一的国家比喻成“利维坦”那样的巨兽，但它的目的恰恰在于探讨国家的成因及其功能。

首先，霍布斯认为国家在本质上不是一个“神造的物”而是一个“人造的人”，它的存在本身就是以保护自然人为目的的。他说：“号称‘国民的整体’或‘国家’的这个庞然大物‘利维坦’是用艺术造成的，它只是一个‘人造的人’；虽然它远比自然人身高力大，却是以保护自然人为其目的，在‘利维坦’中，‘主权’是使整体得到生命和活动的‘人造的灵魂’。”①既然国家只是一个人格化了的人造物，国家问题、政治问题的核心自然也就只能是公民问题，它包括“伦理学”和“政治学”两个部分。霍布斯说：“公民哲学分为两个部分：一部分研究人们的气质和行为，称为伦理学，另一部分注重认识人们的公民责任，称为政治学，或者直接称为公民哲学。”②

其次，在公民哲学的领域内，霍布斯从人性论、自然状态与社会契约相互结合的三个方面，详细地阐述了国家的起源与公民的自由之间的关系问

① 霍布斯：《利维坦》，商务印书馆1985年版，第1页。

② 《十六—十八世纪西欧各国哲学》，商务印书馆1975年版，第65页。

题。霍布斯认为，在国家产生以前，人类生活在自然状态中，他们在体力和智力方面基本上是平等的，对一切事物都平等地拥有权利。但是，由于人性在本质上是自私自利的，充满了贪婪、恐惧、猜忌与名利，所以形成了"人对人相互为狼"、"一切人反对一切人"那样的战争状态。为了进行自我保全、生命安全和获得和平的需要，人们便运用他们的理智订立了社会契约，组建了具有公共权力性质的国家。霍布斯认为，国家的存在就是为了维护社会的和平和秩序，在这种意义上国家具有绝对性，国家元首不是订立契约的一方，他不存在违反契约的问题，臣民不能以任何借口不服从国家元首的统治或者罢免、处死国家元首。然而，倘若国家元首放弃或无力保护臣民的生命和财产时，臣民便有了不服从的自由。他说："臣民对于主权者的义务应理解为只存在于主权者能用以保卫他们的权力持续存在的时期，因为在没有其他人能保卫自己时，人们的天赋自卫权力是不能根据信约而放弃的。"① "如果一个君主为他自己和他的继承人放弃主权时，臣民就恢复了绝对的天赋自由。"②

对于霍布斯的自然权利论与社会契约论，我们要一分为二地看待。一方面，"当君主专制在整个欧洲处于全盛时期，并在英国开始和人民斗争的时候"，霍布斯无疑"是专制制度的拥护者"。但是另一方面，霍布斯又是"第一个现代唯物主义者（18 世纪意义上的）"③：他认为一切人生来都是平等的，都有平等的自我保全的权利，这是对封建特权思想的否定；他把自私自利看成人的最强大的推动力，体现了英国资产阶级对金钱利益的追求；他提出的国家产生于社会契约的观点，是对"君权神授"论的批判，体现了英国资产阶级对政治权力的追求；他把国家看成是个人安全的奴仆和社会秩序的工具，体现了英国资产阶级的现实主义和功利主义发展观；他保留了臣民对于主权者具有的不服从的自由，体现了天赋人权和君权人授的自由主义思想，为资产阶级政治革命进行了思想上的论证。正是在这种意义上，萨

---

① 霍布斯：《利维坦》，商务印书馆 1985 年版，第 165 页。

② 霍布斯：《利维坦》，商务印书馆 1985 年版，第 189 页。

③ 《马克思恩格斯选集》第 4 卷，人民出版社 2012 年版，第 612 页。

拜因的话虽不无夸张,但也不无道理:

> 霍布斯既是一个彻头彻尾的功利主义者,又是一个彻头彻尾的个人主义者。①

> 个人主义乃是霍布斯思想中彻头彻尾的现代因素,也是他以最明确的方式所把握住的下一个时代的特征。在他身后的两个世纪里,在绝大多数思想家看来,与无私相比,自私是一种更显见的动机,而且与任何形式的集体行动相比,开明的自私对于社会弊端来说也是一种更为可行的救济措施。主权者的专制权力——亦即霍布斯的大名常常与之勾连在一起的那种理论——实是他所倡导的个人主义的一种必要补充。②

或许,霍布斯在其强大"利维坦"包裹下的自由主义,本身就是一种"以退为进"的暧昧性的理论策略,就如同他的《利维坦》在当年旅居法国时出版后,因为其现实主义与自由主义思想同时引起了信仰圣公会的英国保王派和信仰天主教的法国人的震怒而不得不向革命派的英国政府表示归顺而寻求保护一样。

总之,当霍布斯把公民哲学界定为社会政治哲学的核心,从而用国家这个"有死的上帝"取代了"不朽的上帝"的时候,他就把社会和国家问题从宗教神学的道德人格中解放了出来,完成了用人的眼光考察国家问题的视角转换,为自由主义与个人主义的社会政治哲学打开了大门。他的思想被洛克继承并发展后,演变成了在君主立宪基础上对个人自由的公然追求和对公民权利的公开捍卫。

洛克生在英国政治史上最动乱的时代,他一生经历了英国内战时期的动荡、共和时代的苛政、恢复期的安定、詹姆士二世的天主教复辟以及他积极参与的光荣革命,并先后于1675—1679年旅居法国和1683—1688年逃亡荷兰。他的《论宽容》、《政府论》和《人类理解论》等著作都是在光荣革

① 萨拜因:《政治学说史》下卷,上海人民出版社2010年版,第147页。

② 萨拜因:《政治学说史》下卷,上海人民出版社2010年版,第156页。

命后的1689—1690年出版的。尽管我们现在无法确知洛克是先有《政府论》的政治观然后再用《人类理解论》的知识论去给予支持，还是先有《人类理解论》的知识论然后再在其基础上创制出《政府论》的政治观，但有一点是毋庸置疑的：洛克的经验主义是对培根、霍布斯经验主义的继承和对笛卡尔理性主义的批判的双重结果。作为近代哲学的开拓者，培根和笛卡尔分别以“我感”式的经验主义和“我思”式的理性主义，为近代哲学的自我意识路向和个人主义方法作了奠基性工作。尽管霍布斯和洛克都批判了笛卡尔的天赋观念论，但也正是在批判笛卡尔的天赋观念理论中，他们才更加彻底地发挥了英国人的经验主义传统，使之成为了他们论述天赋人权的自然法学说与社会契约论的更加完备的认识论基础。这种经验主义在社会政治哲学上的运用体现在洛克身上，就是他在《政府论》下篇（这是公认的洛克社会政治哲学中影响最为深远的部分）中对英国革命的经验总结和对君主立宪制的理论辩护。正如恩格斯所说：洛克在政治上“是1688年的阶级妥协的产儿”①。

在《政府论》下篇中，洛克也是从人性论、自然状态与社会契约相结合的角度对国家起源和政治权力进行论述的，但却与霍布斯存在着相当大的差别。和霍布斯一样，洛克也认为国家建立之前的人类社会处在自然状态之中。但是不同的是，洛克认为自然状态并不是一切人反对一切人的战争状态或“放任状态”，而是一种人人平等、自由并且拥有私有财产的“完备无缺的自由状态”。在这种自然状态中，人们遵循自然法的作用而享有生命权、健康权、自由权与财产权等基本的自然权利。洛克说：“自然状态有一种为人人所应遵守的自然法对它起着支配作用；而理性，也就是自然法，教导着有意遵从理性的全人类：人们既然都是平等和独立的，任何人就不得侵害他人的生命、健康、自由或财产。”②然而，自然状态并不是完美无缺的，它缺少三样基本的东西，即缺少一种确定的、众所周知的“法律”，缺少一个有

① 《马克思恩格斯选集》第4卷，人民出版社2012年版，第612页。

② 洛克：《政府论》下篇，商务印书馆1964年版，第4页。

权依照既定法律裁判争执的“公共裁判者”,缺少一种保证裁决能够执行的“公共权力”。正因为缺少这三样东西,自然状态随时都有可能转变为战争状态。因此,人们为了保全生命和财产,便通过契约“联合成为国家和置身于政府之下”①。但是,与霍布斯的单重契约不同,洛克的契约是一种双重契约:首先是每个人和每个人之间的社会契约,通过这一契约使人们相互之间建立起了 Political or Civil Society;其次是人们(社会)和统治者之间的政府契约,通过这一契约 Government and Commonwealth 得以成立。

显然,洛克的这种双重契约论孕育着革命性的理论突破:首先,从契约的形式来看,君主也是订约的一方,因此君主也必须受契约的约束,履行契约规定的义务。如果君主违背了契约,人民就有权推翻他。很明显,这种契约论把统治者与被统治者放在同一个起点上进行考察,因而更加“真实”、更加“彻底”地体现了那种“人人平等、个个自由”的“抽象”的“自然状态”和“自然权利”,反映了资产阶级首先要求“从形式上”享有平等、自由与正义的政治诉求。就此来说,在社会契约与政府契约之间,洛克更为看重的其实是社会契约。政府契约在他看来仅仅是人们转让给政府的实施公共权力的那部分自然权利而不是人们的一切自然权利。既然如此,人们当然有必要对政府行为或国家权力进行一定的约束和限制;为此,洛克依照“法治”和“多数人同意”的原则提出了他的政治分权思想,即把立法权与执行权和对外权分离开来:立法权作为国家的最高权力,由人民或民选的议会行使;执行权与对外权作为辅助和隶属于立法权的权力,由政府首脑或政府机关执行。其次,从契约的目的来看,政府契约是服务于社会契约的,其根本目的与职能就是保护公民的生命、财产与自由等基本权利。在洛克看来,公民的私有财产与生命安全是同样重要的基本权利,是公民实现自然自由的基本保障。如果没有对于私有财产的法律保障,公民的生命安全等自由也就成了无根的浮萍。洛克甚至认为一个人的“生命、自由和财产”共同构成了

---

① 洛克:《政府论》下篇,商务印书馆 1964 年版,第 77—78 页。

他的“所有物”①。正因此，与霍布斯特别强调生命安全的保全不同，洛克特别看重私有财产的社会地位与价值。

洛克在社会政治哲学上的一项重要贡献就是把“财产权”作为了全部社会与国家治理理论规划的起点，认为私有财产是个人自由、社会契约与国家权力的理论基础。在进一步的阐述中，洛克将这一思想分解成了两个相互联系的要点：其一，劳动是个人拥有财产的源头和理据。洛克说：“劳动使它们同公共的东西有所区别，劳动在万物之母的自然所已完成的作业上面加上一些东西，这样它们就成为他的私有的权利了。”“我的劳动使它们脱离原来所处的共同状态，确定了我对于它们的财产权。”②其二，政府的执行权力（包括收税的权力）是经过人们（社会）同意而让渡给它的公共权力，所以，约法或同意是政府权力的基础和界限。人们有权保护他们无法让渡也不受政府权力支配的生命权、财产权、自由权等基本权利，而不必等到被套上枷锁以后才去反抗。后来的事实证明，洛克的思想的前一点被苏格兰启蒙运动和英国古典经济学所继承，后一点则被法国的启蒙思想和政治哲学所接受。正是在这个意义上，洛克把以官能经验为认识基础、以私有财产为道德基础、以权力制约为政治基础的哲学信念，以“他所拥有的一种无与伦比的常识”，“通过简明朴实而有说服力的陈述”，“传给了 18 世纪，进而成了英国和欧洲大陆此后政治哲学赖以发展的渊源”。③

最后，当我们从总体上审视 16—17 世纪的社会政治哲学时，我们便会发现，在马基雅维利、博丹、霍布斯、洛克等人序贯而出的 200 多年里（从 1469 年马基雅维利出生至 1704 年洛克去世），人类社会正在悄然发生着一个深刻的变化：由国家理念向社会理念、由君主权力向公民权利的倾斜，而这种变化背后的更深刻的内容则是国家与社会、政治与经济由原来的高度重合开始向相互分离的转变趋势。体现这一变化趋势的，就是臣民、公民与市民以及政治社会、公民社会与市民社会这两组概念在用词与意义上的

---

① 洛克：《政府论》下篇，商务印书馆 1964 年版，第 52 页。

② 洛克：《政府论》下篇，商务印书馆 1964 年版，第 18—19 页。

③ 萨拜因：《政治学说史》下卷，上海人民出版社 2010 年版，第 209 页。

变化。

我们看到,在马基雅维利笔下,他强调的是君主及其强权,与之对立的则是臣民及其义务,他讲的是“市民的君主国”(civil principality),强调的是市民对君主的“效忠”关系。斯金纳认为,马基雅维利是最早使用了“国家”(state)这一政治概念的人,因而视之为现代国家概念的创立者。但是,马基雅维利对“国家”概念的理解始终没有能够与“君主”这个具体概念彻底区分开来。因此,马基雅维利尽管开始了向现代国家概念转变的倾向,但他并没有完成这种转变。在马基雅维利之后的博丹,由于把政治学关注的重点从君主完全地转移到国家这一抽象的法律实体身上,并且通过对主权的界定使国家的概念具有了非常清晰的、可以进行明确的分析与说明的理论内涵,因而才最终完成了向现代国家概念的转变。①

然而,霍布斯比他们两个又前进了一步。在《论公民》的前言中,霍布斯分析了公民的三层含义:“此书要阐明人的各种义务——首先是作为人、其次是作为公民(citizen)、最后是作为基督徒的义务。”②在这里,尽管臣民仍然是公民的一个基本含义,但是霍布斯不再绝对地把公民等同于臣民了。然而,有学者认为,霍布斯虽然明确地使用了 civill society③ 的说法,但由于他依然将这样的社会看成是一种 state 而无法将它们区别开来,因而在他的文本中出现了对 civill society 和 civill government 不加区别地使用的情形。这恰恰反映了霍布斯不敢在自然状态与国家状态之间引入一个真正的市民社会而把他的思想公然地导向背叛绝对国家的方向上去的保守主义倾向。尽管如此,由于霍布斯选取了契约论的证明路径,他在事实上已经为公民概

① 昆廷·斯金纳:《现代政治思想的基础》,求实出版社 1989 年版,第 630—632 页。

② 霍布斯:《论公民》,贵州人民出版社 2003 年版,第 6 页。英文原文为:“In this Book thou shalt finde briefly described the duties of men, First as Men, then as Subjects, Lastly, as Christians.” London, Printed by J.C.for R.Royston, at the Angel in Ivie-Lane, 1651.这里的 Subjects 译为“臣民”显然要比译为“公民(citizen)”更为恰当一些。

③ civill(ciuill)是 civil 的古英语形式。据方朝辉教授考证,在英语中,civil 一词是在 1594 年以 ciuill society 的形式出现的,并被解释成:ciuill society doth more cotent the nature of man then any priuate kind of solitary liuing。参见方朝辉:《市民社会的两个传统及其在现代的汇合》,《中国社会科学》1994 年第 5 期。

念和市民社会概念的出现作出了积极性贡献。[①] 就此而言，洛克的贡献无疑更为突出：表面上看，洛克与霍布斯一样也使用了 civil society 和 civil government 这两个用语，但由于他用社会契约与政府契约相分离的双重契约取代了霍布斯的单重契约，因而他第一个自觉而明确地把探讨的问题公开地转变成了 society 与 government、Political or Civil Society 与 Civil Government or Commonwealth 的区别，也就是社会与政府（国家）的区别。

有了这种实质上的区别，civil 一词也就跟着发生了歧变：虽然它既可被翻译成"市民的"也可被翻译成"公民的"，但是在洛克的语境中它却有了相对稳定的语义搭配：当它与 society 搭配时指的就是市民社会，当它与 government 搭配时指的就是公民国家。就是说，在洛克那里，市民属于社会，而公民则属于国家，市民社会是外在于、优先于公民国家的。[②] 显然，正是基于这样的理论逻辑，洛克从个人及其权利特别是财产权的保护入手对市民社会与国家的关系及其本质进行了重新考量，认为政府（国家）与社会尽管是两种完全不同的东西，但它们的存在都是为了维护个人权利与自由。这样，在霍布斯那里隐而不发的自由主义与个人主义，终于在洛克这里生成为现代国家的政权基础。

如果说，市民社会在近代早期的 16—17 世纪的准备阶段，其思想变化背后无不体现着从文艺复兴到宗教改革、从培根的经验主义与笛卡尔的理性主义的二元划分到洛克政治哲学与牛顿力学革命相互结合的英国经验主义，那么这些观念变革背后体现着的其实都是共同的精神信念：精神领域里绝对权力的废黜以及世俗领域里个人意识的独立，而它们在更深层次上贯

---

① 张康之、张乾友：《对"市民社会"和"公民国家"的历史考察》，《中国社会科学》2008 年第 3 期。在《论公民》的前言中，霍布斯指出：The foundation therefore which I have laid standing firme, I demonstrate in the first place, that the state of men without *civill society* (*which state we may properly call the state of nature*) is nothing else but a meere warre of all against all。

② 查尔斯·泰勒认为，洛克关于"市民社会优先于国家"的思想和孟德斯鸠关于"国家优先于市民社会"的思想，构成了传统市民社会的两股理论思潮，共同为市民社会与国家相分离的观念奠定了基础。参见查尔斯·泰勒：《市民社会的模式》，载邓正来、亚历山大主编：《国家与市民社会》（增订版），上海人民出版社 2006 年版，第 34—36 页。

穿着的乃是新兴市民阶级与资产阶级从其经济利益出发首先要求国家统一继而要求公民权利与政治权力的理论诉求。我们看到，经过16—17世纪的准备，市民社会已经从马基雅维利笔下的与绝对国家的高度重合，经过霍布斯笔下的与专制国家的貌合神离，转变为了洛克笔下的与立宪国家的完全分离。正是以洛克为起点，市民社会在18世纪的裂变式发展中大踏步走向成熟，不仅衍生出了各种不同的理论，而且裂变出了以英国人（主要是苏格兰启蒙运动者）和法国人为代表的两种理论模式：英国人过多地探讨了市民社会的经济一维，而法国人则过多地探讨了市民社会的政治一维。在经历了18世纪后期英国工业革命和法国政治革命这双元革命的检验后，市民社会终于从政治国家中彻底分离出来了。

二、英国市民社会理论的经济之维：个人私利如何导致社会公益？

"1688年的革命和洛克论著的出版，使得伴随英国内战而产生的长达半个世纪的极富创见的政治哲学时期走向了终结。"①但是，紧随光荣革命而来的，是1690—1707年与英格兰合并之前苏格兰人围绕自己国家前途而展开的激烈讨论。这种讨论的热情并没有随着1707年苏格兰与英格兰的合并而结束，只是将原来经济讨论与政治考量的交织转向了经济增长与人性道德的关联。但是无论怎样，这都成为了英国人（首先是苏格兰人，其次也包括英格兰人）关于民族发展与市民社会的一场启蒙运动。

从总体上来考察，我们会发现这样一个有趣而奇特的学术现象：以洛克的经验主义为起点的18世纪的苏格兰启蒙运动者，都是社会契约论的坚决反对者。这其中的主要原因，就是以理性主义为补充的经验主义方法（特别是牛顿的自然定律）在自然科学和社会科学方面的普遍应用与发展，使

① 萨拜因：《政治学说史》下卷，上海人民出版社2010年版，第228页。

得"普遍主义和决定论"取代"等级主义和目的论"成了社会科学的主导世界观①。在这种情况下,自然法学说和社会契约论在18世纪初的英国开始,日渐衰落而失去了它的影响地位。人们越来越清醒地认识到,社会既不是霍布斯所说的由分散孤立的人或家庭按社会契约结成的联盟,也不是洛克所说的真正的政治社会或市民社会那样的国家。和自然秩序一样,社会秩序是在个人丝毫不考虑公共利益而追求各自利益最大化的过程中自然而然地形成的。在这种意义上说,霍布斯和洛克所主张的趋乐避苦是人的行为的唯一动机的人性前提依然被保留下来了,但是人的行为却更多地受到了他的情感与理智等心理因素和官能经验的支配。尽管如此,由于受到经验主义和理性主义的双重影响,本能(情感)与理性、个人与社会、私利与公益之间的对立与冲突,成了英国启蒙运动家始终面对的理论难题。

英国启蒙运动的主将是苏格兰人休谟(David Hume,1711—1776)、斯密(Adam Smith,1723—1790)和英格兰人边沁(Jeremy Bentham,1748—1832),但它的两个思想先驱却是荷兰人曼德维尔(Bernard Mandeville,1670—1733)和爱尔兰人哈奇森(Francis Hutcheson,1694—1746)。

曼德维尔的代表性作品是《蜜蜂的寓言》。该书在1705年和1714年的两次出版均未引起人们的关注,但在1723年出版之后却突然之间引起了人们的广泛关注,更引来了一些"正人君子"的围攻、诋毁与批判,不仅被大陪审团提起公诉,而且被斥之为"可耻的、不名誉的作品"②。事实上,作为洛克的学生,曼德维尔写作此书是针对着霍布斯"人和人像狼"的"战争状态"的。曼德维尔把人类社会比喻为一个蜂巢,在这个"蜜蜂的国度"里,每只蜜蜂都在近乎疯狂地追求自己的利益。但令人惊异的是,当每只蜜蜂在疯狂追逐自己的利益时,整个蜂巢却呈现出一派繁荣的景象。可是后来,当这些邪恶的蜜蜂突然觉悟而变得善良、正直、诚实起来的时候,整个蜜蜂的王国却变成了一片萧条景象。曼德维尔企图通过这个寓言所揭示的"私人的

① 陈刚:《西方精神史》下卷,江苏人民出版社2000年版,第326—327页。
② 曼德维尔:《蜜蜂的寓言》,中国社会科学出版社2002年版,第6页注①②。

恶德,公众的利益”的寓意告诉人们,在市民社会的本然实情中,“既享受一个勤勉、富裕和强大的民族所拥有的一切最优雅舒适的生活同时又具备一个黄金时代所能希望的一切美德与清白”,乃是一种不可兼得的社会幻象①;在市民社会中,人们只有既受其自然本能的驱使又受其理性意志的节制,才能把社会的道德与理性很好地结合起来。就此来说,曼德维尔在政治革命业已完成而经济繁荣有待开展的现代社会之初就给我们提出了这样一个时代问题:个人私利如何才能更好地导致社会公益? 曼德维尔恰恰是在美德与恶德、私利与公益、个人与社会的矛盾悖论中对现代社会的批判与警示。在这一点上,马克思是充分理解并且科学评价了曼德维尔的。他说:“对唯物主义的社会主义倾向具有代表性的,是洛克的英国早期学生之一孟德维尔对恶习的辩护。他证明,在现代社会中恶习是必然的和有益的。这决不是替现代社会辩护。”②正因此,当马克思针对曼德维尔关于现代社会中工人和穷人的处境的论述(“有节制的生活和不断的劳动,对于穷人来说,是通向物质幸福的道路,而对于国家来说,是通向富裕的道路”)进行评价时,他称赞曼德维尔是个“诚实的和头脑清晰的人”③。

曼德维尔奠定了苏格兰启蒙运动的问题意识,哈奇森则奠定了苏格兰启蒙运动的思维原则。哈奇森虽然是一个爱尔兰人,但是从其血缘、教育以及他从 1730 年担任格拉斯哥大学的道德哲学教授起直至 1746 年去世的经历上,他都是一个和苏格兰启蒙运动关系密切的人,被尊为“苏格兰哲学之父”。哈奇森也是洛克与苏格兰学派之间的重要连结。他追随沙夫茨伯里三世伯爵(3rd Earl of Shaftesbury,1671—1713)所受的洛克官能经验主义的影响,在《论美与德性观念的根源》(1725)、《蜜蜂的寓言评注》(1726)和

① 曼德维尔:《蜜蜂的寓言》,中国社会科学出版社 2002 年版,第 3 页。

② 《马克思恩格斯全集》第 2 卷,人民出版社 1957 年版,第 167 页。在这里,马克思认为曼德维尔是“洛克的英国早期学生之一”,显然是一种误解。虽然曼德维尔的生平事迹语焉不详,但他确实是一个出生在荷兰并且具有荷兰国籍的人。只是他长期旅居英国,在那里学习、工作和生活,甚至他的《蜜蜂的寓言》就是用英语写成的。正因此,不唯马克思,很多人都误认为曼德维尔是个英国人。

③ 马克思:《资本论》第 1 卷,人民出版社 2004 年版,第 711 页。

《论激情和感情的本性与表现以及对道德感官的阐明》(1728)中,奠定了他以利他主义的同情心和快乐主义的道德感作为人的合理行为的心理根据的思想基调。作为一个道德哲学家,与曼德维尔从霍布斯的性恶论出发揭示了人的自利行为的道德困境不同,哈奇森从霍布斯和曼德维尔的自利行为中反观出了人的利他行为的道德价值。他把对美的反思和对道德的反思结合起来,把人们对美的形式或观念感到愉快的能力称为"内感觉"(internal sense),把对德性感到愉快的能力称为"道德感"(moral sense),不仅认为美和德性是人的终极性和源始性的知觉,而且强调出于"仁爱"(与霍布斯的"自爱"相对立)的社会性是人类行为的唯一的直接的动因。就此来说,哈奇森虽然也承认沙夫兹伯利关于自爱和仁爱共存的观点,但他只是在经验事实层面上承认自爱存在的客观性,而在价值判断层面上则强调基于"仁爱"的"社会性"的"道德感",既重视人的行为动机的无私性,也强调人的行为结果的利他性。这样,哈奇森也就在赋予道德行为以仁爱动机和公益目的这两个社会要素的同时,将霍布斯性恶论的人性预设修订成了性善论的人性追求,提出了"最好的行为是实现最大多数人的最大幸福的行为,同样,最坏的行为是引起最大多数人的最大不幸的行为"①的早期功利主义命题。哈奇森的道德哲学不仅深刻地影响到了休谟与斯密的道德哲学与市民社会理论,而且被边沁明确地确立为"最大多数人的最大幸福"这样一个道德和立法的基本原理与最高准则。

在曼德维尔的问题意识和哈奇森的思维原则的影响下,18世纪的英国思想家(包括苏格兰启蒙思想家、英国功利主义者和英国古典经济学家)纷纷从经济发展与人性道德及其与之紧密相关的本能(情感)与理性、个人与社会、私利与公益之间的对立、冲突与和解出发,对市民社会的经济社会之维进行了深入的理论探讨。这其中具有奠基意义的便是休谟、斯密和边沁三人,由于受到经验主义和理性主义两种不同世界观的影响,他们依次给英国经济市民社会理论镶嵌上了人性主义、理性主义与功利主义的三道光环。

① 转引自梯利:《伦理学导论》,广西师范大学出版社2002年版,第108页。

首先,休谟镶嵌的人性主义光环。

大卫·休谟,和他之前的洛克与贝克莱(George Berkeley,1685—1753)一起被称为英国经验主义三杰。休谟的哲学著作主要有《人性论》(1739—1740)和《道德和政治论文集》(1741—1742)。《人类理解研究》(1748)和《道德原则研究》(1751)是根据《人性论》改写的企图获得更多读者青睐的书。休谟继承并发展了洛克和贝克莱的经验主义和联想主义传统,主张像牛顿那样建立一种以"科学"态度去研究人的思想的"人的科学"。他的《人性论》就有一个具有经验科学意味的副标题:"在精神科学中采用实验推理方法的一个尝试"①。他以"经验和观察"的知识论和方法论为依据,建立起了他的整个道德哲学和政治哲学体系。休谟说:"理性是并且也应该是情感的奴隶,除了服务和服从情感之外,再不能有任何其他的职务。……当一个情感既不建立在虚妄的假设上、也没有选择达不到目的的手段时,知性就不能加以辩护或谴责。"②在休谟看来,纯然的理性决断是不存在的,人的情感才是人的行为的决定因素和根本驱动力;人的情感则受其官能和欲念的支配;因此,涵盖了人的欲望、情欲、喜好、厌恶、恐惧等在内的人性在本质上说是自私的。但是,如果公义之事可以使个人和众人都产生好感,那就自然地成为社会的道德标准。

将这一套理论应用到政治问题上,休谟坚决地批判了"社会契约论",对"市民政府"的产生与"商业社会"的正义给予了经验主义论证。一方面,人类天性自私,而且每个人想要的东西因别人也都想要而永不够分配。但在人类社会发展过程中,人们慢慢地发现,通过约法性的分工和互助而出现的政府有助于每个人保护他们所拥有的东西,使每个人都感到满意。这里的关键是,追求私利的个人之所以会自动同意建立约束他们私利的政府,完全是因为政府以公利和公义之名所做的事情,虽然不一定给某一个人或某一些人带来直接的好处,但却能给大多数人带来好处。所以,国家与政府根

① 休谟:《人性论》上册,商务印书馆1980年版,第8页。

② 休谟:《人性论》下册,商务印书馆1980年版,第449—450页。

本不是由社会契约决定的，而是由先前的家庭公社和部落逐步发展起来的，是一种历史的社会组织。另一方面，以“正义与非义”为框架①，休谟论述了分工与财产权、劳动与正义的社会关系，并将其逻辑拓展到其政治论文中，分析了商业社会的运作逻辑和社会机制，从而把在原始社会状态下具有直接破坏社会的利己心的人，转化成了现代市民社会中最符合本性的市民，达到了他以扶植和维护商业社会为目的的道德哲学与政治哲学的内在张力。这样，依赖官能和趋于功利的英式经验主义，经过休谟一番精致的论证，终于建成了一种在道德、政治与社会层面上强调个人价值的意识形态。

正是从休谟开始，人们再也无需给自由主义与个人主义披上各种自然法学说和社会契约论的外衣了，它们本身就构成了现代社会的一种人性光环。休谟之后的斯密和弗格森已经可以堂而皇之地在商业社会和市民社会中追求私利并且自由竞争了。

其次，斯密镶嵌的理性主义光环。

亚当·斯密无疑是苏格兰启蒙运动中最伟大的道德哲学与社会经济学家。作为哈奇森的学生和休谟的挚友，斯密最先是作为道德哲学教授而声名鹊起的。在《道德情操论》(1759)一开始他就指出：人类道德是基于追求“同情”或“怜悯”(sympathy，即 pity or compassion)。他力求证明的是，具有利己本性的个人同时也是具有同情本性的个人。② 正是利己之心与同情之心的交互作用使得人们在商业社会的生产关系和社会关系中控制他们的自私的感情和行为，从而通过“无形之手”③建立起了一个有确定行为准则和活动规律的社会。正是以《道德情操论》为前提，斯密在《国富论》(1776)中建立起了他的经济理论体系。在这本被誉为现代经济学的“圣经”中，斯

① 参见休谟：《人性论》下册，商务印书馆 1980 年版，第 3 卷第 2 章。

② 参见斯密：《道德情操论》，商务印书馆 1997 年版，第 5—13 页。

③ 在《道德情操论》中，斯密在第四卷第一章中首次使用了(也是该书唯一一次)“无形的手”(an invisible hand)这个概念。参见斯密：《道德情操论》，商务印书馆 1997 年版，第 230 页。在《国民财富的性质和原因的研究》中，斯密在第四篇第二章中第二次使用了(也是该书唯一一次)“无形的手”(an invisible hand)这个概念。参见斯密：《国民财富的性质和原因的研究》(下卷)，商务印书馆 1972 年版，第 27 页。

密借助于洛克的劳动产权思想与休谟的商业道德思想，对法国的重商主义（保护主义）进行了批判，科学地演绎了以“市场竞争会带来最高效率的经济分工”和“追求私利可达公益”为基础的现代社会的经济发展逻辑，阐明了以自由贸易和市场竞争为金科玉律的经济自由主义思想。这里唯一不同的是，《道德情操论》中的道德交互原则演变成了《国富论》中经济交换原则。就是说，《道德情操论》是从道德行为入手的，认为道德行为始于个人的喜恶而终于社会的喜恶，而《国富论》是从经济行为入手的，认为追求私利虽然是个人生产的最初动机，但个人生产的成败则有赖于社会对生产出来的东西的需求，因此，经济行为始于个人私利但终于社会公益。

正是在对这种道德情操与经济自由的论述中，斯密极其深入地探讨了“作为市民社会”的“商业社会”的历史发展及其内在矛盾。在《国富论》第五篇中，斯密概括性地提出了人类社会发展的四阶段学说，不仅认为人类社会发展先后经历了狩猎社会、游牧社会、农耕社会和商业社会，而且认为以市场经济为基础的商业社会的兴起是早期现代社会的一个基本特征。在斯密看来，狩猎社会和游牧社会是“野蛮社会”，农耕社会是从野蛮社会向商业社会过渡的中间阶段，商业社会则是“文明社会”。因此，商业社会对农业社会的取代，代表着人类社会从身份社会向契约社会、从共同体向社会的文明转型。由于商业与自由有着天然的内在关系，所以商业社会为人类走向自由和进步的新文明社会奠定了历史前提。

进一步研究发现，虽然斯密在《国富论》中把商业社会（commercial society）、文明社会（civilised society）与市民社会（civil society）看作同等程度的范畴在使用，但是他在对这样的社会的论述中实际上包含了如下两个基本要点：首先是把逐利演绎成了道德情操的自由实现，继而则把竞争演绎成了社会进步的动力机制。这两个方面结合起来，实际上体现了斯密对于现代市民社会的深层本质及其内在矛盾的初步求解：在表面上是对经济增长与商业道德的关系问题的把握，因而适应了大英帝国扩张的时代性需要，但在本质上、在深层次上则是对经济人与道德人、利己心与利他心关系问题的求证，因而是对现代市民社会发展主题的历史性把握。在这里，斯密继承并发展了休谟开辟的那种既强调美德也强调商业的自由主义的社会政治哲学路向，把市民社会从传统的政治国家中解放出来，重新置放到了现代商业社会的发展氛围中，认为商业活动充分发展的社会才配得上真正的文明社会和市民社会，从而使“传统的政治问题就变成了某种经济问题的呈现”①。无论如何，斯密在对市民社会的论述中都更加突出了市民社会的经济之维，并且始终都从经济行为与道德行为的互相影响、互相促进中对之进行把握，正如他在有生之年都致力于对《道德情操论》和《国富论》进行的交互创作与修订再版那样。②

最后，边沁镶嵌的功利主义光环。

作为英国著名的法理学家、经济学家和社会改革者，边沁理论的思想基础是他在《政府片论》(1776)特别是《道德与立法原理导论》(1789)中确立的功利主义哲学的两个基本原理，即“功利原理”(最大幸福原理)和“自利选择原理”。在边沁看来，人类希望快乐、避免痛苦，这是我们应当承认的基本事实。人类应当遵循“快乐和痛苦”这两个至高无上的主宰决定我们“应当干什么”、“将要干什么”③。边沁不仅以此为前提建立起了他的功利主义哲学以及与此紧密联系的感觉心理学，而且还以此为基础建立起了他的整个法律理论、社会政治哲学和社会改革理论。对于边沁来说，强调后果的功利论的支配能力虽然不如强调动机的目的论那样崇高和神圣，但它所隐含着的按照“最大多数人的最大幸福”原则来看待政治世界的法理逻辑无疑有助于建构出最现实有用和最能背负社会改革责任的现代国家制度体系。因此，边沁的功利主义原则虽然存在着麦克里兰所说的“谁得谁失，非

---

① 克罗普西等：《经体与政体》，译者序，转引自《社会理论的两种传统》，生活·读书·新知三联书店2012年版，第8页。

② 《道德情操论》初版于1759年，此后分别于1761、1767、1774、1781、1790年五次修订出版，其中1790年的修订是规模最大、也是最具有实质性的一次修改。《国富论》是在七年战争之后的1763年开始写作，共用了13年写成，初版于1776年，此后曾在1778、1784、1786年三次修订出版。斯密的这两本书不仅是交替创作与多次修订的结果，而且他尤其重视《道德情操论》的修订。这既说明斯密对问题的重视，也说明了他的严谨。

③ 边沁：《道德与立法原理导论》，商务印书馆2000年版，第57页。

关紧要,只要幸福量大于痛苦量”①那样的“不问你是谁”的客观缺陷,但也隐含着“政府之存在,是为了增加人类幸福”的主观意图②。这里唯一不同的是,由于边沁是“用生意人的语言”即“一种不带革命味道的语言”来“谈论道德与政治”,因而他的功利主义思想往往被人们片面地诠释成是一种带有“幸福微积分”性质的“社会成本计算”理论③。不管怎样,在资本主义快速发展的18世纪下半叶,边沁为自由主义打磨的这道功利主义光环为自由资本主义赢得了在英国乃至全球赖以发展的一切人性的、道德的、经济的、社会的荣誉。

实践证明,正是经历了休谟人性主义、斯密理性主义和边沁功利主义的三次打磨,自由主义思想变得愈加光彩熠熠,并且在李嘉图(David Ricardo,1772—1823)及其同时代人马尔萨斯(Malthus,1766—1834)、詹·穆勒(James Mill,1773—1836)等人那里形成为一种以自由主义和功利主义为核心的政治经济学体系。它的两个核心要点,一是强调市场经济的繁荣是道德的,二是认为经济社会的市民是幸福的。这种自由主义的经济体系不仅为英国在18世纪中期开始的工业革命奠定了理论基石,而且在经受了19世纪中期密尔(即詹·穆勒的儿子约翰·穆勒,John Stuart Mill,1806—1873)功利主义的锤炼和达尔文(Charles Robert Darwin,1809—1882)生存竞争的洗礼后,终于登上了现代市民社会的最高峰。这其中,由于18世纪的英国思想家都在他们对经济市民社会的理论研究与叙事结构中包含了一种市民社会与人性道德之间的内在紧张,因而他们都不同程度地探讨了个人私利如何导致社会公益这个理论主题。从一定意义上说,对这一理论主题的各个方面不同思想资源的挖掘、分析与论证,正是他们站在现代资产阶级立场上对市民社会的历史贡献。缺失了这些思想资源,市民社会的经济之维也就失去了它的丰富性,市民社会也就会因为其市民的狭隘属性而无法真正地成为现代社会的当然前提。

---

① 麦克里兰:《西方政治思想史》下册,中信出版社2014年版,第462页。

② 麦克里兰:《西方政治思想史》下册,中信出版社2014年版,第467页。

③ 麦克里兰:《西方政治思想史》下册,中信出版社2014年版,第469—470页。

三、法国市民社会理论的政治之维：个人自由能否导致社会平等？

18 世纪英国思想家关心市民社会的经济之维，是因为他们面对的是一个资产阶级政治革命业已完成、工业革命正待开展的国家；而 18 世纪法国启蒙思想家，由于面对的是一个特权思想和等级观念根深蒂固、绝对君权堵塞了宣泄社会不满的通道而且正在由盛转衰的国家，因此他们把理论重心转向了政治理论和社会理论，着力探讨了市民社会的政治之维。

与 18 世纪的英国启蒙思想家是前后相继的一个学术派别不同，18 世纪的法国启蒙思想家实际上构成了同一时代的一个群体映像。其中包括法国启蒙运动的三位杰出代表人物（法国启蒙三杰）的孟德斯鸠（Charles Louis de Secondat Montesquieu，1689—1755）、伏尔泰（Voltaire，本名 Francois-Marie Arouet，1694—1778）和卢梭（Jean-Jacques Rousseau，1712—1778）以及"百科全书派"的拉美特利（Julien Offroy De La Mettrie，1709—1751）、狄德罗（Denis Diderot，1713—1784）、孔狄亚克（Etienne Bonnot de Condillac，1715—1780）、爱尔维修（Claude Adrien Helvétius，1715—1771）和霍尔巴赫（Paul Henri d'Holbach，原名 Paul Heinrich Diefrich，1723—1789）等人。在这里，无论他们是以理性主义的面目出现，还是以唯物主义的形象示人，法国启蒙思想家都极其普遍地受到了英国经验主义特别是洛克经验主义和休谟情感主义的深刻影响。他们在为法国资产阶级革命制造舆论的反封建的思想文化运动中，批判了封建专制主义和天主教神学这两个当时最高的权威；他们在论证资产阶级的社会国家学说和伦理道德学说中，也更加清醒、更加自觉地分析了市民社会的政治原则与道德原则。在这方面，法国启蒙三杰的思想尤具代表性。

孟德斯鸠的最初两部著作《波斯人信札》（1721）和《罗马盛衰原因论》（1734），分别以文学体裁和历史事实抨击了法国的社会现实与专制统治。这两本书在给他带来极大社会声誉的同时也确立了他作为启蒙运动主要代表的社会地位。但是,他的代表性作品却是从1734年开始写作,用了整整13个年头才写成并在1748年出版的《论法的精神》。正如孟德斯鸠所说:"我毕生精力,耗尽在《论法的精神》一书上面。"①在这本著作中,孟德斯鸠不仅集中阐述了法的重要性,而且还在对商业社会和市民社会的阐述中提出了他对社会政治问题的一系列重要看法。一方面,孟德斯鸠明确地区分了政府和社会,并针对法国的绝对主义国家而期望两者能够分离开来。在孟德斯鸠看来,"社会"(société)是有别于"政治"、"经济"等事物的,它本身就构成了一个具有整体结构的系统,是一个只有从总体上来看其各个部分才有意义的大系统。另一方面,正是从社会这个系统本身出发,孟德斯鸠分析了商业社会与市民社会(L'etate civil)的历史意义。在当时法国经济发展高涨和英国工商业高速发展的时代背景下,孟德斯鸠的分析是以法国重农主义的自由主义和英国经验主义的道德哲学为依据的。与古典时期的柏拉图与亚里士多德等人曾经抱怨过商业贸易破坏了社会的良风与美德不同,孟德斯鸠认为,在商业贸易行为产生以前,欧洲的风俗并不是善良淳朴的,而是充斥着暴力掠夺等野蛮行为的。正是商业贸易行为的出现,才使得这种原始的政教习俗变得和平、文雅并且文明起来。正因此,孟德斯鸠讴歌了商业文明给人类社会带来的长远而深刻的社会变革,他说:

> 商业能够治疗破坏性的偏见。因此,哪里有善良的风俗,哪里就有商业。哪里有商业,哪里就有善良的风俗。这几乎是一条普遍的规律。……贸易使纯净的风俗腐败;这是柏拉图责难之点;但我们每天都看到,贸易正在使野蛮的风俗日趋典雅与温厚。②

在孟德斯鸠看来,商业文明的发展可以给人类社会带来两个方面的好处:一方面,商业贸易通过扩大人与人之间的关系,在人们的思想中产生了一种"精确的公道的观念"③,促进了市民社会的共同成员开始互相了解,由此使得他们逐渐失去了野蛮的攻击性,而在以往时代这种野蛮行为正是导

---

① 参见郭成伟主编:《中外法学名著指要》,中国法制出版社2000年版,第395页。
② 孟德斯鸠:《论法的精神》下册,商务印书馆1961年版,第14页。
③ 孟德斯鸠:《论法的精神》下册,商务印书馆1961年版,第15页。

致战争的根本原因；另一方面，商业社会带来了社会的繁荣，这种社会繁荣相对于那个时代的军队与政府通过政治权力对社会的蛮横干预来说，也是极其有益的，因为商人的巨大事业是和“公共事业”联系在一起的[①]。孟德斯鸠认为，正是商业给个人带来的“公道观念”和给社会带来的“公共利益”，使得市民社会的成员能够在理性与本能、利益与激情的紧张关系出发，在追求自身利益的同时作出有利于公共利益的理性抉择与权衡。他说：“虽然每个人都认为是在为自身的利益而工作，但结果却是为公共福利作出了贡献。”[②]然而，在孟德斯鸠看来，公共利益作为个人根据民法作出的自利因而利他的行为选择，不应该成为国家根据政治法加以规定的事情。他说：“如果说，个人的利益应该向公共的利益让步，那就是荒谬背理之论。……因为公共的利益永远是：每一个人永恒不变地保有民法所给与的财产。”[③]“在有关公共利益的问题上，公共利益绝不是用政治性的法律或法规去剥夺个人的财产，或是消减哪怕是它最微小的一部分。”[④]显然，在孟德斯鸠的视野里，个人利益与公共利益都是社会的事情，而不是国家的事情。正是在这种意义上，赫希曼认为，孟德斯鸠早在斯密之前就已经“系统阐述了‘看不见的手’这一思想，即关于使个人的欲求不知不觉地与公共利益合而为一的思想”[⑤]。无论赫希曼的说法是否可信，但有一点是确定无疑的：在那个“文人共和”和“启蒙运动”的景象随处可见的时代里，法国启蒙运动的思想先驱最初都受到了英国经验主义的影响，继承并发展了洛克有关社会与政府相区别的思想，进一步明确地区分了政府与社会的界限，并在18世纪上半期与苏格兰启蒙思想家的道德哲学形成了一种互相影响、互相渗透的发展态势。对于孟德斯鸠来说，将政府与社会明确地区分开来，既要求社会领域的自由也要求政治领域的平等，这正是他为法国资产阶级革命中

---

① 参见孟德斯鸠：《论法的精神》下册，商务印书馆1961年版，第17页。
② 转引自赫希曼：《欲望与利益》，上海文艺出版社2003年版，第4页。
③ 孟德斯鸠：《论法的精神》下册，商务印书馆1961年版，第189—190页。
④ 孟德斯鸠：《论法的精神》下册，商务印书馆1961年版，第190页。
⑤ 赫希曼：《欲望与利益》，上海文艺出版社2003年版，第2—3页。

第三等级要求取消特权、推翻封建制度、解除资本主义发展的种种束缚所作的奠基性工作。

伏尔泰，比孟德斯鸠晚出生了 5 年但与晚他 18 年出生的卢梭同年去世，因此，他对启蒙运动的影响从时间上说跨越了孟德斯鸠和卢梭两代人。他曾两次入狱，对法国的专制暴政与等级特权深恶痛绝。1726—1730 年，他寄居英国。这几年的经历深深地影响了他的思想，使他接触到洛克的经验哲学和牛顿的物理学，特别是英国的君主立宪以及言论自由和宗教自由，更是孕育了他崇英贬法的倒法心态。《哲学通信》（又名《英国书简》）就是他在英国的观感和心得的总结，也是他的第一部哲学和政治学论著。此书在 1734 年出版后，成为了“投向旧制度的第一颗炸弹”，标志着 18 世纪法国启蒙运动的真正开始。在这本通信集中，伏尔泰一方面以自然神论的形式出现的唯物主义观点，批判了笛卡尔的天赋观念论和莱布尼兹为宗教神学辩护的预定和谐说，对洛克的《人类理智论》推崇备至。经过伏尔泰半讽刺、半幽默、半认真的调侃，社会大众在不自觉中接受了他的意见：理性主义可弃，经验主义可取。在启蒙的年代里，这不啻为人民大众提供了一把批判宗教与社会的“铁锤”①。另一方面，伏尔泰作为法国革命的“铁锤”，不仅对宗教与社会进行了淋漓尽致的批判，而且以“自然法权论”为基础对他心目中向往的理想政治制度进行了分析。他最初赞赏的是资产阶级改良基础上的英国君主立宪制。他说：“英国是世界上抵抗君主达到节制君主权力的唯一的国家，他们由于不断的努力，终于建成了这样开明的政府：在这个政府里，君主有无限的权力去做好事，倘使想做坏事，那就双手被缚了；在这个政府里，老爷们高贵而不骄横，且无家臣；在这个政府里，人民心安理得地参与国事。”②在这里，伏尔泰显然是从节制王权、健全法律和言论自由三个方面分析君主立宪政体是值得提倡和推广的政体。然而 18 世纪 60 年代以后，由于法国封建专制国家和“第三等级”的矛盾日益尖锐，伏尔泰逐渐倾

---

① 伏尔泰曾说过：“我真担心在这个世界上人不是变成砧子就是变成锤子；谁能逃脱这一关，谁真是幸福！”参见伏尔泰：《哲学辞典》，商务印书馆 1991 年版，第 718 页。

② 伏尔泰：《哲学通信》，上海人民出版社 1961 年版，第 26 页。

向于共和制度，表现出对法国革命的热切期望。他以瑞士共和国是"真正的平等统治者"为参照对法国革命的到来充满了信心。他说："我所看到的一切，都在传播着革命的种子。……法兰西人凡事落后，但是现在总算是赶上了。这光明已散布在远近各处，时机一到，革命立刻就要爆发。"①尽管伏尔泰在社会历史领域是一个唯心主义者，尽管他自己是资产阶级的代言人，他宣扬的是资产阶级的自由、平等的理性王国，但从他对自由与平等的大声疾呼，从他从改良向革命的态度转变，完全可以看出，作为"法国启蒙运动公认的领袖和导师"、"18世纪欧洲思想的泰斗"和"科学和艺术共和国的无冕皇帝"，伏尔泰其实正是在对专制制度和等级特权的社会政治批判中，隐含着他对革命之后建立的自由、平等、法治的国家与社会相互区分的历史期待。正如维克多·雨果所说："伏尔泰的名字所代表的不是一个人，而是整整一个时代。"②

卢梭比孟德斯鸠和伏尔泰晚了一代，而且在出身、经历和性格上都与他们大不相同。孟德斯鸠出身贵族，伏尔泰出身富裕的资产阶级家庭，而且他们两人的作品都很好卖，一生都没有遇到经济困难，而卢梭则出身于一个钟表匠家庭，一生都处于被迫流浪和经济窘迫的生活之中。这种出身和经历直接造成了卢梭同孟德斯鸠和伏尔泰在个人性格、理论观点和思想内容上的较大差异：他们三人都是人类自由与平等的捍卫者，但相对而言，孟德斯鸠和伏尔泰更加重视自由和权利特别是财产权利，而卢梭则更加重视平等问题和自然权利；由此，孟德斯鸠研究现存政制，伏尔泰批评现存政制，卢梭则关注理想政制。

在《论人类不平等的起源和基础》(1754)中，卢梭就有针对性地批评了霍布斯和洛克的自由理念。他把人类的不平等区分为天然与体能的不平等和伦理与政治的不平等，认为正是后者造成并维持了人类社会在权力和财富上的不平等。以这一基本假设为前提，卢梭提出了他的自然状态与社会

---

① 转引自阿尔塔蒙诺夫：《伏尔泰评传》，作家出版社1958年版，第10页。

② 转引自李武林等编著：《西方哲学史教程》，山东大学出版社1987年版，第454—455页。

契约理论。在卢梭看来，在自然状态下，“自由人”从根本上就像动物，他们在追求食物、睡眠和性伴的过程中，也具有自己的理性能力（如选择能力、同情心和上进心等），并不像霍布斯所说的那样时刻怀着恐惧和焦躁，所以他认为霍布斯对人性的看法太过悲观了。卢梭的结论是人与人的接触增加慢慢地扭曲了“自由人”的理性能力和天然天真的自爱精神，逐渐依赖别人的观感和恩惠而开始堕落，产生出人类脱离自然状态之后才有的竞争、比较、嫉妒、憎恨、权欲、骄傲等文明的社会幻象。卢梭认为，一旦自给自足的“野蛮人”有了“财产”概念时，也即是万恶之始，正是财产制造了主人与奴隶、富人与穷人、自然与社会的多重对立与矛盾。正因此，卢梭以他的理性浪漫对专制主义、等级制度、私有制和人压迫人的现象深恶痛绝，对上流社会的特权阶层怀有本能的敌意，对以金钱为基础的科学和艺术带来的文明进步大加抨击，认为这些都是人类不平等的根源。卢梭认为，人类要回复自然，回归一个没有堕落的、纯洁的、天真的本性。他提倡一个没有阶级的“自然状态”社会，使人类可以重新获得他天赋的自由与平等权利，并借此恢复他的真正面目。

由此出发，卢梭在《社会契约论》（1762）中，提出重新思考社会制度、去建立一个人人平等的社会的历史任务。他认为统治权不是天赋给君王的，也不是君王与臣民的合同，而是人民用以建立国家的社会契约。通过社会契约立国之后再以“公意”的形式选定国君，最终让一个人民可以信赖的人去治理国家。在这里，卢梭赖以作为国家权力最终源头的“公意”（“共同意志”、“公共意志”），实际上是对在批判笛卡尔“天赋观念”和洛克“天赋自由”基础上建立的“天赋平等”和“人民主权”观念的理性确认。就此来说，在社会政治理论日益成熟、经济自由主义如日中天的18世纪，当包括休谟、斯密、边沁在内的英国启蒙思想家和包括孟德斯鸠、伏尔泰在内的法国启蒙思想家都对17世纪的社会契约理论进行了坚决批判之后，卢梭对社会契约论的回归与坚持看起来似乎是在开历史的倒车。但是，正是卢梭，以他的极其深奥的“公意”思想引导人们重新看到了社会作为共同体所应具有的伦理价值。从这种意义上说，卢梭的《论人类不平等的起源和基础》和《社会契约论》这两部著作，是他从现有和应有的张力状态出发对自然状态和社会契约、对近代市民社会在人的利己性与社会性的矛盾悖结的理性反思、经验总结与社会建构。正如他的《社会契约论》(*Du Contrac Social*)在写作之初就叫《论市民社会》(*De La Société Civile*)那样。作为一个平等主义多于自由主义的思想家，卢梭通过社会契约的建构所要回答的就是：个人自由能否像洛克以降的自由主义思想家所说那样导致社会平等和国家民主？①

卢梭的担心并非纯属多余，因为就在他对自由主义进行反思和批判的同时，法国的"百科全书派"的唯物主义者孔狄亚克、爱尔维修、拉美特利等人就在大张旗鼓地宣扬以洛克感觉经验论为基础的自然主义、自由主义和功利主义。对此，马克思以爱尔维修为例指出：爱尔维修不仅"以洛克的学说为出发点"，而且"也随即把他的唯物主义运用到社会生活方面。感性的对象和自私的欲望、享乐和正确理解的个人利益，是整个道德的基础。人类智力的天然平等、理性的进步和工业的进步的一致、人的天性的善良和教育的万能，这就是他的体系中的几个主要因素"。② 不仅爱尔维修，整个"百科全书派"的唯物主义者都有着相同或类似的基本观点。马克思说：

> 并不需要多大的聪明就可以看出，关于人性本善和人们智力平等，关于经验、习惯、教育的万能，关于外部环境对人的影响，关于工业的重大意义，关于享乐的合理性等等的唯物主义学说，同共产主义和社会主义之间有着必然的联系。既然人是从感性世界和感性世界中的经验中汲取自己的一切知识、感觉等等，那就必须这样安排周围的世界，使人在其中能认识和领会真正合乎人性的东西，使他能认识到自己是人。既然正确理解的利益是整个道德的基础，那就必须使个别人的私人利益符合于全人类的利益。既然从唯物主义意义上来说人是不自由的，

---

① 卢梭与他那个时代的一些思想家大多相识，但结果却无一例外地反目成仇。这其中包括法国的伏尔泰和英国的休谟，其主要原因是他们对待世界和人生的看法不一样：卢梭关注平等而他们重视自由。对卢梭来说，对自由的追求意味着对平等的放弃，而卢梭则充满了对于不平等的仇恨。对于卢梭来说，他追求的乃是一种"平等的自由"(equal in freedom)，即他希望的是在平等基础上追求自由。

② 《马克思恩格斯全集》第2卷，人民出版社1957年版，第165—166页。

> 就是说，既然人不是由于有逃避某种事物的消极力量，而是由于有表现本身的真正个性的积极力量才得到自由，那就不应当惩罚个别人的犯罪行为，而应当消灭犯罪行为的反社会的根源，并使每个人都有必要的社会活动场所来显露他的重要的生命力。既然人的性格是由环境造成的，那就必须使环境成为合乎人性的环境。既然人天生就是社会的生物，那他就只有在社会中才能发展自己的真正的天性，而对于他的天性的力量的判断，也不应当以单个个人的力量为准绳，而应当以整个社会的力量为准绳。①

马克思的这段重要论述说明，法国唯物主义者关于人性与道德基础的这些思想，其实和英国特别是苏格兰思想家关于人性与道德基础的论述具有相同的社会性质与历史功能。这里唯一的不同是，几乎每一个英国思想家都是从人性道德出发侧重探讨市民社会问题，而法国思想家则要么从理性主义出发（启蒙三杰）要么从自然主义（“百科全书派”）出发更加倾向于社会政治问题；在英国思想家那里，是对政治革命之后正在形成中的市民社会的现实把握，而在法国启蒙思想家这里，或者是对正在为政治革命的到来作准备的市民社会的思想造势，或者是对革命成功之后可能建立的市民社会的历史想象。

就此来说，英国革命是没有理论做准备的革命，法国革命则是有着充分思想启蒙与理论准备的革命。英国思想家把重心放在了革命之后市民社会的经济自由问题上，把人的权利安置到了资产者利益最大化的原则上；而法国思想家则把重心放在了革命之前市民社会的政治平等问题上，把人的权利安置到了反抗特权的正义原则上。他们尽管也探讨了人的利益等人性与道德基础问题，但始终把它作为社会平等秩序的保障，因而幻想着能够将平等问题与自由问题通过政治革命一起解决掉。而卢梭关于个人自由与社会平等能否同时实现的理论审思恰恰颠覆了这种政治自由主义的天真烂漫。后来的事实证明，以自由、平等和博爱为思想启蒙的法国大革命最终却演变

① 《马克思恩格斯全集》第2卷，人民出版社1957年版，第166—167页。

成了一场以暴力、任性与极权为外在表现的旷日持久的残酷革命，人们不仅无法达到社会平等的境地，而且也失去了对个人自由的信心。于是，“不平等使他们愤怒，愤怒使他们革命；革命让他们自由，但自由使他们任性，任性又制造了新的不平等。法国人在大革命之后的很长时间就是困在这个恶性循环之中”①。就此来说，如何才能真正实现一种“平等的自由”（equal in freedom）就成了法国大革命期间和法国大革命之后人们重新思考卢梭问题、反思政治革命经验的历史传统。柏克的《法国革命论》（1790）和托克维尔的《旧制度与大革命》（1856）就是这种思考的代表作品。

① 梁鹤年：《西方文明的文化基因》，生活·读书·新知三联书店2014年版，第253页。

第三章　近代市民社会理论的反思、综合与批判

在18世纪，当自由主义和个人主义越来越成为英法思想家关于市民社会的主流思想原则时，法国的卢梭和苏格兰的弗格森无疑具有另类的性质：初识了正在形成中的"市民社会"的个人主义和自由主义原则所带来的社会弊病，他们对市民社会的个人原则进行了认真的深刻反思和前瞻批判，从而将近代社会之初由霍布斯和洛克等人开辟的个人主义原则重新扭转到了对社会原则的发现上面。这既为德国古典哲学中康德和黑格尔的市民社会哲学指出了一条新的发展路径，也为马克思批判地继承近代市民社会的理论主张提供了思想前提。

一、对个人原则的反思和对社会原则的重新发现

如马克思所说，市民社会是在16世纪以来就作了准备、而在18世纪大踏步走向成熟的。然而，马克思没有说到的是，16—17世纪为市民社会作了准备的思想原则与18世纪大踏步走向成熟的市民社会的思想原则之间，还是存在着一个细微的然而却是本质性的差别：前者是对个人原则的专宠（个人权利的不可取消性构成了政府和社会权力的限度），后者已经包含着对社会原则的再现（社会本身才是一种首要的道德化力量）。

众所周知，在16世纪以来就作了准备的市民社会，是从中世纪后期的

封建社会内部生长出来的。这其中，从 12 世纪后期到 16 世纪中期相继兴起、前后呼应的“三 R”运动无疑为市民社会的产生与发展作了大量人文主义的思想铺垫：先是发端于中世纪末期 12—16 世纪的罗马法复兴运动（Revival of Roman Law）“把个人从古代社会的权威中解放出来”[①]，接着是发生于中世纪与近代交替时期 14—16 世纪的文艺复兴运动（Renaissance）带来了“人的重新发现和世界的重新发现”[②]，最后是兴起于 16 世纪初至 70 年代的宗教改革运动（Reformation）所带来的“人类心灵的解放以及精神领域内绝对权力的废黜”[③]。这样，当着“哲学在它自己的土地上与哲理神学分了家，按照它自己的原则，把神学撇到完全另外的一边”[④]的时候，培根和笛卡尔分别以“知识就是力量”和“我思故我在”的时代论题宣示了近代哲学的开启。在这里，如果说培根还只是顺应了从事实出发、并依据事实下判断的英国经验哲学传统，那么笛卡尔则因为对“自我意识”的明确告白而成为了“近代哲学真正的创始人”[⑤]：在“我思故我在”的命题中，“我思”的“我”肯定了“个人”（“自我”）的地位，“我思”的“思”则确立了“意识”的重要。这个“个人意识”（“自我意识”）正是近现代哲学与传统哲学的重要分水岭。由此，以笛卡尔的“个人意识”决定一切的思想原则和以培根为代表的英国经验主义传统的“个人经验”决定一切的思想原则，就成了 16—17 世纪处于准备阶段的市民社会的“个人主义”和“自由主义”的思想基础。在此基础上，洛克既继承了培根的经验主义传统，又批判吸收了笛卡尔理性主义思想，并将之运用来反对霍布斯那种处身于“利维坦”之下的刚性个人主义原则，从而探讨了市民社会状态下的个人与社会关系问题。

然而遗憾的是，尽管洛克较早地探讨了个人与社会的关系问题，并且力

---

① 梅因：《古代法》，商务印书馆 1959 年版，第 146 页。

② 布克哈特：《意大利文艺复兴时期的文化》，商务印书馆 1979 年版，第 280 页。

③ 基佐：《欧洲文明史》，商务印书馆 1998 年版，第 201 页。

④ 黑格尔：《哲学史讲演录》第 4 卷，商务印书馆 1979 年版，第 59 页。

⑤ 黑格尔：《哲学史讲演录》第 4 卷，商务印书馆 1978 年版，第 63 页。

图纠偏由霍布斯所开创的“刚性的个人主义原则会导致政治上的专制主义”[①]的理论结论，但因为“根据个人利益来阐释社会的理论”[②]在洛克所处的时代几乎成了一个前定的结论，因而洛克在利用他的二重性社会契约反对霍布斯的一次性社会契约过程中，不仅重新回到了利己主义的原点上，而且还陷入到个人原则与社会原则的二元对立之中去了。正如萨拜因所说：洛克的理论，一方面，“就其含义而言，乃是与霍布斯的理论一样都是利己主义的。无论是政府还是社会的存在都是为了维护个人权利的，而这类权利的不可取消性则构成了政府和社会之权力的限度”[③]；另一方面，“在洛克的一部分理论中，个人及个人权利乃是以终极原则出现的；而在他的另一部分理论中，社会本身才是终极原则。然而在他的论著中，却没有一种观点可以充分解释这二者是如何都能成为绝对原则的。”[④]

我们看到，洛克之后的18世纪英法思想家，包括休谟、斯密、孟德斯鸠等，几乎都步入了洛克思想的后尘：在对市民社会及其利己主义原则的思想阐述中，陷入到了个人原则与社会原则的二律背反中。

然而，法国的卢梭却是一个例外。这既与法国的社会背景有关，也与卢梭的个人经历有关。从当时法国的社会背景来看，在1789年法国大革命爆发之前，法国依然是欧洲最强大的封建专制国家。波旁王朝在最初的100多年里虽然给法国打下了坚实的物质基础，但是在路易十四晚年特别是路易十五统治时期不断暴露出来的封建君主专制统治的社会弊端，特别是特权阶级的专横和放肆有目共睹。在这种社会背景下，从反特权中产生出对平等的追求，对于18世纪的法国有识之士来说，就成了完全可以理解的事情。在这一点上，孟德斯鸠、伏尔泰和卢梭都不例外。他们在法国大革命爆发之前，通过把包括古希腊和古罗马在内的古代世界理想化的思考方式，对当时的政治和社会提出了尖锐的批评，为正在酝酿中的革命积蓄着思想力

① 萨拜因：《政治学说史》（下卷），上海人民出版社2010年版，第209页。
② 萨拜因：《政治学说史》（下卷），上海人民出版社2010年版，第211页。
③ 萨拜因：《政治学说史》（下卷），上海人民出版社2010年版，第211页。
④ 萨拜因：《政治学说史》（下卷），上海人民出版社2010年版，第211页。

量。对此，马克思在《路易·波拿巴的雾月十八日》中的论述同样适合于他们："旧的法国革命时的英雄……同旧的法国革命时的党派和人民群众一样，都穿着罗马的服装，讲着罗马的语言来实现当代的任务，即解除桎梏和建立现代资产阶级社会。"①

然而，正如相同之中总是存在差异那样，卢梭的个人经历又决定了其思想的独特性。卢梭在《忏悔录》中曾对他的个人经历作过这样的真实写照："我没有高贵的门第和出身，但我却得到了另一种我所特有的东西：我以不幸著称于世。"②卢梭虽然出生在瑞士的日内瓦共和国，但其先祖却是流亡瑞士的法国新教徒。母亲在他出生后不久的去世与父亲在他十岁时的出走，使卢梭很早就处于孤苦伶仃、家境贫寒与颠沛流离的生活窘境中，但也决定了卢梭一生都极其关注平等主题。不仅如此，与当时法国君主专制的等级特权和政治腐败相比较，日内瓦则是一个新教徒的共和国，具有比较强烈的共和传统，这也决定了卢梭对古代共和政体的无限向往。正因此，卢梭虽然后来长期定居法国，但他本人始终为自己的家庭拥有日内瓦共和国的公民权而引以自豪。在《论人类不平等的起源和基础》一书的开始，卢梭就在"1754 年 6 月 12 日于（法国）尚贝里"写成的"献给日内瓦共和国"的致辞中表达了他对日内瓦共和国的誉美之词：

> 我既然幸运地生长在你们中间，怎么会只想到自然所赋予人们的平等和人们自己造成的不平等，而不想到有这样一种最高的智慧呢？这种智慧，可以把一个国家里的平等和不平等以最接近自然法则并最有利于社会的方式加以适当的调和，从而既能维护公共秩序又能保障个人幸福。我在研究良知对于一个政府的制度所能提供的最好准则时，看到这些准则都已由你们的政府实行，我是如何地激动！因此，我认为即使我不是生在你们的城市里，也不能不把这幅描绘人类社会的图画呈现给你们，因为我觉得你们是世界各民族中享有政府的种种利

① 《马克思恩格斯选集》第 1 卷，人民出版社 2012 年版，第 669 页。
② 卢梭：《忏悔录》第 2 部，人民文学出版社 1983 年版，第 816 页。

益而又最善于防止政府的弊端的人民。①

总之，对平等问题的特别关注与对共和政体的特别眷念，使得卢梭在对现代市民社会的研究中，把重心放在了由自由到平等所必需的民主观念上，力图用新的社会契约来规避个人自由的绝对化趋势，由此奠定了卢梭对自然状态与社会状态、个人原则与社会原则的重新思考。

一方面，出于对社会不平等的强烈不满，卢梭在思考自由与平等这一对人类社会的总体目标时，认为平等是比自由更为基础、更为重要的社会目标。卢梭认为，人类最初处于原始的"自然状态"中，并不存在私有制和不平等。但是，随着私有制、阶级和国家的产生，原本在自然状态下的平等个人之间产生了社会不平等，造成了人的不幸。因此，要使人们重新回到平等的自然状态，就必须改变造成人类不平等的社会根源的私有制国家，订立一种新的、真正的社会契约，形成一种人与人之间结合的新的社会共同体，通过社会共同体的力量保证每一个共同体成员的个人利益。正因此，卢梭提出了他的"公意"（英语 general will，法语 la volonté générale，即公共意志、共同意志、普遍意志）理论。在卢梭看来，"公意"（很多人意志的"综合"即 integration）并不等于"众意"（很多人意志的"集合"即 assembly）。他说："众意与公意之间经常总是有很大的差别：公意只着眼于公共的利益，而众意则着眼于私人的利益，众意只是个别意志的总和。但是，除掉这些个别意志间正负相抵的部分而外，则剩下的总和仍然是公意。"②在卢梭看来，只有"我们每个人都以其自身及其全部的力量共同置于公意的最高指导之下，并且我们在共同体中接纳每一个成员作为全体之不可分割的一部分"③，才能使每个人在订立社会契约的同时既依靠共同体的力量生活但又不至于失去他们的自由。卢梭认为，通过订立社会契约，人们虽然丧失了自然的自由，但是却得到了社会的自由，获得了道德的自由和服从法律的自由，从而将个人主义者、自由主义者所主张的那种以个人力量为界限的自由翻转成了被公

---

① 卢梭：《论人类不平等的起源和基础》，商务印书馆 1962 年版，第 50 页。

② 卢梭：《社会契约论》，商务印书馆 2003 年版，第 35 页。

③ 卢梭：《社会契约论》，商务印书馆 2003 年版，第 20 页。

意约束的自由。以这种被公意约束的自由为基础的共同体，具有公共人格的道德性质。他说："共同体就以这同一个行为获得了它的统一性、它的公共的大我、它的生命和它的意志。这一由全体个人的结合所形成的公共人格，以前称为城邦，现在则称为共和国或政治体。"①由此出发，卢梭认为，在通过以公意为基础的社会契约所结成的新的共同体中，虽然人们仍然会存在体力与智力方面的自然不平等，但由于这种自然的不平等在新的政治和社会条件下受到了平等的公民权利的矫正与规制，所以他们依然是平等的，而这恰恰构成了整个现代国家体系和全部现代社会体系的基础。他说："基本公约并没有摧毁自然的平等，反而是以道德与法律的平等来代替自然所造成的人与人之间的身体上的不平等；从而，人们尽可以在力量上和才智上不平等，但是由于约定并且根据权利，他们却是人人平等的。"②显然，卢梭从个人自由的理念出发最后却获致了社会平等的价值理念。正如罗素指出的那样："自由是卢梭思想的名义目标，但实际上他所重视的、他甚至牺牲自由以力求的是平等。"③罗素的话虽然有些夸张，但卢梭是一个平等主义多于自由主义的思想家，这一点应是毋庸置疑的。在个人主义与自由主义日益高涨的18世纪，卢梭虽然没有看到正如国家最初是从社会力量中分化出来的那样，现代市民社会也是从国家力量中分化出来的，因而他在《社会契约论》中依然将社会和国家看成同一个事物。但是，正是卢梭对于平等理念的执着和对于共同体价值的留恋，在看到市民社会所带来的弊端之后发出了对于单纯以个人占有为中心的市民社会的异议，从而引导人们走上了"对社会的再发现"④的理论反思之路。

另一方面，作为一个与众不同的思想家，卢梭清楚地意识到了这样一个问题：要创建美好的社会，单纯进行社会改造是远远不够的，最重要的是要有一批具有高尚德行的良好公民。为此，卢梭从国家与社会相统一的社会

① 卢梭：《社会契约论》，商务印书馆2003年版，第21页。
② 卢梭：《社会契约论》，商务印书馆2003年版，第30页。
③ 罗素：《西方哲学史》（下卷），商务印书馆1976年版，第258页。
④ 萨拜因：《政治学说史》（下卷），上海人民出版社2010年版，第263页。

结构出发,第一个从正面深刻地探讨了民主政治所需要的公民素质,弥补了在英国启蒙思想家那里所造成的公民身份的缺失问题。在卢梭看来,类似古代罗马和现代日内瓦那样的共和国要成为真正的社会共同体,它的一个基本前提就是公民必须具有美德,因为美德只有在一个非常节俭、每个公民都把国家利益视为至高无上的地方才能真正实现。因此,美德在于节俭,在于拒绝奢侈。一旦出现了奢侈,或者商业获得了大的发展,那就意味着公民意识的衰退和社会纷争的出现,从而会影响公意的达成和实现。正因此,卢梭不太相信自由主义思想家关于依靠自我利益产生的市民社会能够主动提升人的自由和社会平等的说法,而特别强调公民素质的教育和培养。就此来说,卢梭的《爱弥儿》(1762)既是一部教育学名著,也是一部政治哲学著作,是卢梭力求在重建善的社会这个外在世界的基础上重建公民道德这个内在世界的理论努力。对于卢梭来说,以社会契约为基础的善的社会的重建,仅仅只是他政治哲学的较浅的层次,其较深的层次则是对于现代国家来说具有整体向心力的道德公民的重建与培育。只有将这两个方面统一起来,才能最终建立起一个"平等的自由"(equal in freedom)的现代社会。正因此,卢梭把英国思想家的"个人"概念置换成了"公民"概念,把他们的"自由个人"置换成了"道德公民",把他们的"个人自由"置换成了"社会平等"。卢梭所关注的,与其说是"人",毋宁说是"作为公民的人",是将公益置于私人事务之上的"公民"。正如萨拜因一针见血地指出的:在卢梭那里,"基本的道德范畴是公民而不是人"①。

从一定意义上说,正是对于道德公民的执著和对于公民身份的认同,卢梭才在笛卡尔的"天赋理论"和洛克的"天赋自由"之后提出了"天赋平等"的"人民主权"观念,奠定了美国《独立宣言》和法国《人权宣言》的理论基础。卢梭从主权的不可转让、不可分割和不可限制出发,反对洛克和孟德斯鸠等人的权力分立学说,主张建立一个民众直接行使权力的民主国家。在现代国家体制下,卢梭的这种民主幻想显然只有在像希腊那样的城邦国家

① 萨拜因:《政治学说史》(下卷),上海人民出版社2010年版,第270页。

和日内瓦那样的小国寡民才能办得到，因而反映了他的小资产阶级意识。但是，隐含在卢梭这种思想背后的东西却是极其重要的：市民社会是现代社会的重要维度，但它并不是现代社会的全部；现代社会必须在倡导公民积极参与公共事务的过程中建构一个与它的市民生活相适应的政治社会。

总之，在市民社会日益走向成熟的18世纪，卢梭以他的思想独特性创造了近代市民社会理论的两个"第一"：他是第一个引导人们重新发现社会的思想家，也是第一个引导人们培育道德公民的思想家。正是在这两个第一的思想关联中，卢梭给近代市民社会提出了这样的历史任务：如何均衡商业社会鼓励私利的主张以及政治社会中的公民义务感和参与承担公共事务？就是说，卢梭通过对个人自由的反思与对社会价值的重建，努力走出一条与英国那种关注个人自由的市民社会不完全相同的关注道德公民的市民社会。如果说，前一种市民社会就是卢梭所极力批判的原子主义的、经济的市民社会，它以功利为最主要的自我价值实现的参照，那么，后一种市民社会就是卢梭努力创制的真正社会的、政治的和道德的市民社会，它以公意为最主要的自我价值实现的参照。正如萨拜因所指出的那样："公民的社会对其成员来说乃是惟一的和与其同时存在的；公民既没有造就社会，也没有反社会的权利。公民的社会是一个'联合体'，而不是'聚集体'，亦即一种道德人格体和集体人格体。"①显然，对于卢梭来说，他对市民社会的反思与对道德公民的强调，实际上体现了他把专心私利的市民扭转为关心公益的公民的一种努力。或者说，卢梭所努力实现的，乃是对近代自由主义所强调的道德能力和功利能力的辩证统一，正如他在《社会契约论》一开始就指出的那样："我要探讨在社会秩序之中，从人类的实际情况与法律的可能情况着眼，能不能有某种合法的而又确切的政权规则。在这一研究中，我将努力把权利所许可的和利益所要求的结合在一起，以便使正义与功利二者不致有所分歧。"②

---

① 萨拜因：《政治学说史》（下卷），上海人民出版社2010年版，第277页。

② 卢梭：《社会契约论》，商务印书馆2003年版，第3页。

无独有偶，就在卢梭发表《社会契约论》(1762)后不久，与他具有同样精神气质的苏格兰思想家弗格森(1723—1816)发表了《文明社会史论》(*An Essay on the History of Civil Society*，1767)①。在这本英语世界中第一次明确以"Civil Society"为题的著作中，弗格森一反洛克以来那种以"个人"和"自由"为核心理念、被他同时代的休谟和斯密等苏格兰启蒙思想家作了精致论证的自由主义观点，对商业社会、文明社会、市民社会进行了非常深刻且独到的批判。一方面，弗格森抛弃了关于孤立无援的人的假定与一切人反对一切人的战争状态的假设，主张把人当作一开始就是一个社会的存在物来考察的观点。他说：

> 我们应从群体中去看人类，因为他们总是生活在群体中。个人的历史只不过是作为人类所思所感的一个细枝末节而已。因而，每一个与本问题有关的实验应针对整个社会，而不是针对个人。②

> 人天生是社会的一员。从这一点考虑，个人似乎不是为自己而生。当他的幸福和自由与社会利益相矛盾时，他必须放弃个人幸福和自由。③

正是从这种部分与整体的关系出发，弗格森认为公共利益和个人幸福是统一的，是很容易调和的。他说："如果公共利益是个人的主要目标，那么个人的幸福是文明社会的伟大目标同样也是正确的。"④可以看到，尽管弗格森的出发点是社会，不同于休谟和斯密的个人，但他同样对个人利益与

---

① 对于弗格森这本书名中的"civil society"一词，国内学者在相关著述中，有将其译为"文明社会"的，有将其译为"公民社会"的，也有将其译为"市民社会"的，存在着非常混乱的情况。奇怪的是，由林本椿、王绍祥翻译的两个中文译本(一个是辽宁教育出版社1999年版，另一个是浙江大学出版社2010年版)都将其译作《文明社会史论》。更为奇怪的是，浙江大学出版社2010年版虽然把书名译成了《文明社会史论》，但在封面环衬对弗格森的作者简介中却又出现了这样的矛盾："他提出了'公民社会'(civil society)的概念，……其最著名的著作是《文明社会史论》(*An Essay on the History of Civil Society*)。"在这里，"公民社会"的说法与"文明社会"的译法显然是自相矛盾的。不知是译者的笔误还是无意识。

② 弗格森：《文明社会史论》，浙江大学出版社2010年版，第4页。

③ 弗格森：《文明社会史论》，浙江大学出版社2010年版，第64—65页。

④ 弗格森：《文明社会史论》，浙江大学出版社2010年版，第65页。

社会利益的关系作出了符合那个时代的论述。另一方面，与斯密将市民社会从政治问题导向经济问题和个人情操的论证方式不同，弗格森则将市民社会从经济问题重新导向了政治问题和国家问题。他说："商业艺术和政治艺术的发展是同步的。"①"社会能给个人带来的最大幸福在于使人人都会依恋社会。人民最热爱的国家是最幸福的国家；一心为社会考虑的人是最幸福的人。"②正因此，弗格森时时都注意以古典政治哲学关于理想国家的理念来批判现实生活中的商业社会。他提醒人们把对市民社会的关注点从"针对个人"转移到"针对整个社会"上来，在"社会"的意义上重新发现道德的力量，并在此基础上完善与市民社会相对应的政治社会。显然，从社会和国家角度重新看待市民社会与商业社会的态度，其实正是弗格森对斯密等人关于自由主义与个人主义态度的一个反拨，他已经朦胧地看到了自由主义在现代社会发展中带来的种种异己表现，因而在对现代社会的最初批判中提醒人们不要忘记了社会的存在，要求我们把人的利己性本能与社会性本质统一起来。不仅如此，弗格森还从市民社会的商业艺术中洞察到了现代国家的政治艺术的历史根源与现实基础，认为现代国家的政治艺术是随着市民社会的商业艺术的提高而日益提高的。这实际上是对建基于市场经济和市民社会之上的政治国家与公民国家的现代感知。在现代社会之初，弗格森就已经富有远见地洞察到了自由主义发展到极致必然是对人类社会的背离，因而开始了对市民社会的现代性批判，这是难能可贵的。他提醒现代社会的人们在发现"个人"的同时千万不要遗忘了"社会"本身。这一思想无疑与卢梭的思想具有异曲同工之妙。

总之，在启蒙理性如火如荼的18世纪，卢梭和弗格森通过对个人原则的反思与对社会原则的重新发现，努力走出一条与那种关注个人自由的经济市民社会不完全相同的关注道德公民的政治市民社会，体现了他们把专心私利的市民扭转为关心公益的公民的一种努力。作为最早反思现代性社

---

① 弗格森：《文明社会史论》，浙江大学出版社2010年版，第291页。

② 弗格森：《文明社会史论》，浙江大学出版社2010年版，第65页。

会的两个思想家，他们提醒我们：现代社会必须在反思个人原则的同时重新发现社会原则，在反思文明进步的同时坚定捍卫社会道德。由此，他们所开启的这条对市民社会的反思之路与洛克开启的对市民社会的正统之路形成了鲜明对比。正如罗素所说："从卢梭时代以来，自认为是改革家的人向来分成两派，即追随他的人和追随洛克的人。"①

二、从康德的原则性阐述到黑格尔的第一次伟大综合

如果说，卢梭对现代社会的反思和弗格森对文明社会的反拨可以看作18世纪市民社会理论的第一波理论反思，那么最先接续这种理论反思的，就是德国古典哲学家特别是康德和黑格尔。正如黑格尔所说："休谟和卢梭是德国哲学的两个出发点。"②

就康德（Immanuel Kant，1724—1804，学术界一般以1770年为界将他的学术活动分为前批判时期和批判时期）来说，法国的启蒙思想家和革命运动对他的政治哲学产生了强烈的影响，其中卢梭对他的影响尤其重要。③正如康德自己所指认的那样："我渴望知识，不断地要前进，有所发明才快乐。曾经有一个时期，我相信这就是使人生命有其尊严。我轻视无知的大众。卢梭纠正了我。我意想的优越消失了，我学会了尊重人，认为除非我相信我的哲学能替所有人恢复其为人的共有的权利，否则我就还远不如寻常劳动者那样有用。"④不仅如此，康德还把卢梭与牛顿并举，把卢梭看作是

---

① 罗素：《西方哲学史》（下卷），商务印书馆1976年版，第245页。

② 黑格尔：《哲学史讲演录》第4卷，商务印书馆1979年版，第237页。

③ 有两件奇闻逸事足以说明卢梭对于康德的重要影响：一是说康德本来是个生活习惯严格有序、非常刻板的人，大家甚至根据他每天下午做保健散步的时间来校对时间。但有一回他的时间表打乱了几天，原因是他读到卢梭的名著《爱弥尔》而为其所动，为了能一口气看完不得不放弃了每天的例行散步律；二是说康德在他朴实无华的书房里，长期挂着的惟一一幅画像就是卢梭的画像。

④ 转引自李泽厚：《批判哲学的批判》，人民出版社1979年版，第40页。

"另一个牛顿"。他说："牛顿完成了外界自然的科学，卢梭完成了人的内在宇宙的科学，正如牛顿揭示了外在的秩序与规律一样，卢梭则发现了人的内在本性。"①

受到卢梭的影响，康德对市民社会理论的贡献主要集中在两个方面：

首先，康德把自己的理论视野从天上移到人间、从客体转为主体，在论述"自然的目标"和"人是目的"的目的论历史哲学时，提出了建立"普遍法治的公民社会"的世界主义历史观。

众所周知，康德前批判时期的兴趣和注意力主要集中在自然科学方面，而他在批判时期的三大批判（《纯粹理性批判》，1781；《实践理性批判》，1788；《判断力批判》，1790）几乎没有涉及政治学说。他的明确的政治著述都是写于晚年的极其简短而偶然的论文，主要是我们今天看到的中文版的《历史理性批判文集》。该文集由于收录了康德写于 1784—1797 年间、内容涉及历史哲学和政治哲学的 8 篇主要论文，因而也被学术界形象地称之为康德的"第四批判"（即"历史理性批判"）。在历史理性批判中，康德从人类社会的历史进程是合目的性与合规律性的历史二重性出发，提出了"自然的目标"的概念，并以之为基础建构了自己的目的论历史哲学。康德提出了这样两个命题：

> 一个被创造物的全部自然秉赋都注定了终究是要充分地并且合目的地发展出来的。
>
> 这些自然秉赋的宗旨就在于使用人的理性，它们将在人——作为大地之上唯一有理性的被创造物——的身上充分地发展出来，但却只能是在全物种的身上而不是在各个人的身上。②

将这两个命题结合起来可以发现，康德这里所说的"被创造物"指的是"人类"（"全物种"）而不是"个人"；他所说的"自然秉赋"指的是人类的积极的、创造性的"理性能力"，而不仅仅是人的"本能"。在这里，康德启示我

---

① 转引自施特劳施、克罗波西：《政治哲学史》，河北人民出版社 2009 年版，第 696 页。

② 康德：《历史理性批判文集》，商务印书馆 1990 年版，第 3—4 页。

们:其一,作为“自然的目标”的“理性的世界”必定会到来(“注定了终究是要充分地并且合目的地发展出来的”),但是它却不会自然而然地到来。人类社会的发展一方面是合乎规律的历史进程;另一方面又是人的主动因素、人的潜在的理性因素(“自然秉赋”)的挖掘过程,因而是合规律性与合目的性的统一。其二,人类社会的发展过程始终都会面临一个人类总体的理性目标与每个人在这个世界上的非理性的社会现实之间关系的悖论问题,即人类总体与各个个体之间的对立问题。可以发现,康德提出的这个问题其实正是由卢梭重新发现的社会原则与由洛克开辟的个人原则之间的对立问题。这里唯一不同的是,在洛克等人那里,个人是有理性的,人类总体则是无理性的;在康德这里恰恰相反,人类总体是有理性的,个人则是非理性的,非理性的个人最终盖不过人类总体的理性。同样,在卢梭那里,是对作为个体的人的平等的重视;而在康德这里,则是对作为国家整体一分子的个体平等的强调。由此出发,康德继承并发挥了卢梭在反思个人原则中重新发现社会原则的思想,把卢梭的个体平等升华成了普遍法治面前的人人平等,从而提出了“普遍法治的公民社会”原则。他说:“大自然迫使人类去加以解决的最大问题,就是建立起一个普遍法治的公民社会。”①这里最关紧要的就是,康德第一个明确地使用了“bürgerliche Gesellschaft”②这个德文词语,并将公民社会当作一个重要问题进行了讨论。

在这里,康德之所以使用了一个与卢梭“société civile”不同的“bürgerliche Gesellschaft”的德文词语,从表面上看是出于民族文化认同的需要,但在本质上恰恰是康德对他所处的那个时代社会本质的概括——18世纪的德国,普鲁士统一德意志的努力没有取得成功,使得法国当时成了德意志最主要的侵略者和对手。由于法国当时已经将罗马当成了自己的历史

---

① 康德:《历史理性批判文集》,商务印书馆1990年版,第8页。

② 康德“公民社会”一词的原文为“bürgerliche Gesellschaft”,中文译文通常译作“市民社会”,此词大致相当于卢梭的 société civile;但德译本译 société civile 时多用 Staatsbürgerliche Gesellschaft,而鲍桑葵译此词为 bourgeois society。参见康德:《历史理性批判文集》,商务印书馆1990年版,第8页注①。

象征，它的语言、文化都与罗马更为接近，在学术上也倾向于拉丁，所以德意志思想家更愿意从日耳曼传统中汲取有关的学术与思想资源。据方朝晖考证，德语中的“公民社会”（bürgerliche Gesellschaft）一词是由形容词bürgerliche（市民的、资产者的，是名词bürger[市民、资产者]的变化形式）和名词Gesellschaft（社会）构成的，这两个词都是日耳曼语中早就有的，而与拉丁语没有直接关系。方朝晖认为，从人们的使用情况来看，société civile应当被较为准确地理解和翻译成“公民社会”，而bürgerliche Gesellschaft则应当被准确地理解和翻译成“市民社会”。因为bürgerliche Gesellschaft比来自于拉丁文的société civile更准确地反映了现代市民社会作为一个活生生的历史过程的起源和特征。①

撇开译文的争论不说，康德所要建构的“普遍法治的公民社会”的目的论历史哲学蕴含着这样的发展逻辑：人类社会受到“普遍的自然律”（自然的目标）的决定，必然是从低级阶段向高级阶段发展的，即从纯粹的动物状态发展到野蛮状态，再发展到文明的民族国家状态，最后才能进入“普遍法治的公民社会”，即“永久和平”的“世界大同”状态。就此来说，康德一生虽然没有踏出过他生活的那个城市（哥尼斯堡），但他并没有脱离过他所处的那个社会，并没有脱离开他生活的那个时代，从而也没有脱离开那个时代人类社会的理想目标与现实发展之间的矛盾。不仅如此，看惯了国与国之间的战争、暴力与冲突，康德认为“永久和平”才是实践理性的终极目标和人类社会发展的最终归宿。正因此，康德超越了卢梭，因为他是德国唯一的非民族性而具有世界性的哲学家，他关注的是整个人类。②对于康德来说，人

① 方朝晖：《市民社会的两个传统及其在现代的汇合》，《中国社会科学》1994年第5期。

② 这从《历史理性批判文集》中收录的他的两篇最主要论文就可以看得非常明白。一篇是写于1784年的《世界公民观点之下的普遍历史观念》，一篇是写于1795年的《永久和平论》。后一篇论文是在卢梭著作的直接启发和影响下写成的，该文将社会契约的观点应用于人类历史与国际关系（即国与国之间的契约），以之论证了前一篇论文中的一个基本观点，即各个国家联合体的世界大同乃是人类由野蛮步入文明的一个自然而又必然的历史进程。参见康德：《历史理性批判文集》，商务印书馆1990年版，第97页注①。

在任何情况下都应该是目的而不是手段。这是因为,任何有理性的存在物,都自在地作为自身的目的而存在着,他绝不是这个或那个意志随意使用的一个工具。在他的一切行为中,不论这些行为是关涉到自己还是关涉到其他的理性存在物,每个这样的存在物都必须同时被认作是一个目的。由此出发,康德希望每个理性存在物都能够把自己和他人看作是目的。他说:“人,总之一切理性动物,是作为目的本身而存在的,并不是仅仅作为手段给某个意志任意使用的,我们必须在他的一切行动中,不管这行动是对他自己的,还是对其他理性动物的,永远把他当作目的看待。”①

虽然说康德在以实践理性的眼光考察人的行为时把目的与手段抽象地对立起来了,但是,相对于法国启蒙思想家和机械唯物主义从“自然秩序”和“自然方面”考察人及其历史活动的理论,康德主张把认识和实践活动的立足点由“物”的方面转移到“人”的方面的思想观念,无疑是一次重要的历史进步。就此而言,如果说马克思高度赞誉恩格斯把亚当·斯密称为“经济学的路德”,是因为斯密扬弃了市民社会中财富的“外在的、无思想的对象性”②的话,那么康德完全有理由自称实现了哲学领域的“哥白尼式革命”,因为正是康德在近代哲学之后恢复了市民社会中人的主体性问题。因此,尽管康德并没有摆脱历史的局限而提出了“自在之物”的理论和“自然意图”的假说,但他开辟的从与“物性”相区别的“主体性”中考察市民社会的人及其在社会历史中的活动的路径,成了后来德国古典哲学的传统,并为马克思论述市民社会及其人的发展问题提供了依据。

其次,康德在论述人类社会的历史进程时,提出了“人类的非社会的社会性”的矛盾悖谬,把社会进步的善与道德退步的恶统一起来,从而为现代市民社会确立了一个基本的思想原则。

在康德看来,“普遍法治的公民社会”作为人类社会发展的终极理想目

---

① 康德:《道德形而上学的基础》,《西方哲学原著选读》下卷,商务印书馆 1982 年版,第 317 页。

② 《马克思恩格斯全集》第 3 卷,人民出版社 2002 年版,第 289—290 页。恩格斯的论述可参见同卷第 447 页。

标,其自然目的和道德目的却总是处在“决不会中断”的“不断前进”和“时而被打断”的矛盾运动中。① 这种“时而被打断”的历史状况是由“人类的非社会的社会性”自身的“对抗性”社会发展机制所决定的。康德说:“大自然使人类的全部秉赋得以发展所采用的手段就是人类在社会中的对抗性,但仅以这种对抗性终将成为人类合法秩序的原因为限。”②按照康德的解释,人类社会在从低级阶段向高级阶段的发展过程中,不可避免地会发生违背社会发展规律的曲折和倒退,这就是人类社会的“对抗性”,即“人类的非社会的社会性”,它是人类社会在走向“普遍法治的公民社会”进程中时时都可遇到的阻力。他说:

> 这里的对抗性一词,我指的是人类的非社会的社会性;也就是指人类进入社会的倾向,而这一倾向又是和一种经常威胁着要分裂社会的贯穿始终的阻力结合在一起的。而这种秉赋显然就存在于人性之中。人具有一种要使自己社会化的倾向;因为他要在这样的一种状态里才会感到自己不止于是人(“人”此处指自然人——引者注)而已,也就是说才感到他的自然秉赋得到了发展。然而他也具有一种强大的、要求自己单独化(孤立化)的倾向;因为他同时也发觉自己有着非社会的本性,想要一味按照自己的意思来摆布一切,并且因此之故就会处处都遇到阻力,正如他凭他自己本身就可以了解的那样,在他那方面他自己也是倾向于成为对别人的阻力的。③

在康德看来,因为人在群居中有“社会性”,所以能相互合作、相互和谐,但人与人又经常是相互排斥、相互斗争的,所以人又是“非社会的”或“反社会的”,因此不可避免要发生“对抗”。康德认为,这种“对抗性”不仅贯穿在人类进入文明阶段以来的整个“民族国家时期”,而且是由“自然”所主宰和决定的。显然,康德所说的这种“非社会的社会性”的“对抗性”,正是对现代市民社会发展时期“社会发展史”的历史描述。他认为,在现代市

① 康德:《历史理性批判文集》,商务印书馆 1990 年版,第 204 页。
② 康德:《历史理性批判文集》,商务印书馆 1990 年版,第 6 页。
③ 康德:《历史理性批判文集》,商务印书馆 1990 年版,第 6—7 页。

民社会阶段,"自然"明明知道人类社会的利益所在,但却偏偏要制造出许许多多不和与冲突,然后再引导人类在充满"对抗"的社会中争取"和谐"。所以,通过"对抗"达到"和谐",实现"永久和平",这是"自然"所决定的必由之路。

由此出发,康德认为,"人类的非社会的社会性"之"对抗性"的"阻力"作用是双重的:它不仅必然成为贯穿于社会始终的阻碍力量,而且同时会成为社会前进的推动力量——"正是这种阻力才唤起了人类的全部能力,推动着他去克服自己的懒惰倾向,并且由于虚荣心、权力欲或贪婪心的驱使",不仅推动了人类社会"由野蛮进入文化的真正的第一步(文化本身就是人类的社会价值之所在)",而且使得"人类全部的才智就逐渐地发展起来了,趣味就形成了,并且由于继续不断的启蒙就开始奠定了一种思想方式,这种思想方式可以把粗糙的辨别道德的自然秉赋随着时间的推移而转化为确切的实践原则,从而把那种病态地被迫组成了社会的一致性终于转化为一个道德的整体"。① 康德认为,这种"非社会的社会性"虽然并不可爱,可是没有它又不行。因为没有它,"人类的全部才智就会在一种美满的和睦、安逸与互亲互爱的阿迦底亚式的牧歌生活之中,永远被埋没在它们的胚胎里","他们便会填补不起来造化作为有理性的大自然为他们的目的而留下的空白","人道之中的全部优越的自然秉赋就会永远沉睡而得不到发展"②。相反,正是有了这种"不合群性",有了这种"竞相猜忌的虚荣心",有了这种"贪得无厌的占有欲和统治欲",人类才要求"和睦一致",要求"生活得舒适而满意",并且适应了大自然"要求人类能摆脱这种怠惰和无所作为的心满意足而投身到劳动和艰辛困苦之中去,以便找到相反的手段好把自己非常明智地再从那里面牵引出来"的"自然推动力"。③ 因此,正是"人类的非社会的社会性"及其贯彻始终的阻力,一方面产生出了太多的人类灾难,但是另一方面"却又推动人们重新鼓起力量,从而也就推动了自然禀

① 康德:《历史理性批判文集》,商务印书馆 1990 年版,第 7 页。
② 康德:《历史理性批判文集》,商务印书馆 1990 年版,第 7—8 页。
③ 康德:《历史理性批判文集》,商务印书馆 1990 年版,第 7—8 页。

赋更进一步地发展”——“一切为人道增光的文化和艺术、最美好的社会秩序,就都是这种非社会性的结果。它由于自己本身的迫使而在约束自己,并且通过强制的艺术而使大自然的萌芽得以充分发展。”①可以发现,康德在此不仅明确地意识到了竞争与对抗在现代市民社会发展中的巨大作用,而且揭示了人类通过“非社会性”达到“社会性”、通过“对抗”达到“和谐”的历史辩证法。

正因为有了这种历史辩证法的指导,康德才能站在历史的高度上从“自然的历史”和“自由的历史”、“物种的自然目的”与“道德的自然目的”、“作为动物品种的人性”和“作为道德品种的人性”的矛盾对峙中对16—18世纪市民社会发展的理论主题与矛盾悖结作出他认为是超越了卢梭的符合“历史理性”的批判性总结。正如他所说:

> 人类之脱离这座被理性所描绘成是他那物种的最初居留的天堂,并非是什么别的,只不过是从单纯动物的野蛮状态过渡到人道状态,从本能的摇篮过渡到理性的指导而已;——总之一句话,就是从大自然的保护制过渡到自由状态。……大自然的历史是由善而开始的,因为它是上帝的创作;自由的历史则是由恶而开始的,因为它是人的创作。②

康德认为,从这种“历史理性”的角度考察人类发展的是非得失,便可以“使大名鼎鼎的卢梭的那些常常为人所误解而表面上又像是自相矛盾的见解,既在它们本身之间又在它们对理性的关系上得到统一”——

> 既然以造就人以及公民的真正教育原则为基础的文化,也许迄今还没有正式开始,更不用说完成;所以从这场冲突里面就产生了压迫人生的全部道道地地的灾难以及玷污人生的全部罪行。可是,使人们因之而犯罪的那种冲动的本身却是好的,并且作为自然秉赋而言乃是合目的的;但这种秉赋却表现为单纯的自然状态,所以就受到不断前进着的文化所摧残并且反过来也摧残着文化,直到完美的艺术重新成为天

① 康德:《历史理性批判文集》,商务印书馆1990年版,第8—9页。

② 康德:《历史理性批判文集》,商务印书馆1990年版,第67—68页。

性为止。而这就是人类道德天职的最终目标。①

显然,康德从人类总体与社会个体、自然必然性与主体自由性的辩证关系中对近代市民社会的理论总结,虽然充斥着“自然的目标”、“历史的理性”等目的论历史观念以及被马克思批评为“不依赖市民的虚假的独立性”的“唯意志论”(马克思说:康德对市民社会的物质利益和经济理论缺乏像英国思想家那样的深入了解,因而把“资产阶级意志的有物质动机的规定”变成了“纯粹思想上的概念规定和道德假设”②),但同时也洋溢着一种历史进步意识和乐观主义精神,充满了对人的能力无限发展和对人类社会永恒进步的殷切希望。

当然,由于康德关于人类社会从低级向高级发展的目的论历史哲学只是一种纯粹的理性推理,所以它终究是非常理想主义的。事实上,经过拿破仑战争横扫后的欧洲,已经不可能再产生出康德式的世界主义了。不仅如此,正像康德在批判哲学中摆脱不了“二律背反”一样,他对现代市民社会中“非社会性”与“社会性”的哲学分析也同样避免不了“二律背反”,即“自然”与“自由”、“理想”与“现实”、“政治”与“道德”甚至“善”与“恶”的矛盾。就此来说,在康德之后,黑格尔的市民社会理论不仅强化了民族主义的发展模式,适合了还没有建成像英法等国那样统一的主权国家的日耳曼民族把民族感情凝结为国家学说的需要,而且从普遍性与特殊性、社会性与个体性相统一的角度继承并发展了近代市民社会的发展理路,所以显得具体得多、现实得多,也深刻得多。

黑格尔(Georg Wilhelm Friedrich Hegel,1770—1831),德国古典哲学最杰出的代表。黑格尔与他之前的思想家的一个重大区别,就是他认真地研究了市民社会,对近代市民社会理论作出了第一次伟大的综合。

黑格尔之所以能够对近代市民社会理论作出第一次伟大的综合,首先在于他对17—18世纪英法市民社会理论的哲学反思与辩证总结。如马克

① 康德:《历史理性批判文集》,商务印书馆1990年版,第69—71页。

② 《马克思恩格斯全集》第3卷,人民出版社1960年版,第212—213页。

思所说:黑格尔的“市民社会”是“按照18世纪的英国人和法国人的先例”而概括出来的①。柯尔施就曾引用马克思的这句话评述过黑格尔市民社会理论。他说:

> 黑格尔的那种切合实际的认识,使得他的法哲学中研究“市民社会”的那一部分,比起这部著作的其余部分显得卓尔不群。他不是独自地从当时极其落后的德国发展状况中获得这种认识,他是现成地从法国的与英国的社会哲学家、政治家和经济学家那里,接受了他的“市民社会”的名称与内容。正如马克思所说,站立在黑格尔后面的是具有对社会结构与运动新的认识的“18世纪的英国人和法国人”。这种新的认识从这方面反映出实际的历史发展;这种发展在自18世纪中叶以来在英国“产业革命”中,和自1789年至1815年的法国大革命中达到了它的终结。②

尽管黑格尔市民社会的“名称与内容”并不像柯尔施所说的那样是“现成地”从英法思想家那里接受过来的,但是,如果没有18世纪英法思想家关于市民社会的“大踏步前进”的理论成果,黑格尔能否站在时代精神的高度,以思辨的隐蔽方式深入反思近代市民社会演进的历史及其理论得失,能否适应德国新兴资产阶级对资本主义的发展要求而对市民社会秩序中的个人权利进行深入的探讨,还真是一个历史谜团。

其次,在于黑格尔所具有的政治经济学的广阔视野,这是尤其值得注意的一点。如恩格斯所说:“关于市民社会的科学,也就是政治经济学。”③在当时政治、经济发展都相对落后的德国,只有黑格尔对英法古典经济学的发展成果进行了深入了解,具有深厚的古典经济学的知识背景。对此,熟谙青年黑格尔思想的卢卡奇就曾经指出:

> 黑格尔不仅在德国人中对法国革命和拿破仑时代持有最高和最正

① 《马克思恩格斯选集》第2卷,人民出版社2012年版,第2页。

② 柯尔施:《卡尔·马克思——马克思主义的理论和阶级运动》,重庆出版社1993年版,第3—4页。

③ 《马克思恩格斯全集》第16卷,人民出版社1964年版,第409页。

> 确的见解，而且他同时是唯一的德国思想家，曾认真研究了英国工业革命问题；他是唯一的德国思想家，曾把英国古典经济学的问题与哲学问题、辩证法问题联系起来。……他的哲学，他的辩证法，所以比他的同辈优越，其中的一个重要根源就在这里。①

据考证，黑格尔早在法兰克福时期（1797—1800）和耶拿时期（1801—1806），就曾对爆发于英国的产业革命表现出了异乎寻常的兴趣，并且一直持续到了晚年。由于他认真阅读过斯图亚特、斯密、萨伊和李嘉图等人的著作，所以他能够在《法哲学原理》中就“政治经济学”作出提醒读者注意的“附释”和“补充”。黑格尔认为，“政治经济学就是从……需要和劳动的观点出发、然后按照群众关系和群众运动的质和量的规定性以及它们的复杂性来阐明这些关系和运动的一门科学”②。在黑格尔看来，政治经济学这门科学具有三个特点：其一，它“是在现代世界基础上所产生的若干门科学的一门”；其二，它的发展“是很有趣的”，因为从中可以“见到思想（见斯密、塞伊、李嘉图）是怎样从最初摆在它面前的无数个别事实中，找出事物简单的原理，即找出在事物中发生作用并调节着事物的理智”；其三，它“使思想感到荣幸”，因为“它替一大堆的偶然性找出了规律。在这里，一切的联系怎样地起着反作用，各特殊领域怎样地分类并影响别的领域，以及别的领域又怎样促进或阻挠它，这些都是有趣的奇观”。③ 正是得益于对政治经济学的兴趣与研究，黑格尔才能够获得“市民社会”丰富的具体内容，比较清楚地认识了以经济为基础的“市民社会”的基本结构。④

最后，对18世纪市民社会理论的继承特别是对政治经济学的研究不仅使黑格尔具有了相关的知识背景，而且使他对他所处的那个历史时代和现代社会具有了更为切近的深刻了解。一个毋庸置疑的事实是，耶拿时期不

---

① 卢卡奇：《青年黑格尔》（选译），商务印书馆1963年版，第23—24页。

② 黑格尔：《法哲学原理》，商务印书馆1961年版，第204页。

③ 黑格尔：《法哲学原理》，商务印书馆1961年版，第204—205页。

④ 杨桂森：《黑格尔的市民社会思想及马克思主义对它的批判改造》，《惠州大学学报》（社会科学版）1995年第1期；徐文华：《马克思对黑格尔市民社会思想的批判和超越》，《齐鲁学刊》2003年第5期。

仅是黑格尔热衷于“政治经济学研究”的重要时期，而且也是他酝酿并写作《精神现象学》的历史时期①。在《精神现象学》“序言”中，黑格尔把自己的时代看作是向现代转型的开创时期和过渡时期的新时代。他说：“我们这个时代是一个新时期的降生和过渡的时代。人的精神已经跟他旧日的生活与观念世界决裂，正使旧日的一切葬入于过去而着手进行他的自我改造。”②从归根结底的意义上说，黑格尔的市民社会理论就是关于这个新时期的社会及其主体构成的历史的观念的把握。只不过对于黑格尔来说，以“市民社会”概念来概括现代社会的本质特点是他“挣扎了许久才把握住”的一个概念。就是说，尽管黑格尔一直都在找寻一个能够描写现代这种新出现的社会的概念，但是直到 1818 年，“市民社会”（bürgerliche Gesellschaft）这个概念才第一次出现在他的“百科全书”的课堂讲稿的边缘上。③ 在 1821 年出版的《法哲学原理》中，黑格尔则已经明确地用“市民社会”这一概念指称现代社会的本质特点了。他说：“市民社会是在现代世界中形成的，现代世界第一次使理念的一切规定各得其所。”④

总之，有了 18 世纪市民社会的知识背景特别是政治经济学的广阔视野，有了对现代社会的市民社会根基的体悟与把握，再加上在“孟德斯鸠、卢梭和康德的哲学传统”中从事研究而对“法国革命的主要价值”的接受以及对“共同体以及个人的社会构造”问题的重视⑤，使得黑格尔不仅对近代市民社会理论作出了第一次伟大的综合，而且构造了被佩尔塞斯基赞誉为

---

① 《精神现象学》酝酿于 1802 年，写作于 1805 年冬至 1806 年 10 月，出版于 1807 年 3 月。黑格尔的《精神现象学》具有海谋所说的三重意义，即“作为整个体系的导言、作为整个体系的第一部，并且作为一个自身的全体”。该书中译者认为，《精神现象学》不仅是黑格尔本人全部著作中最有独创性的著作，而且也是整个西方哲学史上最富于新颖独创的著作之一。参见黑格尔：《法哲学原理》，商务印书馆 1961 年版，“译者导言：关于黑格尔的《精神现象学》”，第 1—7 页。

② 黑格尔：《法哲学原理》，商务印书馆 1961 年版，第 6—7 页。

③ 石元康：《市民社会与现代性》，载刘军宁等编：《经济民主与经济自由》，生活·读书·新知三联书店 1997 年版，第 79—80 页。

④ 黑格尔：《法哲学原理》，商务印书馆 1961 年版，第 197 页。

⑤ 参见罗森鲍姆：《宪政的哲学之维》，生活·读书·新知三联书店 2001 年版，第 120—121 页。

"黑格尔的政治与社会哲学中最具有创造性的部分之一"①的市民社会理论。

从总体上来看,黑格尔的市民社会理论集中体现在《法哲学原理》中。我们知道,黑格尔的哲学体系主要包括"逻辑学"、"自然哲学"和"精神哲学"三大部分,而有关人及人类社会发展的"精神哲学"又包括了"主观精神"、"客观精神"和"绝对精神"三个阶段。《法哲学原理》就是主要阐述客观精神即讨论法哲学、伦理学、政治哲学(国家哲学)和历史哲学的著作。黑格尔认为,法的概念的现实化过程就是客观精神的发展过程,它经历了"抽象法"、"道德"和"伦理"三个阶段,而"伦理"作为自由意志或主体性的充分实现,是客观精神发展的最高阶段,它又经历了"家庭"、"市民社会"和"国家"这样三个发展环节。其中,"市民社会"又是由"需要的体系"、"司法"和"警察和同业公会"三个环节组成的。正是在对"市民社会"和"国家"及其相互关系的阐述中,黑格尔给我们呈现出了他的极其深刻的市民社会理论。

一方面,黑格尔从自由意志的发展逻辑中总体性地揭示了市民社会在现代社会发展中的历史地位。黑格尔《法哲学原理》的逻辑起点是抽象而自在自为的"自由意志",因而黑格尔必须首先给它以某种"外部的领域",这就是所有权。然而,由于"抽象法"只是以所有权为基础的自由意志的外在化和客观化,所以它必须经由"道德"阶段的内在化和主体化,才能在"伦理"阶段达到外在化与内在化、客观化与主观化、特殊性与普遍性的统一而上升为社会整体。而在伦理阶段,家庭、市民社会和国家构成了一个由个别性(单一性)、特殊性到普遍性的正、反、合的发展过程,市民社会则是家庭与国家之间的一个主要环节和特殊领域。黑格尔认为,"家庭"是把独立的个人结合成为一个人的"直接的伦理实体",它以爱为原则,体现了直接的或自然的伦理精神,因而具有普遍性与特殊性相结合的抽象同一性的特征。

① 佩尔塞斯基:《国家与市民社会》,剑桥大学出版社 1984 年版,第 1 页,转引自王兆良:《黑格尔的市民社会理论及其历史意义》,《安徽大学学报》(哲学社会科学版)2000 年第 6 期。

然而,随着结合在家庭的统一中的各个环节从伦理理念中分离出来而相互见外地对待着成为独立的实在性的时候,普遍性便在作为它的形式的特殊性中"假象地映现出来",生成为市民社会。黑格尔说:"这种反思关系首先显示为伦理的丧失,换句话说,由于伦理作为本质必然假象地映现出来,所以这一反思关系就构成了伦理性的东西的现象界,即市民社会。"①"市民社会"是外在地联系在一起的原子式的个人的"联合体",它以差别性、特殊性为主导原则。在市民社会中,一方面,每个人都作为一个独立人格而存在,按照自己的独立意志行事,因而市民社会的伦理精神就表现为个人意志的偶然任性和主观偏好。然而另一方面,特殊性虽然获得了全面发展和伸张的权利,但特殊性本身是没有节制、没有尺度的,如果听任其发展,势必会导致道德的沦丧和社会的混乱,使市民社会陷入瘫痪,这决定了市民社会向国家发展的必然性。黑格尔说:"市民社会是处在家庭和国家之间的差别的阶段,虽然它的形成比国家晚。其实,作为差别的阶段,它必须以国家为前提,而为了巩固地存在,它也必须有一个国家作为独立的东西在它面前。"②"国家"作为各个个人重新结合为一个人即一个有机整体的政治共同体,它是"伦理理念的现实",是"绝对自在自为的理性的东西",代表并反映着普遍利益。③ 黑格尔认为,只有国家才能克服市民社会的特殊性从而将其特殊利益融合进代表着普遍利益的政治共同体中,实现近代市民社会理论在特殊性与普遍性、个体性与社会性上的统一。

总之,自由意志在伦理阶段从未经分化的普遍性经过特殊性而到达普遍性与特殊性的有机统一即个体化的发展过程,从一方面看是从"家庭"经过"市民社会"到"国家"的发展过程,从另一方面看则是"市民社会"本身"从何而来"、"因何而在"、"向何而去"的发展过程。从这个意义上说,黑格尔的市民社会理论不是孤立的:它不仅无法独立于黑格尔从家庭到市民社会到国家的伦理体系甚至于从抽象法到道德到伦理的法哲学体系,而且

---

① 黑格尔:《法哲学原理》,商务印书馆 1961 年版,第 195 页。
② 黑格尔:《法哲学原理》,商务印书馆 1961 年版,第 197 页。
③ 黑格尔:《法哲学原理》,商务印书馆 1961 年版,第 253 页。

也无法摆脱掉西方市民社会发展的整个历史语境和社会环境。可以说,黑格尔的市民社会理论如同他的其他理论体系一样,到处贯穿着恩格斯所说的那种“巨大的历史感”和“宏伟的历史观”,“到处是历史地、在同历史的一定的(虽然是抽象地歪曲了的)联系中来处理材料的”①。

另一方面,黑格尔从特殊性与普遍性相统一的角度出发特别重点地论述了市民社会自身的发展原则、结构要素、内在矛盾及其与国家的关系和发展趋势等重要问题。这可以从以下几个方面得到具体阐述。

首先,黑格尔揭示了市民社会的两个基本原则及其相互关系。黑格尔认为,市民社会是从家庭的扩大过渡而来的“作为特殊性的领域的社会”②。在这里,“普遍性是以特殊性的独立性为出发点”,因而表面上看是家庭伦理精神的“丧失”。但是从另一方面看,由于市民社会这一特殊物对个人说来成为了最初的规定者,因而家庭的伦理性规定实际上“被扬弃了”。因此,正如任何普遍性都要表现为特殊性、只能通过特殊性显露出来一样,在市民社会这一“假象的阶段”上,特殊性尽管表现为规定者和目的本身,但这种特殊性归根到底恰恰是由普遍性支配着并因而为普遍性服务的。③ 由此出发,黑格尔揭示了市民社会表面上的特殊性和背后蕴涵着的普遍性两个基本原则:

> 具体的人作为特殊的人本身就是目的;作为各种需要的整体以及自然必然性与任性的混合体来说,他是市民社会的一个原则。但是特殊的人在本质上是同另一些这种特殊性相关的,所以每一个特殊的人都是通过他人的中介,同时也无条件地通过普遍性的形式的中介,而肯定自己并得到满足。这一普遍性的形式是市民社会的另一个原则。④

在黑格尔看来,市民社会的人既是各自独立的,又是相互依赖的。作为

① 《马克思恩格斯选集》第2卷,人民出版社2012年版,第12—13页。
② 黑格尔:《法哲学原理》,商务印书馆1961年版,第196页。
③ 黑格尔:《法哲学原理》,商务印书馆1961年版,第196页。
④ 黑格尔:《法哲学原理》,商务印书馆1961年版,第197页。

独立的个人,“每个人都以自身为目的,其他一切在他看来都是虚无”①;但作为相互依赖的个人,“如果他不同别人发生关系,他就不能达到他的全部目的,因此,其他人便成为特殊的人达到目的的手段”;在这种相互对待中,“特殊目的通过同他人的关系就取得了普遍性的形式,并且在满足他人福利的同时,满足自己”,这样,“由于特殊性必然以普遍性为其条件,所以整个市民社会是中介的基地”。② 正如黑格尔所说:“特殊性的原则,正是随着它自为地发展为整体而推移到普遍性,并且只有在普遍性中才达到它的真理以及它的肯定现实性所应有的权利。”③显然,无论康德的“人是目的”的思想怎样树立起了人的崇高的“内在的目的性”,黑格尔的“人是手段”和“整个市民社会是中介的基地”④的思想也是不可轻视的。因为如果仅仅停留于人是目的,人就因缺乏手段而无法实现每个人的个别利益,也无法形成最终于人有益的共同利益。

其次,黑格尔分析了市民社会以“需要的体系”为基础的社会结构及其发展问题。市民社会作为“独立的单个人的联合”,其最终目的就是保护和保证个人的所有权和自由,即“通过个人的劳动以及通过其他一切人的劳动与需要的满足,使需要得到中介,个人得到满足”的“需要的体系”⑤。由此,具体的、特殊的个人不仅构成了市民社会及其活动的基本要素,而且成为了市民社会的权利主体和道德主体。这是市民社会及其活动的主要内容。在黑格尔看来,人的需要最初是特殊的、主观的,这种需要要想得到满足就必须通过两种手段达到它的客观性:要么“通过外在物”,要么“通过活动和劳动”⑥。这样,当需要和满足需要的手段成为个人之间相互关系的一种抽象规定时,它们就会作为被承认的东西使孤立的和抽象的需要以及满

① 黑格尔:《法哲学原理》,商务印书馆 1961 年版,第 197 页。
② 黑格尔:《法哲学原理》,商务印书馆 1961 年版,第 197 页。
③ 黑格尔:《法哲学原理》,商务印书馆 1961 年版,第 201 页。
④ 黑格尔:《法哲学原理》,商务印书馆 1961 年版,第 197 页。
⑤ 黑格尔:《法哲学原理》,商务印书馆 1961 年版,第 203 页。
⑥ 黑格尔:《法哲学原理》,商务印书馆 1961 年版,第 204 页。

足需要的手段和方法都成为具体的即社会的东西。[①] 不仅如此，由于多样化的个人的需要包括了“直接的或自然的需要”、“观念的精神需要”以及把这两者联系起来的“社会的需要”这样三个层次，而满足前两种需要的手段就是“理论教育”和“通过劳动的实践教育”[②]。于是，在劳动的分工以及生产和交换等因素的作用下，人们虽然在市民社会中共同创造了普遍的社会财富和分享普遍财富的可能性，但对于他们其中的每个人来说，由于受到他们自己的直接基础（资本）、技能以及偶然情况和他们的禀赋和体质在发展上的差异的影响，市民社会不但没有扬弃人的自然不平等，反而从精神中产生并复制了这种自然不平等，从而把不平等提高到了财富和技能方面的不平等。[③] 由此，市民社会必然以财富的生产和创造为鹄的，在其内部产生出“等级的差别”和“等级的必然性”这种社会阶级和社会等级的分化问题。在黑格尔看来，“等级”作为国家中不同于“第一个基础”（“家庭”）的“第二个基础”，它之所以重要就是因为市民社会的私人虽然是“利己的”，但唯有他们“把注意力转向别人”，才能最终“把利己心同普遍物即国家结合起来”成为“结实和坚固的东西”[④]。由此出发，黑格尔将等级分成了“实体性的或直接的等级”（农业）、“反思的或形式的等级”（手工业、工业和商业等产业等级）和“普遍的等级”三种形式[⑤]。可以发现，黑格尔所说的“等级”概念不同于我们通常所说的人的身份等级状况的含义，而是市民社会中个人“作为对自身成为客观的特殊性”[⑥]的那种行业或职业状况的描述。由于黑格尔是在考察“需要的体系”这一社会结构和从市民社会到国家这一发展过程中使用“等级”这一概念的，因而他的“等级”概念实际上构成了一个既是历史的又是现实的社会结构，即处身于市民社会与国家之间的“市民社会制度”的一种社会表现，它既能把“市民”与“社会”的矛盾传递到国家之

① 参见黑格尔：《法哲学原理》，商务印书馆 1961 年版，第 207 页。
② 黑格尔：《法哲学原理》，商务印书馆 1961 年版，第 208—209 页。
③ 参见黑格尔：《法哲学原理》，商务印书馆 1961 年版，第 210—211 页。
④ 黑格尔：《法哲学原理》，商务印书馆 1961 年版，第 212 页。
⑤ 参见黑格尔：《法哲学原理》，商务印书馆 1961 年版，第 212—214 页。
⑥ 黑格尔：《法哲学原理》，商务印书馆 1961 年版，第 215 页。

中，又能化解掉市民社会与国家之间的矛盾，从而使“需要的体系”构成了一个矛盾的整体。[①] 正因为黑格尔深刻地洞察到了市民社会的内在矛盾性，因而他也就更为深入地意识到了现代社会的两极分化现象，提出了一个影响现代市民社会发展的重要命题：“怎样解决贫困，是推动现代社会并使它感到苦恼的一个重要问题。”[②]

再次，黑格尔揭示了“市民社会制度”这个“外部国家”的内在矛盾。在黑格尔看来，在市民社会的“需要的体系”中，特殊性与普遍性、生产者与消费者之间的不同利益，往往会发生冲突。这就需要在市民社会内部建立一种平衡目的与手段、权利和利益冲突的社会机制，“需要进行一种凌驾于双方之上的、有意识的调整工作”[③]。这种社会利益调整机制除了“通过成员的需要”进行的自发调整外，还可以是“保障人身和财产的法律制度”的司法体系，或者是“通过维护他们特殊利益和公共利益的外部秩序而建立起来”的“警察和同业公会”[④]。就是说，在市民社会中，司法保护着个人的所有权，从而使其达到有效的现实性；警察则通过保护市民社会成员的特殊利益而维护了社会的普遍利益；同业公会则维护了特定产业等级的特殊权利和利益。由此，黑格尔不仅把司法、警察和同业公会这三个环节（三种形式）的调整机制看成了市民社会自身内部的调整机制即“市民社会制度”，而且将它们称之为一个“外部的国家”即“需要和理智的国家”。[⑤] 在黑格尔看来，司法、警察和同业公会不仅构成了市民社会制度本身的结构因素，而且充当着由市民社会向国家转换的枢纽作用与关键环节。这其中，黑格尔尤其重视同业公会对公共精神的建构作用。黑格尔认为，同业公会作为“（市民社会）成员的第二个家庭”和“市民社会的第二个伦理根源”，维护的虽然是“特殊的利益”，但却是“特殊的公共利益”[⑥]。相对于代表普遍利

① 张康之、张乾友：《新市民社会背景下的国家与社会治理》，《文史哲》2011年第1期。

② 黑格尔：《法哲学原理》，商务印书馆1961年版，第245页。

③ 黑格尔：《法哲学原理》，商务印书馆1961年版，第239页。

④ 参见黑格尔：《法哲学原理》，商务印书馆1961年版，第174、203页。

⑤ 黑格尔：《法哲学原理》，商务印书馆1961年版，第174、198页。

⑥ 参见黑格尔：《法哲学原理》，商务印书馆1961年版，第249—251页。

益的国家来说，同业公会恰恰是将个人与国家、私人利益与普遍利益联结起来的中介，因而有助于克服个人主义，培养公共精神。黑格尔说：

> 在现代国家的条件下，公民参加国家普遍事务的机会是有限度的。但是人作为伦理性的实体，除了他私人目的之外，有必要让其参加普遍活动。这种普遍物不是现代国家所能常提供他的，但他可以在同业公会中找到。……在市民社会中个人在照顾自身的时候，也在为别人工作。但是这种不自觉的必然性是不够的，只有在同业公会中，这种必然性才达到了自觉的和能思考的伦理。①

因此，只要同业公会能够处在国家这种上级的监督之下而不僵化衰退为封闭的行会制度，它就会成为“孤立工商业的伦理化”而被提升到一个“在其中它获得了力量和尊严”的新领域。② 显然，对于黑格尔来说，市民社会中的私人只要参加同业公会而被公共精神所鼓舞就能不断获得其自在自为的普遍目的和绝对现实，而同业公会也就蝶变成了伦理精神从市民社会向国家发展过程中“虽然是局限的、但是具体的整体”③的决定性环节：不仅“伦理性的东西作为内在的东西就回到了市民社会中”④，而且“市民社会的领域也就过渡到国家”⑤。

最后，黑格尔论述了市民社会与国家的分离及其相互关系问题。在黑格尔看来，尽管同业公会把市民社会引向了国家，但它毕竟是市民社会的领域而非国家的领域，所以绝对不能把国家同市民社会混淆起来，因为国家的使命不在于“保证和保护所有权和个人自由”，它在本质上就是“普遍的利益本身，而这种普遍利益又包含着特殊的利益，它是特殊利益的实体”⑥。由此，黑格尔将市民社会的特殊性与国家的普遍性结合起来指出：“现代国家的本质在于，普遍物是同特殊性的完全自由和私人福利相结合的，所以家

① 黑格尔：《法哲学原理》，商务印书馆 1961 年版，第 251 页。
② 黑格尔：《法哲学原理》，商务印书馆 1961 年版，第 251 页。
③ 黑格尔：《法哲学原理》，商务印书馆 1961 年版，第 237 页。
④ 黑格尔：《法哲学原理》，商务印书馆 1961 年版，第 248 页。
⑤ 黑格尔：《法哲学原理》，商务印书馆 1961 年版，第 252 页。
⑥ 黑格尔：《法哲学原理》，商务印书馆 1961 年版，第 269 页。

庭和市民社会的利益必须集中于国家。"[1]"国家的力量在于它的普遍的最终目的和个人的特殊利益的统一,即个人对国家尽多少义务,同时也就享有多少权利。"[2]很显然,国家作为特殊性与普遍性的统一,作为私利与公共善的统一,它就是"具体自由的现实",而所谓"具体自由"就是指"个人的单一性及其特殊利益不但获得它们的完全发展,以及它们的权利获得明白承认,而且一方面通过自身过渡到普遍物的利益,另一方面它们认识和希求普遍物,甚至承认普遍物作为它们自己实体性的精神,并把普遍物作为它们的最终目的而进行活动"[3]。正是在这种意义上我们认为,黑格尔虽然主张普遍物对于特殊利益的优先性、公共善对于个人权利的优先性,但他的市民社会理论并不完全是一种彻头彻尾的反对自由主义的观点,毋宁说是一种"包含了"(或者用黑格尔的话说是"扬弃了")自由主义于自身之中的国家主义。黑格尔的观点,很好地体现了他所处的时代背景:经过长期的现实演进和理论争辩,市民社会与国家都已经取得了充分的理论证明,再也无法在市民社会与国家间作出简单的取舍了,相反,应当对市民社会和国家予以同时承认[4]。以这种观点反思黑格尔关于市民社会的"两个战场"和"两个舞台"的论述,背后折射出来的正是黑格尔对于近代市民社会与国家关系的高度概括与伟大综合:

> 市民社会是个人私利的战场,是一切人反对一切人的战场,同样,市民社会也是私人利益跟特殊公共事务冲突的舞台,并且是它们二者共同跟国家的最高观点和制度冲突的舞台。因特殊领域的合法性而产生的公会精神,本身潜在地转变为国家精神,因为国家是它用来维护特殊目的的工具。这就是市民爱国心的秘密之所在:他们知道国家是他们自己的实体,因为国家维护他们的特殊领域——它们的合法性、威信和福利。国家在政治情绪方面深入人心和强而有力的根源就在公会精

---

① 黑格尔:《法哲学原理》,商务印书馆1961年版,第261页。
② 黑格尔:《法哲学原理》,商务印书馆1961年版,第261页。
③ 黑格尔:《法哲学原理》,商务印书馆1961年版,第260页。
④ 张康之、张乾友:《新市民社会背景下的国家与社会治理》,《文史哲》2011年第1期。

神中,因为在这里特殊物是直接包含在普遍物之内的。①

也正是看到了市民社会的特殊性与有限性,黑格尔才从"在市民社会中,正义是一件大事"②的历史哲学高度提出了用普遍的伦理性的国家取代市民社会的观点。尽管黑格尔的国家理论具有唯心主义的精神实质,但我们亦不可否认黑格尔对于现代社会之市民社会缺陷的富有辩证法精神的历史哲学把握。

总之,黑格尔不仅是全面地总结近代市民社会理论的第一人,而且是深刻地建构现代市民社会理论的第一人。虽然,黑格尔由于把英国功利主义的自由人格、卢梭唯情主义的共同意志和康德浪漫主义的世界主义结合起来并进一步演绎成了一个唯心主义的国家理念,因而其市民社会理论也存在着不可避免的众多缺陷,比如他把家庭排除在市民社会之外而把司法制度和警察等政治机构包括在市民社会之内的观点,他对代表普遍性原则的国家的合理性的过分强调使他得出了国家决定市民社会的观点,等等。但是,这些并不能掩盖黑格尔在马克思之前作为市民社会理论的集大成者的学术地位。

三、马克思对近代市民社会理论的综合批判及其思想史效应

黑格尔之后,马克思对近代市民社会理论作出了真正意义上的第一次伟大综合,从而把近代市民社会理论翻转成了现代社会发展理论。

如列宁所说,马克思在《莱茵报》时期"开始从唯心主义转向唯物主义,从革命民主主义转向共产主义",这种转变在《德法年鉴》那里"彻底完成"③。毫无疑问,列宁的分析包含这样一个真知灼见:马克思早期思想中

① 黑格尔:《法哲学原理》,商务印书馆 1961 年版,第 309 页。

② 黑格尔:《法哲学原理》,商务印书馆 1961 年版,第 237 页。

③ 《列宁全集》第 26 卷,人民出版社 1988 年版,第 83 页。

的两个转变(即理性主义的世界观与政治观的转变)是“同体发生”①的。同样毫无疑问,由于列宁没有读到过马克思所写的《黑格尔法哲学批判》、《1844年经济学哲学手稿》和《德意志意识形态》这三部沿着法哲学批判、政治经济学批判和意识形态批判而展开的重要“手稿”,因而他不可能深入地把握马克思这两个转变所以发生的内在逻辑与根本意义:在表面上是对黑格尔法哲学的批判(即对市民社会与政治国家关系的批判),在深层次上则是对近代启蒙理性思想的批判(即对自由主义、国家主义、空想社会主义和共产主义的批判)。

众所周知,马克思的出生地德国莱茵省,是德国经济和政治最为发达的地区,也是受英国产业革命和法国政治革命影响最为广泛而强烈的地区,这决定了马克思在中学毕业以前就受到法国启蒙思想的熏陶,“从父辈和师长那里接受了一种洋溢着自由主义、民主主义和人道主义气息的进步世界观”②。进入大学以后,经过近两年“从理想主义……转而向现实本身去寻求思想”③的阵痛,马克思最终在青年黑格尔派的影响下,实现了向黑格尔哲学的迫近和转变,接受了黑格尔理性主义的哲学观和自由观。在此基础上,马克思完成了以“自我意识哲学”为思想基础的博士论文《德谟克利特的自然哲学和伊壁鸠鲁的自然哲学的差别》,不仅以“定在中的自由”④保有了抽象个别的自我意识的能动性原则,而且以“世界的哲学化同时也就是哲学的世界化”⑤确立了自我意识原则所具有的现实的社会批判意义。正是在这种意义上,城塚登认为,法国的启蒙思想、黑格尔哲学以及站在自我意识立场上的青年黑格尔派,共同构成了马克思哲学出发点的三个要素⑥。

① 张一兵:《马克思哲学的历史原像》,人民出版社2009年版,第51页。

② 张一兵:《马克思哲学的历史原像》,人民出版社2009年版,第53页。

③ 《马克思恩格斯全集》第40卷,人民出版社1982年版,第15页。

④ 《马克思恩格斯全集》第40卷,人民出版社1982年版,第228页。

⑤ 《马克思恩格斯全集》第40卷,人民出版社1982年版,第258页。

⑥ 城塚登:《青年马克思的思想——社会主义思想的创立》,求实出版社1988年版,第27—35页。

然而，马克思所持有的这种理性主义哲学观和自由观（政治观），在《莱茵报》时期的政治实践中遭遇到了双重的“苦恼的疑问”，即“物质利益难题”和“共产主义难题”。一方面，作为《莱茵报》的编辑，马克思在论述莱茵省议会关于出版自由、林木盗窃和地产析分的辩论中，在关于摩塞尔农民的贫困状况以及关于自由贸易和保护关税的辩论中“第一次遇到要对所谓物质利益发表意见的难事”①。另一方面，面对奥格斯堡《总汇报》关于《莱茵报》“向共产主义虚幻地卖弄风情和频送秋波”的恶意指责，马克思虽然坦陈自己“在善良的‘前进’愿望大大超过实际知识的当时”还不便“对法兰西思潮的内容本身妄加评判”，但他从《莱茵报》上听到的关于“法国社会主义和共产主义的带着微弱哲学色彩的回声”②中已经实实在在地感受到了“共产主义”因对无产阶级贫困化问题的关注而具有的“欧洲的意义”③了。这里的关键就在于，隐含在理性的法的背后的“物质利益难题”与包含了对无产阶级贫困化的关注于自身之内的“共产主义难题”成了一个看似一分为二实则合二为一的问题：如果说，马克思通过自己的直接观察已经体会到了“物质利益”对理性的法和国家以及整个社会生活的支配作用，因而实际上为冲破黑格尔的理性主义哲学观的最后藩篱打开了一个缺口，那么，法国社会主义者和共产主义者对无产阶级贫困化问题的关注则引起了马克思的高度重视，打开了马克思研究共产主义问题的大门。正如恩格斯所说：“我曾不止一次地听到马克思说，正是他对林木盗窃法和摩塞尔河地区农民处境的研究，推动他由纯政治转向研究经济关系，并从而走向社会主义。”④总之，经过《莱茵报》时期的政治实践，在传统黑格尔思想的土壤上，属于马克思自己的新的问题意识开始萌芽了！

于是，当《莱茵报》被查封后，为了解决自己这两个“苦恼的疑问”，马克思在克罗茨纳赫“短暂逗留”期间，借助于费尔巴哈的人本唯物主义并结合

---

① 《马克思恩格斯选集》第2卷，人民出版社2012年版，第1页。
② 《马克思恩格斯选集》第2卷，人民出版社2012年版，第2页。
③ 《马克思恩格斯全集》第1卷，人民出版社1956年版，第131页。
④ 《马克思恩格斯全集》第39卷，人民出版社1974年版，第446页。

自己对世界史特别是法国大革命史的研究笔记，写成了《黑格尔法哲学批判》手稿，并在此基础上写成了《德法年鉴》上的两篇文章，即《论犹太人问题》和《〈黑格尔法哲学批判〉导言》，完成了列宁所说的思想上的"两个转变"。由于这两篇文章在问题意识与思想主题上与《黑格尔法哲学批判》是一脉相承的，所以我们习惯上将它们合起来称作马克思的法哲学批判时期。

笔者认为，马克思在法哲学批判时期的理论贡献，并不仅仅在于他探讨了市民社会与政治国家、政治解放与人类解放、精神武器与物质武器这三对核心范畴及其关系问题，更在于马克思借助于黑格尔法哲学批判而对近代启蒙思想的迫近和对近代市民社会理论的批判。这里的关键就在于，黑格尔的法哲学作为一种国家哲学和政治哲学，其"市民社会"理论和"国家"理论在本质上就是对近代市民社会的批判总结，是对英国式经济自由主义、法国式政治自由主义和德国式理性国家主义的批判总结，因而以其为批判起点的马克思哲学也必然体现为对近代启蒙思想的总体性批判。这里唯一不同的是，马克思通过黑格尔法哲学批判最先迫近的是法国式政治自由主义和德国式理性国家主义（《黑格尔法哲学批判》一开始就把重心放在了对黑格尔国家观念的理性主义哲学基础的批判上），只是随着研究的深入马克思才愈发感到有必要"批判黑格尔对市民社会的看法"①，因而才有了迫近英国式经济自由主义的理论冲动。对于马克思来说，既然认识到了"关于市民社会的科学，也就是政治经济学"②，既然认识到了"对市民社会的解剖应该到政治经济学中去寻求"③，而"政治经济学"就是"以发达的资产阶级关系为前提"的"现代资产阶级社会的理论分析"④，那么通过政治经济学批判不仅可以解剖现代市民社会以批判自由主义和国家主义，而且可以重构现代社会发展理论以批判平行于自由主义和国家主义之外的空想社会主义和共产主义这种当时流行的社会发展理论。正是这种复杂的思想背景使

① 《马克思恩格斯全集》第 3 卷，人民出版社 2002 年版，第 100 页。
② 《马克思恩格斯全集》第 16 卷，人民出版社 1964 年版，第 409 页。
③ 《马克思恩格斯选集》第 2 卷，人民出版社 2012 年版，第 2 页。
④ 《马克思恩格斯选集》第 2 卷，人民出版社 2012 年版，第 6 页。

得马克思在面对近代市民社会理论的三种社会力量与社会思潮(即自由主义的现实功利、国家主义的犬儒冷漠、空想社会主义与共产主义的悲天悯人)的相互对抗中,为我们提出了这样一个时代性问题:在个人、国家和社会的对抗中,人的个体性、私利性和特殊性能否以及如何上升为社会的公共性、公益性和普遍性?在原则的高度上说,这一问题正是马克思在黑格尔法哲学批判时期对近代启蒙思想的迫近和对近代市民社会理论的批判中概括出来的现代社会发展的总体性问题。

在马克思看来,黑格尔的"市民社会"与"国家"之间的二元对峙恰恰反映了自由主义与国家主义或者准确地说是英国式经济自由主义与法国式政治自由主义之间的二元对峙:现代市民社会的人"不得不使自己在本质上二重化"而"现实地"表现为"私人—公民"或"公人—私人"①的双重人格。因此,不仅黑格尔的"市民社会"中的"市民"概念内契着斯密"经济人"概念的映象,以"市民"身份出现的"现实的人""就是现代国家制度的私人"②,而且"市民社会"本身也变成了以"私人所有"和"物化的个人"为基础的社会,其"国家高于市民社会"的唯心主义命题体现了他力求"用国家超越自在的市民社会"的深刻之处。但是,黑格尔用国家的"外在的伦理批判"克服"市民社会自身的矛盾"的虚幻性与无力性,最终促使马克思在"市民社会决定国家"的逻辑颠倒中提升出了将"现实的人"与"真正的人"相统一的"人的解放"的时代命题。马克思说:"现实的人只有以利己的个体形式出现才可予以承认,真正的人只有以抽象的 *citoyen*[公民]形式出现才可予以承认。"③在马克思看来,"现实的人"具体、现实但虚伪,"真正的人"理想、高尚但虚幻,因此这两种人都必须进行改造才能得到新生。这就是马克思在《〈黑格尔法哲学批判〉导言》中所提出的那个现代社会发展的重大课题:

一旦现代的政治社会本身受到批判,即批判一旦提高到真正的人

① 《马克思恩格斯全集》第1卷,人民出版社1956年版,第340页。
② 《马克思恩格斯全集》第3卷,人民出版社2002年版,第102页。
③ 《马克思恩格斯全集》第3卷,人民出版社2002年版,第188页。

> 的问题，批判就超出了德国现状。……德国人那种置现实的人于不顾的关于现代国家的思想形象之所以可能产生，也只是因为现代国家本身置现实的人于不顾，或者只凭虚构的方式满足整个的人。①

如果说马克思关于“现实的人”与“真正的人”的对勘恰恰反映了他对现代市民社会的人性规定，那么他也正是从这一人性规定出发把自己的法哲学批判提升到了政治经济学批判和意识形态批判的高度，从而创立了历史唯物主义这一“关于现实的人及其历史发展的科学”②，从人性的和制度的两个方面出发对共产主义社会进行了历史性建构：要实现变“偶然的个人”（“阶级的个人”）为“有个性的个人”、变“虚假的共同体”（“冒充的共同体”）为“真正的共同体”的共产主义社会③，人类社会就必须对现代社会的存在基础（人自身的利己主义倾向和国家权力的神秘主义倾向）进行革命性改造，努力消除现代社会的各种唯灵论观念和拜物教观念，把政治解放推进到人的解放的历史新高度。

后来的事实说明，当马克思通过黑格尔法哲学批判把捉到了现代社会发展的这个总体性问题后，无论是对市民社会的解剖，还是对资本主义的批判，马克思都主张把他们放置到政治经济学中进行研究和批判。尽管对于马克思来说，他的政治经济学研究和批判经历了两个大的历史发展阶段（先是在巴黎借助于法语对政治经济学进行研究和批判，后是到伦敦学会用英语对政治经济学进行研究和批判，布鲁塞尔时期只能看成是巴黎时期的“继续进行”），但他在对政治经济学研究和批判时始终都保持着一种“合二为一”的批判特性，在对自由主义和国家主义的批判与对空想社会主义和共产主义的批判中始终保持着一种唯物主义观点对唯心主义观点的批判本性：在《1844 年经济学哲学手稿》中，马克思以“异化劳动”这个具有本质穿透性和整体构成性的核心概念为基础，把“自我异化的扬弃”和“自我异化”的发展过程联系起来，既开展了对国民经济学和

---

① 《马克思恩格斯选集》第 1 卷，人民出版社 2012 年版，第 6—9 页。
② 《马克思恩格斯选集》第 4 卷，人民出版社 2012 年版，第 247 页。
③ 参见《马克思恩格斯选集》第 1 卷，人民出版社 2012 年版，第 199—203 页。

空想社会主义的双重批判，又开展了“对黑格尔的辩证法和整个哲学的批判”①；在《神圣家族》中，马克思不仅肯定了起源于洛克的法国唯物主义所具有的“社会主义倾向”，即“直接汇入社会主义和共产主义”的倾向，强调了要“把唯物主义学说当做现实的人道主义学说和共产主义的逻辑基础加以发展”的问题②，即如何实现从法国唯物主义哲学与资产阶级革命的关联过渡到唯物主义哲学与社会主义和共产主义的关联的问题，而且特别分析了蒲鲁东的政治经济学观点与国民经济学和“批判的批判”所具有的同根同源的唯心主义性质；在《德意志意识形态》中，马克思和恩格斯正是在批判费尔巴哈的“人”“类”理论、施蒂纳的自由主义理论、黑格尔的国家理论以及德国的“真正的社会主义”的同时阐述了其“唯物主义观点和唯心主义观点的对立”的新世界观和新历史观，为我们揭开了他“把《政治经济学》的写作工作搁下来”的根本原因：“我认为，在发表我的正面阐述以前，先发表一部反对德国哲学和那一时期产生的德国社会主义的论战性著作，是很重要的。为了使读者能够了解我的同迄今为止的德国科学根本对立的政治经济学的观点，这是必要的。”③可以说，正是经历了从法哲学批判到政治经济学批判再到意识形态批判而创立历史唯物主义的过程而证明“政治论证的全部传统方式崩溃了”④，马克思才在后来的《共产党宣言》、《资本论》、《哥达纲领批判》等著作中确立起了变资本主义社会为共产主义社会的理论自信。

在马克思之后，市民社会理论被卢卡奇、阿伦特和哈贝马斯等思想家作了更为广泛而深刻的理论阐发，不仅成了国际学术界的一个重要理论课题，而且也成为中国改革开放之后的一个重要实践课题。如果说，中国的市民社会理论研究在 20 世纪 80 年代还主要以马克思对黑格尔市民社会理论的哲学批判为研究起点，那么这种研究在进入 90 年代以后就开始了它的社会

---

① 《马克思恩格斯全集》第 3 卷，人民出版社 2002 年版，第 312 页。

② 《马克思恩格斯全集》第 2 卷，人民出版社 1957 年版，第 167—168 页。

③ 《马克思恩格斯全集》第 27 卷，人民出版社 1972 年版，第 473 页。

④ 《马克思恩格斯选集》第 2 卷，人民出版社 2012 年版，第 9 页。

建构过程,直接进入了"社会主义市民社会"①的理论场景。而这是与当代中国正在进行且深度推进的现代化建设与改革开放伟大事业联系在一起的。这说明,只要受制于"现代的灾难"(即"资本拜物教")和"遗留下来的灾难"(即"由于古老的、陈旧的生产方式以及伴随着它们的过时的社会关系和政治关系还在苟延残喘")②的双重束缚,当代中国的经济社会发展就必须从市民社会与政治国家的"共在"这一最基本的唯物主义事实出发,超出"个人主义"与"自我牺牲"的"抽象对立"③去寻找"社会个人"与"政治国家"之间进行良性博弈的现实路径。唯此,我们国家才能在坚持社会主义市场经济改革方向的基础上,依循个体主体性与社会公共性的统一处理好政府与市场的关系,既防止自由主义(个人主义)的歧途又破除国家主义的神话,推进国家治理体系和治理能力现代化。就此来说,只要政治国家与市民社会的对立是同一共同体内部的对立,那么马克思为着要彻底消灭具有阶级性、虚幻性的政治国家而必须连同它的世俗基础即"市民社会"一起消灭掉的市民社会批判理论就不会过时。可以肯定,这既是马克思此后深入探讨"国家的起源和国家同市民社会的关系"和"国家和法同所有制的关系"④这两个重大社会历史问题的历史诉求,也是马克思科学解决个人、社会与国家关系问题的总钥匙。在市场化和民主化的全球性潮流以及我国现代化建设与改革开放伟大事业深入发展的时代背景下,探讨马克思对近代市民社会的批判继承,对于我们正在进行的市场经济、法治国家、民主政治、和谐社会、国家治理等社会变革无疑具有重大的现实指导意义。这或许就是马克思关于市民社会理论之批判反思与伟大综合的社会政治哲学意义。

---

① 参见塞凯利:《政党制度危机与社会主义市民社会模式》,《国外社会科学》1985 年第 6 期;俞可平:《社会主义市民社会:一个新的研究课题》,《天津社会科学》1993 年第 4 期;龙太江:《社会主义市民社会的孕生及中国特色》,《衡阳师范学院学报》2000 年第 5 期;郁建兴:《社会主义市民社会的当代可能性》,《文史哲》2003 年第 1 期;左伟:《社会主义市民社会及其在中国的生成》,《福建党史月刊》2005 年第 7 期;等等。

② 马克思:《资本论》第 1 卷,人民出版社 2004 年版,第 9 页。

③ 《马克思恩格斯全集》第 3 卷,人民出版社 1960 年版,第 275—276 页。

④ 《马克思恩格斯选集》第 1 卷,人民出版社 2012 年版,第 168、211 页。

第 二 篇

现代市民社会的人性基础

任何解放都是使人的世界和人的关系回归于人自身。

政治解放一方面把人归结为市民社会的成员，归结为利己的、独立的个体，另一方面把人归结为公民，归结为法人。

只有当现实的个人把抽象的公民复归于自身，并且作为个人，在自己的经验生活、自己的个体劳动、自己的个体关系中间，成为类存在物的时候，只有当人认识到自身"固有的力量"是社会力量，并把这种力量组织起来因而不再把社会力量以政治力量的形式同自身分离的时候，只有到了那个时候，人的解放才能完成。

——马克思:《论犹太人问题》

如恩格斯所说,历史唯物主义是“关于现实的人及其历史发展的科学”。“现实的人”是马克思考察现代市民社会的人性基础。“现实的人”在现代市民社会中既有其具体的社会形象(“现代国家制度中的私人”),亦有其对立物即“真正的人”。对于马克思来说,“现实的人”具体、现实但虚伪,“真正的人”理想、高尚但虚幻,所以这两种人都必须进行改造才能得到新生。人的解放就是人类社会从资本笼罩下的政治解放过渡到真正的人类解放的历史必然性问题。马克思因着“现实的人”而实现了人学观和历史观上的双重革命。

第四章　感性具体的“现实的人”

如恩格斯所说，历史唯物主义就是“关于现实的人及其历史发展的科学”①。“市民社会”概念作为马克思创立历史唯物主义、重构现代社会发展理论的一个基础性概念，它当然要有助于“现实的人”及其“历史发展”的科学建构。事实上，马克思创立历史唯物主义、重构现代社会发展理论的过程，也就是从市民社会中概括并提炼出“现实的人”的过程，这一过程经历了从感性具体到思维抽象再到思维具体的三重境界。

众所周知，马克思最早持有的黑格尔理性主义世界观，在《莱茵报》工作期间遭遇到重大危机。在此期间，马克思作为《莱茵报》的编辑和主编，“第一次遇到要对所谓物质利益发表意见的难事”。于是，在退出《莱茵报》编辑部移居克罗茨纳赫后，马克思为了解决使他“苦恼的疑问”所写的“第一部著作”就是“对黑格尔法哲学的批判性分析”的《黑格尔法哲学批判》②。对于这部未完成的手稿在马克思思想发展史上的地位，学术界通常引用列宁的说法，认为它是马克思“从唯心主义转向唯物主义，从革命民主主义转向共产主义”③的重要阶段和标志。不仅如此，学术界甚至还根据马克思在该手稿中的相关论述认为马克思得出了“不是国家决定市民社会，而是市民社会决定国家”的明确结论。

然而，通过对《黑格尔法哲学批判》以及发表在《德法年鉴》上的《论犹

---

① 《马克思恩格斯选集》第4卷，人民出版社2012年版，第247页。

② 《马克思恩格斯选集》第2卷，人民出版社2012年版，第1—2页。

③ 《列宁全集》第26卷，人民出版社1988年版，第83页。

太人问题》、《〈黑格尔法哲学批判〉导言》这两篇文章的解读，笔者认为，马克思的理论贡献，更重要的在于他通过对黑格尔法哲学（国家哲学）的初步批判所阐发的关于"现实的人就是现代国家制度的私人"[①]的思想，引发了他从"现实的人"的角度批判政治国家与市民社会这一现代社会的"抽象的二元论"的致思路向，最终使他在对政治解放和人类解放的本质区别中走上了通过政治经济学研究解剖市民社会的理论道路。

一、"现实的人"只有在"人"成为国家制度的原则时才有可能

《黑格尔法哲学批判》主要是针对黑格尔《法哲学原理》中"国家法"部分的批判性分析，但却是以批判黑格尔理性主义的哲学观为前提的。

在《黑格尔法哲学批判》的"国内法"导论部分，马克思一上来就批判了黑格尔《法哲学原理》第261—262节所体现出来的理性主义哲学基础。他从黑格尔关于国家对"私人权利和私人福利"即对"家庭和市民社会"这两个领域来说一方面"是外在必然性"、另一方面"又是内在目的"这个黑格尔无法解决的二律背反中，提出了"国家如何同家庭和市民社会发生联系"这样一个问题。[②] 正是在对这个问题的回答中，马克思提出了"家庭和市民社会都是国家的前提，它们才是真正活动着的"、"家庭和市民社会使自身成为国家。它们是动力"、"政治国家没有家庭的自然基础和市民社会的人为基础就不可能存在。它们对国家来说是必要条件"[③]等唯物主义观点。

不仅如此，马克思还以黑格尔"家庭和市民社会到政治国家的过渡"为例分析了黑格尔法哲学和整个哲学的思辨的神秘主义性质：一方面，从积极意义上说，黑格尔"把政治国家看作机体，因而把权力的不同不再看作机械

---

① 《马克思恩格斯全集》第3卷，人民出版社2002年版，第102页。
② 《马克思恩格斯全集》第3卷，人民出版社2002年版，第7—9页。
③ 《马克思恩格斯全集》第3卷，人民出版社2002年版，第10—12页。

的不同,而是看作有生命的和合乎理性的不同,——这是前进了一大步”①;但是另一方面,从消极意义上说,黑格尔把本来的“国家或政治制度向各种差别及各种差别的现实性的发展是有机的发展”颠倒成了“国家这一机体是它向各种差别及各种差别的客观现实性的发展”,因而他不仅造成了主体和谓语的颠倒,而且还造成了一种假象——“似乎这里谈的是与机体不同的另一种观念”②。这样,对于黑格尔来说,他的“整个法哲学只不过是逻辑学的补充”而已:

> 国家的各种规定的实质并不在于这些规定是国家的规定,而在于这些规定在其最抽象的形式中可以被看作逻辑学的形而上学的规定。真正注意的中心不是法哲学,而是逻辑学。哲学的工作不是使思维体现在政治规定中,而是使现存的政治规定消散于抽象的思想。哲学的因素不是事物本身的逻辑,而是逻辑本身的事物。不是用逻辑来论证国家,而是用国家来论证逻辑。③

马克思之所以能在《黑格尔法哲学批判》一开始就得出市民社会决定国家的唯物主义命题,并指出黑格尔法哲学的症结所在,显然既受到了费尔巴哈和卢格的影响,也是他摘录《克罗茨纳赫笔记》的结果。

一方面,无论马克思是从什么时候开始受到费尔巴哈人本唯物主义影响的,但最迟在1843年2月26日,在卢格寄给马克思的《轶文集》(《德国现代哲学和政论界轶文集》的简称)的样本中,不仅包括马克思的文章,而且还有费尔巴哈的《关于哲学改造的临时纲要》。费尔巴哈这篇文章的唯物主义观点鲜明,其中所提供的把思辨哲学翻转过来的改造黑格尔哲学的方法,不能不对马克思有所启示。④ 从马克思1843年3月13日写给卢格的回信可以看出,马克思不仅读了费尔巴哈的文章,而且还提出了这样独到

---

① 《马克思恩格斯全集》第3卷,人民出版社2002年版,第15页。

② 《马克思恩格斯全集》第3卷,人民出版社2002年版,第15—16页。

③ 《马克思恩格斯全集》第3卷,人民出版社2002年版,第22页。

④ 罗森塔尔就指出:《黑格尔法哲学批判》“这部著作中也表现出费尔巴哈对黑格尔的唯物主义批判的影响、费尔巴哈把黑格尔的思辨哲学朝上地‘颠倒过来’的方法的影响”。参见罗森塔尔:《马克思主义辩证法史》,人民出版社1982年版,第17页。

的评论：

> 费尔巴哈的警句只有一点不能使我满意，这就是：他过多地强调自然而过少地强调政治。然而这一联盟是现代哲学能够借以成为真理的唯一联盟。结果大概象在十六世纪那样，除了醉心于自然的人以外，还有醉心于国家的人。①

马克思这番话绝对不是自言自语的臆语，恰恰反映了《莱茵报》停刊后他“从社会舞台退回书房”之后的理论致思方向。而马克思之所以将这番心里话掏给卢格，显然觉得卢格是与他志同道合的人。因为早在1842年8月，卢格就在《德国年鉴》上发表了《黑格尔法哲学和现代政治》一文，批判黑格尔一方面只是抽象地考察国家和国家制度，把它们看成是超越历史的东西；另一方面又把历史事实归结为概念，因而把历史变成了逻辑学。可以想象，在1842—1843年两年里与卢格保持着非常频繁的书信往来的马克思②，不能不注意或了解卢格的这一思想③。结合上述分析和《黑格尔法哲学批判》来看，费尔巴哈和卢格在批判黑格尔时的观点、方法和术语应该深深地影响到了马克思。

另一方面，马克思的这种思想跨越也是他摘录《克罗茨纳赫笔记》的结果与感受。为了解决《莱茵报》时期的“苦恼的疑问”，马克思从1843年5月移居莱茵省的克罗茨纳赫，直到10月底才离开克罗茨纳赫到达巴黎。在此期间，马克思一方面撰写“对黑格尔法哲学的批判性的分析”的《黑格尔法哲学批判》手稿，另一方面广泛地研究各种历史政治著作，写下了五个笔

---

① 《马克思恩格斯全集》第27卷，人民出版社1972年版，第442—443页。

② 在《马克思恩格斯全集》中文第1版第27卷所收录的1842—1843年两年里马克思、恩格斯“给其他人”的13封信中，其中就有8封是马克思写给卢格的。另外，在《马克思恩格斯全集》中文版第1卷里，还收录了3封摘自“德法年鉴”上马克思写给卢格的信。

③ 麦克莱伦就曾指出：“1842年，卢格首先发表了在政治方面对黑格尔进行直接批判的文章，抨击黑格尔的《法哲学原理》混淆了逻辑和历史的范畴，因此预示了下一年马克思所做的许多批判。”（麦克莱伦：《青年黑格尔派与马克思》，商务印书馆1982年版，第25页。）卢格这篇文章是否真地预示了马克思1843年的许多批判虽然有待商榷，但麦克莱伦的观点确实值得重视。因为同样的结论也被梅林、科尔纽和拉宾等学者强调过。参见科尔纽：《马克思恩格斯传》第1卷，三联书店1963年版，第338—339页。

记本的《克罗茨纳赫笔记》。显然，前一方面不能不受到后一方面的影响和促进。从总体上看，《克罗茨纳赫笔记》主要是马克思以法国革命为主线的历史学与政治学的摘录资料，其中涉及 24 本论著和其他文章的摘要内容。孙伯鍨教授认为，正是对于历史特别是法国革命史的深入研究，使马克思能够借助于丰富的历史知识，作出运用唯物主义观点研究国家和法的问题的最初尝试，初步形成了“现实”决定“观念”、“事物”决定“逻辑”的唯物主义观点①。结合上面的分析是否可以得出这样的推论，马克思在《黑格尔法哲学批判》中使用的概念和术语可能是别人使用过的，但隐含在这些概念背后的思想内容则是马克思在阅读中体认出来的。正是在这种意义上，笔者认为张一兵教授的推论是值得重视的：“马克思并不是传统理解中那样简单地外在地受到费尔巴哈的影响，而是在真实的社会历史研究中自觉地确认一般唯物主义前提的。”②“马克思不是简单地受了费尔巴哈的影响就发生了思想转变：一是现实问题的困窘；二是自己在历史研究中的理论确证，他才超越性地肯定了费尔巴哈的唯物主义立场，但这又是从社会历史现实的角度被理解的。”③

显然，正是有了上述两个方面的合力作用，马克思才能在《黑格尔法哲学批判》一开始就绕过黑格尔《法哲学原理》的前两篇（即“抽象法”和“道德”这两篇）以及第三篇即“伦理”篇的前两章（即“家庭”和“市民社会”这两章），而直接在“国家章”中展开了对黑格尔国家理论的解读与批判。

然而，由于马克思一开始就把重心放在了对黑格尔国家观念的理性主义哲学基础的批判上，所以他对黑格尔有关市民社会的具体观点和丰富内容并没有很在意。对于马克思来说，抓住了“法哲学和黑格尔整个哲学的神秘主义之大成”④，从而对黑格尔国家理论进行批判性分析似乎足够了。

---

① 孙伯鍨：《探索者道路的探索》，南京大学出版社 2002 年版，第 120—121 页。

② 张一兵：《回到马克思——经济学语境中的哲学话语》，江苏人民出版社 2003 年版，第 150 页。

③ 张一兵：《回到马克思——经济学语境中的哲学话语》，江苏人民出版社 2003 年版，第 152 页。

④ 《马克思恩格斯全集》第 3 卷，人民出版社 2002 年版，第 12 页。

可是随着批判的进一步展开，马克思觉得自己的想法过于简单了，他越发觉得有必要对市民社会进行认真细致的研究，而他对市民社会及其与国家的关系的看法也就一点一点地改变了。

这种改变的最初基点，就发生在对"内部国家制度本身"的批判性分析的开始。按照黑格尔的概念学说，概念发展的三个环节应当是由普遍性经特殊性到单一性，但黑格尔在《法哲学原理》中论述立法权、行政权和王权即政治国家的这"三种实体性的差别"时则将它们颠倒成了由"王权"（单一）经"行政权"（特殊）到"立法权"（普遍）的过程。针对这种逻辑顺序上的颠倒，马克思捕捉到了其中所隐含的关于"国家制度"与作为"自我意识"的"人"之间的颠倒关系：当黑格尔在确证国家制度的合法性前提下把"自我意识"即"人"看成是"国家制度"的结果时，先前作为国家制度前提的民族的自我意识就已经在国家制度的原则下变成了被动的"人"的主观性。由此，马克思认为，黑格尔的国家制度中隐含着"要求这样一种国家制度"的秘密："它本身具有与意识同步发展、与现实的人同步发展的规定和原则。而这只有在'人'成为国家制度的原则时才有可能。"①这是一把钥匙，是一把解剖黑格尔法哲学秘密的钥匙，也是一把开启历史唯物主义大门的钥匙。正是借助于这把钥匙，马克思批判性地分析了黑格尔对于王权、行政权和立法权的划分，"在分别考察这种划分的论述之后再回过来谈这种划分"②。马克思的这一打算在手稿中虽然没有实现，但他却在批判中发现了"现代国家"与"市民社会"同"现实的人"的本质关联，并由此产生了以"现实的人"为基础解剖市民社会并研究市民社会与国家关系的理论冲动。

在对王权即立宪君主制的批判中，马克思首先揭示了黑格尔在处理王权作为主权与它不可能代表私有财产的国家之间的矛盾时企图将王权直接看成"政治的个人"（"国家的个人"），从而将王权这种"特殊的职能和活动"直接等同于"国家的职能和活动"的"同义反复"。在马克思看来，黑格

① 《马克思恩格斯全集》第3卷，人民出版社2002年版，第27页。
② 《马克思恩格斯全集》第3卷，人民出版社2002年版，第27页。

尔之所以得出这种可笑的谬论，是因为他“抽象地、孤立地考察国家的各种职能和活动，而把特殊的个体性看作与它们对立的东西”，他“忘记了特殊的个体性是人的个体性，国家的各种职能和活动是人的职能”，他“忘记了‘特殊的人格’的本质不是它的胡子、它的血液、它的抽象的肉体，而是它的社会特质”①。因此，既然“国家的职能等等只不过是人的社会特质的存在方式和活动方式”，而个人“是国家各种职能和权力的承担者”，那么“就应该按照他们的社会特质，而不应该按照他们的私人特质来考察他们”。② 马克思一经提出“人的社会性”观点，就把它拿来作为批判政治国家的抽象性的理论根据。

马克思的批判是以批判王权即立宪君主制为逻辑起点的。马克思看来，在君主本人“只是人民主权的代表、象征”的现代社会，黑格尔企图建构的“君主主权”（“集中于君主身上的主权”）只能是“一种幻想”，因为与“人民主权”完全对立的“君主主权”已经成了一种“现存的不真实”③。正因此，马克思从“民主制是一切形式的国家制度的已经解开的谜”④这一前提性结论出发，对君主制与民主制进行了富有历史意义的比较，认为正是民主制才在其现实性上不断地把国家制度“引回到它自己的现实的基础、现实的人、现实的人民”，使国家制度表现出了它的本来面目即人的自由产物，所以，民主制是“一切国家制度的本质”，是“作为特殊国家制度的社会化的人”。道理很简单，民主制作为“形式的原则”和“物质的原则”的统一，它是“普遍和特殊的真正统一”。在民主制中，“作为特殊东西的国家仅仅是特殊的东西，而作为普遍东西的国家则是现实的普遍东西”，所以“在真正的民主制中政治国家就消失了”。与此相反，在一切不同于民主制的君主制或共和制中，不仅“政治的人同非政治的人即同私人一样都具有自己的特殊存在”，而且“财产、契约、婚姻、市民社会”（“这些抽象的国家形式”）“同

① 《马克思恩格斯全集》第 3 卷，人民出版社 2002 年版，第 29 页。
② 《马克思恩格斯全集》第 3 卷，人民出版社 2002 年版，第 29—30 页。
③ 《马克思恩格斯全集》第 3 卷，人民出版社 2002 年版，第 37—38 页。
④ 《马克思恩格斯全集》第 3 卷，人民出版社 2002 年版，第 39 页。

政治国家一样表现为特殊的存在方式，表现为一种内容”。[①] 正如马克思所说：

> 在中世纪，财产、商业、社会团体和人都是政治的；国家的物质内容是由国家的形式设定的。每个私人领域都具有政治性质，或者都是政治领域；换句话说，政治也就是私人领域的性质。在中世纪，政治制度是私有财产的制度，但这只是因为私有财产的制度就是政治制度。在中世纪，人民的生活和国家的生活是同一的。人是国家的现实原则，但这是不自由的人。[②]

正是从国家的内容与国家的形式的相互分离这个现代意义出发，马克思认为当黑格尔指出“政治国家就是国家制度”的时候他无疑是正确的，因为他从“外在的同一，即相互规定”中揭示出了现代社会中“物质国家不是政治国家”的本然实情。[③] 在马克思看来，“物质国家”作为“政治国家”的对立物，是作为后者的“彼岸之物而发展起来”的“特殊领域”，它的历史任务就是“国家制度的回归”，即物质国家的“私人本质将随着国家制度或政治国家的彼岸本质的消除而消除”[④]。然而，对于“物质国家”的“私人本质”的“消除”，又是以“政治国家”“表现为物质国家的形式”[⑤]为前提的。所以，在“政治国家还没有表现为物质国家的形式”以前，无论是政治国家的“回归”还是物质国家的“消除”，都是不可能、不现实的事情，因为这样的政治国家和物质国家都不是以“现实的人”为历史前提的。我们看到，在对黑格尔王权的批判性分析的最后，马克思又回到了对黑格尔哲学基础的批判上，从“抽象的人”与“现实的人”的对勘中再一次批判了黑格尔哲学的错误：

> 黑格尔并不把社会团体、家庭等等，总之，不把法人理解为现实的

---

① 参见《马克思恩格斯全集》第3卷，人民出版社2002年版，第39—41页。
② 《马克思恩格斯全集》第3卷，人民出版社2002年版，第42—43页。
③ 《马克思恩格斯全集》第3卷，人民出版社2002年版，第42页。
④ 《马克思恩格斯全集》第3卷，人民出版社2002年版，第42页。
⑤ 《马克思恩格斯全集》第3卷，人民出版社2002年版，第43页。

经验的人的实现，而是理解为现实的人，而现实的人所包含的仅仅是在它本身中是抽象的人格环节。正因为这样，在黑格尔那里，并不是现实的人成为国家，倒是国家必须先成为现实的人。因此，黑格尔不是把国家推崇为人的最高现实，推崇为人的最高的社会现实，而是把单一的经验的人，把经验的人推崇为国家的最高现实。①

由此出发，马克思把黑格尔将家庭、市民社会、国家等等看作“观念的各种规定”的思辨唯心主义方法颠倒成了这样的唯物主义方法：

如果在阐述家庭、市民社会、国家等等时把人的这些社会存在方式看作人的本质的实现，看作人的本质的客体化，那么家庭等等就表现为主体所固有的特质。人始终是这一切实体性东西的本质，但这些实体性东西也表现为人的现实普遍性，因而也就是一切人共有的东西。②

显然，马克思这时对于市民社会的态度依然是唯物主义的基本态度。

进一步说，政治国家的抽象的前提和基础乃是因为市民社会本身就是抽象的。马克思说：“政制制度本身只有在各私人领域达到独立存在的地方才能发展起来。在商业和地产还不自由、还没有达到独立的地方，也就不会有政治制度。”③“国家本身的抽象只是现代才有，因为私人生活的抽象也只是现代才有。政治国家的抽象是现代的产物。”④这样，在对黑格尔行政权即官僚政治的批判中，马克思已经深入到了市民社会与官僚政治的本质关系中。在这里，马克思首先抓住了黑格尔市民社会的三个方面内容：(1)市民社会的定义是一切人反对一切人的战争；(2)在私人的利己主义中既显示出“市民爱国心的秘密”，又显示出“国家在市民信念上具有的深度和强度”；(3)“市民”作为市民社会“固定不变的个人”，它是同普遍东西即国家相对立的“特殊利益的人”。⑤ 在马克思看来，由于黑格尔已经将“警察

---

① 《马克思恩格斯全集》第3卷，人民出版社2002年版，第50—51页。

② 《马克思恩格斯全集》第3卷，人民出版社2002年版，第51—52页。

③ 《马克思恩格斯全集》第3卷，人民出版社2002年版，第42页。

④ 《马克思恩格斯全集》第3卷，人民出版社2002年版，第42页。

⑤ 《马克思恩格斯全集》第3卷，人民出版社2002年版，第54页。

权”和“审判权”归入到市民社会的领域，所以他的“行政权”“无非是被他作为官僚政治来阐明的行政机关”①。这样来看，官僚政治的前提“首先是市民社会通过‘同业公会’实行的‘自治’”，它的本质则是“市民社会的‘国家形式主义’”②。由此出发，马克思从“国家”和“市民社会”、“特殊利益”和“自在自为地存在着的普遍东西”相分离的角度批判了官僚政治与同业公会相对于国家和市民社会的权力关系。他说：

> 同业公会是官僚政治的唯物主义，而官僚政治则是同业公会的唯灵论。同业公会构成市民社会的官僚政治，官僚政治则是国家的同业公会。因此，官僚政治实际上把自己即“国家的市民社会”，与同业公会即“市民社会的国家”对立起来。③

然而，这种对立与分离是有界限的，

> 一旦现实的国家生活苏醒，市民社会由于自己固有理性的推动而逐渐摆脱同业公会，官僚政治就要竭力复兴同业公会，因为“市民社会的国家”一旦衰落，“国家的市民社会”也就衰落。唯灵论是随着与其对立的唯物主义一起消逝的。一旦新原则不为反对前提的存在而为反对这种存在的原则进行斗争，结果就开始为自己的前提的存在进行斗争④。

所以，官僚政治与同业公会，如同它们的活动领域国家与市民社会一样，是一对见不得又离不得的孪生关系，“在社会中创立了同业公会的那种精神，在国家中创立了官僚政治”，“同业公会是市民社会企图成为国家的尝试，而官僚政治则是那种确实使自己变成市民社会的国家”。⑤ 官僚政治既然从内容上是“国家的市民社会”，那么它从形式上看也就是“同实在的国家并列的虚构的国家”，是“国家的唯灵论”。它的每一件事情都具有双

---

① 《马克思恩格斯全集》第3卷，人民出版社2002年版，第57页。
② 《马克思恩格斯全集》第3卷，人民出版社2002年版，第57、59页。
③ 《马克思恩格斯全集》第3卷，人民出版社2002年版，第58页。
④ 《马克思恩格斯全集》第3卷，人民出版社2002年版，第58页。
⑤ 《马克思恩格斯全集》第3卷，人民出版社2002年版，第58—59页。

重意义，即“实在的意义”和“官僚政治的意义”：一方面，在官僚政治内部，“唯灵论变成了粗陋的唯物主义，变成了消极服从的唯物主义，变成了信仰权威的唯物主义，变成某种例行公事、成规、成见和传统的机械论的唯物主义”①；另一方面，对单个的官僚来说，“国家的目的变成了他的私人目的，变成了追逐高位、谋求发迹”②。对于这样的官僚政治，当然要在历史条件具备的情况下予以铲除。马克思说：“铲除官僚政治，只有普遍利益在实际上而不是像在黑格尔那里仅仅在思想上、在抽象中成为特殊利益，才有可能；而这又只有特殊利益在实际上成为普遍利益时才有可能。”③

那么，如何才能实现这种普遍利益与特殊利益的真正统一呢？马克思认为只有借助于普遍的立法权力，真正地还权于民。这样，在对立法权即等级制公会的批判中，马克思才清楚地意识到了市民社会的历史用意及其社会意义。马克思首先揭示了黑格尔关于立法权与国家制度之间的冲突与矛盾：一方面，“立法权是组织普遍东西的权力。它是规定国家制度的权力。它高居于国家制度之上”；另一方面，“立法权是按照国家制度确立起来的权力。因此，它是从属于国家制度的”④。问题的关键就在于，对于这种冲突的解决，黑格尔求助于“立法权”对“国家制度”的“间接的改变”，而马克思则诉诸“彻底的革命”：

> 要使国家制度不仅是经受变化，从而要使这种幻想的外观最后不被暴力粉碎，要使人有意识地做他一向无意识地被事物本性逼迫着做的事，就必须使国家制度的运动，使前进成为国家制度的原则，从而必须使国家制度的实际承担者——人民成为国家制度的原则。这时，前进本身也就成了国家制度。⑤

由此出发，马克思以法国革命为例，不仅回答了“人民是否有权为自己

---

① 《马克思恩格斯全集》第3卷，人民出版社2002年版，第60页。
② 《马克思恩格斯全集》第3卷，人民出版社2002年版，第60—61页。
③ 《马克思恩格斯全集》第3卷，人民出版社2002年版，第61页。
④ 《马克思恩格斯全集》第3卷，人民出版社2002年版，第70页。
⑤ 《马克思恩格斯全集》第3卷，人民出版社2002年版，第72页。

制定新的国家制度"①这一现代政治国家的现实问题，而且确立了立法权相对于王权和行政权的独立性与重要性：

> 立法权完成了法国的革命。在立法权就其特殊性来说作为统治要素出现的地方，它完成了伟大的根本的普遍的革命。正因为立法权代表人民，代表类意志，所以它进行斗争，反对的不是一般的国家制度，而是反对特殊的陈旧的国家制度。行政权却相反，它完成的是一些细微的革命、逆行的革命和反动的变革。正因为行政权代表着特殊意志、主观任意、意志的魔法部分，所以它进行革命，不是争取新宪法反对旧宪法，而是反对宪法。②

显然，从立法权的革命性考察个人和国家之间的关系，自然就包括了黑格尔所说的"个人从国家那里可以得到什么、可以享受到什么"（个人的权利）和"个人应该给国家做些什么"（个人的义务）③这两个方面的内容。正是在这里，马克思极其深刻地探讨了"市民社会的等级差别"（即"私人等级"）转变成"政治差别"的政治效能和政治意义：私人等级的政治效能和政治意义"是作为私人等级的私人等级所具有的政治效能和政治意义。因此，私人等级只有按照市民社会的等级差别才能进入政治领域。市民社会的等级差别成了政治差别"④。在马克思看来，当黑格尔把等级区分成"市民社会的等级"和"政治意义上的等级"并且从"语言"上将它们视为"同一"关系予以确认的时候，他实际上正确地揭示了现代社会的本质：

> 黑格尔的出发点是作为两个固定的对立面、两个真正有区别的领域的"市民社会"和"政治国家"的分离。当然，在现代国家中这种分离实际上是存在的。市民等级和政治等级同一就是市民社会和政治社会同一的表现。这种同一已经消失了。黑格尔是以同一已经消失为前提的。如果市民等级和政治等级的同一曾表现出实际情况，那么它现在

① 《马克思恩格斯全集》第3卷，人民出版社2002年版，第73页。

② 《马克思恩格斯全集》第3卷，人民出版社2002年版，第73页。

③ 《马克思恩格斯全集》第3卷，人民出版社2002年版，第74页。

④ 《马克思恩格斯全集》第3卷，人民出版社2002年版，第90页。

> 自然就只能是市民社会和政治社会分离的表现！或者更确切地说：只有市民等级和政治等级的分离才表现出现代的市民社会和政治社会的真正的相互关系。①

然而，遗憾的是，黑格尔尽管发现了现代社会发展的秘密，但他的愿望却是“市民社会和政治生活不分离”：“黑格尔知道市民社会和政治国家的分离，但他打算使国家的统一能表现在国家内部，而且要以这种形式实现：市民社会各等级本身同时构成立法社会的等级要素。”②由此，马克思揭示了黑格尔在市民社会与国家问题上的二重性：“黑格尔觉得市民社会和政治社会的分离是一种矛盾，这是他的著作中比较深刻的地方。但是，错误在于：他满足于这种解决办法的表面现象，并把这种表面现象当作事情的本质。”③在马克思看来，黑格尔的深刻正在于他发现了现代社会的问题，而他的错误则在于他在解决这一问题的立场与方法上出了问题。

二、现代市民社会与“现实的人”在本质上的“二重化”

对于马克思来说，一旦发现了现代社会中市民社会与政治社会的分离，也就发现了立法权的争论的核心：“争论的问题在于是代议制还是等级制。代议制是一大进步，因为它是现代国家状况的公开的、未被歪曲的、前后一贯的表现。它是一个未加掩饰的矛盾。”④显然，如果说君主制与民主制的差别是现代国家制度的本质，那么等级制与代议制的差别就是现代国家制度的形式。为什么说代议制是现代国家制度发展的进步形式呢？显然这是由现代社会中市民社会和政治社会的分离所决定的现实的人在本质上的二重性所决定了的。

---

①《马克思恩格斯全集》第3卷，人民出版社2002年版，第90—91页。
②《马克思恩格斯全集》第3卷，人民出版社2002年版，第93页。
③《马克思恩格斯全集》第3卷，人民出版社2002年版，第94页。
④《马克思恩格斯全集》第3卷，人民出版社2002年版，第94—95页。

在马克思看来，随着“市民社会”和“国家”的彼此分离，“国家的公民”和“作为市民社会成员的市民”也就彼此分离开来，因而个人也就“不得不与自己在本质上分离”开来：

> 作为一个现实的市民，他处于一个双重组织中：处于官僚组织——这种官僚组织是彼岸国家的即不触及市民及其独立现实性的行政权的外在的和形式的规定——和社会组织即市民社会的组织中。但是，在后一种组织中，他作为一个私人处于国家之外；这种社会组织不触及政治国家本身。第一种组织是国家组织，它的质料总是由市民构成的。第二种组织是市民组织，它的质料并不是国家。在第一种组织中，国家对市民来说是形式的对立面，在第二种组织中，市民本身对国家来说是质料的对立面。因此，他要成为现实的国家公民，要获得政治意义和政治效能，就应该走出自己的市民现实性的范围，摆脱这种现实性，离开这整个组织而进入自己的个体性。①

正因此，马克思认为，“市民社会和政治国家分离”的必然表现就是“政治市民即国家公民脱离市民社会，脱离自己固有的、真正的、经验的现实性”②。依此逻辑，当黑格尔“把整个市民社会当作私人等级而同政治国家对立起来”的时候，他的私人等级内部的差别即不同的市民等级对国家来说“自然只具有私人意义，而不具有政治意义”③。这种自然结论显然是与黑格尔想要阐明的“私人等级在立法权的等级要素中获得政治意义”④的观点相矛盾。为什么会出现这种自相矛盾的情况呢？马克思认为，这是因为黑格尔“把作为人民的整体存在的国家同政治国家混为一谈”了，他也就把“市民社会的各等级是政治等级”的原理偷换成了“市民社会是政治社会”的原理⑤。

---

① 《马克思恩格斯全集》第3卷，人民出版社2002年版，第96—97页。
② 《马克思恩格斯全集》第3卷，人民出版社2002年版，第97页。
③ 《马克思恩格斯全集》第3卷，人民出版社2002年版，第98页。
④ 参见《马克思恩格斯全集》第3卷，人民出版社2002年版，第95页。
⑤ 参见《马克思恩格斯全集》第3卷，人民出版社2002年版，第98页。

在马克思看来，“市民社会在自己的行动中所陷入的原子论”是“社会本身的原子论”①，这种“原子论的观点”虽然在家庭中已经消失，而且可能在市民社会中也已消失，但它总会“在政治国家中重新出现”，因为政治国家本身就是“从家庭和市民社会中得出的抽象”②。所以，真正把市民社会与国家分离开来的并不是黑格尔的设想——黑格尔的设想“并没有把市民生活和政治生活彼此分离开来；它只不过是关于实际存在的分离的设想”③，而是现实的“历史的发展”——“从政治等级到市民等级的真正转变过程是在君主专制政体中发生的。官僚政治实现了反对一个国家中有许多不同国家的统一思想。……只有法国大革命才完成了从政治等级到社会等级的转变过程，或者说，使市民社会的等级差别完全变成了社会差别，即在政治生活中没有意义的私人生活的差别。这样就完成了政治生活同市民社会的分离。”④随着这种分离的完成，不仅政治等级发生了变化（变成了社会等级），而且市民社会的等级同样也发生了变化：“市民社会由于它同政治社会的分离而变得不一样了”——

> 在市民社会中，等级差别已不再是需要和劳动这类独立体的差别了。在这里，惟一还有的普遍的、表面的和形式的差别只是城市和乡村的差别。但是，在社会本身内部，这种差别则发展成各种以任意为原则的流动的不固定的集团。金钱和教养是这里的主要标准。……市民社会的等级既不以需要即自然因素为其原则，也不以政治为其原则。⑤

这种社会状况带来的结果，便是从古典时代的“公民人本主义”向现代社会的“市民人本主义”的转化：财产、闲暇和参政变成了经商、闲适和教养，古典时代的“公民战士”逐渐被现代的“经济人”和“纳税人”所取代。⑥

---

① 《马克思恩格斯全集》第3卷，人民出版社2002年版，第99页。

② 参见《马克思恩格斯全集》第3卷，人民出版社2002年版，第99页。

③ 参见《马克思恩格斯全集》第3卷，人民出版社2002年版，第99页。

④ 参见《马克思恩格斯全集》第3卷，人民出版社2002年版，第100页。

⑤ 参见《马克思恩格斯全集》第3卷，人民出版社2002年版，第100页。

⑥ 冯克利：《从美德到教养》，载罗卫东、陈正国主编：《启蒙及其限制》，浙江大学出版社2012年版，第302页。

在这里，问题的关键就在于，在传统黑格尔思想的土壤上，属于马克思自己的新的思想已经萌芽了：马克思通过自己的批判性分析，已经体会到了伴随着现代社会的发生而“仓促形成的”并且“形成本身是任意的而且不是组织的”“群众”，作为“丧失财产的人们和直接劳动的即具体劳动”的等级，与其说是“市民社会中的一个等级”，还不如说是“市民社会各集团赖以安身和活动的基础”；“群众”作为“现代的社会等级”同“过去的市民社会等级”的差别，已经不在于“它像过去那样作为一种共有的组织、作为一种共同体吸纳个体”，而在于“个体是否留在自己的等级中，这部分地取决于机会，部分地取决于本人所从事的劳动等等”。① 就是说，现代的社会等级本身虽然“仍然只是个体的外在规定”，但却具有了完全相反的社会表现，“现代等级对个体的实体性活动、对个体的现实地位毫无现实关系”②。显然，在马克思的视域里，“现代的社会等级”同“过去的市民社会等级”的本质差别就将个体的命运由受必然性支配改变成了受偶然性支配，这种改变虽然没有改变个体命运的外在规定，但毕竟给人带来了生存的外观和自由，使人获得了真正的“人的意义”和“人的规定”。马克思说：“市民社会的成员在自己的政治意义上脱离了自己的等级，脱离了自己真正的私人地位。只有在这里，这个成员才获得人的意义，或者说，只有在这里，他作为国家成员、作为社会存在物的规定，才表现为他的人的规定。”③从这种视角来看，“真正的市民社会”即现代意义上的市民社会正是伴随着现代市场经济和资产阶级社会发展起来的，因而体现了物质主义和个人主义的原则：“享受和享受能力是市民等级或市民社会的原则。”“现代的市民社会是实现了的个人主义原则；个人的存在是最终目的；活动、劳动、内容等等都只是手段。”④

当马克思批判性地分析了黑格尔市民社会与国家分离的矛盾及其社会后果后，他终于非常有把握地得出了市民社会的现实的人的基本规定：“现

① 《马克思恩格斯全集》第3卷，人民出版社2002年版，第100—101页。

② 《马克思恩格斯全集》第3卷，人民出版社2002年版，第101页。

③ 《马克思恩格斯全集》第3卷，人民出版社2002年版，第101页。

④ 《马克思恩格斯全集》第3卷，人民出版社2002年版，第101页。

实的人就是现代国家制度的私人。”①在这里,“现实的人”作为与“现代国家制度”相对立的市民社会的“私人”,它本身就暗含着这样一个极其重要的社会问题:经过市民社会的洗礼、熏陶与训化,市民社会中人的个体性、私利性和特殊性能否以及如何转化为现代社会中社会的公共性、公益性和普遍性? 这一问题如果不能得到合理解决,那么,与“人类史上的动物时期”(“人类动物学”)的“中世纪”将等级“不仅建立在社会内部的分离这一主导规律上,而且还使人同自己的普遍本质分离,把人变成直接与其规定性相一致的动物”不同,“我们的时代即文明时代”必然会犯“一个相反的错误”:“它使人的对象性本质作为某种仅仅是外在的、物质的东西同人分离,它不认为人的内容是人的真正现实。”②

在马克思看来,黑格尔也想极力解决这种市民社会与国家分离的矛盾。但是,在市民社会的构成还具有政治性质,而且政治国家就是市民社会的时候,现代的社会等级并不具有双重意义,各等级“并不意味着在市民社会是一个样子,在政治世界是另一个样子”③。因此,黑格尔的等级制度“想用复旧的办法来消除市民社会和政治国家的二元性”④,注定是不会成功的。因为这种二元性在等级制度本身中的表现就是“等级差别(市民社会的内部差别)在政治领域中获得了一种不同于在市民领域中获得的意义”,所以他使那种表面上看起来似乎“存在着同一”(“幻想的同一”)的“同一个主体”具有了“本质上不同的规定”,在实际上体现为“双重的主体”。而为了把同一个受限制的主体即特定的等级描述为两个谓语的本质主体,或者为了证明两个谓语的同一,这两个谓语就都被黑格尔“神秘化了”,都被说成是“幻想的不确定的双重形式”⑤。马克思认为,黑格尔的这种做法还是“按照新世界观去解释旧世界观”的“那一套非批判性的、神秘主义的做法”,而“这

① 《马克思恩格斯全集》第3卷,人民出版社2002年版,第102页。
② 《马克思恩格斯全集》第3卷,人民出版社2002年版,第102页。
③ 《马克思恩格斯全集》第3卷,人民出版社2002年版,第103页。
④ 《马克思恩格斯全集》第3卷,人民出版社2002年版,第103页。
⑤ 《马克思恩格斯全集》第3卷,人民出版社2002年版,第103页。

种非批判性,这种神秘主义,既构成了现代国家制度(主要是等级制度)的一个谜,也构成了黑格尔哲学、主要是他的法哲学和宗教哲学的奥秘”①。

那么,如何才能合理解决市民社会与国家的分离所产生的矛盾呢?马克思从“抽象唯灵论是抽象唯物主义;抽象唯物主义是物质的抽象唯灵论”②的角度分析了市民社会与国家之间不可能存在“本质的真正的二元论”,对市民社会内部的“本质的矛盾”进行了解剖。在马克思看来,从“政治国家的总体”来分析立法权中各种完全不同的原则的互相冲突,它在事实上“是政治国家和市民社会的二律背反,是抽象政治国家同自身的矛盾”③。因此,“对现代国家制度的真正哲学的批判,不仅揭露这种制度中存在着的矛盾,而且解释这些矛盾,了解这些矛盾的形成过程和这些矛盾的必然性”④。这种“真正哲学的批判”显然要求对“黑格尔的主要错误”(“黑格尔的主要错误在于:他把现象的矛盾理解为观念中、本质中的统一,而这种矛盾当然有某种更深刻的东西,即本质的矛盾作为自己的本质”)和“庸俗的批判”所陷入的“教条主义的错误”(“例如,它批判宪法。它注意各种权力的相互对立,等等。它到处发现矛盾。它甚至还是那种同自己的对象作斗争的教条主义批判,就像过去人们用‘一’和‘三’之间的矛盾来反驳神圣三位一体的教条一样”)进行批判。⑤

值得注意的是,正是在对上述两种错误的批判中,马克思把政治国家与私有财产联系起来:黑格尔所阐明的对立,“就其尖锐性来说,是私有制和财产之间的对立”;“政治制度就其最高阶段来说,是私有财产的制度”⑥。马克思认为,站在这样的原则高度来考察黑格尔对长子继承制的分析就会发现他的错误的颠倒:“黑格尔当作长子继承权的目的、规定性因素、始因来描述的东西,倒反而是长子继承权的成果、结果,是抽象的私有财产对政

① 《马克思恩格斯全集》第3卷,人民出版社2002年版,第104页。
② 《马克思恩格斯全集》第3卷,人民出版社2002年版,第111页。
③ 《马克思恩格斯全集》第3卷,人民出版社2002年版,第114页。
④ 《马克思恩格斯全集》第3卷,人民出版社2002年版,第114页。
⑤ 《马克思恩格斯全集》第3卷,人民出版社2002年版,第113—114页。
⑥ 《马克思恩格斯全集》第3卷,人民出版社2002年版,第122—123页。

治国家的权力，而黑格尔却把长子继承权描写成政治国家对私有财产的权力。他倒因为果，倒果为因，把规定性因素变为被规定的因素，把被规定的因素变为规定性因素。”①对这种错误的颠倒进行再颠倒，马克思发现了政治国家与私有财产之间的“本质的矛盾”：“政治国家对私有财产的权力究竟是什么呢？是私有财产本身的权力，是私有财产的已经得到实现的本质。”②然而，就是这个私有财产在黑格尔的私法和国家法中竟然有着截然不同的存在意义：黑格尔“在谈私法时，把私有财产的可以让渡及其对共同意志的依赖理解为它的真正的理想主义”，可是“在谈国家法时则相反，与‘职业的无保证、利润的追逐、占有物的可变性、对国家财产的依赖性’相对照，一种无依赖性的所有权的虚假光彩却得到他的赞扬”。马克思讥讽地说：“连私法的理想主义都不能忍受，这还算什么国家！私有财产的独立性在私法中的意义竟不同于在国家法中的意义，这还算什么法哲学！”③

由此出发，马克思对比了“无依赖性”的私有财产和“人对人的依赖”的私有财产的不同发展命运：一方面，“无依赖性”的私有财产，作为“具有最抽象形式的私人任意，极端狭隘的、非伦理的、粗陋的意志”，作为“表现为政治国家的最高合题、由任意所实现的最高外化、向人类弱点进行的最顽强、最英勇的斗争”（“私有财产的人性化、人化是人类弱点”），它是“关于长子继承权的权力范围的富有浪漫色彩的急切愿望”④；但是另一方面，与这种“无依赖性的私有财产”的“粗陋愚昧”相比的却是“人对人的依赖”的私有财产的凄楚悲惨：“职业无保证是悲哀的，追逐利润是造作的（戏剧性的），占有物的可变性是应认真对待的天命（悲剧性的），对国家财产的依赖性是合乎伦理的。总之，在所有这些特质中我们透过所有权听到人心的跳动，这就是人对人的依赖。”⑤尽管对这种“人对人的依赖”抱有道德评判的

---

① 《马克思恩格斯全集》第3卷，人民出版社2002年版，第124页。
② 《马克思恩格斯全集》第3卷，人民出版社2002年版，第124页。
③ 《马克思恩格斯全集》第3卷，人民出版社2002年版，第127页。
④ 《马克思恩格斯全集》第3卷，人民出版社2002年版，第126页。
⑤ 《马克思恩格斯全集》第3卷，人民出版社2002年版，第127页。

同情,但马克思还是站在历史发展的角度对之进行了符合历史辩证法的肯定:这种人对人的依赖性不管是怎样自在自为地产生的,但是同奴隶相比,它是有“人情味的”——奴隶以为自己获得自由是因为使自己受限制的领域“不是社会而是土地”,其意志自由就在于这种意志“除了私有财产的内容外缺乏任何其他的内容”①,而人对人的依赖性则把意志自由的原因归结到了社会自身,因而其意志自由不仅仅在于内容,而且还有形式。但是无论如何,马克思在这里提出的“透过所有权听到人心的跳动,这就是人对人的依赖”的观点,成了他关于现代市民社会发展原则的基本判断,也成了他后来从事政治经济学研究和批判的初始地平。

进一步说,正是看到了私有财产在现代私法和国家法中的不同意义与矛盾表现,马克思从“自然的个体”与“社会的产儿”相对勘的角度分析了传统社会与现代社会中人的社会地位的不同表现。在传统社会体系里,“自然和精神、肉体和灵魂的虚假的同一,片断的、部分的同一,是作为化身出现的。出生只是赋予人以个人的存在,首先只是把他设定为自然的个体;而国家的规定,如立法权等等,却是社会产物,是社会的产儿,而不是自然的个体的产物。正因为这样,个体的出生和作为特定的社会地位、特定的社会职能等等的个体化的个体之间存在着直接的同一,直接的符合一致,就是一件怪事,一个奇迹了”②;在这种社会体系中,“人的形体地位或人体的地位表现为:特定的而且是最高的社会地位,是由出生注定的特定肉体的地位”③。正因如此,马克思才讥讽地说:“难怪贵族要以血统、家世,一句话,以自己肉体的生活史而自傲”,因为“贵族的秘密是动物学”④。与此相反,在现代市民社会体系中,“政治的无依赖性不是从政治国家自己的本质中产生的,它不是政治国家赠给自己的成员的礼物,它不是振兴政治国家的精神;政治国家的成员是从一种并非政治国家本质的本质中,即从抽象的私法的本质

① 《马克思恩格斯全集》第3卷,人民出版社2002年版,第127页。
② 《马克思恩格斯全集》第3卷,人民出版社2002年版,第131页。
③ 《马克思恩格斯全集》第3卷,人民出版社2002年版,第132页。
④ 《马克思恩格斯全集》第3卷,人民出版社2002年版,第132页。

中,从抽象的私有财产中获得自己的无依赖性”①;因此,现代“政治的无依赖性”是“私有财产的偶性”而不是“政治国家的实体”②。这显然是现代社会政治区别于传统社会政治的最大特点。就是说,个人在现代社会的地位是由“私有财产”决定的:“私有财产在政治国家中所具有的意义是它的本质的意义、它的真正的意义;等级差别在政治国家中所具有的意义是等级差别的本质的意义。”③可以发现,这一结论正是马克思从市民社会与政治国家的分离中得出的合乎历史逻辑的结论:“历史的发展使政治等级变成社会等级。”④

发现了私有财产与政治国家的关系的本质,马克思也就发现了黑格尔法哲学的症结所在:黑格尔认为是这样的:“民主因素只有作为形式的要素才能纳入国家机体,因为国家机体无非是国家的形式主义而已”。但事实却是这样的:“民主要素应当成为在整个国家机体中创立自己的合乎理性的形式的现实要素”。所以,黑格尔“只是阐发了国家形式主义”。⑤

如何解决黑格尔哲学的这种缺憾呢?马克思从“物质原则”和“形式原则”相统一的角度提出了努力让市民社会真正参与政治社会,实现普遍民主的理论构思:一方面,从国家角度来说,“国家只是作为政治国家而存在。政治国家的总体是立法权。所以参与立法权就是参与政治国家,就是表明并实现自己作为政治国家的成员、作为国家成员的存在。因而全体人员都希望单个地参与立法权,这无非是全体人员都希望成为现实的(积极的)国家成员,或者赋予自己以政治存在,或者表明并有效地肯定自己的存在是政治存在”⑥;另一方面,从市民社会角度来说,“等级要素是立法权的市民社会,是市民社会的政治存在。因此,市民社会希望整个地即尽可能整体地参与立法权,现实的市民社会希望自己代替立法权的虚构的市民社会,这不外

---

① 《马克思恩格斯全集》第 3 卷,人民出版社 2002 年版,第 133 页。
② 《马克思恩格斯全集》第 3 卷,人民出版社 2002 年版,第 133 页。
③ 《马克思恩格斯全集》第 3 卷,人民出版社 2002 年版,第 133 页。
④ 《马克思恩格斯全集》第 3 卷,人民出版社 2002 年版,第 100 页。
⑤ 《马克思恩格斯全集》第 3 卷,人民出版社 2002 年版,第 144 页。
⑥ 《马克思恩格斯全集》第 3 卷,人民出版社 2002 年版,第 147 页。

是市民社会力图赋予自己以政治存在，或者使政治存在成为它的现实存在。市民社会力图使自己变为政治社会，或者市民社会力图使政治社会变为现实社会，这是表明市民社会力图尽可能普遍地参与立法权"①。在这里，无论是"全体人员都希望单个地参与立法权"的需要还是"市民社会希望整个地即尽可能整体地参与立法权"的需要，都本质重要的落到了"扩大选举并尽可能普及选举，即扩大并尽可能普及选举权和被选举权"②这一历史任务的身上。正因此，马克思最终逻辑地分析了选举改革对于市民社会和政治国家的双重历史意义：

> 选举构成现实市民社会的最根本的政治利益。通过不受限制的选举和被选举，市民社会才第一次真正上升到自身的抽象，上升到作为自己真正普遍的本质的存在的政治存在。但是，这种抽象之完成同时也就是抽象之扬弃。市民社会把自己的政治存在实际设定为自己的真正存在，同时也就把不同于自己的政治存在的市民存在设定为非本质的存在；而被分离者中有一方脱落了，它的另一方，即对方，也随之脱落。因此，选举改革就是在抽象的政治国家的范围内要求这个国家解体，但同时也要求市民社会解体。③

我们看到，马克思通过"现实的人"及其私有财产的批判性分析，最终发现了在抽象的政治国家范围以外消解市民社会与政治国家的分离的初步解决思路。

最后，当我们回过头来从整体上重新梳理《黑格尔法哲学批判》时，可以得出三个相互关联着的重要结论：

第一，马克思对市民社会的看法存在一个回还往复的发展过程。在撰写对于黑格尔国家观（实际上只是"国家法"的"内部国家制度本身"部分）的批判性分析前，马克思肯定是完整地阅读或翻看了黑格尔《法哲学原理》的。这从他在分析《法哲学原理》第305—306节时曾经把黑格尔在第65、

---

① 《马克思恩格斯全集》第3卷，人民出版社2002年版，第147页。
② 《马克思恩格斯全集》第3卷，人民出版社2002年版，第150页。
③ 《马克思恩格斯全集》第3卷，人民出版社2002年版，第150页。

66、71节中关于私法领域所说的话拿来进行比较就可以看得很清楚①。但是，由于马克思一开始就把目标放在了对黑格尔国家观念的批判性分析上，所以他并没有很在意黑格尔对于市民社会的具体看法，而只是从根本上阐述了“市民社会决定国家”的唯物主义原则。但是，随着对黑格尔国家观批判的深入，马克思不再满足于对市民社会与国家关系的表面把握。马克思日益意识到，如果不深入到市民社会的内部结构中去，那么被市民生活决定的政治生活“就是空中的生活，是市民社会的超越尘世的领域”②。正因此，马克思在分析市民社会所引起的使政治等级变成社会等级、使文明时代区别于人类史上的动物时期的社会后果时，连续两次提到这些问题要“留待批判黑格尔对市民社会的看法时再来阐述”、要“在《市民社会》这一章中作进一步阐述”③。显然，马克思对市民社会的态度正在发生某种根本性的变化，以至于他在黑格尔法哲学批判接近最后谈到黑格尔关于“国家成员”的“意识和意志只有在充满了特殊性——而这种特殊性就是特殊等级和规定——的时候，才不是空虚的，而是充实的和真正有生气的”思想时，认为除了“把特殊等级和规定设定为同一的”外，“黑格尔在这里所谈的一切都是对的”④。按照马克思的理解，黑格尔力图使市民社会成为政治国家的“充实的和真正有生气”的东西的想法是正确的，他的错误只在于满足让那个被他描述为伦理精神的国家“按照普遍观念”来说成为“决定性的东西”。正因此，黑格尔反而没有“让社会成为现实的决定性的东西”，因为这需要一个“现实的主体”，而他只有一个“抽象的主体”。⑤

第二，马克思对市民社会看法的改变，是与他对“现实的人”的经验借鉴与感性把握紧密相关的。在《黑格尔法哲学批判》中，马克思正是在吸收了费尔巴哈“现实的人”的思想基础上，对市民社会与政治国家的相互关系

① 参见《马克思恩格斯全集》第3卷，人民出版社2002年版，第125—126页。
② 《马克思恩格斯全集》第3卷，人民出版社2002年版，第99页。
③ 《马克思恩格斯全集》第3卷，人民出版社2002年版，第100、102页。
④ 《马克思恩格斯全集》第3卷，人民出版社2002年版，第151页。
⑤ 《马克思恩格斯全集》第3卷，人民出版社2002年版，第151页。

进行了深入的分析与解剖。然而值得注意的是，由于马克思此前就意识到了费尔巴哈“过多地强调自然而过少地强调政治”的局限性，所以他在借助费尔巴哈的“现实的人”批判黑格尔的“抽象的人”的同时，实际上亦反过来用黑格尔的国家观念批判了费尔巴哈的“现实的人”的“自然性”，就是说，马克思同时批判了“醉心于自然的人”和“醉心于国家的人”这两种极端情况①，主张把市民社会与政治国家的分离还原为人的存在的“物质原则”和“形式原则”、“自为存在”和“自在存在”的统一问题。正因如此，马克思在批判中第一次提出了“现实的人就是现代国家制度的私人”②这一关于“现实的人”的本质的感性抽象的深刻观点，将“现实的人”区分为“社会化了的人”和“市民社会的人”的双重存在，并且用前者批判了后者。就此来说，马克思在《黑格尔法哲学批判》的后半部分希望对市民社会进行认真研究的理论自觉，恰恰是因为他发现在国家与市民社会冲突的背后其实隐含着更为重要的特殊人格与普遍人格、抽象人格与现实人格的对立。从总体上来看，虽然马克思关于“现实的人”的感性规定还无法脱离“市民社会”及其等级要素的特殊性，但它所蕴含着的“人的社会性”的理论潜质是确定无疑的，它为马克思后来在《德意志意识形态》中从哲学层面抽象出“现实的人”奠定了理论基础。

第三，马克思后来放弃对黑格尔市民社会理论的批判，是因为他已经有了把针对“副本”的批判转变到针对“原本”的批判的明确想法。在《黑格尔法哲学批判》中，马克思从“市民社会决定国家”的唯物主义原则入手，在分析市民社会与政治国家的对立关系及其分离过程中，不仅得出了“法的关系正像国家的形式一样，既不能从它们本身来理解，也不能从所谓人类精神的一般发展来理解，相反，它们根源于物质的生活关系，这种物质的生活关系的总和，黑格尔按照 18 世纪的英国人和法国人的先例，概括为‘市民社

---

① 马克思在 1843 年 3 月 13 日写给卢格的信中表述了他对于费尔巴哈哲学思想的基本看法。参见《马克思恩格斯全集》第 27 卷，人民出版社 1972 年版，第 442—443 页。

② 《马克思恩格斯全集》第 3 卷，人民出版社 2002 年版，第 102 页。

会’”①的深刻见识，更为重要的是，由于马克思第一次感性具体地界定了“现实的人”的含义，深刻地分析了“现实的人”与市民社会、私有财产之间的“本质的矛盾”，所以他最后还得出了“对市民社会的解剖应该到政治经济学中去寻求”②的理论方向。对于马克思来说，《黑格尔法哲学批判》的探讨“首先不是联系原本，而是联系副本即联系德国的国家哲学和法哲学来进行的”③，而为着“对市民社会的解剖”的需要，这种“联系副本”而不是“联系原本”的研究工作，显然已经不合时宜了。正如恩格斯后来所说的那样：“马克思从黑格尔的法哲学出发，得出这样一种见解：要获得理解人类历史发展过程的锁钥，不应当到被黑格尔描绘成‘大厦之顶’的国家中去寻找，而应当到黑格尔所那样蔑视的‘市民社会’中去寻找。”④

要到“市民社会”中寻找人类历史发展的秘密，就必须首先了解“市民社会的科学”；而“关于市民社会的科学，也就是政治经济学”；而要切实地研究“政治经济学”这门“市民社会的科学”，对于当时的马克思来说，“在德国是不可能的，只有在英国或法国才有可能”。⑤ 我们看到，从 1843 年 10 月底到达巴黎开始，马克思也就开始了他长达四十年的政治经济学研究和批判。

三、“现实的人”与“真正的人”相统一的“人的解放”

19 世纪 40 年代初，犹太人问题成了经济上落后、政治上专制的德国的一个尖锐的社会问题。犹太人的经商活动虽然使他们成为经济上富有的群体，但在政治上却受到德国“基督教国家”的排斥，处于无权地位。犹太人

① 《马克思恩格斯选集》第 2 卷，人民出版社 2012 年版，第 2 页。
② 《马克思恩格斯选集》第 2 卷，人民出版社 2012 年版，第 2 页。
③ 《马克思恩格斯选集》第 1 卷，人民出版社 2012 年版，第 2 页。
④ 《马克思恩格斯全集》第 16 卷，人民出版社 1964 年版，第 409 页。
⑤ 《马克思恩格斯全集》第 16 卷，人民出版社 1964 年版，第 409 页。

为了争得他们的政治权利和社会地位，不断进行反抗。给犹太人以政治平等权利的要求构成了资产阶级反对派反对德国半封建政治状况斗争的重要组成部分。由于普鲁士政府于 1842 年颁布了关于犹太人的新法令，德国理论界展开了对犹太人问题的激烈讨论。鲍威尔的《犹太人问题》就是最早讨论犹太人问题的小册子。鲍威尔的观点可以这样来概括：他认为犹太人问题是从属于宗教同国家的关系问题，犹太人的解放应当服从于一般的政治解放；他反对把基督教作为普鲁士国家的思想支柱，主张消灭所有的宗教，认为它们都是人的自我异化的原因；他认为犹太人要获得政治解放，首先就应该从他们的宗教中获得解放，克服犹太教自身的民族狭隘性。对于鲍威尔的观点，马克思在即将退出《莱茵报》时曾作过这样的评论："不管我多么讨厌犹太人的信仰，但鲍威尔的观点在我看来还是太抽象。"①

然而，经过《黑格尔法哲学批判》的写作，马克思对市民社会与国家的关系问题有了深入的研究，他在迁居巴黎后为《德法年鉴》所写的第一篇文章，就是针对鲍威尔的文章所写的批判性文章《论犹太人问题》。在马克思看来，鲍威尔在犹太人问题上的重要贡献，既在于"他分析了犹太教和基督教的宗教对立，他说明了基督教国家的本质"，更在于"他把这一切都做得大胆、尖锐、机智、透彻，而且文笔贴切、洗练和雄健有力"②。但是，尽管如此，鲍威尔在犹太人问题上依然存在重大缺憾："德国的犹太人首先碰到的问题是没有得到政治解放和国家具有鲜明的基督教性质"这个特殊问题，但却被鲍威尔看成了"一个不以德国的特殊状况为转移的、具有普遍意义的问题。这就是宗教对国家的关系问题、宗教约束和政治解放的矛盾问题"③。鲍威尔之所以暴露出对于犹太人问题的片面了解，就是因为他只探讨了"谁应当是解放者？谁应当得到解放的问题？"而没有深入地探讨"这里指的是哪一类解放？人们所要求的解放的本质要有哪些条件？"④事实

① 《马克思恩格斯全集》第 27 卷，人民出版社 1972 年版，第 443 页。
② 《马克思恩格斯全集》第 3 卷，人民出版社 2002 年版，第 165 页。
③ 《马克思恩格斯全集》第 3 卷，人民出版社 2002 年版，第 165 页。
④ 《马克思恩格斯全集》第 3 卷，人民出版社 2002 年版，第 167 页。

上,当马克思在《论犹太人问题》中开门见山地指出"德国的犹太人渴望解放。他们渴望什么样的解放?公民的解放,政治解放"①的时候,他就清醒地意识到了问题的本质:"只是探讨谁应当是解放者?谁应当得到解放?这无论如何是不够的。批判还应当做到第三点。它必须提出问题:这里指的是哪一类解放?人们所要求的解放的本质要有哪些条件?只有对政治解放本身的批判,才是对犹太人问题的最终批判,也才能使这个问题真正变成'当代的普遍问题'。"②然而,由于鲍威尔并没有"把问题提到这样的高度",所以就出现了这样的错误:"他批判的只是'基督教国家',而不是'国家本身',他没有探讨政治解放对人的解放的关系,因此,他提供的条件只能表明他毫无批判地把政治解放和普遍的人的解放混为一谈。"③在马克思看来,对政治解放与人类解放的混淆是根本性的,因为它遮蔽了政治解放的历史局限、人的解放的历史前提和宗教解放的世俗基础这三个问题。

与鲍威尔不同,马克思的分析是从比较犹太人问题在德国、法国和美国的不同表现开始的。马克思认为,只有在基督教国家(即以基督教为国教的国家)的德国,即在"不存在政治国家,不存在作为国家的国家"的德国,犹太人问题才是一个"纯粹的神学问题","犹太人同承认基督教为自己基础的国家处于宗教对立之中",所以"批判是对神学的批判"④。在立宪国家的法国,犹太人问题却是一个立宪制的问题,一个政治解放是否彻底的问题。在那里,只是因为"还保存着国教的外观",所以犹太人对国家的关系也保持着"宗教对立、神学对立的外观"⑤。然而,在已经废除了国教、代之以个人笃信宗教的北美各州,犹太人问题所具有的这种"神学意义"的"外观"和"假象"消失不见了。在那里,因为政治国家十分发达,所以国家"不再从神学的角度"而是"作为国家即从政治的角度"来对待宗教,所以犹太

① 《马克思恩格斯全集》第3卷,人民出版社2002年版,第163页。
② 《马克思恩格斯全集》第3卷,人民出版社2002年版,第167页。
③ 《马克思恩格斯全集》第3卷,人民出版社2002年版,第167—168页。
④ 《马克思恩格斯全集》第3卷,人民出版社2002年版,第168页。
⑤ 《马克思恩格斯全集》第3卷,人民出版社2002年版,第168页。

人问题成了一个“真正世俗的问题”①。这样，经过一步一步地剥离与还原，马克思先是将宗教问题还原成了政治问题，继而又将政治问题还原成了世俗问题。用马克思的话说，犹太人问题最终归结成的世俗冲突，就是“政治国家对自己的前提——无论这些前提是像私有财产等等这样的物质要素，还是像教育、宗教这样的精神要素——的关系，普遍利益和私人利益之间的冲突，政治国家和市民社会之间的分裂”②。在马克思看来，既然“宗教的定在和国家的完成是不矛盾的”，那么关键就在于“完成了的政治解放怎样对待宗教”的问题③。由此，马克思提出了与鲍威尔完全相反的看法：只要“不把世俗问题化为神学问题”，而是“把神学问题化为世俗问题”，我们就能把“政治解放对宗教的关系问题”合理合法地转化为“政治解放对人的解放的关系问题”；只要“撇开政治国家在宗教上的软弱无能”而“批判政治国家的世俗结构”，我们也就“批判了它在宗教上的软弱无能”，从而既揭示出“国家和某一特定宗教，例如和犹太教的矛盾的人的性质，即国家和特定世俗要素的矛盾”，也揭示出“国家和一般宗教的矛盾的人的性质，即国家和它的一般前提的矛盾”。④

以这一基本原则为基础，马克思重点分析了被鲍威尔所遮蔽的三个问题。

首先，政治解放的历史局限问题。马克思说：“政治解放的限度一开始就表现在：即使人还没有真正摆脱某种限制，国家也可以摆脱这种限制，即使人还不是自由人，国家也可以成为自由国家。”⑤在这里，马克思开宗明义地指出了政治解放与人的政治自由之间的关系问题：政治解放不能使人的政治自由得到真正的完全的实现，但却可以使人“在政治上从某种限制中解放出来”；因此，“国家是人以及人的自由之间”的“必不可少的中介”，

① 《马克思恩格斯全集》第3卷，人民出版社2002年版，第168页。

② 《马克思恩格斯全集》第3卷，人民出版社2002年版，第174页。

③ 《马克思恩格斯全集》第3卷，人民出版社2002年版，第169页。

④ 《马克思恩格斯全集》第3卷，人民出版社2002年版，第169—170页。

⑤ 《马克思恩格斯全集》第3卷，人民出版社2002年版，第170页。

“人在政治上得到解放”就是“通过国家这个中介得到解放”，正如传统国家中人把“自己的全部神性、自己的全部宗教约束性”都加在基督这个中介身上一样，在现代国家中人也把“自己的全部非神性、自己的全部人的无约束性”都寄托在了政治国家的身上①，这就使得政治解放成为人的政治自由的历史前提。正因此，马克思指出：“政治解放当然是一大进步；尽管它不是一般人的解放的最后形式，但在迄今为止的世界制度内，它是人的解放的最后形式。”②政治解放既为人的解放创造了条件又不能将人的解放贯穿到底的根本原因，就在于通过政治解放“完成了的政治国家，按其本质来说，是人的同自己物质生活相对立的类生活”：

> 在政治国家真正形成的地方，人不仅在思想中，在意识中，而且在现实中，在生活中，都过着双重的生活——天国的生活和尘世的生活。前一种是政治共同体中的生活，在这个共同体中，人把自己看作社会存在物；后一种是市民社会中的生活，在这个社会中，人作为私人进行活动，把他人看作工具，把自己也降为工具，并成为异己力量的玩物。③

随着这种二重化的出现，政治国家对市民社会的关系也就像天国对尘世的关系一样成为了“唯灵论”的，政治国家用以克服市民社会的方式也就具有了宗教克服尘世的方式一样的局限性：“不得不重新承认市民社会，恢复市民社会，服从市民社会的统治”④。就是说，一方面，“在国家中，即在人被看作是类存在物的地方，人是想像的主权中虚构的成员；在这里，他被剥夺了自己现实的个人生活，却充满了非现实的普遍性”⑤；另一方面，“人在其最直接的现实中，在市民社会中，是尘世存在物。在这里，即在人把自己并把别人看作是现实的个人的地方，人是一种不真实的现象”⑥。因此，政治解放的历史限度就是它无法改变政治共同体的虚假性质，不能实现真正

① 《马克思恩格斯全集》第3卷，人民出版社2002年版，第171页。
② 《马克思恩格斯全集》第3卷，人民出版社2002年版，第174页。
③ 《马克思恩格斯全集》第3卷，人民出版社2002年版，第172—173页。
④ 《马克思恩格斯全集》第3卷，人民出版社2002年版，第173页。
⑤ 《马克思恩格斯全集》第3卷，人民出版社2002年版，第173页。
⑥ 《马克思恩格斯全集》第3卷，人民出版社2002年版，第173页。

的政治生活,不能实现人的类生活与个体生活、普遍性与特殊性、现实性与真实性的真正统一。所以,尽管国家“以自己的方式废除了出身、等级、文化程度、职业的差别”,但它“还是让私有财产、文化程度、职业以它们固有的方式……来发挥作用并表现出它们的特殊本质”,所以,“国家根本没有废除这些实际差别,相反,只有以这些差别为前提,它才存在,只有同自己的这些要素处于对立的状态,它才感到自己是政治国家,才会实现自己的普遍性”。① 从原则的高度来反思,政治解放的这种历史限度说明,尽管政治国家已经在形式上以及一定程度上成为了“自由”的国家,但现实的个人依然遭受着市民社会和私有财产的桎梏,所以政治国家和现实的人走着完全相反的道路。正因此,马克思才指出:“政治解放本身并不就是人的解放。”②“国家从宗教中解放出来并不是现实的人从宗教中解放出来。”③“摆脱了宗教的政治解放,不是彻头彻尾、没有矛盾地摆脱了宗教的解放,因为政治解放不是彻头彻尾、没有矛盾的人的解放方式。”④

其次,人的解放的历史前提问题。政治解放作为人的解放的“必不可少的中介”,不仅在于它促进了政治国家的实现,而且在于它带来了市民社会的革命。马克思说:“政治解放同时也是同人民相异化的国家制度即统治者的权力所依据的旧社会的解体。政治革命是市民社会的革命。”⑤马克思的这一结论是从旧的市民社会与现代市民社会的对比中得出的。在马克思看来,“旧社会的性质”可以概括为“封建主义”,因为“旧的市民社会直接具有政治性质”,在那里,由于“市民生活的要素,例如,财产、家庭、劳动方式,已经以领主权、等级和同业公会的形式上升为国家生活的要素”,所以“市民社会的生活机能和生活条件还是政治的”。这不仅带来了个人“特定的市民活动和地位变成他的普遍的活动和地位”的身份僵化,而且产生了

① 《马克思恩格斯全集》第3卷,人民出版社2002年版,第172页。
② 《马克思恩格斯全集》第3卷,人民出版社2002年版,第180页。
③ 《马克思恩格斯全集》第3卷,人民出版社2002年版,第180页。
④ 《马克思恩格斯全集》第3卷,人民出版社2002年版,第170页。
⑤ 《马克思恩格斯全集》第3卷,人民出版社2002年版,第186页。

一个“同人民相脱离的统治者及其仆从的特殊事务”[①]。就此来说,正是“政治革命消灭了市民社会的政治性质”:政治革命不仅“打倒了这种统治者的权力,把国家事务提升为人民事务,把政治国家组成为普遍事物”,而且“把市民社会分割为简单的组成部分:一方面是个体,另一方面是构成这些个体的生活内容和市民地位的物质要素和精神要素”,就是说,正是政治革命使得“特定的生活活动和特定的生活地位降低到只具有个体意义”而“不再构成个体对国家整体的普遍关系”[②]。正因为这样,马克思指出了政治解放对市民社会的革命和政治国家的实现的双重革命性质:

> 国家的唯心主义的完成同时就是市民社会的唯物主义的完成。摆脱政治桎梏同时也就是摆脱束缚住市民社会利己精神的枷锁。政治解放同时也是市民社会从政治中得到解放,甚至是从一种普遍内容的假象中得到解放。[③]

在马克思看来,政治解放作为“市民社会的革命”,它的最大的历史贡献就是瓦解了市民社会的“封建社会”性质,剥离出了作为市民社会的“真正基础的人,即利己的人”,并且使它成为了“政治国家的基础、前提”[④]。所以,“政治国家的建立和市民社会分解为独立的个体……是通过同一种行为实现的”[⑤]。然而,通过政治革命所解放出来的“作为市民社会的成员”的“利己的人”即“非政治的人”,必然表现为“自然人”,即费尔巴哈意义上的“现实的人”。因为这种“利己的人”只是“解体社会的被动的、只是现成的结果,是有直接确定性的对象,因而也是自然的对象”[⑥]。就是说,政治革命只是“把市民生活分解成几个组成部分,但没有变革这些组成部分本身,没有加以批判”,因而把市民社会“看作自己持续存在的基础,看作无

① 《马克思恩格斯全集》第3卷,人民出版社2002年版,第186—187页。
② 《马克思恩格斯全集》第3卷,人民出版社2002年版,第187页。
③ 《马克思恩格斯全集》第3卷,人民出版社2002年版,第187页。
④ 《马克思恩格斯全集》第3卷,人民出版社2002年版,第187页。
⑤ 《马克思恩格斯全集》第3卷,人民出版社2002年版,第188页。
⑥ 《马克思恩格斯全集》第3卷,人民出版社2002年版,第188页。

须进一步论证的前提,从而看作自己的自然基础"。[①] 显然,这种"利己的人",还不是"真正"的"现实的人",只不过是与"抽象的、人为的、寓意的人"即"政治人"相对立的作为"具有感性的、单个的、直接存在的人"即"经济人"。正因此,马克思分析了"现实的人"与"真正的人"在现代市民社会的二元分立:"现实的人只有以利己的个体形式出现才可予以承认,真正的人只有以抽象的 *citoyen*[公民]形式出现才可予以承认。"[②]在马克思看来,"现实的人"因具体而私利才显示出其作为个体存在的"市民"的特殊性,"真正的人"因抽象而高尚才显示出其作为类存在的"公民"的普遍性;"现实的人"具体、现实但虚伪,"真正的人"理想、高尚但虚幻,因此这两种人都必须进行改造才能获得新生。由此出发,马克思从"任何解放都是使人的世界和人的关系回归于人自身"[③]的原则高度论述了"现实的人"与"真正的人"相统一的人的解放的历史条件:

> 只有当现实的个人把抽象的公民复归于自身,并且作为个人,在自己的经验生活、自己的个体劳动、自己的个体关系中间,成为类存在物的时候,只有当人认识到自身"固有的力量"是社会力量,并把这种力量组织起来因而不再把社会力量以政治力量的形式同自身分离的时候,只有到了那个时候,人的解放才能完成。[④]

在这里,马克思事实上是从"现实的个人"和"抽象的公民"、"社会力量"和"政治力量"这两个方面的统一角度揭示了"人的解放"的两个根本条件。正是在这种意义上,我们认为恩格斯的说法是极其深刻的:马克思的整个哲学思想,其实就是如何将"现实的人"与"真正的人"统一起来的"关于现实的人及其历史发展的科学"[⑤]。

最后,宗教解放的世俗基础问题。在区分了政治解放与人类解放之后,

---

① 《马克思恩格斯全集》第 3 卷,人民出版社 2002 年版,第 188 页。
② 《马克思恩格斯全集》第 3 卷,人民出版社 2002 年版,第 188 页。
③ 《马克思恩格斯全集》第 3 卷,人民出版社 2002 年版,第 189 页。
④ 《马克思恩格斯全集》第 3 卷,人民出版社 2002 年版,第 189 页。
⑤ 《马克思恩格斯选集》第 4 卷,人民出版社 2012 年版,第 247 页。

马克思在《论犹太人问题》的第二部分，针对鲍威尔的《现代犹太人和基督徒获得自由的能力》，更为集中地探讨了犹太人问题的世俗基础问题，从而比较初步地回答了宗教解放背后所遮蔽的人的解放的能力和途径问题。在马克思看来，如果我们变换一下对犹太人问题的“神学提法”，我们就会发现：“犹太人获得解放的能力问题，变成了必须克服什么样的特殊社会要素才能废除犹太教的问题。因为现代犹太人获得解放的能力就是犹太教和现代世界解放的关系。”①马克思认为，一旦我们实现了这种观察问题的视角转换，我们所观察到的就不再是“安息日的犹太人”，而是“日常的犹太人”、“现实的世俗犹太人”，我们就会在现实的犹太人那里寻找到犹太人的宗教的秘密：既然犹太教的“世俗基础”是“实际需要，自私自利”，既然“犹太人的世俗礼拜”是“做生意”，既然犹太人的“世俗的神”是“金钱”，那么，“从做生意和金钱中解放出来”，既是“从实际的、实在的犹太教中解放出来”，也是“现代的自我解放”；因此，“如果有一种社会组织消除了做生意的前提，从而消除做生意的可能性，那么这种社会组织也就会使犹太人不可能存在”。② 显然，马克思已经把犹太教的解放提升到了现代社会解放的高度，把犹太人的解放提升到了人类解放的高度。正因此，马克思认为，犹太教就像现代社会的一面镜子，我们从中看到了“普遍的现代的反社会的要素”：只要“实际需要、利己主义是市民社会的原则”，只要“实际需要和自私自利的神就是金钱”，“市民社会”就会“从自己的内部不断产生犹太人”③。就此而言，犹太人“作为市民社会的特殊成员，只是市民社会的犹太精神的特殊表现”，他们的存在本身就在一定程度上为“人的解放”做着前导性的工作：一旦犹太人承认他们“做生意”的实际本质“毫无价值”并“为消除它而工作”，那么他们“就会从自己以前的发展中解脱出来，直接为人的解放工作，并转而反对人的自我异化的最高实际表现”④。在马克思看来，现代社

① 《马克思恩格斯全集》第 3 卷，人民出版社 2002 年版，第 191 页。

② 《马克思恩格斯全集》第 3 卷，人民出版社 2002 年版，第 191—192 页。

③ 《马克思恩格斯全集》第 3 卷，人民出版社 2002 年版，第 192、194 页。

④ 《马克思恩格斯全集》第 3 卷，人民出版社 2002 年版，第 192 页。

会中,现代犹太人的“高度的经验本质”不仅是“犹太人的狭隘性”,而且是“社会的犹太人狭隘性”,是整个市民社会的狭隘性。因此,突破这种狭隘性,诚然是信奉犹太教的犹太人的问题,但更是广义的“犹太人”即“社会的犹太人”(现代社会一切崇奉“犹太精神”的人)的问题。正是在这种意义上,马克思站在宗教解放与社会解放、人类解放相统一的高度,对犹太人问题的解放做出了富有世界历史意义的预见:

> 犹太人的解放,就其终极意义来说,就是人类从犹太精神中得到解放。
>
> 犹太人的社会解放就是社会从犹太精神中获得解放。①

在差不多同时期写成的《〈黑格尔法哲学批判〉导言》中,马克思讨论的主题依然是“人的解放”的问题,只不过将话题从“犹太人的解放”转移到了“德国人的解放”,但他依然是沿着《黑格尔法哲学批判》和《论犹太人问题》中有关宗教解放和政治解放的逻辑讲的。正如马克思所说:就德国来说,对宗教的批判基本上已经结束;而对宗教的批判“是其他一切批判的前提”,“是对苦难尘世……的批判的胚芽”②。因此,既然“反宗教的批判”揭示了“人不是抽象的蛰居于世界之外的存在物。人就是人的世界,就是国家,社会”,那么,“真理的彼岸世界消逝以后,历史的任务就是确立此岸世界的真理。人的自我异化的神圣形象被揭穿以后,揭露具有非神圣形象的自我异化,就成了为历史服务的哲学的迫切任务。于是,对天国的批判变成对尘世的批判,对宗教的批判变成对法的批判,对神学的批判变成对政治的批判”。③ 在马克思看来,政治解放仅仅揭穿了人的自我异化的“神圣形象”而没有揭露人的自我异化的“非神圣形象”。如果说,人的自我异化的“非神圣形象”在现代社会中突出地表现为资本拜物教和权力拜物教这两种形式的“物的依赖性”,那么马克思所要建构的“关于现实的人及其历史

---

① 《马克思恩格斯全集》第 3 卷,人民出版社 2002 年版,第 192、198 页。
② 《马克思恩格斯全集》第 3 卷,人民出版社 2002 年版,第 199—200 页。
③ 《马克思恩格斯全集》第 3 卷,人民出版社 2002 年版,第 199—200 页。

发展”的历史唯物主义的主要意义就是“为消灭国家和市民社会而斗争”①。只不过对于当时还没有进行政治经济学研究的马克思来说，他还不可能把问题提到如此明确的高度，他还只是期盼着继续依循着他对黑格尔法哲学的批判逻辑和政治解放的思维原则来看待德国问题。正如马克思所说：“随导言之后将要作的探讨”虽然“不是联系原本，而是联系副本即联系德国的国家哲学和法哲学来进行的”，但它却是“联系德国进行”的“为这项工作（即揭露人的自我异化的‘非神圣形象’）尽的一分力”②。

然而，由于马克思此时已经对政治解放与人类解放作出了明确的区分，所以他还是从人的解放的历史高度对德国问题提出了自己的看法。马克思认为，“一旦现代的政治社会现实本身受到批判，即批判一旦提高到真正的人的问题，批判就超出了德国现状”，我们就会发现隐含在德国现状背后的现代社会的主要问题之一即是“工业以至于整个财富领域对政治领域的关系”③。通过对比德国和英法在这个主要问题上的发展现状，马克思反思了思辨的法哲学所以能在现实低下的德国取得最高抽象的根本原因：“德国人那种置现实的人于不顾的关于现代国家的思想形象之所以可能产生，也只是因为现代国家本身置现实的人于不顾，或者只凭虚构的方式满足整个的人。”④正是从现代国家与现实的人的本质关系出发，马克思不仅提出了“德国能不能实现有原则高度的实践，即实现一个不但能把德国提高到现代各国的正式水准，而且提高到这些国家最近的将来要达到的人的高度的革命”⑤这样一个时代问题，而且从“必须推翻使人成为被侮辱、被奴役、被

① 《马克思恩格斯全集》第 42 卷，人民出版社 1979 年版，第 238 页。

② 《马克思恩格斯选集》第 1 卷，人民出版社 2012 年版，第 2 页。马克思本来计划在《德法年鉴》上发表《〈黑格尔法哲学批判〉导言》之后，接着完成他的《黑格尔法哲学批判》并把它付印。但由于《德法年鉴》的停刊，更由于马克思把政治经济学研究提到了工作的首位，所以马克思最终放弃了这一计划。对此，马克思在《1844 年经济学哲学手稿》的序言中曾作过说明。

③ 《马克思恩格斯选集》第 1 卷，人民出版社 2012 年版，第 6 页。

④ 《马克思恩格斯选集》第 1 卷，人民出版社 2012 年版，第 9 页。

⑤ 《马克思恩格斯选集》第 1 卷，人民出版社 2012 年版，第 9 页。

遗弃和被蔑视的东西的一切关系”①，这样一个“人是人的最高本质”的原则高度和政治解放与人类解放的关系阐述了自己对于德国解放的基本态度：“对德国来说，彻底的革命、普遍的人的解放，不是乌托邦式的梦想，相反，局部的纯政治的革命，毫不触犯大厦支柱的革命，才是乌托邦式的梦想。”②为什么这样说呢？因为“局部的纯政治的革命”的基础就是“市民社会的一部分解放自己，取得普遍统治”，就是“一定的阶级从自己的特殊地位出发，从事社会的普遍解放”，这决定了在市民社会中，任何一个阶级要能够扮演这种“解放者的地位”，就必须能够“与整个社会混为一体并且被看做和被认为是社会的总代表”。③ 然而，这样一个能够扮演普遍解放的社会等级在德国的市民社会中是不存在的，这决定了德国的解放不可能通过“局部的纯政治的革命、毫不触犯大厦支柱的革命”来实现，而只能通过“彻底的革命、普遍的人的解放”④来实现。于是，正是在对德国解放的革命途径的历史反思中，马克思发现了“无产阶级”这一实现“人的解放”的“物质力量”，阐述了“德国解放的实际可能性到底在哪里”的问题：

> 就在于形成一个被戴上彻底的锁链的阶级，一个并非市民社会阶级的市民社会阶级，形成一个表明一切等级解体的等级，形成一个由于自己遭受普遍苦难而具有普遍性质的领域，这个领域不要求享有任何特殊的权利，因为威胁着这个领域的不是特殊的不公正，而是普遍的不公正，它不能再求助于历史的权利，而只能求助于人的权利，它不是同德国国家制度的后果处于片面的对立，而是同这种制度的前提处于全面的对立，最后，在于形成一个若不从其他一切社会领域解放出来从而解放其他一切社会领域就不能解放自己的领域，总之，形成这样一个领域，它表明人的完全丧失，并因而只有通过人的完全回复才能回复自己

---

① 《马克思恩格斯选集》第1卷，人民出版社2012年版，第10页。

② 《马克思恩格斯选集》第1卷，人民出版社2012年版，第12页。

③ 《马克思恩格斯选集》第1卷，人民出版社2012年版，第12—13页。

④ 《马克思恩格斯选集》第1卷，人民出版社2012年版，第12页。

本身。社会解体的这个结果，就是无产阶级这个特殊等级。①

无产阶级为什么能够担当“人的解放”（“德国人的解放就是人的解放”②）的历史重任呢？这是由无产阶级自身的辩证本质决定的——无产阶级诞生于现代市民社会中，但却被剥夺了作为现代市民社会成员的资格和权利，因而成为现代市民社会中与“公开的奴役者等级”相对立的真正的“解放者等级”③，具有了既是现代市民社会的产物又是现代市民社会的否定力量的二重性特征。正因此，马克思把无产阶级的解放提高到了人的解放即人的社会解放的历史高度：

> 无产阶级宣告迄今为止的世界制度的解体，只不过是揭示自己本身的存在的秘密，因为它就是这个世界制度的实际解体。无产阶级要求否定私有财产，只不过是把社会已经提升为无产阶级的原则的东西，把未经无产阶级的协助就已作为社会的否定结果而体现在它身上的东西提升为社会的原则。④

在马克思看来，只有彻底“否定私有财产”，无产阶级才能最终实现自身的解放，而整个社会的解放也同样依赖于私有制度的废除。因而，在这个根本点上，无产阶级的原则与整个现代社会的原则是完全一致的。在历史再一次陷入阶级斗争的纷争之后，无产阶级无疑是代表着人类最有前途的一种力量。这个阶级的趋向也就是整个现代社会和整个人类历史的趋向。很显然，马克思已经把“德国人的解放”这一问题，放置到了只有德国理论水平而非德国的实际状况才能与之相匹配的时代高度上，因而使问题具有了普遍得多的“人类的”或“世界历史的”意义。

---

① 《马克思恩格斯选集》第1卷，人民出版社2012年版，第15页。
② 《马克思恩格斯选集》第1卷，人民出版社2012年版，第16页。
③ 《马克思恩格斯选集》第1卷，人民出版社2012年版，第13页。
④ 《马克思恩格斯选集》第1卷，人民出版社2012年版，第15—16页。

第五章　思维抽象的“现实的人”

如果说马克思在克罗茨纳赫和《德法年鉴》时期所使用的“现实的人”的概念还只是借用费尔巴哈的“现实的人”来指代的现代市民社会的感性具体的“私人”，那么马克思关于“现实的人”的批判研究真正开始有质的转变，则是随着他对政治经济学的研究而发生的。这一转变的根源就在于政治经济学的研究为他提供了新的视角与方法，使马克思以客观现实的物质生产取代了思辨抽象的精神逻辑，实现了对于黑格尔思辨人学和费尔巴哈感性人学的双重超越，从而在对“现实的人”的思维抽象中实现了“新历史观”（“新唯物主义”）的革命性变革。

一、从“抽象的人”向“现实的人”的理论变型

1843年10月底，马克思移居巴黎。他一方面开始了对英法政治经济学著作的研究与摘录；另一方面着手进行与卢格合作出版《德法年鉴》的工作。然而，到1844年初，由于马克思和卢格在办刊问题上的思想分歧以及其他方面遇到的困难，《德法年鉴》仅在1844年2月出版了一期合刊后就停刊了。但这反而使马克思有了更多时间专心致志地集中精力从事政治经济学的研究和批判。在从1843年10月底移居巴黎至1845年2月初迁居布鲁塞尔的一年多时间里（15个月），马克思不仅摘录了七本被称之为“巴黎笔记”的读书笔记，而且在1844年5月至8月集中写成了批判资产阶级政治经济学的《1844年经济学哲学手稿》（学界简称或通称为“巴黎手

稿”)。

从现有资料来看,《1844 年经济学哲学手稿》极有可能是马克思打算撰写的两卷本的《政治和政治经济学批判》的最初草稿。按照马克思在《1844 年经济学哲学手稿》“序言”中的说法,《德法年鉴》停刊后,他本来想继续批判黑格尔的法哲学,“以黑格尔法哲学批判的形式对法学和国家学进行批判”。但是“在加工整理准备付印的时候”马克思发现,“把仅仅针对思辨的批判同针对不同材料本身的批判混在一起,十分不妥,这样会妨碍阐述,增加理解的困难”。于是他改变了计划,“打算用不同的、独立的小册子来相继批判法、道德、政治等等”。① 马克思之所以在这里只提到了“法、道德、政治等等”几个关键领域,用恩格斯的话来说,是因为当时的马克思“对政治经济学,他还一无所知”②。然而,随着对经济学研究的深入,在 1844 年 6—8 月写作的《1844 年经济学哲学手稿》的主要内容就发生了变化:从对国民经济学的批判入手,既有对英、法、德共产主义思想的批判,也有对黑格尔的辩证法和整个哲学的剖析,而所有这些问题的背后,都涉及了“市民社会和市民生活”的领域。这样,随着《1844 年经济学哲学手稿》主体内容的基本完成,到写作《1844 年经济学哲学手稿》“序言”的 1844 年 8 月时③,马克思就明确地指出:“在本著作中谈到的国民经济学同国家、法、道德、市民生活等等的联系,只限于国民经济学本身专门涉及的这些题目的范围。”④这里,“国民经济学同国家、法、道德、市民生活等等的联系”明白无误地说明了《1844 年经济学哲学手稿》就是马克思通过研究政治经济学来解剖市民社会的最初成果。正如马克思所说:《1844 年经济学哲学手稿》的结论一方面是“通过完全经验的、以对国民经济学进行认真的批判研究为基础的分析得出的”,另一方面也利用了“法国和英国的社会主义者的著作”、“德国社

---

① 马克思:《1844 年经济学哲学手稿》,人民出版社 2000 年版,第 3 页。

② 《马克思恩格斯全集》第 38 卷,人民出版社 1972 年版,第 480 页。

③ 参见马克思:《1844 年经济学哲学手稿》,人民出版社 2000 年版,第 190—191 页注 1 第 7 自然段最后。

④ 马克思:《1844 年经济学哲学手稿》,人民出版社 2000 年版,第 3 页。

会主义者的著作”以及“德国人在这门科学方面(政治经济学——引者注)所写的内容丰富而有独创性的著作”(包括“魏特林的著作”、“《二十一印张》文集中赫斯的几篇论文”和“《德法年鉴》上恩格斯的《国民经济学批判大纲》”)。[1] 可以设想,正在“对国民经济学进行认真的批判分析”的马克思,通过对“市民社会”的政治经济学批判进而展开对包括了“法、道德、政治等等”在内的政治批判,无疑构成了他心目中最早发表的“独立的小册子”的基本内容,因而成为了马克思与出版商列斯凯在1845年2月1日签订的《政治和政治经济学批判》的主体框架[2]。当然,马克思的这个计划由于种种原因没有能够实现,但他为了写作这部著作而写成的《1844年经济学哲学手稿》,却清楚地表明了他从抽象的人转向现实的人的理论变型。

从总体上来看,《1844年经济学哲学手稿》的一个具有本质穿透性和整体构成性的理论成果是:马克思在“第一手稿”中通过对资产阶级生产制度及其国民经济学的批判,提出了一个极富新意和思想内容的概念——“异化劳动”,从而廓清了“私有财产”的“出身”及其“本质”问题。因而,从表面上看,异化劳动理论确实构成了《1844年经济学哲学手稿》中最引人注目的地方。然而,更为深入地研究就会发现,马克思对异化劳动和私有财产的探讨,背后体现的其实是他将人的问题的探讨与市民社会研究相结合的理论逻辑。

在“第一手稿”开头,马克思就站在费尔巴哈实证的人道主义和自然主义的“人本学”立场上,批判了国民经济学在考察人的问题上的根本缺陷:“国民经济学不考察不劳动时的工人,不把工人作为人来考察。”[3]把工人“仅仅作为工人来考察”而不是“作为人来考察”,正显示了国民经济学的经济狭隘与现实功利的本质,也决定了工人与其劳动相分离、相异化的必然后

---

① 马克思:《1844年经济学哲学手稿》,人民出版社2000年版,第3—4页。

② 参见《马克思恩格斯全集》第27卷,人民出版社1972年版,第707—708页注369。事实上,恩格斯曾多次过问过马克思的这一写作计划,而马克思也曾多次谈及过这一计划。参见《马克思恩格斯全集》第27卷第642页注6及第8、18、27、468、488页的相关内容。

③ 马克思:《1844年经济学哲学手稿》,人民出版社2000年版,第14页。

果:当“劳动本身,不仅在目前的条件下,而且就其一般目的仅仅在于增加财富”的时候,它当然“是有害的、招致灾难的”①。这种有害性和灾难性表现在两个方面:一是它的反人道主义。劳动在国民经济学中“仅仅以谋生活动的形式”表现出来,国民经济学自然也就把工人“只当作劳动的动物,当作仅仅有最必要的肉体需要的牲畜”②,由此必然使得“物的世界的增值同人的世界的贬值成正比”③。这正是马克思所揭露的人的异化的四种表现(即人同他的劳动产品相异化、人同他的生产活动相异化、人同他的类本质相异化、人同人相异化)的社会根源。二是它的反自然主义,即一方面是对人的劳动自身所具有的自然性的反动,另一方面也是对“人的无机的身体”的自然界的反动。就前一方面说,它使“劳动的现实化就是劳动的对象化”发生了异化,使“劳动的现实化”表现为“工人的非现实化”,使“劳动的对象化”表现为“对象的丧失和被对象奴役”,从而使劳动对工人来说成为“外在的”、“异己性”的东西④。就后一方面说,它使“人和自然界的实在性,即人对人来说作为自然界的存在以及自然界对人来说作为人的存在”⑤这种人与自然的和谐共生关系变成了纯粹利己主义的关系,使“自然界失去了自己的纯粹的有用性”而代之以纯粹的“经济效用”,从而使“完全违反自然的荒芜,日益腐败的自然界”成了人们的“生活要素”⑥。正因为马克思看到了国民经济学对人自身和自然界的双重异化关系,所以他对异化劳动与私有财产的关系作出了符合历史逻辑的概括:“私有财产一方面是外化劳动的产物,另一方面又是劳动借以外化的手段,是这一外化的实现。”⑦这样,马克思就通过“异化劳动”这个新创性概念将克罗茨纳赫和《德法年

---

① 马克思:《1844年经济学哲学手稿》,人民出版社2000年版,第13页。

② 马克思:《1844年经济学哲学手稿》,人民出版社2000年版,第14—15页。

③ 马克思:《1844年经济学哲学手稿》,人民出版社2000年版,第51页。

④ 参见马克思:《1844年经济学哲学手稿》,人民出版社2000年版,第52—55页。事实上,反人道主义本身就是反自然主义的一种表现方式。这里所说的,仅仅只是观察问题的视角而已:反人道主义针对的是劳动的社会性方面,反自然主义针对的则是劳动的自然性方面。

⑤ 马克思:《1844年经济学哲学手稿》,人民出版社2000年版,第92页。

⑥ 马克思:《1844年经济学哲学手稿》,人民出版社2000年版,第122页。

⑦ 马克思:《1844年经济学哲学手稿》,人民出版社2000年版,第61页。

鉴》时期对“私有财产”的关注联系到了一起。

更为重要的是，马克思还通过人的异化的揭示窥探到了异化劳动背后暗藏着的“社会关系”与“劳动实践”的秘密：

> 人的异化，一般地说，人对自身的任何关系，只有通过人对他人的关系才得到实现和表现。……人对自身的关系只有通过他对他人的关系，才成为对他来说是对象性的、现实的关系。……在实践的、现实的世界中，自我异化只有通过对他人的实践的、现实的关系才能表现出来。异化借以实现的手段本身就是实践的。①

这里蕴涵着这样的真实关系：“人的异化”的特殊关系的背后隐含着“一般地说”是“人对自身的任何关系”；但无论是特殊的“人的异化”还是一般的“人对自身的关系”，都只有通过“人对他人的关系”才能实现和表现出人的“对象性的、现实的关系”；这种关系最终只能“在实践的、现实的世界中”通过人的劳动实践活动得到实现。这样，马克思就发现了“人的异化”背后暗藏着的历史玄机，即隐含在“人的异化”这一特殊关系背后的“人对自身的关系”这一普遍关系所体现着的人与人之间的“劳动实践本质”和“社会关系维度”这两个毋庸置疑的客观事实，从而展开了他关于人的本质问题所包括的两个基本方面：

一方面，在“第一手稿”中，马克思通过考察“实践的人的活动即劳动”②的根本特征，从“生产生活就是类生活”、“自由的有意识的活动恰恰就是人的类特性”③的角度概括了人的“类本质”即“劳动本质”：

> 诚然，动物也生产。它为自己营造巢穴或住所，如蜜蜂、海狸、蚂蚁等。但是，动物只生产它自己或它的幼仔所直接需要的东西；动物的生产是片面的，而人的生产是全面的；动物只是在直接的肉体需要的支配下生产，而人甚至不受肉体需要的影响也进行生产，并且只有不受这种需要的影响才进行真正的生产；动物只生产自身，而人再生产整个自然

① 马克思：《1844 年经济学哲学手稿》，人民出版社 2000 年版，第 59—60 页。

② 马克思：《1844 年经济学哲学手稿》，人民出版社 2000 年版，第 55 页。

③ 马克思：《1844 年经济学哲学手稿》，人民出版社 2000 年版，第 57 页。

界;动物的产品直接属于它的肉体,而人则自由地面对自己的产品。动物只是按照它所属的那个种的尺度和需要来构造,而人懂得按照任何一个种的尺度来进行生产,并且懂得处处都把内在的尺度运用于对象;因此,人也按照美的规律来构造。①

这里说的是,人是劳动的人,劳动是人的劳动,因而人与劳动是互为本质、互相规定的。

另一方面,在《詹姆斯·穆勒〈政治经济学原理〉一书摘要》(简称《穆勒摘要》或《穆勒评注》)②中,马克思又从“社会的活动和社会的享受”角度初步地揭示了人的“社会关系本质”:

人的本质是人的真正的社会联系,所以人在积极实现自己本质的过程中创造、生产人的社会联系、社会本质,而社会本质不是一种同单个人相对立的抽象的一般的力量,而是每一个单个人的本质,是他自己的活动,他自己的生活,他自己的享受,他自己的财富。……有没有这种社会联系,是不以人为转移的;但是,只要人不承认自己是人,因而不按人的方式来组织世界,这种社会联系就以异化的形式出现。……人同自身相异化以及这个异化了的人的社会是一幅描绘他的现实的社会联系,描绘他的真正的类生活的讽刺画。③

这里说的是,人是社会的人,社会是人的社会,人与社会也是互为本质、互相规定的。

将“人是劳动的人”与“人是社会的人”这两个方面结合起来就会发现,

① 马克思:《1844年经济学哲学手稿》,人民出版社2000年版,第57—58页。

② 据国外学者考证,《穆勒摘要》作为《巴黎笔记》的第四、第五本笔记的内容,不仅是与《1844年经济学哲学手稿》的写作交叉进行的,而且将《1844年经济学哲学手稿》的写作分成了两个阶段。我国学术界在《1844年经济学哲学手稿》和《穆勒摘要》的写作顺序上,存在着两种解释模式:一是张一兵教授的“《巴黎笔记》(穆勒摘要)→《1844年经济学哲学手稿》”的解释模式;二是韩立新教授的“第一手稿”→“穆勒摘要”→“第二、三手稿”的解释模式。参见韩立新:《〈巴黎手稿〉的文献学研究及其意义》,《马克思主义与现实》2007年第1期;张一兵:《回到马克思——经济学语境中的哲学话语》,江苏人民出版社2003年版,第2—3章。本书赞同后一种说法。

③ 马克思:《1844年经济学哲学手稿》,人民出版社2000年版,第170—171页。

人的劳动本质与社会本质是相互统一的，二者之间的区别只是观察问题的角度不同而已。马克思正是通过人的劳动实践与人的社会联系这两个宽广视域，批判性地评价了国民经济学、黑格尔哲学和当时的空想共产主义者关于人的现实问题上的理论缺陷。

首先，就国民经济学而言，其正确的一面是它发现了"人的劳动本质"，而其错误的一面是忽视了"劳动的人的本质"即真正的"人的社会本质"。理论导向上的这一矛盾状况，使得国民经济学虽然把"财富"的本质归结为"劳动"（抽象劳动，劳动一般）而在人类社会史上开始了一场伟大的革命，但它并没有也不可能完成这一革命，因为它的理论内部存在着尖锐的冲突：一方面，相对于那些认为私有财产对人来说仅仅是"对象性本质"的货币主义体系和重商主义体系的拥护者来说，启蒙国民经济学在私有制范围内达到了认识的最高水平，揭示出了"私有财产的主体本质，作为自为地存在着的活动、作为主体、作为个人的私有财产，就是劳动"。这样一来，由于"私有财产体现在人本身中，人本身被认为是私有财产的本质"，所以"在人之外存在的并且不依赖于人的……财富被扬弃了，换言之，财富的这种外在的、无思想的对象性就被扬弃了"①。对此，马克思给予了高度赞扬："财富的本质就在于财富的主体存在，所以，认出财富的普遍本质，并因此把具有完全绝对性即抽象性的劳动提高为原则，是一个必要的进步。"②但是另一方面，由于国民经济学"只把劳动视为自己的原则"，因而他们"十分片面地，因而也更加明确和彻底地发挥了关于劳动是财富的惟一本质的论点"，于是就出现了这样的矛盾境况："以劳动为原则的国民经济学表面上承认人，毋宁说，不过是彻底实现对人的否定而已"，因为它虽然使人本身"不再同私有财产的外在本质处于外部的紧张关系中"了，但却使人本身变成了"私有财产的这种紧张的本质"，因而使得"以前是自身之外的存在"这种"人的真正外化"的东西变成了人的"外化的行为"、变成了人的"外在化"。

---

① 马克思：《1844 年经济学哲学手稿》，人民出版社 2000 年版，第 73—74 页。

② 马克思：《1844 年经济学哲学手稿》，人民出版社 2000 年版，第 76 页。

显然,这种“从表面上承认人、人的独立性、自主活动等等”的国民经济学,在本质上恰恰是“敌视人的”[①]。这种“敌视人”的人学态度和立场,无论如何也构不成真正“现实的人”的社会情态。

其次,就黑格尔哲学而言,其正确性的一面是“他抓住了劳动的本质,把对象性的人、现实的因而是真正的人理解为他自己的劳动的结果”,但其错误的一面是“他只看到劳动的积极的方面,没有看到它的消极的方面”,因此,“黑格尔惟一知道并承认的劳动是抽象的精神的劳动”[②]。在马克思看来,黑格尔由于发现了“劳动的本质”并试图在劳动中阐释“人的自我生成”,因而在关于人的问题上,他的哲学以其内在的辩证方法而取得了近乎唯物而现实的规定。然而从另一方面看,从与人的劳动本质紧密联系着的人的社会本质角度看,黑格尔关于人的分析则存在着明显的缺陷:黑格尔不仅站在资产阶级政治经济学的立场上只看到了劳动的积极方面即劳动之于人的本质的决定方面而没有看到劳动的消极方面即劳动的非人化的异化方面,而且他所理解的劳动本身就是“抽象的精神的劳动”,他把实际的、物质的、感性的人的劳动仅仅看成是能动的理性和精神借以实现自身的一种手段和方式而已。这两个方面的缺陷,使得黑格尔对人的论述“逸出”了“社会”和“历史”的视野。就是说,一旦黑格尔的“人”和“劳动”进入黑格尔的“历史”,他的“人”便成了“非对象性的、唯灵论的存在物”,他的“劳动”便成了“抽象的精神的劳动”,他的“历史”因而也就成了“抽象的、绝对的思维的生产史,即逻辑的思辨的思维的生产史”[③]。就此来说,尽管黑格尔在其法哲学中设定了“扬弃了的私法=道德,扬弃了的道德=家庭,扬弃了的家庭=市民社会,扬弃了的市民社会等于国家,扬弃了的国家=世界历史”这样关于“人的存在和存在方式”的“运动的环节”,但由于黑格尔的哲学就是“对人的自我产生的行动或自我对象化的行动的形式的和抽象的理解”,因而在他那里,“现实的人和现实的自然界不过是成为这个隐蔽的非现实的

---

① 马克思:《1844年经济学哲学手稿》,人民出版社2000年版,第74页。
② 马克思:《1844年经济学哲学手稿》,人民出版社2000年版,第101页。
③ 马克思:《1844年经济学哲学手稿》,人民出版社2000年版,第99页。

人和这个非现实的自然界的谓语、象征”①。

最后，就当时的空想共产主义思想而言，其正确性的一面是从人道主义立场出发对资本主义社会的非人性和掠夺性进行了无情批判，提出了否定私有财产的社会要求，但其错误的一面是“它虽然已经理解私有财产这一概念，但是还不理解它的本质”，即私有财产是积累起来的异化劳动。在马克思看来，这种共产主义虽然看到了无产与有产之间的对立，但却没有把它理解为“劳动和资本的对立”，没有从“它的能动关系上、它的内在关系上”理解这种对立，没有“作为矛盾来理解的对立”②。正因此，他们提出的解决办法就不是从根本上消灭私有财产，而只不过是用“普遍的私有财产”即“均分私有财产”的办法反对个别人的私有财产，不过是“对较富裕的私有财产怀有忌妒心和平均主义欲望”的“私有财产”。在马克思看来，这种“从私有财产的普遍性来看私有财产关系”的“粗陋的共产主义”，在总体上“总还是处于私有财产即人的异化的影响下”。从归根结底的意义上说，这种共产主义作为“对私有财产的最初的积极的扬弃”，尽管“已经认识到自己是人向自身的还原或复归，是人的自我异化的扬弃”，但因为“它还没有理解私有财产的积极的本质，也还不了解需要所具有的人的本性，所以它还受私有财产的束缚和感染”，不可能从“自我异化的扬弃同自我异化走的是一条道路”的历史辩证法角度出发理解私有财产的本质及人的主体本质。③

与国民经济学、黑格尔哲学和当时的空想共产主义思想不同，马克思结合它对共产主义的看法，对人的现实性及其超越性进行了符合历史辩证法的创造性阐述：

> 共产主义是私有财产即人的自我异化的积极的扬弃，因而是通过人并且为了人而对人的本质的真正占有；因此，它是人向自身、向社会的即合乎人性的人的复归，这种复归是完全的、自觉的和在以往发展的全部财富的范围内生成的。这种共产主义，作为完成了的自然主义=

① 马克思：《1844年经济学哲学手稿》，人民出版社2000年版，第110—114页。
② 马克思：《1844年经济学哲学手稿》，人民出版社2000年版，第81、78页。
③ 马克思：《1844年经济学哲学手稿》，人民出版社2000年版，第78—81页。

> 人道主义,而作为完成了的人道主义=自然主义,它是人和自然界之间、人和人之间的矛盾的真正解决,是存在和本质、对象化和自我确证、自由和必然、个体和类之间的斗争的真正解决。它是历史之谜的解答,而且知道自己就是这种解答。[①]

这段重要的论述,因其宏大气魄和独具一格而成为了马克思在《1844年经济学哲学手稿》中全面论述"私有财产与共产主义"同"现实的人"的"总纲领",因为它包含了这样几个要点:其一,自我异化的扬弃同自我异化走的是同一条道路,"现实的人"的对象化就是"人通过消灭对象世界的异化的规定、通过在对象世界的异化存在中扬弃对象世界而现实地占有自己的对象性本质"[②];其二,共产主义作为私有财产即人的自我异化的积极扬弃,本身就是通过人并且为了人而对人的本质的真正占有,因而是将"现实的人"复归于"真正的人"的历史道路;其三,共产主义作为人向自身、向社会的即合乎人性的人的复归,不仅能够实现人与社会的统一,而且能够实现自然与社会的统一,即"完成了的自然主义"与"完成了的人道主义"的统一;其四,共产主义作为"人和自然界之间"以及"人和人之间"矛盾的真正解决,它是实现人的"存在和本质"、"对象化和自我确证"、"自由和必然"、"个体和类"等社会对立的根本目标,因而是解答"历史之谜"的钥匙。可以看到,一当"现实的人"落入马克思的思想视野,它就将人的本质即"人是什么"的问题与历史的本质即"历史是什么"的问题联系起来,由此开始了以现实的人代替抽象的人而探寻社会历史发展的理论道路。

更为深入地说,马克思之所以能够开始以"现实的人"代替"抽象的人"的理论转型,在根本上是他通过对政治经济学的研究而发现了以工业史和商业史为表征的"现代市民社会"发展的"世俗基础"的关注。这一点在马克思文本中最早出现也最为集中的表述,就是《1844年经济学哲学手稿》。在批判国民经济学的人学立场时,马克思就指出了劳动在工业中相对于它

---

① 马克思:《1844年经济学哲学手稿》,人民出版社2000年版,第81页。

② 马克思:《1844年经济学哲学手稿》,人民出版社2000年版,第112页。

在农业中("劳动还不是从它的普遍性和抽象性上被理解的")的历史优势:国民经济学作为"现代工业的产物",它"促进并赞美了这种工业的能量和发展,使之变成意识的力量",由此决定了工业劳动中的个人在本质上是一种"抽象的人"的必然表现①。在马克思看来,既然"工业是完成了的劳动","工业资本是私有财产的完成了的客观形式",因此只有在工业和工业资本中,"私有财产才能完成它对人的统治,并以最普遍的形式成为世界历史性的力量"②。如果说,这里的"工业"一词还是一般意义上与"农业"相对而言的"工业",那么当马克思在论述共产主义的物质基础时,他从"工业的历史和工业的已经生成的对象性的存在,是一本打开了的关于人的本质力量的书,是感性地摆在我们面前的人的心理学"出发而提出"工业是自然界对人,因而也是自然科学对人的现实的历史关系"③的近乎历史唯物主义的观点时,这里的"工业"概念俨然就是"劳动实践"与"物质生产"的代名词了。在马克思看来,"工业""这本书"蕴涵了"历史的这个恰恰最容易感知的、最容易理解的部分",构成了"人的活动的如此广泛的丰富性"④。就此来说,相比于"哲学"和"历史学"对"自然科学"的"疏远","自然科学""却通过工业日益在实践上进入人的生活,改造人的生活,并为人的解放作准备,尽管它不得不直接地使非人化充分发展"⑤。由此出发,马克思最终论述了工业对于人的解放的本体论意义:"只有通过发达的工业,也就是以私有财产为中介,人的激情的本体论本质才在其总体上、在其人性中存在;因此,关于人的科学本身是人自己的实践活动的产物。"⑥从一定意义上说,正是这种对工业关注重心的不同,才显示出马克思在历史观上对国民经济学和黑格尔哲学的超越,为马克思从人的研究与历史研究的结合中超越抽象的人提供了理论基石。

---

① 马克思:《1844年经济学哲学手稿》,人民出版社2000年版,第73页。
② 马克思:《1844年经济学哲学手稿》,人民出版社2000年版,第77页。
③ 马克思:《1844年经济学哲学手稿》,人民出版社2000年版,第88—89页。
④ 马克思:《1844年经济学哲学手稿》,人民出版社2000年版,第89页。
⑤ 马克思:《1844年经济学哲学手稿》,人民出版社2000年版,第89页。
⑥ 马克思:《1844年经济学哲学手稿》,人民出版社2000年版,第140页。

正是有了上述近乎历史唯物主义的观点，在与恩格斯合作完成的《神圣家族》中，马克思才底气十足地提出了在“识破思辨哲学的幻想”的同时叙述自己“对现代哲学和社会学的肯定的见解”①的理论任务。这主要包括两个方面的内容：其一，针对鲍威尔等人所主张的“精神万能”的自我意识哲学，马克思看到了隐藏在物质东西的深处的本质的东西，揭示了现实的人的“实物存在”及其“社会关系”本质：“实物是为人的存在，是人的实物存在，同时也就是人为他人的定在，是他对他人的人的关系，是人对人的社会关系。”②其二，针对鲍威尔等人把“纯粹的批判”吹嘘为历史发展动力的思想，马克思指出了他们“从历史运动中排除掉人对自然界的理论关系和实践关系，排除掉自然科学和工业”的错误本质，直接批驳了他们“认为历史的发源地不在尘世的粗糙的物质生产中，而是在天上的云雾中”③的历史唯心主义观点，确立了“物质生产”是“历史的发源地”的历史唯物主义思想。在马克思看来，正是这两个根本缺陷使得思辨唯心主义者幻想“高高地超越于事物的现状和现实的人之上”，“把现实的人看得无限渺小”④，而这又直接决定了他们对群众利益和群众力量的漠视。针对此，马克思一方面科学地论述了“思想”和“利益”的关系问题：“‘思想’一旦离开‘利益’，就一定会使自己出丑。”⑤另一方面，他又科学地阐述了“历史”的本质特征及其与“群众”的关系：“历史不过是追求着自己目的的人的活动而已”⑥；“历史活动是群众的事业，随着历史活动的深入，必将是群众队伍的扩大。”⑦不仅如此，马克思还从政治解放和人类解放相区别的角度再次诠释了“现代国家的自然基础是市民社会以及市民社会中的人”⑧的思想，并对费尔巴哈以

---

① 《马克思恩格斯全集》第2卷，人民出版社1957年版，第7—8页。
② 《马克思恩格斯全集》第2卷，人民出版社1957年版，第52页。
③ 《马克思恩格斯全集》第2卷，人民出版社1957年版，第191页。
④ 《马克思恩格斯全集》第2卷，人民出版社1957年版，第49页。
⑤ 《马克思恩格斯全集》第2卷，人民出版社1957年版，第103页。
⑥ 《马克思恩格斯全集》第2卷，人民出版社1957年版，第118—119页。
⑦ 《马克思恩格斯全集》第2卷，人民出版社1957年版，第104页。
⑧ 《马克思恩格斯全集》第2卷，人民出版社1957年版，第145页。

"现实的人"超越抽象的绝对精神的思想给予了充分肯定:"只有费尔巴哈才是从黑格尔的观点出发而结束和批判了黑格尔的哲学。费尔巴哈把形而上学的绝对精神归结为'以自然为基础的现实的人',从而完成了对宗教的批判。同时也巧妙地拟定了对黑格尔的思辨以及一切形而上学的批判的基本要点。"①

总之,在《1844年经济学哲学手稿》和《神圣家族》中,马克思事实上已经开始了以"现实的人"超越"抽象的人"的理论变型。在这种意义上说,正如《精神现象学》是黑格尔哲学的"诞生地和秘密"一样,《1844年经济学哲学手稿》也是马克思哲学的"诞生地和秘密",而《神圣家族》已经标志着马克思哲学诞生的"前夜"②。就此来说,当恩格斯说用"关于现实的人及其历史发展的科学"来代替"对抽象的人的崇拜"这个"超出费尔巴哈而进一步发展费尔巴哈的工作"是"由马克思于1845年在《神圣家族》中开始的"③的时候,他的观点就是值得商榷的了。笔者认为,如果恩格斯读到过马克思的《1844年经济学哲学手稿》,或许他的上述判断会有所改变。

二、"现实的人"与人学观和历史观的双重变革

在《1844年经济学哲学手稿》中,马克思在人的本质问题上的重大突破,就是借助于费尔巴哈的"现实的人"的概念,批判了国民经济学、黑格尔哲学的"抽象的人"的本质,从而发现了人的劳动实践本质与社会联系本质。然而,问题还有另一个方面:当马克思开始用费尔巴哈的感性的"现实的人"反对黑格尔的思辨的"抽象的人"的同时,他也就开始了用黑格尔作为辩证的"运动的环节"的"历史的人"反对费尔巴哈的纯粹的"自然的人"。就此来说,当阿尔都塞在《保卫马克思》中提出"马克思通过《1844年手稿》在最后关头突然完全回到黑格尔那儿去,他对费尔巴哈和黑格尔所

---

① 《马克思恩格斯全集》第2卷,人民出版社1957年版,第177页。
② 参见孙伯鍨:《探索者道路的探索》,南京大学出版社2002年版,第五章。
③ 《马克思恩格斯选集》第4卷,人民出版社2012年版,第247页。

作的这一天才综合，是否就像把分别处在理论磁场两极的物体放在一起而引起的一场爆炸”①的疑问时，他可能就察觉到了马克思对费尔巴哈和黑格尔的双重超越意义。

从“现实的人”这个概念的使用来说，马克思对黑格尔的超越是毋庸置疑的。但是，马克思的“现实的人”是否全然就是费尔巴哈“现实的人”的原本含义呢？笔者认为不完全是。道理很简单，经过很长时间的经济学研究而对市民社会和市民生活领域有了深入了解之后，马克思自然不会再与“醉心于自然”的费尔巴哈完全相同了。不仅如此，由于马克思在《穆勒摘要》中已经接触到了人的“社会联系”这一基本维度，因而他也在逐渐改变黑格尔法哲学批判时期形成的“现实的人”就是“市民社会”的“私人”的看法，尝试着从“社会”角度看待人的存在及其本质问题。事实上，当马克思在“私有财产与共产主义”一节中提出“在被积极扬弃的私有财产的前提下，人如何生产人——他自己和别人；直接体现他的个性的对象如何是他自己为别人的存在，同时是这个别人的存在，而且也是这个别人为他的存在”②这两个“如何”的问题时，他就已经从自然与社会的相互对待中还原了人和社会的相互关系：

> 无论是劳动的材料还是作为主体的人，都既是运动的结果，又是运动的出发点。因此，社会性质是整个运动的普遍性质；正像社会本身生产作为人的人一样，社会也是由人生产的。活动和享受，无论就其内容或就其存在方式来说，都是社会的活动和社会的享受。自然界的人的本质只有对社会的人来说才是存在的；因为只有在社会中，自然界对人来说才是人与人联系的纽带，才是他为别人的存在和别人为他的存在，只有在社会中，自然界才是人自己的人的存在的基础，才是人的现实的生活要素。只有在社会中，人的自然的存在对他来说才是自己的人的存在，并且自然界对他来说才成为人。因此，社会是人同自然界的完成

① 阿尔都塞：《保卫马克思》，商务印书馆2006年版，第18—19页。
② 马克思：《1844年经济学哲学手稿》，人民出版社2000年版，第82页。

了的本质的统一，是自然界的真正复活，是人的实现了的自然主义和自然界的实现了的人道主义。①

不仅如此，马克思还认为，人的社会性不仅存在于“直接共同的活动和直接共同的享受”这种“直接通过同别人的实际交往表现出来和得到确证”的形式中，而且还存在于“科学之类的活动”这种“只在很少情况下才能同别人进行直接联系的活动”的形式中。在后一种形式中，不仅人的活动“所需的材料”，甚至思想家“用来进行活动的语言”，都是“作为社会的产品”给予他的，因为他本身的存在就是“社会的活动”。所以，人们“从自身所做出的东西”就是他们“从自身为社会做出的”，并且意识到他们自己是“社会存在物”。由此出发，马克思指出，人们的“普遍意识”本来是“以现实共同体、社会存在物为生动形式的那个东西的理论形式”，但这种普遍意识“在今天”不仅变成了“现实生活的抽象”，而且还作为这样的抽象形成了“与现实生活相敌对”的情形。② 马克思在这里表达了这样的观点：科学理论是作为“社会存在物”的思想家“以现实共同体、社会存在物为生动形式”而“从自身为社会做出”的“理论形式”，这种理论形式作为“现实生活的抽象”是不应该“与现实生活相敌对”的。显然，马克思在这里既隐含着批判黑格尔思辨的“抽象的人”的潜台词，也隐含着批判费尔巴哈那种远离现实社会、“过多地强调自然而过少地强调政治”的孤立无援的“现实的人”的潜台词。正因此，马克思不仅从“个体是社会存在物”的角度提出了“首先应当避免重新把‘社会’当作抽象的东西同个体对立起来”③的原则立场，而且在同一时期写给费尔巴哈的信中以反问的方式提出了这样的观点：“建立在人们的现实差别基础上的人与人的统一，从抽象的天上下降到现实的地上的人类概念，——如果不是社会的概念，那是什么呢！”④当然，由于此时的马克思从总体上还沉浸在“费尔巴哈崇拜”中，因此他在《1844 年经济学哲学手

① 马克思：《1844 年经济学哲学手稿》，人民出版社 2000 年版，第 82—83 页。
② 马克思：《1844 年经济学哲学手稿》，人民出版社 2000 年版，第 82—83 页。
③ 马克思：《1844 年经济学哲学手稿》，人民出版社 2000 年版，第 84 页。
④ 《马克思恩格斯全集》第 27 卷，人民出版社 1972 年版，第 450 页。

稿》中仍旧大量地使用了带有费尔巴哈性质的“类本质”、“类生活”、“类存在”、“类意识”等概念，而且这种做法在《神圣家庭》中也依然存在。

然而，就在马克思和恩格斯批判鲍威尔等人的《神圣家族》即将完成的1844年10月底，施蒂纳的《唯一者及其所有物》出版了。在这本书中，施蒂纳模仿费尔巴哈《基督教的本质》中“神”和“人”的二分结构，提出了“人”和“我”的二分结构，第一次全面批判了费尔巴哈甚至启蒙思想以来的古典人本主义逻辑，主张用“利己主义的人”对抗费尔巴哈的抽象的“人”和“类”。根据恩格斯1844年11月19日写给马克思的信可以看出，恩格斯不仅读到了这本书，而且对它进行了极高的评价①。从马克思1844年12月写给伯恩施太因的信可以知道，马克思此前就有过给《前进报》写一篇“对施蒂纳的批判”的文章的想法②。从恩格斯1845年1月20日写给马克思的信中可以看出：不仅恩格斯在把施蒂纳的书“放在一边，能多多地思考以后”同意了马克思的看法，而且赫斯在“动摇一阵之后”也同马克思的结论一致了③。这说明，马克思此前就曾与恩格斯交流过关于施蒂纳观点的看法。但是，马克思的这篇文章为什么没有能够按时写成呢？一方面可能是因为他正忙于《神圣家族》的扩充和出版工作④，另一方面也可能是因为《前进报》的停刊⑤。那么，马克思在《神圣家族》出版后为什么仍然没有立即写出这样的文章呢？对这一根本问题的最有可能也最为合理的解释，笔者以为，就是马克思在摘录《评弗里德里希·李斯特的著作〈政治经济学的国民体系〉》时发现了更为重要、更为根本的问题。

---

① 参见《马克思恩格斯全集》第27卷，人民出版社1972年版，第11—14页。

② 《马克思恩格斯全集》第27卷，人民出版社1972年版，第455页。

③ 《马克思恩格斯全集》第27卷，人民出版社1972年版，第16页。

④ 通常我们认为，《神圣家族》是马克思与恩格斯于1844年9—11月写成的。但根据恩格斯1845年1月20日写给马克思的信中“你把《批判的批判》扩充到二十个印张，这的确使我大吃一惊”的说法，可以推知此时的马克思想把“《批判的批判》扩充到二十个印张”。这一点还可以从恩格斯1845年3月17日写给马克思的信中所说的“这本书的篇幅还是太大了”看出来。在这里，恩格斯对于篇幅的关注说明，后来出版的《神圣家族》在篇幅上大大超过了他和马克思最初的设想。而这些工作，显然是由马克思完成的。参见《马克思恩格斯全集》第27卷，人民出版社1972年版，第19、29—30页。

⑤ 参见《马克思恩格斯全集》第27卷，人民出版社1972年版，第642页注6。

众所周知，与当时英法发达的资本主义社会状况相比，德国的经济社会发展状况是明显落后于它的思想水平的。这使得许多德国思想家都将“德国人的解放”问题或者诉诸“纯粹的思想”或者诉诸“强大的国家”。鲍威尔兄弟的“批判的批判”属于前者，李斯特的《政治经济学的国民体系》则属于后者。他在这本书中站在后起的不发达资本主义国家的资产阶级立场上，提出了一种与英法的“自由主义经济学”不同的“国家主义经济学”。正如他本人所说：“作为我的学说体系中一个主要特征的是国家。国家的性质是处于个人与整个人类之间的中介体，我的理论体系的整个结构就是以这一点为基础的。”①然而从总体上看，李斯特的理论具有一种矛盾特征：他作为一个经济学家，看到了德国的落后状况因而主张发展生产力，提出了“财富的原因同财富本身是完全不同的东西；同财富本身相比，创造财富的力量是无比重要的”②的重要思想；但他作为一个德国人，又保留了唯心主义的基督教徒心理，“他追求财富而又否认财富。他把无精神的唯物主义装扮成完全唯心主义的东西，然后才敢去猎取它”③。这种矛盾状况使得李斯特在“说出了使德国资产者更加发愁的事情”的同时又反对“泄露了财富的秘密”的英法经济学家。于是，在“追求财富而又否认财富”的心态下，李斯特赋予了生产力以某种神秘化和非历史的特点，不仅任意扩大生产力概念的含义，极力夸大“精神生产力”的作用，为美化“财富生产力”披上了一道“神秘灵光”，而且还把人贬低为“一种创造财富的‘力量’”，为德国资产阶级追求财富的肮脏目的找到了合理的借口④。显然，李斯特经济学理论的这种神秘性质、伪善本质和非人态度，不能不引起马克思对他的深刻批判。

然而，马克思对李斯特的批判却处在一个极其重要的关节点上：刚刚从批判鲍威尔等人的《神圣家族》中走出来，又面对着施蒂纳在《唯一者及其所有物》中企图用抽象的“利己主义的人”对费尔巴哈带有抽象神学光轮的

---

① 李斯特：《政治经济学的国民体系》，商务印书馆1961年版，第7页。
② 参见《马克思恩格斯全集》第42卷，人民出版社1979年版，第252页。
③ 参见《马克思恩格斯全集》第42卷，人民出版社1979年版，第240页。
④ 《马克思恩格斯全集》第42卷，人民出版社1979年版，第239、241、261—262页。

“人”和“类”概念的挑战,马克思自然想在批判李斯特《政治经济学的国民体系》这本书的基础上,一方面“写一些对目前更有用、更能打击德国资产阶级的东西”,另一方面寻找使德国经济学理论陷入错误的“理论根源”①。马克思发现,李斯特作为一个真正的德国庸人,其最大问题就在于他不仅“不去研究现实的历史”,不了解“像经济学这样一门科学的发展,是同社会的现实运动联系在一起的”,而且还将他的“秘密目的”包藏在“他自己的理论(著作)”中②。正因为这样,李斯特就不可能像斯密那样以“市民社会”这样的“实际出发点”作为他的国民经济学的“理论出发点”,不可能对“市民社会”的“各个不同发展阶段”在他的经济学中准确地加以探讨③。按照张一兵教授的说法,马克思在这里的直接语境“主要是指李斯特应该注意到资产阶级社会(‘市民社会’)的不同阶段,在英法资产阶级社会已经走到足以露出其败相的时期,还在论证这一社会发生之必要的荒谬”,但他却在无意之中道出了一个超越性的问题:“从观念回到现实固然重要,但对社会历史现实本身的具体分析更关键。”④

无论如何,随着经济学研究的深入,对于思想正处于异变和突变中的马克思来说,他都不可能不将自己逐渐转向的唯物主义与青年黑格尔派的唯心主义和李斯特的国家主义进行某种程度上的比较。马克思发现,不仅鲍威尔等人的“纯粹的批判”的唯心主义无法解决德国的现实问题,就是李斯特的“生产力理论”这样的自然唯物主义也不能从根本上解决德国的现实

---

① 恩格斯早在1844年11月19日写给马克思的信中就表示要写“反对李斯特的小册子”。在1845年1月20日给马克思的信中,恩格斯又表达了“写一些对目前更有用、更能打击德国资产阶级的东西”的愿望。在1845年3月17日给马克思的信中,恩格斯明确指出了他“从皮特曼那里及时地知道了”马克思也有写文章批判李斯特的想法,而且估计马克思批判李斯特的“理论前提”会比批判他的结论更着重一些。这与马克思在《评李斯特》中所说的“我们的批判限于李斯特这本书的理论部分”是相吻合的。参见《马克思恩格斯全集》第27卷,人民出版社1972年版,第11、18、30页;《马克思恩格斯全集》第42卷,人民出版社1979年版,第249页。

② 《马克思恩格斯全集》第42卷,人民出版社1979年版,第242页。

③ 《马克思恩格斯全集》第42卷,人民出版社1979年版,第249页。

④ 张一兵:《回到马克思——经济学语境中的哲学话语》,江苏人民出版社2003年版,第329页。

问题。因为无论是鲍威尔的“自我意识”、施蒂纳的“唯一者”，还是李斯特的“精神生产力”，其背后都体现着黑格尔精神哲学的抽象思辨逻辑，只不过打上了不同的“利己主义”的神圣光环。正因此，马克思在1845年4月的《笔记本中的札记》中写下了“神灵的利己主义者同利己主义的人相对立”、“‘概念’和‘实体’”这样的标记①。

如果上述推论成立，那么马克思在写完了《神圣家族》和《评李斯特》之后，在他的“1844—1847年记事笔记本”上端写下了“关于费尔巴哈”的十一条提纲，从而酝酿了对费尔巴哈哲学的批判，那就完全成了一件看似意料之外、实则情理之中的事情了——当马克思在批判了鲍威尔、评论了施蒂纳、剖析了李斯特之后，马克思已经意识到了这样一个更为现实、更为急迫的问题：对唯心主义哲学的批判，光有一般的唯物主义是不行的，还必须有一种“新”唯物主义才能行。而这种新唯物主义，自然是超越了费尔巴哈唯物主义的唯物主义。

在《关于费尔巴哈的提纲》的第一条，马克思开宗明义，一方面批评了包括费尔巴哈的唯物主义在内的“一切唯物主义”的缺陷：“只是从客体的或者直观的形式”去理解“对象、现实和感性”，而“不是把它们当作人的感性活动，当作实践去理解，不是从主体方面去理解”；另一方面也批评了唯心主义的缺陷：“只是抽象地发展了”“能动的方面”，而“不知道现实的、感性的活动本身”。不仅如此，马克思还特别地分析了费尔巴哈唯物主义的缺陷：“没有把人的活动本身理解为对象性的活动”，“仅仅把理论的活动看做是真正人的活动，而对于实践则只是从它的卑污的犹太人的表现形式去理解和确定”，因此“不了解‘革命的’、‘实践批判的’活

---

① 《马克思恩格斯全集》第42卷，人民出版社1979年版，第273页。事实上，在恩格斯1844年11月19日写给马克思的信中，他就提出了“如果说肉体的个人是我们的‘人’的真正的基础，真正的出发点，那末不言而喻，利己主义——当然，不仅仅是施蒂纳的理性的利己主义，而且也包括心灵的利己主义——也就是我们的对人的爱的出发点，否则这种爱就要飘浮在空中了”的观点（《马克思恩格斯全集》第27卷，人民出版社1972年版，第13页）。恩格斯所说的“心灵的利己主义”和“理性的利己主义”的关系是否就是马克思这里所说的“神灵的利己主义”同“利己主义的人”的关系，值得探讨。

动的意义”。① 在马克思看来，“真正人的活动”就是“人”的“感性活动”、“对象性活动”，它不仅言说着人的存在的现实性，而且指证着人的活动的生成性，因而体现了人的活动的客观性与能动性、自然性与社会性、当下性与历史性的统一，这样的“人”作为“真正的人”当然就是“现实的人”，因而远远超越了“卑污的犹太人”的单纯的“利己主义原则”，使人的“对象、现实和感性”无论在实践活动中还是在理论活动中都成为了“人的生活和人的活动的一部分”。这种观点正是马克思在《1844 年经济学哲学手稿》中形成的基本观点②。它说明，当马克思把“真正人的活动”理解成“感性活动”、“对象性活动”的时候，他就基本确立了以“真正人的活动”为核心的新世界观和本体论的格式塔式的哲学变革，从而不仅一般地为他的哲学观点和历史理论的辩证统一找到了一个可以作为联系中介的基本概念，而且特别地为唯物主义历史观找到了一个可以作为逻辑起点的关键概念。这样，当马克思指出费尔巴哈“把宗教的本质归结于人的本质”的时候，实际上意在批评费尔巴哈依然把人的本质看成是“单个人所固有的抽象物”的根本缺陷，这正是马克思将“人的本质”界定为“在其现实性上，它是一切社会关系的总和”③的根本前提。既然“人的本质”“在其现实性上”是“一切社会关系的总和”，那么“人的本质”当然只有在他的“社会关系”的不断生成、发展与变化中才具有了其“现实性”，而这种“现实性”在一定意义上就是“真正人的活动”的“社会性”和“历史性”的当下呈现。而费尔巴哈却“撇开历史的进程”，把宗教感情“固定为独立的东西”并假定有一种“抽象的人”、“孤立的人”的“个体”，只能把人的本质理解为一种“把许多个人纯粹自然地联系起来的普遍性”的“类”。显然，这样的人依然是“抽象的人”而非“现实的人”。套用《拉贝日记》中的话说：费尔巴哈虽然“把世界还给了人”，但是并没有“把人归还给他自己”。

遵循这样的逻辑，《关于费尔巴哈的提纲》的第九至十一条，事实上就

---

① 《马克思恩格斯选集》第 1 卷，人民出版社 2012 年版，第 137 页。

② 参见本书第二章第二节关于马克思批判黑格尔和费尔巴哈的“潜台词”的相关论述。

③ 《马克思恩格斯选集》第 1 卷，人民出版社 2012 年版，第 139 页。

是马克思对于新旧唯物主义关于“现实的人”的哲学基础及其社会功能作出的最初的思维抽象:“旧唯物主义”之所以是“直观的唯物主义”,是因为它的立脚点是“市民社会”,因而“至多也只能达到对单个人和市民社会的直观”①。以这种“市民社会”为基础的“现实的人”只能是费尔巴哈意义上的“现实的人”,即“仅仅限于在感情范围内承认‘现实的、单个的、肉体的人’”②。这种“现实的人”其实是以“现实的人”的面目出现的“抽象的人”,以它为立脚点的“旧唯物主义”与唯心主义具有一样的哲学功能,即“只是用不同的方式解释世界”;与此相反,“新唯物主义”作为“实践活动的唯物主义”,它的立脚点是“人类社会或社会化的人类”,即超越了“单个人”的高度“社会化”的人。以这种“人类社会”为基础的“现实的人”必然把人理解为属于一定社会形式、一定历史阶段的现实的、具体的、生动的人。这种“现实的人”是以“新唯物主义”面目出现的,以“感性活动”、“对象性活动”为主体的真正的“现实的人”。以这种真正的“现实的人”为立脚点的“新唯物主义”,其哲学功能不仅仅在于“解释世界”,更在于“改变世界”。③

马克思在《关于费尔巴哈的提纲》中不仅对“现实的人”有了自觉而清醒的认识,他还隐喻了“感性的人的活动”的社会历史原则——现实的人的实践和现实的人的社会的直接同一。马克思说:“社会生活在本质上是实践的。凡是把理论诱入神秘主义的神秘东西,都能在人的实践中以及对这种实践的理解中得到合理的解决。”④在这里,马克思要求我们,一方面“在人的实践中”、另一方面在“对这个实践的理解中”去理解和解释人的社会生活。而无论是人的实践还是对人的实践的理解,都既是社会性的又是历史性的。正是有了这种关于人的实践活动的现实性、社会性、历史性态度,马克思才从社会历史的原则高度批判了费尔巴哈的唯物主义“撇开历史的进程,把宗教感情固定为独立的东西,并假定有一种抽象的——孤立的——

① 《马克思恩格斯选集》第1卷,人民出版社2012年版,第136页。

② 《马克思恩格斯选集》第1卷,人民出版社2012年版,第157页。

③ 参见《马克思恩格斯选集》第1卷,人民出版社2012年版,第140页。

④ 《马克思恩格斯选集》第1卷,人民出版社2012年版,第139—140页。

人的个体”、“只能把人的本质理解为‘类’，理解为一种内在的、无声的、把许多个人纯粹自然地联系起来的普遍性”①的根本缺陷。这本身就说明，马克思的人学观与历史观是紧密联系在一起的，这种联系的理论质点就是他对“现实的人”的本质规定。正是在这种意义上，笔者以为，当恩格斯说《关于费尔巴哈的提纲》是“包含着新世界观的天才萌芽的第一个文件”②的时候，其深层意义恰恰在于指出了《关于费尔巴哈的提纲》中所包含的马克思先前著作中没有明确论及的崭新思想，即“历史唯物主义的起源”③，这就是建立在以“现实的人”的实践活动为基础的新世界观之上的社会历史性原则。

随着马克思对于“现实的人”及其感性活动原则和社会历史原则的清醒意识，马克思已经十分清楚地认识到了：批判费尔巴哈的直观感性的“现实的人”虽然更现实、更直接，但批判以黑格尔哲学为“哲学的基地”的整个德国哲学的思辨理性的“抽象的人”才更根本、更基础。正是基于这样的认识，马克思（和恩格斯）才得以在《德意志意识形态》中识破思辨哲学的幻想，清算从前的哲学信仰，创立历史唯物主义，实现了人学观和历史观上的双重革命。马克思的这一任务是通过确立“现实的人”及其“物质生产活动”之于“感性世界”和“历史发展”的“世俗基础”而完成的。

在《费尔巴哈》章的导言中，马克思从“德国的批判”的“哲学的基地”就是“黑格尔体系的基地”出发，指出他们虽然提出了“实体”和“自我意识”甚至“类”、“惟一者”、“人”等等“世俗化”的范畴，但在本质上来说，“从施特劳施到施蒂纳的整个德国哲学批判都局限于对宗教观念的批判”，在他们那里，“政治的、法律的、道德的人，总而言之，‘人’，则被宣布为宗教的人。宗教的统治被当成了前提。一切占统治地位的关系逐渐地都被宣布为宗教的关系，继而被转化为迷信”④。马克思认为，青年黑格尔派的意识形

① 《马克思恩格斯选集》第1卷，人民出版社2012年版，第139页。
② 《马克思恩格斯选集》第4卷，人民出版社2012年版，第219页。
③ 《马克思恩格斯选集》第4卷，人民出版社2012年版，第637页。
④ 《马克思恩格斯选集》第1卷，人民出版社2012年版，第144页。

态家之所以提出种种"用人的、批判的或利己的意识来代替他们现在的意识"的"道德要求",根本原因是他们"没有一个想到要提出关于德国哲学和德国现实之间的联系问题,关于他们所作的批判和他们自身的物质环境之间的联系问题"①。在马克思看来,这一问题在根本上正涉及到"现实的人"的"历史科学"之"现实前提":"这是一些现实的个人,是他们的活动和他们的物质生活条件,包括他们已有的和由他们自己的活动创造出来的物质生活条件。"②可以发现,与费尔巴哈的"现实的人"相比,马克思所强调的"现实的个人"绝不是那种把人只看成是"感性对象"的"抽象的人"("吃、喝、生殖,至多还有居住、修饰等等"③),而是把人看成是"感性活动"因而是"现实中的个人"——"这些个人是从事活动的,进行物质生产的,因而是在一定的物质的、不受他们任意支配的界限、前提和条件下活动着的"④。正因此,马克思虽然也认为"全部人类历史的第一个前提无疑是有生命的个人的存在",但是他更强调的是:对"现实的个人"的研究,必须从对其"自然前提"的研究转入对其"历史前提"的研究;必须转入社会历史的范围,去研究人的生产活动和社会关系⑤。明白于此,也就明白马克思何以把"现实的人"与"物质生产""勾连起来":"物质生产"既然是"历史的发源地"和"出发点",它当然也就是研究"现实的个人"的"历史前提"。由此,对"现实的人"的研究实质上也就是对"物质生产"的研究。正因此,马克思才对"现实的人"与"物质生产"的关系进行了多方面的发挥和强调⑥。

---

① 《马克思恩格斯选集》第1卷,人民出版社2012年版,第145—146页。

② 《马克思恩格斯选集》第1卷,人民出版社2012年版,第146页。

③ 马克思:《1844年经济学哲学手稿》,人民出版社2000年版,第55页。

④ 《马克思恩格斯选集》第1卷,人民出版社2012年版,第151页。

⑤ 陈先达和靳辉明教授认为:尽管费尔巴哈和黑格尔都使用过"现实的人"来称谓自己的"人",但他们所谓的"现实的人"同马克思的"现实的人"貌合神离,毫无共同之处。所以,问题不在于给"人"冠以何种名称,而在于如何去研究人以及把什么作为人的基础。是把精神(黑格尔)、抽象的感情(费尔巴哈)作为考察人的基础,还是把人的活动和物质生活条件作为考察人的基础?如果离开人的现实生活和物质生活条件考察人,那么,不论是称为"人"还是"现实的人",都只能是概念、观念的另一个名称而已。参见陈先达、靳辉明:《马克思早期思想研究》,北京出版社1983年版,第280—281页。

⑥ 《马克思恩格斯选集》第1卷,人民出版社2012年版,第151—153页。

在马克思看来，费尔巴哈的观点尽管也有对于“实践的唯物主义者即共产主义者”来说相类似的观点，但它们“始终不过是一些零星的猜测”，“对费尔巴哈的总的观点的影响微乎其微”，以致“只能把它们看做是具有发展潜力的萌芽”。所以如此，就是因为费尔巴哈设定的只是“人”，而不是“现实的历史的人”，由于他看不到“他周围的感性世界”“是工业和社会状况的产物，是历史的产物，是世世代代活动的结果”①；因此，他不仅无法正确理解“人与自然的关系”这一唯物主义前提，而且无法理解“工业和商业”“这种活动、这种连续不断的感性劳动和创造、这种生产，正是整个现存的感性世界的基础”②。正因此，马克思更加彻底、更加无情地批判了费尔巴哈唯物主义的根本缺点：“费尔巴哈与‘纯粹的’唯物主义者相比有很大的优点：他承认人也是‘感性对象’。但是，他把人只看做是‘感性对象’，而不是‘感性活动’，……他从来没有把感性世界理解为构成这一世界的个人的全部活生生的感性活动”；其结果，“正是在共产主义的唯物主义者看到改造工业和社会结构的必要性和条件的地方”，费尔巴哈却由于“不得不求助于‘最高的直观’和观念上的‘类的平等化’”而“重新陷入唯心主义”，由此导致了他的唯物主义的不彻底性和半截子性：“当费尔巴哈是一个唯物主义者的时候，历史在他的视野之外；当他去探讨历史的时候，他不是一个唯物主义者。在他那里，唯物主义和历史是彼此完全脱离的。”③

正因为看到了费尔巴哈式“现实的人”（抽象的“人”）所必然导致的唯物主义与历史的相互分离，马克思从“纯粹经验的方法”、“真正的实证科学”的角度分析论证了“现实的人”的“需要”和“劳动”对于“历史科学”的世俗基础意义：

> 我们首先应当确定一切人类生存的第一个前提，也就是一切历史的第一个前提，这个前提是：人们为了能够“创造历史”，必须能够生活。但是为了生活，首先就需要吃喝住穿以及其他一些东西。因此第

① 《马克思恩格斯选集》第1卷，人民出版社2012年版，第155页。

② 《马克思恩格斯选集》第1卷，人民出版社2012年版，第157页。

③ 《马克思恩格斯选集》第1卷，人民出版社2012年版，第157—158页。

一个历史活动就是生产满足这些需要的资料，即生产物质生活本身，而且，这是人们从几千年前直到今天单是为了维持生活就必须每日每时从事的历史活动，是一切历史的基本条件。……任何历史观的第一件事情就是必须注意上述基本事实的全部意义和全部范围，并给予应有的重视。①

马克思之所以能够把“现实的人”的“物质生产活动”与“历史观”的建构勾连起来，就是因为他通过对政治经济学的研究和批判，发现正是在德国人“从来没有为历史提供世俗基础”的地方，法国人和英国人却了解到了“现实的人”的“物质生产活动”同历史之间的联系，并且“作了一些为历史编纂学提供唯物主义基础的初步尝试，首次写出了市民社会史、商业史和工业史”（尽管他们的了解是片面的，并且受到资产阶级“政治意识形态”的束缚）②。由此出发，马克思从逻辑与历史相统一的角度分析了以“现实的人”及其“物质生产活动”为起点的社会结构的构成，得出了具有“新唯物主义”性质的“新历史观”，这就是《德意志意识形态》中以“由此可见”所引出的第一个经典结论：

由此可见，事情是这样的：以一定的方式进行生产活动的一定的个人，发生一定的社会关系和政治关系。经验的观察在任何情况下都应当根据经验来揭示社会结构和政治结构同生产的联系，而不应当带有任何神秘和思辨的色彩。社会结构和国家总是从一定的个人的生活过程中产生的。③

总之，从“现实的人”及其劳动实践原则和社会历史原则出发理解马克思人学观和历史观的双重革命，我们发现正是马克思对以费尔巴哈为代表的“德意志意识形态”进行双重超越的必然结果：一方面，费尔巴哈作为一个唯物主义者，他的“现实的人”是建立在市民社会基础上的，因而他是一个“直观的唯物主义者”，与马克思的“实践活动的唯物主义”具有本质不

① 《马克思恩格斯选集》第1卷，人民出版社2012年版，第158—159页。

② 《马克思恩格斯选集》第1卷，人民出版社2012年版，第159页。

③ 《马克思恩格斯选集》第1卷，人民出版社2012年版，第151页。

同;另一方面,费尔巴哈作为一个青年黑格尔派,他的“现实的人”又是“人”、“类”等等世俗的抽象概念,因而必然导致他在唯物主义与历史关系上的相互分离,重新陷入唯心主义之中。就此来说,正是在对“现实的人”的理解中,费尔巴哈成为了马克思人学观与历史观变革的最后一道屏障,他既作为一个唯物主义者与马克思相区别,又作为一个唯心主义者与马克思相对立。从这种意义上说,当恩格斯在马克思的《费尔巴哈》章原来的标题后面加上“唯物主义观点和唯心主义观点的对立”的具体说明时,他就已经意识到了马克思批判费尔巴哈的双重意义。

三、“真正的共同体”与“有个性的个人”的历史建构

从总体上来看,马克思之所以能够确立起以“现实的人”及其“物质生产活动”为现实前提的“新历史观”,在本质上是因为它把“市民社会”这个特殊概念抽象成了社会历史发展的一个基础性概念,使之具有了我们今天所说的“经济基础”、“生产关系”、“交往形式”等概念的意义。正如马克思所说:“受到迄今为止一切历史阶段的生产力制约同时又反过来制约生产力的交往形式,就是市民社会。……这个市民社会是全部历史的真正发源地和舞台。”①很显然,这里的“市民社会”概念同《关于费尔巴哈的提纲》中的“市民社会”概念已经具有了不完全相同的语境和语义:在《关于费尔巴哈的提纲》中,“市民社会”是与“人类社会”相对而言的,它有着特殊的社会形态学意义,因此马克思说它是“旧唯物主义”的“立脚点”②。这样的“市民社会”,正是马克思终其一生都致力批判、超越与扬弃的“现代市民社会”或“现代资产阶级社会”。然而在这里,“市民社会”是与“意识的所有各种不同理论的产物和形式”的上层建筑相对而言的,具有能够和“经济基础”、“生产关系”、“交往形式”等相互通约的普遍的抽象分析性含义,因而构成

① 《马克思恩格斯选集》第1卷,人民出版社2012年版,第167页。

② 《马克思恩格斯选集》第1卷,人民出版社2012年版,第136页。

了“新历史观”的基础。这就是《德意志意识形态》中以“由此可见”所引出的第二个经典结论：

> 由此可见，这种历史观就在于：从直接生活的物质生产出发阐述现实的生产过程，把同这种生产方式相联系的、它所产生的交往形式即各个不同阶段上的市民社会理解为整个历史的基础，从市民社会作为国家的活动描述市民社会，同时从市民社会出发阐明意识的所有各种不同的理论产物和形式，如宗教、哲学、道德等等，而且追溯它们产生的过程。这样做当然就能够完整地描述事物了（因而也能够描述事物的这些不同方面之间的相互作用）。①

很显然，这里的“市民社会”指的其实就是产生了各种意识形式的“物质生活关系的总和”。这样的“市民社会”，当然是马克思所说的作为“全部历史的真正发源地和舞台”、构成“国家的基础以及任何其他的观念的上层建筑的基础”的“市民社会”②，它是马克思力求通过批判“现代市民社会”或“现代资产阶级社会”这个“市民社会特殊”而剥离出来、拯救出来的那个“市民社会一般”。

进一步说，作为“物质生活关系的总和”的“市民社会”（即“交往形式”），总是会现实地表现出它在“各个不同阶段”上的“历史性”（“包括该阶段的整个商业生活和工业生活”）。正如马克思所说，历史上不仅产生过“希腊人的市民社会”、“中世纪的市民社会”、“先前的市民社会”等形式，而且随着18世纪“财产关系已经摆脱了古典古代的和中世纪的共同体”，必然会产生出与资产阶级同步发展起来的“真正的市民社会”（即“现代的市民社会”）③。正是在对“真正的市民社会”即“现代市民社会”的分析中，马克思批判了“虚幻的共同体”和“偶然的个人”相结合的“自然形成的”社会（“表现为直接的、自然形成的统治”）和“由文明创造的”社会（“表现为劳动的统治，特别是积累起来的劳动即资本的统治”），建构了“真实的共同

---

① 《马克思恩格斯选集》第1卷，人民出版社2012年版，第171—172页。

② 《马克思恩格斯选集》第1卷，人民出版社2012年版，第167、211页。

③ 《马克思恩格斯选集》第1卷，人民出版社2012年版，第211页。

体”和“有个性的个人”相统一的“共产主义社会”[①]。

马克思的分析是从探讨分工的历史哲学意义开始的。在《德意志意识形态》中,马克思从逻辑与历史相统一的角度,在分析到同“原初的历史的关系的四个因素、四个方面”(即物质生活的生产、物质生活的再生产即新的需要的生产、人自身的生产和社会关系的生产)须臾不可分离的“意识”时,强调了“分工”是与它们“同时”“发展起来”的根本特征。在马克思看来,分工的出现和发展一方面造成了“生产力”、“社会状况”和“意识”这三个要素彼此之间的矛盾,使“精神活动和物质活动、享受和劳动、生产和消费由不同的个人来分担”的情况“成为现实”[②],另一方面又进一步引起了三个方面的社会后果:(1)以“劳动及其产品的不平等的分配”为标志的“私有制”的产生。马克思从“所有制是对他人劳动力的支配”的角度阐述了分工和私有制的等值关系:“分工和私有制是相等的表达方式,对同一件事情,一个是就活动而言,另一个是就活动的产品而言。”[③](2)与单个人或单个集团的特殊利益相矛盾因而宣称代表了“普遍利益”和“共同利益”的“虚幻的共同体”即“国家”的产生。马克思指出,正是由于特殊利益和共同利益之间的矛盾,共同利益才采取国家这种“与实际的单个利益和全体利益相脱离”的独立形式即“虚幻的共同体”的形式,在这些虚幻的形式下掩盖着“各个不同阶级间的真正的斗争”。然而,正是这些“始终真正地同共同利益和虚幻的共同利益相对抗的特殊利益所进行的实际斗争”,使得“通过国家这种虚幻的‘普遍’利益来进行实际的干涉和约束”成为了社会的必要产物。[④] (3)受分工制约的“不同个人的共同活动”产生了一种相对于“人本身的活动”来说具有强制性和物质性的“社会力量”,即“扩大了的生产力”。马克思说:分工的例证说明,只要“人们还处在自然形成的社会中”,只要“特殊利益和共同利益之间还有分裂”,只要“分工还不是出于自愿,而

① 《马克思恩格斯选集》第1卷,人民出版社2012年版,第199页。

② 《马克思恩格斯选集》第1卷,人民出版社2012年版,第162—163页。

③ 《马克思恩格斯选集》第1卷,人民出版社2012年版,第163页。

④ 《马克思恩格斯选集》第1卷,人民出版社2012年版,第164页。

是自然形成的”,那么“人本身的活动对人来说就成为一种异己的、同他对立的力量,这种力量压迫着人,而不是人驾驭着这种力量”①。所以,正是分工这种“社会活动”的“固定化”,使“我们本身的产物”聚合为了“一种统治我们、不受我们统治”的“物质力量”,转变成了“某种异己的、在他们之外”的“强制力量”,它们作为“不同个人的共同活动”的“社会力量”即“扩大了的生产力”,构成了“迄今为止历史发展中的主要因素之一”②。可以看出,马克思通过私有制的产生、国家的本质、人的活动的异己性这三个方面的阐述,实际上将分工这个经济学的实证范畴成功地改造成了一个哲学批判的逻辑范畴,改造成了马克思建构历史唯物主义的科学术语。正如马克思所说:分工“是迄今为止历史发展中的主要因素之一”③。也许正是在这个意义上,恩格斯晚年也曾强调指出:关于历史唯物主义本身的问题,“从分工的观点来看问题最容易理解”④。

在马克思看来,分工所包含的内在矛盾及其产生的社会后果,一方面促进了人的自由发展,但另一方面也构成了人的发展的社会桎梏,给人和社会发展带来了严重的社会后果,它在现代市民社会中的显著表现,就是“个人力量(关系)由于分工而转化为物的力量”带来了“现实的人”及其“自主活动”的“异化性”。

首先,就“现实的个人”的社会处境来说,由于生产力表现为“一种完全不依赖于各个人并与他们分离的东西,表现为与各个人同时存在的特殊世界”,使得“各个人”现在成了“分散的和彼此对立的”⑤,这就出现了个人力量与社会力量的对立:一方面是“生产力的总和”。在这里,生产力好像具有一种“物的形式”,它对个人来说已经不再是“个人的力量”而成了“私有制的力量”,因此,“生产力”只有在“个人是私有者”的情况下才能重新看作

① 《马克思恩格斯选集》第1卷,人民出版社2012年版,第165页。
② 《马克思恩格斯选集》第1卷,人民出版社2012年版,第165页。
③ 《马克思恩格斯选集》第1卷,人民出版社2012年版,第165页。
④ 《马克思恩格斯选集》第4卷,人民出版社2012年版,第609页。
⑤ 《马克思恩格斯选集》第1卷,人民出版社2012年版,第208页。

他的“个人的力量”；另一方面是同“生产力的总和”相对立的“大多数人”。对他们来说，由于“生产力的总和”是“和他们分离的”，因此他们作为个人也就“丧失了一切现实的生活内容”，成了“抽象的个人”，就是说，他们只有成为“抽象的个人”才能在物质生产与交往中“作为个人”而彼此发生联系①。

其次，就人的自主活动的社会处境来说，由于他们的“个人力量”现在被聚合为了一种异己的“社会力量”，因而他们“同生产力”并“同他们自身的存在”还保持着唯一联系的“劳动”，在他们那里也就失去了“任何自主活动的假象”，而且“只能用摧残生命的方式来维持他们的生命”②。这样一来，个人的“物质生活”与他的“自主活动”也就互相分离到了无以复加的地步，以致“物质生活一般都表现为目的，而这种物质生活的生产即劳动（劳动现在是自主活动的唯一可能的形式，然而……也是自主活动的否定形式）则表现为手段”③。

那么，怎样才能改变这种严重的社会异化现象呢？马克思认为，在现代市民社会，处于分散的和彼此对立的“各个人”，要想实现“他们的自主活动”，要想保证“自己的生存”，就必须“占有现有的生产力总和”。而为了实现这种“占有”，就必须消除三个方面的制约因素：（1）消除“所要占有的对象的制约，即受发展成为一定总和并且只有在普遍交往的范围里才存在的生产力的制约”④。为此，就需要使“占有”带有同“生产力和交往”等社会力量相适应的普遍性质；因为对“生产力和交往”的占有本身不外是“同物质生产工具相适应的个人才能的发挥”，所以“对生产工具一定总和的占有”也就是“个人本身的才能的一定总和的发挥”⑤。这就是说，对“生产力总和”的占有其实就是人们通过“个人本身的才能的一定总和的发挥”而对

① 《马克思恩格斯选集》第1卷，人民出版社2012年版，第208—209页。
② 《马克思恩格斯选集》第1卷，人民出版社2012年版，第209页。
③ 《马克思恩格斯选集》第1卷，人民出版社2012年版，第209页。
④ 《马克思恩格斯选集》第1卷，人民出版社2012年版，第209页。
⑤ 《马克思恩格斯选集》第1卷，人民出版社2012年版，第209页。

他们自身力量的占有。(2)消除“进行占有的个人的制约”。相对于过去的一切革命的占有都是有限制的占有,即各个人的自主活动受到“有局限性的生产工具”和“有局限性的交往”的束缚而“只是达到了新的局限性”来说,只有完全失去了整个自主活动的现代无产者才能实现自己的充分的、不再受限制的自主活动,即“对生产力总和的占有以及由此而来的才能总和的发挥”①。(3)消除“实现占有所必须采取的方式的制约”。“生产力总和”作为现代普遍交往的产物,除了归全体个人支配外,不可能归各个人支配。因此,对生产力总和的占有只有通过“联合”和“革命”才能实现,这是由无产阶级本身固有的本性和无产阶级革命的性质所决定的。只有通过联合的革命,无产阶级革命才能一方面打倒“迄今为止的生产方式和交往方式的权力以及社会结构的权力”,另一方面抛弃“它迄今的社会地位遗留给它的一切东西”②。

在马克思看来,只有消除了对生产力总和占有的上述三个制约,人类社会才能发展到更高级的共产主义社会,实现个人和他的活动的两个相互适应:一方面,“自主活动同物质生活的一致”同“各个人向完全的个人的发展以及一切自发性的消除”相适应③;另一方面,“劳动向自主活动的转化”同“过去受制约的交往向个人本身的交往的转化”相适应④。马克思极其自信地指出:“随着联合起来的个人对全部生产力的占有,私有制也就终结了。”⑤因此,“联合起来的个人”就是“不再屈从于分工的个人”⑥。这样的个人,虽然也会存在职业差别上的偶然性,但在自主活动上则不再受到偶然性的限制,因而成了真正自主活动、真正自由发展的“现实的个人”。由此,马克思从“现实的个人”与“抽象的个人”相区别的角度上揭露了德国意识形态家的根本缺陷:

---

① 《马克思恩格斯选集》第1卷,人民出版社2012年版,第209页。
② 《马克思恩格斯选集》第1卷,人民出版社2012年版,第210页。
③ 《马克思恩格斯选集》第1卷,人民出版社2012年版,第210页。
④ 《马克思恩格斯选集》第1卷,人民出版社2012年版,第210页。
⑤ 《马克思恩格斯选集》第1卷,人民出版社2012年版,第210页。
⑥ 《马克思恩格斯选集》第1卷,人民出版社2012年版,第210页。

哲学家们在不再屈从于分工的个人身上看到了他们名之为“人”的那种理想，他们把我们所阐述的整个发展过程看做是“人”的发展过程，从而把“人”强加于迄今每一历史阶段中所存在的个人，并把“人”描述成历史的动力。这样，整个历史过程就被看成是“人”的自我异化过程，实质上这是因为，他们总是把后来阶段的一般化的个人强加于先前阶段的个人，并且把后来的意识强加于先前的个人。借助于这种从一开始就撇开现实条件的本末倒置的做法，他们就可以把整个历史变成意识的发展过程了。①

马克思不仅从分工发展的角度分析了“不再屈从于分工的个人”向“联合起来的个人”的社会发展逻辑，而且从消灭分工的角度阐述了“真正的共同体”与“虚幻的共同体”、“冒充的共同体”以及“有个性的个人”与“阶级的个人”、“偶然的个人”之间的历史差别，从而为“真正的共同体”和“有个性的个人”相统一的“自由人联合体”打下了基础。

马克思认为，对“个人力量（关系）由于分工而转化为物的力量这一现象”的消灭，不能靠人们“从头脑里抛开关于这一现象的一般观念”的办法来消灭，而只能靠“消灭分工”即靠“个人重新驾驭这些物的力量”的办法来消灭。这种办法作为“联合起来的个人”对“生产力总和”的占有，当然需要以一定的“共同体”的存在为历史前提。马克思说：“没有共同体，这是不可能实现的。只有在共同体中，个人才能获得全面发展其才能的手段，也就是说，只有在共同体中才可能有个人自由。”②然而，在“冒充的”、“虚假的”、“虚幻的”共同体中，“个人自由”虽然也会存在，但拥有这种自由的“个人”只能是隶属于某一阶级的“个人”，而不是所有的个人。马克思说：“在过去的种种冒充的共同体中，如在国家等等中，个人自由只是对那些在统治阶级范围内发展的个人来说是存在的，他们之所以有个人自由，只是因为他们是这一阶级的个人。从前各个人联合而成的虚假的共同体，总是相对于各个

① 《马克思恩格斯选集》第1卷，人民出版社2012年版，第210—211页。
② 《马克思恩格斯选集》第1卷，人民出版社2012年版，第199页。

人而独立的；由于这种共同体是一个阶级反对另一个阶级的联合，因此对于被统治的阶级来说，它不仅是完全虚幻的共同体，而且是新的桎梏。”①对于这样的“冒充的”、“虚假的”、“虚幻的”共同体，当然只能由“联合起来的个人”组成的“真正的共同体”才能代替：“在真正的共同体的条件下，各个人在自己的联合中并通过这种联合获得自己的自由”②。

另一方面，在分工极其发达的现代市民社会中，各个人从事物质生产和物质交往的出发点都是他们自己，因而个人主义、自私自利就成了他们的活动原则。但是，由于从事物质生产与物质交往的“各个人”又总是“处于既有的历史条件和关系范围之内”的“现实的”个人而不是德意志意识形态家们所理解的“纯粹的”个人。于是，在现实的历史发展进程中，人的“社会关系”就会“在分工范围内”表现为“必然独立化”的发展趋势，表现出“阶级的个人”和“偶然的个人”的发展外观：

一方面，说个人是“阶级的个人”，是因为“他们的个性是由非常明确的阶级关系决定和规定的”③。马克思说：

> 有个性的个人与阶级的个人的差别，个人生活条件的偶然性，只是随着那本身是资产阶级产物的阶级的出现才出现。只有个人相互之间的竞争和斗争才产生和发展了这种偶然性本身。因此，各个人在资产阶级的统治下被设想得要比先前更自由些，因为他们的生活条件对他们来说是偶然的；事实上，他们当然更不自由，因为他们更加屈从于物的力量。等级的差别特别显著地表现在资产阶级与无产阶级的对立中。④

另一方面，说个人是“偶然的个人”，是因为“个人力量（关系）由于分工而转化为物的力量”，从而使得以货币为媒介的“任何交往形式和交往本身

① 《马克思恩格斯选集》第1卷，人民出版社2012年版，第199页。
② 《马克思恩格斯选集》第1卷，人民出版社2012年版，第199页。
③ 《马克思恩格斯选集》第1卷，人民出版社2012年版，第200页。
④ 《马克思恩格斯选集》第1卷，人民出版社2012年版，第200页。

成为对个人来说是偶然的东西”①。马克思说：

> 有个性的个人与偶然的个人之间的差别，不是概念上的差别，而是历史事实。……这种差别不是我们为每个时代划定的，而是每个时代本身在既存的各种不同的因素之间划定的，而且不是根据概念而是在物质生活冲突的影响下划定的。在后来时代（与在先前时代相反）被看做是偶然的东西，也就是在先前时代传给后来时代的各种因素中被看做是偶然的东西，是曾经与生产力发展的一定水平相适应的交往形式。②

正因为看到了分工对于“现实的个人”及其“自主活动”给现代市民社会造成的严重异化后果，马克思才从“生产力与交往形式的关系就是交往形式与个人的行动或活动的关系”③、“生产力的历史，从而也是个人本身力量发展的历史”④的角度，分析了以“真正的共同体”和“有个性的个人”相结合的“革命无产者的共同体”的根本特点：“在控制了自己的生存条件和社会全体成员的生存条件的革命无产者的共同体中，情况就完全不同了。在这个共同体中各个人都是作为个人参加的。它是各个人的这样一种联合（自然是以当时发达的生产力为前提的），这种联合把个人的自由发展和运动的条件置于他们的控制之下。”⑤显然，以这种共同体为目标的共产主义也就具有了和所有过去运动不同的彻底性与革命性：

> 它推翻一切旧的生产关系和交往关系的基础，并且第一次自觉地把一切自发形成的前提看做是前人的创造，消除这些前提的自发性，使这些前提受联合起来的个人的支配。因此，建立共产主义实质上具有经济的性质，这就是为这种联合创造各种物质条件，把现存的条件变成联合的条件。⑥

---

① 《马克思恩格斯选集》第1卷，人民出版社2012年版，第207页。
② 《马克思恩格斯选集》第1卷，人民出版社2012年版，第203页。
③ 《马克思恩格斯选集》第1卷，人民出版社2012年版，第203页。
④ 《马克思恩格斯选集》第1卷，人民出版社2012年版，第204页。
⑤ 《马克思恩格斯选集》第1卷，人民出版社2012年版，第202页。
⑥ 《马克思恩格斯选集》第1卷，人民出版社2012年版，第202页。

总之，在《德意志意识形态》中，马克思不仅把“现实的人”确立为了自己“新历史观”的本质规定，而且还从社会分工的角度探讨了现实的人及其自主活动的发展趋势，而他关于这两个方面的阐述都是结合着他对于“市民社会”的根本规定进行的。正因此，以内田义彦、平田清明、望月清司等人为代表的日本“市民社会派马克思主义”者认为，马克思在《德意志意识形态》中正是借助于市民社会概念建构了历史唯物主义的基本理论，因此应该把“市民社会历史观”确立为马克思历史理论的核心①。这种观点对于我们今天是有相当启发意义的。

事实上，从市民社会角度理解以现实的人为核心的历史唯物主义，建构“真正的共同体”与“有个性的个人”相统一的自由人联合体，也是马克思在《德意志意识形态》中超越鲍威尔、施蒂纳和费尔巴哈等意识形态的根本目标之一。

在《德意志意识形态》中，马克思不仅以费尔巴哈为靶子阐述了“唯物主义观点和唯心主义观点的对立”，而且以“个人”与“共同体”的关系为基础批判了鲍威尔的“自我意识”、费尔巴哈的“人”与施蒂纳的“唯一者”的抽象性，从而扬弃了“抽象的‘人’”与“抽象的‘个人’”之间的抽象对立。就是说，当鲍威尔和施蒂纳都把马克思和恩格斯看成是费尔巴哈哲学的一个流派、看成是费尔巴哈的追随者，因而在批判费尔巴哈的“人”这个他们认为是“实体”的东西而顺带着对马克思和恩格斯在《神圣家族》中的基本思想进行批判的时候，马克思则在《德意志意识形态》中公然驳斥了他们的观点同费尔巴哈观点在哲学基础上的抽象性。在马克思看来，当鲍威尔用“自我意识”而施蒂纳用“唯一者”批判费尔巴哈的“人”的时候，他们都“局限于‘批判’、‘人’和‘唯一者’的相互争吵”，而没有看到他们理论本质上的共性：他们只是提供了“抽象的人”的“观念的历史”，而根本没有考察正是“生产力、资金和社会交往形式的总和”构成了他们想像为“实体”和“人

① 参见韩立新：《“日本马克思主义”：一个新的学术范畴》，《学术月刊》2009年第9期。

的本质”的东西的“现实基础”①。以这种抽象的人为基础建立的历史观当然就具有把自然与历史相分离的缺陷：“不是完全忽视了历史的这一现实基础，就是把它仅仅看成与历史进程没有任何联系的附带因素。因此，历史总是遵照在它之外的某种尺度来编写的；现实的生活生产被看成是某种非历史的东西，而历史的东西则被看成是某种脱离日常生活的东西，某种处于世界之外和超乎世界之上的东西。这样，就把人对自然界的关系从历史中排除出去了，因而造成了自然界和历史之间的对立。”②以这种视角来看马克思关于“真正的共同体”和“有个性的个人”相结合的思想，它无疑是从既超越费尔巴哈的抽象的“人”也超越施蒂纳的抽象的“唯一者”的双重角度对“现实的人”及其“自主活动”的社会还原与历史确认。笔者认为，这里对于“抽象的‘人’”和“抽象的‘唯一者’”的抽象对立的超越，对于早年曾参加过青年黑格尔运动而后来又与他们分道扬镳的马克思来说，具有同对于“唯物主义观点与唯心主义观点的对立”的阐明来说同样重要的哲学意义，甚至是一个意义更加重大的转变历程，因为它是马克思从政治经济学的研究解剖市民社会的重大发现。从一定意义上说，《共产党宣言》中提出的“代替那存在着阶级和阶级对立的资产阶级旧社会的，将是这样一个联合体，在那里，每个人的自由发展是一切人的自由发展的条件”③这一思想，就是《德意志意识形态》中关于“真正的共同体”与“有个性的个人”相统一的更为明确、更为深刻的概括与阐述。

① 《马克思恩格斯选集》第1卷，人民出版社2012年版，第173页。
② 《马克思恩格斯选集》第1卷，人民出版社2012年版，第173页。
③ 《马克思恩格斯选集》第1卷，人民出版社2012年版，第422页。

第六章 思维具体的“社会的个人”

如果我们以1848—1850年为时间界标，那么马克思一生对政治经济学的研究和批判可以划分为两个大的时间段：一个是巴黎和布鲁塞尔时期的“开始研究”和“继续进行”，一个是伦敦时期的“重新进行”和“再从头开始”[①]。与这两个大的时间段相适应，马克思一生写了两个极其重要的“导言”，即《〈黑格尔法哲学批判〉导言》和《〈政治经济学批判〉导言》。前一个“导言”标志着马克思政治经济学研究的“开始”，后一个“导言”作为马克思对前一阶段政治经济学研究的“总结”，则标志着马克思政治经济学研究的“新的开始”：在前一个“导言”之后，马克思开始了从“抽象的个人”向“现实的个人”的哲学式变型，而他的理论基础是把作为“经济基础”、“生产关系”、“交往形式”的“市民社会”看成是“全部历史的真正发源地和舞台”[②]，看成是“构成国家的基础以及任何其他的观念的上层建筑的基础”[③]；在后一个“导言”之后，马克思则开始了从“原子的个人”向“社会的个人”的经济学求证，从而把“现实的个人”推进到了“社会的个人”的原则高度，而他的理论基础仍然是“市民社会”，但却是既产生了“孤立个人的观点”又具有“迄今为止最发达的社会关系”的“现代市民社会”[④]。“资产阶级社会”只是这种“现代市民社会”的一个具体社会形象而已。这两个“导

① 《马克思恩格斯选集》第2卷，人民出版社2012年版，第2—4页。
② 《马克思恩格斯选集》第1卷，人民出版社2012年版，第167页。
③ 《马克思恩格斯选集》第1卷，人民出版社2012年版，第211页。
④ 《马克思恩格斯选集》第2卷，人民出版社2012年版，第684页。

言”之所以重要，在于它们成为了马克思政治经济学研究和批判的两次“冲锋号”：前一个导言体现了马克思从“副本”（即“国家哲学和法哲学”）向“原本”（即“政治经济学”）①的理论转型，而后一个导言体现了马克思对“本题”（即“现代资产阶级生产”）与“主体”（即“社会”特别是“现代资产阶级社会”）②深入研究的最新成果。

一、“现实的个人”与“社会的个人”的历史蕴涵

“现实的人”所具有的历史哲学意涵，从其否定的解构意义上说，无疑是为了批判包括费尔巴哈在内的青年黑格尔派等以往旧哲学以“抽象的人”及其“精神”为核心的唯心史观的需要，但从其肯定的建构意义上说，则是为人找到了现实的基础，从而把人放置到现实的历史科学之上的需要。从人与社会、自然与历史相统一的观点来看，为人找到了现实的基础，也就是为历史找到了现实的基础；把人置于现实的基础之上，也就是把历史置于现实的基础之上。这种一切从现实出发、把人乃至历史置于现实基础之上的历史观，当然就是恩格斯所说的“关于现实的人及其历史发展的科学”③了。从哲学革命的角度看，这正是马克思历史唯物主义的深刻之处。

然而，在马克思看来，“现实的个人”只有“在思辨终止的地方，在现实生活面前”，只有在“人们实践活动和实际发展过程的真正的实证科学开始的地方”④，才能真正地融入“他们的活动”和“他们的物质生活条件”等社会因素，从而使“现实的个人”表现出“社会的个人”的现实品格。由此，“现

---

① 《马克思恩格斯选集》第1卷，人民出版社2012年版，第2页。

② 在《〈政治经济学批判〉导言》中，马克思明确地谈到了他要研究的“本题”就是“现代资产阶级生产”，“主体”就是“社会”特别是“现代资产阶级社会”。马克思说：“现代资产阶级生产——这种生产事实上是我们研究的本题。”“力求在一定的社会结构中来理解现代生产并且主要是研究生产的经济学家李嘉图，不是把生产而是把分配说成现代经济学的本题。”“主体，即社会。”“无论在现实中或在头脑中，主体——这里是现代资产阶级社会——都是既定的。”参见《马克思恩格斯选集》第2卷，人民出版社2012年版，第685、696、702、706页。

③ 《马克思恩格斯选集》第4卷，人民出版社2012年版，第247页。

④ 《马克思恩格斯选集》第1卷，人民出版社2012年版，第153页。

实的个人”是“社会的个人”的前提和基础,“社会的个人”是“现实的个人”的具体化和展开,是“现实的个人”在现实的社会历史情境中表现出来的具有一定社会语境的“现实的”个人。正因此,当马克思在《〈政治经济学批判〉导言》开始总结他在经济学研究基础上取得的科学成果时,他就把侧重于历史科学建构的“现实的个人”推进到了政治经济学批判的“社会的个人”的具体语境中。

在《〈政治经济学批判〉导言》中,马克思首先是“接着讲”的,是接着《德意志意识形态》的结论开始讲的,所以他开门见山地指出:“摆在面前的对象,首先是物质生产”①。在这里,马克思首先表明了自己与政治经济学家的共同点,实际上也就是把包括政治经济学在内的实证科学和历史科学与德国的意识形态区别开来了,而这其实就是马克思在《德意志意识形态》中已经完成了的理论工作,因而是他从哲学世界观方面跨越黑格尔的“思辨人学”和费尔巴哈的“感性人学”这两道门槛的必然结论。但是,在马克思看来,他所建构的“现实的人”不仅在哲学层面上同“抽象的人”区别开来,在本质上还同18世纪市民社会理论家的“自然的人”区别开来而表现出“社会的人”的特点。正因此,马克思接着指出:“在社会中进行生产的个人,——因而,这些个人的一定社会性质的生产,当然是出发点。”②在这里,“当然是”其实就是马克思自己研究的结果,是马克思对“首先是”的展开与深化,是与18世纪市民社会理论家的“当然是”形成强烈对比的“当然是”。因为马克思所说的“当然是”乃是“社会的个人”,而18世纪市民社会理论家的“当然是”则是经济主义与自然主义的“原子的个人”。

由此出发,马克思批判了18世纪市民社会理论家在“个人”观上的两个根本缺陷。马克思指出:

> 被斯密和李嘉图当做出发点的单个的孤立的猎人和渔夫,属于18世纪的缺乏想象力的虚构。这是鲁滨逊一类的故事,这类故事决不像

① 《马克思恩格斯选集》第2卷,人民出版社2012年版,第683页。
② 《马克思恩格斯选集》第2卷,人民出版社2012年版,第683页。

> 文化史家想象的那样,仅仅表示对过度文明的反动和要回到被误解了的自然生活中去。同样,卢梭的通过契约来建立天生独立的主体之间的关系和联系的"社会契约",也不是以这种自然主义为基础的。这是假象,只是大大小小的鲁滨逊一类故事所造成的美学上的假象。其实,这是对于16世纪以来就作了准备、而在18世纪大踏步走向成熟的"市民社会"的预感。在这个自由竞争的社会里,单个的人表现为摆脱了自然联系等等,而在过去的历史时代,自然联系等等使他成为一定的狭隘人群的附属物。这种18世纪的个人,一方面是封建社会形式解体的产物,另一方面是16世纪以来新兴生产力的产物。①

在马克思看来,18世纪市民社会理论家的"个人",无论是斯密、李嘉图等构想的"经济人",还是霍布斯、卢梭等构想的"契约人",在本质上都是类似"鲁滨逊一类"的"虚构"与"假象"。它们具有两个根本错误:一是它的非历史性。斯密等人仅仅把这种"单个的孤立的个人"作为"历史的起点",而没有看到它本身就是"历史的结果",是"封建社会形式解体"和"新兴生产力发展"的双重产物,因而产生了"这种合乎自然的个人并不是从历史中产生的,而是由自然造成的"的认识上的"错觉"②;二是它的非社会性。相对于过去的历史时代中"自然联系等等"使个人"成为一定的狭隘人群的附属物"来说,18世纪理论家只看到了现代市民社会中"单个的人表现为摆脱了自然联系"的一面,而没有看到现代市民社会本身就是一个"自由竞争的社会",在这里,人虽然看起来好像处于"单个的孤立的"状态之中,但其实它是处于"一定社会性质"中的个人。

与这种孤立的原子式的"个人"相对勘,马克思考察了现代市民社会中"社会个人"的"历史生成性"和"社会关系性"这两个根本特点:

> 我们越往前追溯历史,个人,从而也是进行生产的个人,就越表现为不独立,从属于一个较大的整体:最初还是十分自然地在家庭和扩大

① 《马克思恩格斯选集》第2卷,人民出版社2012年版,第683页。

② 《马克思恩格斯选集》第2卷,人民出版社2012年版,第684页。

> 成为氏族的家庭中；后来是在由氏族间的冲突和融合而产生的各种形式的公社中。只有到18世纪，在“市民社会”中，社会联系的各种形式，对个人说来，才表现为只是达到他私人目的手段，才表现为外在的必然性。但是，产生这种孤立个人的观点的时代，正是具有迄今为止最发达的社会关系（从这种观点看来是一般关系）的时代。人是最名副其实的政治动物，不仅是一种合群的动物，而且是只有在社会中才能独立的动物。孤立的一个人在社会之外进行生产——这是罕见的事，……就像许多个人不在一起生活和彼此交谈而竟有语言发展一样，是不可思议的。①

与18世纪的市民社会理论家相反，在这段著名的论述中，马克思不仅阐述了现代市民社会的“孤立个人”的历史生成性，而且指出了它的社会联系性：产生了“孤立个人”的观点的时代正是具有“迄今为止最发达的社会关系”的时代；人作为一种“合群的动物”正说明他是“只有在社会中才能独立的动物”。在这里，人的“孤立性”与人的“发达的社会关系”性、人的“独立性”与人的“合群性”是紧密结合在一起的，这看似矛盾的现象背后却隐藏着现代市民社会中个人的真实性状，体现着马克思从经济学语境中突破“鲁滨逊”式的个人主义和“利维坦”式的集团主义的理论诉求。

正是看到了现代市民社会中“个人”存在的这种真实社会性状，马克思才从人的社会交往性和历史发展性相结合的角度把“现实的个人”推进到了“社会的个人”的历史向度中。前面说过，马克思在分析18世纪市民社会理论家的“个人”之前曾说过这样一句话：“在社会中进行生产的个人，——因而，这些个人的一定社会性质的生产，当然是出发点。”②可是，当马克思在总结了自己关于“个人”的社会历史性之后则又说了这样一句话：“因此，说到生产，总是指在一定社会发展阶段上的生产——社会个人的生产。”③显然，前一句话与后一句话在这里形成了一种“启后”与“承前”的关

① 《马克思恩格斯选集》第2卷，人民出版社2012年版，第684页。
② 《马克思恩格斯选集》第2卷，人民出版社2012年版，第683页。
③ 《马克思恩格斯选集》第2卷，人民出版社2012年版，第685页。

系：马克思用“一定社会性质”和“一定社会发展阶段”这两个限定语所揭示出来的，既是他从社会的和历史的视角对“物质生产”的双重限定，因而也是他对《德意志意识形态》中所建构的“现实的个人”的双重界定，是他从“感性具体”与“思维抽象”的结合中建构“思维具体”的“现实的个人”即“社会的个人”的理论渊源。

后来的事实证明，一当马克思将“现实的个人”具体化为“社会的个人”之后，他从“社会的个人”角度出发对社会历史发展的论述也就具体得多、形象得多、也生动得多了。仅就《政治经济学批判（1857—1858 年手稿）》而言，马克思就曾多次指出：

> 一切生产都是个人在一定社会形式中并借这种社会形式而进行的对自然的占有。①

> 培养社会的人的一切属性，并且把他作为具有尽可能丰富的属性和联系的人，因而具有尽可能广泛需要的人生产出来。②

> 在这个转变中，表现为生产和财富的宏大基石的，既不是人本身完成的直接劳动，也不是人从事劳动的时间，而是对人本身的一般生产力的占有，是人对自然界的了解和通过人作为社会体的存在来对自然界的统治，总之，是社会个人的发展。③

> 生产力和生产关系——这二者是社会个人的发展的不同方面。④

> 已经存在的物质的、已经造成的、以固定资本形式存在的生产力，以及科学的力量，以及人口等等，一句话，财富的一切条件，财富的再生产即社会个人的富裕发展的最重大的条件。⑤

对于“社会的个人”，马克思不仅一般地分析了它的社会性内涵，而且

---

① 《马克思恩格斯选集》第 2 卷，人民出版社 2012 年版，第 687 页。
② 《马克思恩格斯全集》第 30 卷，人民出版社 1995 年版，第 389 页。
③ 《马克思恩格斯全集》第 31 卷，人民出版社 1998 年版，第 100—101 页。
④ 《马克思恩格斯全集》第 31 卷，人民出版社 1998 年版，第 101 页。
⑤ 《马克思恩格斯全集》第 31 卷，人民出版社 1998 年版，第 149 页。

特别地进行了富有历史哲学意义的考察：

> 人的依赖关系(起初完全是自然发生的)，是最初的社会形式，在这种形式下，人的生产能力只是在狭小的范围内和孤立的地点上发展着。以物的依赖性为基础的人的独立性，是第二大形式，在这种形式下，才形成普遍的社会物质变换、全面的关系、多方面的需要以及全面的能力的体系。建立在个人全面发展和他们共同的、社会的生产能力成为从属于他们的社会财富这一基础上的自由个性，是第三个阶段。第二个阶段为第三个阶段创造条件。因此，家长制的，古代的(以及封建的)状态随着商业、奢侈、货币、交换价值的发展而没落下去，现代社会则随着这些东西同步发展起来。①

在这里，马克思以他详尽剖析了的资本主义经济关系为依据，将“社会个人”的整个发展阶段划分为“人的依赖关系”的前资本主义阶段、“物的依赖关系”的资本主义阶段和“自由个性”的共产主义阶段这样三个大的历史阶段(历史时期、社会形态)。显然，就这一划分的宏大气魄和独具一格而言，它就成为马克思全面论述“社会个人”的自由全面发展以及以之为尺度的社会发展理论的“总纲领”。

在马克思看来，在第一个社会阶段即前资本主义阶段，个人之所以形成“人的依赖关系”或“直接的社会关系”，这是因为他们之间的“自然联系”；这种自然联系，马克思说它“起初完全是自然发生的”；自然联系之自然发生，就在于个人一开始生产就无可选择地“从属于一个较大的整体”。就是说，在人类最初的时候，人们之间的社会联系还只限于共同体内部，只是“在狭小的范围内和孤立的地点上”进行着，因而表现为自然血缘关系、狭隘地域关系和统治服从关系等。在所有这些形式的社会关系中，人的发展的基础“都是单个人对公社的被作为前提的关系——或多或少是自然地或又是历史地形成的但已变成传统的关系——的再生产，以及他对劳动条件和对劳动同伴、对同部落人等等的关系上的一定的、对他来说是前定的、客

① 《马克思恩格斯全集》第30卷，人民出版社1995年版，第107—108页。

观的存在”[1]。在这种直接的、原始的社会关系中，尽管个人“在一定范围内可能有很大的发展”，而且这样的个人“可能表现为伟大的人物”，但是从整体上来说，“无论个人还是社会，都不能想象会有自由而充分的发展，因为这样的发展是同原始关系相矛盾的”[2]。显然，在第一个历史阶段，由于人受狭隘的共同体的限制，使得他们成为人群的附属物，因而此时的人并无自由而全面的发展可言。

然而，到了第二个阶段即资本主义阶段，个人由于“摆脱了自然联系”而代之以物的“社会联系”，因而形成了“普遍的社会物质变换、全面的关系、多方面的需要以及全面的能力的体系”，正是这种物的“社会联系”为“社会个人”的形成与发展提供了条件。因为，人要想获得自由而全面的发展，首先就必须获得人身在时间、空间、居留地点和社会关系等方面的独立性，即“与外表上独立的个人相对立的独立的社会关系”[3]；而这种独立性的获得只有依靠以发达的分工和交换为基础的第二个阶段的“物的联系”才能实现。这样，独立的人由于能够摆脱第一个阶段中劳动条件和共同体的依附而自由地进入生产与交往关系发展所带来的新天地，从而以“社会个人”的资格去发展自己全面的才能与能力。

另一方面，虽然“这种物的联系比单个人之间没有联系要好，或者比只是以自然血缘关系和统治从属关系为基础的地方性联系要好”，但是，“在个人创造出他们自己的社会联系之前，他们不可能把这种社会联系置于自己支配之下”[4]。这是因为，“物的关系”说到底只是“各个人在一定的狭隘的生产关系内的自发的联系”[5]，这种联系借以同个人相对立而存在的异己性和独立性只是证明，“个人还处于创造自己的社会生活条件的过程中，而不是从这种条件出发去开始他们的社会生活”[6]。因此，为了使人们的社会

---

① 《马克思恩格斯全集》第30卷，人民出版社1995年版，第478页。
② 《马克思恩格斯全集》第30卷，人民出版社1995年版，第479页。
③ 《马克思恩格斯全集》第30卷，人民出版社1995年版，第114页。
④ 《马克思恩格斯全集》第30卷，人民出版社1995年版，第111页。
⑤ 《马克思恩格斯全集》第30卷，人民出版社1995年版，第112页。
⑥ 《马克思恩格斯全集》第30卷，人民出版社1995年版，第112页。

关系“作为他们自己的共同的关系”“服从于他们自己的共同的控制”①，就必须由第二个阶段向第三个阶段跃进，实现“物的联系”向“全面发展的个人”的转化。

在马克思看来，要使“全面发展的个人”即“自由个性”的人成为可能，“能力的发展就要达到一定的程度和全面性，这正是以建立在交换价值基础上的生产为前提的，这种生产才在产生出个人同自己和同别人相异化的普遍性的同时，也产生出个人关系和个人能力的普遍性和全面性。”②因此，虽然在第一个社会形态即人的依赖关系时期，人受狭隘的共同体的限制，此时并无人的自由而全面发展可言，在第三个社会形态即人的自由个性时期，人摆脱了人和物的两种限制，呈现出人的自由而全面发展的面貌。但是情况复杂的却是第二个社会形态即物的依赖关系时期——它既打破了第一个社会形态人对人的限制，开启了人的自由而全面发展的历程，又由于物的限制而不能完全地实现人的自由而全面的发展，因而呈现出一种“以物的依赖性为基础的人的独立性”的奇特的矛盾景观。也许正是由于这一点，马克思对第二个社会阶段着墨较多，多方面地论述了这一社会形态的矛盾关系，比如，人的独立性和人对物的依赖性，人的全面性和人的普遍异化性，人的孤立性和人的普遍的社会性，等等，而其最根本的矛盾则是，为人的自由而全面发展创造了条件但又不能将人的自由而全面发展贯穿到底。

显然，马克思对第二个社会形态即物的依赖关系的资本主义阶段之矛盾的两个方面的把握给了我们极大的启迪：一方面，既然只是在第二个社会形态即资本主义阶段才开始了“社会个人”的自由全面发展，那么我们就不应因其不能将人的自由全面发展贯穿到底而草率地否定它；相反地，我们应深刻地认识和把握它为“社会个人”的自由全面发展创造的各种条件，并设法让这些条件充分地发挥作用。另一方面，既然只是在第二个社会形态即资本主义阶段才开始了“社会个人”的自由全面的发展，那么我们在因其不

① 《马克思恩格斯全集》第 30 卷，人民出版社 1995 年版，第 112 页。

② 《马克思恩格斯全集》第 30 卷，人民出版社 1995 年版，第 112 页。

能将人的自由全面发展贯穿到底而适当地否定它时，就不应连同它为“社会个人”的自由全面发展所创造的条件一并否定掉；相反地，即使我们由第二个社会形态进入了第三个社会形态，也应当保留它所创造的这些条件，并设法让这些条件更加有效地发挥作用。

可以看出，在马克思那里，无论是“物的联系”的出现还是“全面发展的个人”的生成，都“不是自然的产物，而是历史的产物”①。这种“历史性”至少有三层含义：(1)物的社会联系不是一开始就有的，而是在人类历史发展过程中出现的。它脱胎于第一个社会形态即人的依赖关系。在那时，个人虽然显得比较全面，具有某种原始的丰富性，但因为还没有造成自己丰富的关系，而只能处于家庭、氏族和公社的整体约束之中；(2)物的社会联系即使在社会历史中出现了，但它本身并不具有永恒性，它“还处于创造自己社会生活条件的过程中”。因而，物的社会联系的特有性质，一方面使人的自由而全面发展的个性即个人关系和个人能力的全面性成为可能，另一方面又使个人同自己和别人发生普遍异化；(3)“全面发展的个人”作为对物的社会联系的扬弃，也是历史发展过程的产物。它脱胎于第二个社会形态即物的依赖关系。只有到那时，人们才“从这种条件出发去开始他们的社会生活”，也就是说，“创造自己社会生活条件”的任务才可能完成。马克思对“社会个人”发展的三重“历史性”说明，他关于“社会个人”的自由全面发展的理论与他关于社会历史的价值追求始终是紧密联系在一起的，正是这种人的全面发展的历史性使得社会发展过程成为了可能。

二、市民社会的辩证法与“社会的个人”的历史主题

熊彼特曾经高度评价斯密说：“正是通过斯密，18世纪关于人性的思想才传到了经济学家手里。”②斯密在《道德情操论》和《国富论》中所提出的

① 《马克思恩格斯全集》第30卷，人民出版社1995年版，第112页。

② 熊彼特：《经济分析史》第1卷，商务印书馆1992年版，第282页。

“道德人”与“经济人”的人性悖论，在前人研究的基础上超越了人性的利己和利他之间的伦理道德层面的善恶判断，论证了个人对自身利益的追求与社会利益之间的问题，从而把这一问题转化成了政治经济学和社会政治哲学的主题。当然，斯密由于其国民经济学的需要，最终偏向了自由主义、利己主义的“经济人”假设。熟悉斯密经济学的黑格尔，正是看到了市民社会中“利己主义”原则与“特殊性”原则，所以才要求建构一种超越市民社会之上的、作为“实体性的普遍物”和“伦理理念的现实”的“国家”①。尽管黑格尔的市民社会理论具有用外在的伦理批判克服市民社会自身的矛盾的虚幻性与无力性，但正是黑格尔在他的《法哲学原理》中把现代市民社会理论在人性问题上的发展主题凸显出来了：经过市民社会的洗礼、熏陶与训化，人的个体性、私利性、特殊性能否以及如何上升为社会的公共性、公益性、普遍性？显然，对黑格尔法哲学和斯密政治经济学进行了深入批判的马克思，他通过“现实的个人”和“社会的个人”的理论建构所要完成的重要任务之一，就是对上述发展主题作出的一种历史领会。

在黑格尔法哲学批判时期，出于批判黑格尔的需要，马克思对市民社会中人的看法，主要是围绕着市民社会与政治国家的关系来展开的，他把市民社会看作是“私人需要的体系”。马克思指出：“现代的市民社会是实现了的个人主义原则；个人的存在是最终目的；活动、劳动、内容等等都只是手段。”②“实际需要、利己主义是市民社会的原则；只要市民社会完全从自身产生出政治国家，这个原则就赤裸裸地显现出来。”③

可以看出，马克思此时头脑中所反映出来的“市民社会”，依然是从纯粹私人或原子个人的社会角度理解黑格尔所批判的斯密意义上的市民社会，他还不可能像后来那样从“生产关系”、“社会关系”角度理解市民社会中人与人的关系。这里唯一不同的是，马克思在借助于费尔巴哈的“现实的人”对黑格尔进行批判的时候，他已经初步意识到了现实的人的“社会特

---

① 参见黑格尔：《法哲学原理》，商务印书馆 1961 年版，第 253 页。

② 《马克思恩格斯全集》第 3 卷，人民出版社 2002 年版，第 101 页。

③ 《马克思恩格斯全集》第 3 卷，人民出版社 2002 年版，第 194 页。

质"而非"私人特质"：

> 黑格尔抽象地、孤立地考察国家的各种职能和活动，而把特殊的个体性看作与它们对立的东西；但是，他忘记了特殊的个体性是人的个体性，国家的各种职能和活动是人的职能；他忘记了"特殊的人格"的本质不是它的胡子、它的血液、它的抽象的肉体，而是它的社会特质，而国家的职能等等只不过是人的社会特质的存在方式和活动方式。因此不言而喻，个人既然是国家各种职能和权力的承担者，那就应该按照他们的社会特质，而不应该按照他们的私人特质来考察他们。①

然而，到了《1844年经济学哲学手稿》和《穆勒摘要》中，随着马克思对人的本质的"社会联系"和"社会活动"的自觉，他已经从交换关系、交往关系甚至物质生产活动所表现出的目的与手段这种现实关系出发理解人与人之间的相互关系了。在《穆勒摘要》中阐述"在未开化的野蛮状态下"与"有了交换"这两种情况下的不同生产目的时，马克思认为，当后者把"产品的生产"或者"产品的占有"看成是"衡量能够在多大程度上使需要得到满足的尺度"时，就已经把产品看成是用以满足其需要的"中介手段"，认为人的需要"不是直接在本人的产品中，而是在另一个人的产品中对象化"，从而提出了个人的需要和他人的需要互为目的与手段的观点："我们彼此的产品是满足我们彼此的需要的手段、中介、工具、公认的权力。"②这一观点在《1844年经济学哲学手稿》中，则发展成了从每个个体的存在出发的更为明确的分析。马克思说："在被积极扬弃的私有财产的前提下，人如何生产人——他自己和别人；直接体现他的个性的对象如何是他自己为别人的存在，同时是这个别人的存在，而且也是这个别人为他的存在。"③在马克思看来，在共产主义社会下，即在"被积极扬弃的私有财产"的前提下，由于私有财产变成了"真正人的和社会的财产"，因而人也变成了"社会的人"，从而生产也变成了"对象化生产"。这种生产的目的是为了人的，因而人们生产

① 《马克思恩格斯全集》第3卷，人民出版社2002年版，第29—30页。
② 马克思：《1844年经济学哲学手稿》，人民出版社2000年版，第182页。
③ 马克思：《1844年经济学哲学手稿》，人民出版社2000年版，第82页。

的物质对象也就是“生产人”，即生产自己和生产别人[①]。然而，由于人总是首先以个人的形式而存在的，因此，个人如何证明自己的存在，或者说个人如何获得自己的个性对象，他只能从他自己为别人的存在中得知；反之亦然，别人或另一个人如何证明自己的存在，或者说别人或另一个人如何获得他自己的个性对象，也只有从这个别人或这个另一个人为他自己的存在中得知。也就是说，离开了与另一个人相对比，个人的存在或自己的个性的对象就无从证明。正因为看到了物质生产中人与人之间的这种互相生产的关系，马克思不仅从人的需要的生产角度深入地分析了“作为手段出现的货币在什么程度上成为真正的力量和惟一的目的，那使我成为本质并使我占有异己的对象性本质的手段在什么程度上成为目的本身”[②]这一异化的社会问题，而且从社会分工角度重新梳理了“在国民经济学家看来，社会是市民社会，在这里任何个人都是各种需要的整体，并且就人人互为手段而言，个人只为别人而存在，别人也只为他而存在”[③]这一斯密经济学的重要问题。

在《德意志意识形态》中，由于马克思从“现实的人”及其“物质生产活动”出发建构了自己的“新历史观”，所以他从特殊利益与普遍利益、共同利益的相互关系出发，对“虚假的共同体”和“偶然的个人”之间的关系进行了深入分析。这种分析，在笔者看来，既是对斯密所提出的市民社会的人性主题的第一次回应，也是对黑格尔对斯密问题解答的第一次反拨。当然，马克思处理问题的方式是通过批判施蒂纳的“自我一致的利己主义者”来完成的。

在马克思看来，在最初的社会共同体中，虽然不存在独立于共同体之外的独立的个人，但也不存在真正意义上的社会分工，因为起初的分工“只是性行为方面的分工”，后来才是“由于天赋（例如体力）、需要、偶然性等等才

---

① 马克思：《1844年经济学哲学手稿》，人民出版社2000年版，第82页。

② 马克思：《1844年经济学哲学手稿》，人民出版社2000年版，第129页。

③ 马克思：《1844年经济学哲学手稿》，人民出版社2000年版，第134页。

自发地或‘自然地’形成的分工”①。然而，随着剩余产品的出现，随着阶级和私有制的产生，随着物质劳动与精神劳动的分离，自然分工就具有了真正社会分工的意义；由于社会分工“是以家庭中自然形成的分工和以社会分裂为单个的、互相对立的家庭这一点为基础的”，所以社会分工在事实上就构成了以“劳动及其产品的不平等的分配”为核心的“私有制”的历史根源。与这种社会分工相伴随的，就是“单个人的利益或单个家庭的利益与所有互相交往的个人的共同利益之间的矛盾”②。为了解决这种特殊利益与共同利益的矛盾，随之产生了代表共同利益的国家这种“虚幻的共同体”。然而，由于国家在本质上体现为“各个不同阶级间的真正的斗争”，所以国家利益最终“仍旧是一种特殊的独特的‘普遍’利益”。就此来说，国家的产生虽然无法真正克服特殊利益与共同利益之间的矛盾，但它毕竟使得社会“通过国家这种虚幻的‘普遍’利益来进行实际的干涉和约束成为必要”③。然而，尽管从一般意义上来说，国家是“从社会中产生但又自居于社会之上并且日益同社会相异化的力量”④，但是从特殊意义上来说，由于 18 世纪的资产阶级革命在事实上完成的只是“市民社会的革命”，它所建立的现代私有制是一种以现代资本为基础的“抛弃了共同体的一切外观并消除了国家对所有制发展的任何影响的纯粹私有制”，所以资产阶级革命胜利后所建立起来的“国家”只能是“与这种现代私有制相适应”的、“和市民社会并列并且在市民社会之外的独立存在”的“现代国家”⑤。正是资产阶级革命实现了市民社会与政治国家的二元分离，产生了现代市民社会中人的个体性与社会公共性之间相互对峙的历史主题。正如赛里格曼所概括的那样：

> 尽管市民社会的概念被法国、苏格兰、德国不同的理论作出不同的定义，但是，对于所有试图清楚表达市民社会观念的人来说，这样的问

---

① 《马克思恩格斯选集》第 1 卷，人民出版社 2012 年版，第 162 页。
② 《马克思恩格斯选集》第 1 卷，人民出版社 2012 年版，第 163 页。
③ 《马克思恩格斯选集》第 1 卷，人民出版社 2012 年版，第 164 页。
④ 《马克思恩格斯选集》第 4 卷，人民出版社 2012 年版，第 187 页。
⑤ 《马克思恩格斯选集》第 1 卷，人民出版社 2012 年版，第 212 页。

> 题是共同的：私人和公共之间、个人和社会之间、公共伦理与个人利益之间、个人激情与公共考虑之间的相互关系。……正是这个问题，或者这些问题，对于力图想要阐述一种社会理论的18世纪和19世纪来说，是核心的问题，也正是这些问题，继续成为今天社会和政治事务中最为凸显的问题。①

以现代市民社会的人学主题来思考费尔巴哈→施蒂纳→马克思这一青年黑格尔派的解体过程可以发现，费尔巴哈虽然从"神的主体是理性，而理性的主体是人"②出发正确地指出了宗教（神学）的秘密就是人的秘密，但他在"将神学溶解为人类学……溶解于完整的，现实的，人的本质之中"后就停滞不前了。由此，费尔巴哈虽然将从前属神的本质全部归还给了人，但他却又让人披上了神的外衣，塑造了一个像神一样的"人"和"类"。显然，这种抽象的"人"和"类"并不能成为解决现代市民社会的人学主题和发展主题的立脚点。

施蒂纳敏锐地抓住了这一点。他把费尔巴哈"什么是人"的抽象提问变成了"谁是人"的具体提问，并以"我"、"唯一者"、"利己主义"这三个具有同质性的指称给予了回答，强调作为"唯一者"的"人"只能是现实中一个个具体的、独立的个人。为了维持个人的自由，"唯一者"必然不受国家统治，不受法律和道德制约，不服从任何奴役和压迫，甚至不向任何强权屈服和献身，他们只有一个身份：作为"唯一者"的"我"。施蒂纳指出："我的事业不是神的事，不是人的事，也不是真、善、正义和自由的等等，而仅仅只是我自己的事，我的事业并非是普通的，而是唯一的，就如同我是唯一的那样。对我来说，我是高于一切的！"③马克思认为，施蒂纳所描述的这个无可匹敌、独一无二的"唯一者"在现实中是根本不存在的，因而在本质上仍然是脱离了历史情境、脱离了社会现实的抽象的人。因此，尽管施蒂纳也主张

① 亚当·B.赛里格曼：《市民社会的观念》，转引自王新生：《市民社会论》，广西人民出版社2003年版，第41—42页。

② 《费尔巴哈哲学著作选集》上卷，商务印书馆1984年版，第247页。

③ 施蒂纳：《唯一者及其所有物》，商务印书馆1989年版，第5页。

“利己主义”，但他的利己主义其实就是他的“唯一者”的具体体现，因而仅仅只是“自我一致的利己主义者”的“现象学”，或关于抽象的“唯一者”的“辩解的学说”①。显然，这种抽象的“唯一者”同样不能成为解决现代市民社会的人学主题和发展主题的立脚点。

在马克思看来，施蒂纳所说的“自我一致的利己主义者”，无论如何都不能同施蒂纳所反对的“庸俗的利己主义者”即“通常理解的利己主义者”或“自我牺牲的利己主义者”（施蒂纳认为所有利他主义行为都可以用人的利己主义行为来解释）混淆起来。恰恰相反，施蒂纳的“自我一致的利己主义者”恰恰是以“通常理解的利己主义者”为“前提”的。一方面，无论什么样的利己主义者，他的“个性”都不是第一位的，都是个人在与他的物质环境交往过程中形成的。这些交往关系包括友谊、爱情、职业、政治等等，它们合起来构成了人的个性，如果把个人的这些社会关系剥除掉，所谓个性也就只是一个空洞、虚无的概念而已。另一方面，在现实世界中，因为不存在一个绝对利己或绝对利他的个人，个人与社会、个人利益与普遍利益也就不可能在实际生活中绝对地分离开来。人在社会中生活，以劳动的方式生产出产品和财产以维持自己的生活，劳动中又必然包括分工与交换等环节，分工与交换又使人们结成紧密的社会关系，这一系列现象构成了现代市民社会中个人不得不遵从的社会事实与客观存在。正是看到了现代市民社会发展的这种客观逻辑，马克思从“在历史上表现出来的两个方面，即个别人的私人利益和所谓普遍利益，总是互相伴随着的”②的立场出发，讽刺了施蒂纳所无法理解的两个“怎么回事”：

> 个人利益总是违反个人的意志而发展为阶级利益，发展为共同利益，后者脱离单独的个人而获得独立性，并在独立化过程中取得普遍利益的形式，作为普遍利益又与真正的个人发生矛盾，而在这个矛盾中既然被确定为普遍利益，就可以由意识想像成为理想的，甚至是宗教的、

① 《马克思恩格斯全集》第3卷，人民出版社1960年版，第269页。
② 《马克思恩格斯全集》第3卷，人民出版社1960年版，第272—273页。

神圣的利益，这是怎么回事呢？在个人利益变为阶级利益而获得独立存在的这个过程中，个人的行为不可避免地受到物化、异化，同时又表现为不依赖于个人的、通过交往而形成的力量，从而个人的行为转化为社会关系，转化为某些力量，决定着和管制着个人，因此这些力量在观念中就成为“神圣的”力量，这是怎么回事呢？①

由于施蒂纳无法看到个人发展的这种社会事实，因而他就无法“从思辨的王国降临到现实的王国”，无法“从人们设想什么回到人们实际是什么”，无法“从他们想像什么回到他们怎样行动并在一定的条件下必须行动”②的问题上来，不仅施蒂纳用以改变现实世界的“惟一者”无力“改变世界”，而且他也无法理解真正“改变世界”的“共产主义”学说的理论意旨。

由此出发，马克思抛弃了共产主义“更像利己主义者还是更像自我牺牲者”这个“完全次要问题”的争论，从个人利益与普遍利益相结合的角度分析了共产主义运动的历史哲学蕴涵：

共产主义者既不拿利己主义来反对自我牺牲，也不拿自我牺牲来反对利己主义，理论上既不是从那情感的形式，也不是从那夸张的思想形式去领会这个对立，而是在于揭示这个对立的物质根源，随着物质根源的消失，这种对立自然而然也就消灭。……共产主义者不向人们提出道德上的要求，例如你们应该彼此互爱呀，不要做利己主义者呀等等；相反，他们清楚地知道，无论利己主义还是自我牺牲，都是一定条件下个人自我实现的一种必要形式。③

对于正在创立历史唯物主义时的马克思来说，共产主义已不再是一种纯粹的社会理想，不是我们头脑中幻想的彼岸世界，而是现实世界中真切发生着的变革过程。这种变革过程要求我们按照“实践的唯物主义者即共产主义者”④的态度来揭示个人私利性与社会公共性、个人利益与共同利益之

① 《马克思恩格斯全集》第3卷，人民出版社1960年版，第273页。

② 《马克思恩格斯全集》第3卷，人民出版社1960年版，第274页。

③ 《马克思恩格斯全集》第3卷，人民出版社1960年版，第275页。

④ 《马克思恩格斯选集》第1卷，人民出版社2012年版，第155页。

间的对立，从而通过人的实践活动消灭之。在马克思看来，由于“利己主义”和“自我牺牲”在本质上“都是一定条件下个人自我实现的一种必要形式”，又由于在存在奴役和压迫的阶级社会中，“‘共同利益’在历史上任何时候都是由作为‘私人’的个人造成的”，因而个人利益与普遍利益、利己主义与自我牺牲之间的对立“仅仅在表面上是对立的”，因为“这种对立的一面即所谓‘普遍的’一面总是不断由另一面即私人利益的一面产生的”①。正因此，马克思从“消灭劳动”、“消灭私有制”、“消灭分工”②的角度分析了现代市民社会中个人与社会之间的冲突的社会根源，从生产方式与交往方式角度为共产主义社会奠定了理论基础。在马克思看来，随着劳动条件、生产方式与交往方式的改变，随着生产力的普遍发展和与此相联系的世界交往的普遍发展，共产主义必将在“真正的共同体”与“有个性的个人”的真正统一中扬弃掉“利己主义”与“自我牺牲”的抽象问题与无谓争论。他说：

> 在共产主义社会中，即在个人的独创的和自由的发展不再是一句空话的唯一的社会中，这种发展正是取决于个人间的联系，而这种个人间的联系则表现在下列三个方面，即经济前提，一切人的自由发展的必要的团结一致以及在现有生产力基础上的个人的共同活动方式。因此，这里谈的是一定历史发展阶段上的个人，而决不是任何偶然的个人，至于不可避免的共产主义革命就更不用了，因为它本身就是个人自由发展的共同条件。当然，个人关于个人间的相互关系的意识也将完全是另外一回事，因此，它既不会是“爱的原则”或自我牺牲精神，也不会是利己主义。③

在这里，马克思对功利关系和剥削关系（利用关系）④的分析最能说明

---

① 《马克思恩格斯全集》第3卷，人民出版社1960年版，第275—276页。

② 参见《马克思恩格斯选集》第1卷，人民出版社2012年版，第170—171、198—201、207—210页。

③ 《马克思恩格斯全集》第3卷，人民出版社1960年版，第516页。

④ 在《德意志意识形态》的“圣麦克斯”章的“道德、交往、剥削理论”这一部分中，马克思使用的“剥削”一词，原文为Exploitation。这个词除有“剥削”的含义之外，还有“利用”的意思。参见《马克思恩格斯全集》第3卷，人民出版社1960年版，第477页注①。

问题。

首先,“功利主义”本身就是对“功利关系”这种客观的社会关系的理论抽象。在马克思看来,18 世纪资产阶级毫无疑问对个人与个人之间的相互关系即社会关系作了“功利关系”这样的狭隘化、片面化的理解,“把所有各式各样的人类的相互关系都归结为唯一的功利关系”,“这种看起来是形而上学的抽象之所以产生,是因为在现代资产阶级社会中,一切关系实际上仅仅服从于一种抽象的金钱盘剥关系”①。正因此,马克思认为“政治经济学”是“功利论的真正科学”②,因为它客观真实地反映了资产阶级在其最初发展中力图借助于“字面上的伪装”(即一般的“功利关系”)来实现其作为“现实的伪装的自觉或不自觉的表现”(即特殊的“人剥削人”的“剥削关系”)的历史要求:“对资产者来说,只有一种关系——剥削关系——才具有独立自在的意义;对资产者来说,其他一切关系都只有在他能够把这些关系归结到这种唯一的关系中去时才有意义,甚至在他发现了有不能直接从属于剥削关系的关系时,他最少也要在自己的想像中使这些关系从属于剥削关系。这种利益的物质表现就是金钱,它代表一切事物,人们和社会关系的价值。”③就此来说,当着施蒂纳这样的德国意识形态学家还像当年的法国功利主义者爱尔维修和霍尔巴赫一样,撇开功利关系的“实证的经济内容”而对一般的“功利关系”进行带有感伤色彩的道德批判的时候,18 世纪的资产阶级经济学家(主要是英国政治经济学和法国重农学派)却使这种一般的“功利关系”“获得了自己的真正的内容”,“把法国人所撇开的经济内容又逐渐地拣起来了”,并且使功利论和政治经济学“完全结合在一起了”④,就是说,使一般的“功利关系”与特殊的“剥削关系”完全结合在一起了。在这里,资产阶级经济学家企图用“欲盖弥彰”、“瞒天过海”的理论手法所掩盖的,恰恰是他们看到的这样一个经济事实:“主要的剥削关系是不以个人

① 《马克思恩格斯全集》第 3 卷,人民出版社 1960 年版,第 479 页。
② 《马克思恩格斯全集》第 3 卷,人民出版社 1960 年版,第 479 页。
③ 《马克思恩格斯全集》第 3 卷,人民出版社 1960 年版,第 480 页。
④ 《马克思恩格斯全集》第 3 卷,人民出版社 1960 年版,第 482—483 页。

意志为转移,是由整个生产决定的,单独的个人都面临着这些关系。"[①]正因此,资产阶级经济学家虽然也承认政治经济学这门科学在"经济关系"("功利关系")之外还应包括"其他一些关系,如政治关系、法律关系等等",但他们却"把这些关系归结于经济关系",认为其他一切关系都构成了"经济关系"的"从属"关系[②]。

其次,资产阶级经济学家对"经济关系"(无论是一般的"功利关系"还是特殊的"剥削关系")的认识,都具有德国意识形态学家所无法比拟的历史进步意义。一方面,在18世纪,资产阶级把他们所理解的"解放"即"竞争"看成是"给个人开辟比较自由的发展的新活动场所的唯一可能的方式",从而"在理论上"宣布了符合"资产阶级实践的意识、相互剥削的意识"在本质上是"一切个人之间普遍的相互关系"这样一个历史事实。马克思认为,这种做法无论如何"也是一个大胆的公开的进步",是"一种启蒙",因为"它揭示了披在封建剥削上面的政治、宗法、宗教和闲逸的外衣的世俗意义"[③],看到了产生功利关系和剥削关系的独立于个人意愿的客观的社会关系。另一方面,马克思同时已经意识到了资产阶级经济学的功利论不仅"对现存世界的全部批判"具有"局限性",而且他们所发现的"一切现存关系和经济关系之间的联系"也是"有限度的"[④]。在马克思看来,无论是出于什么目的,功利论本身在客观上都会表现出公益论的社会现实。"功利论一开始就带有公益论的性质,但是只有在开始研究经济关系,特别是研究分工和交换的时候,它才在这方面有充实的内容。"[⑤]值得注意的是,这时的马克思,由于还没有对分工和交换进行更为深入的经济学研究,所以他对"功利与公益"之间的关系更多地是从社会批判角度说明的。马克思说:"经济学内容逐渐使功利论变成了替现存事物的单纯的辩护,变成了这样

---

① 《马克思恩格斯全集》第3卷,人民出版社1960年版,第483页。

② 参见《马克思恩格斯全集》第3卷,人民出版社1960年版,第483页。

③ 《马克思恩格斯全集》第3卷,人民出版社1960年版,第480页。

④ 《马克思恩格斯全集》第3卷,人民出版社1960年版,第480页。

⑤ 《马克思恩格斯全集》第3卷,人民出版社1960年版,第484页。

的说教:在目前条件下,人们彼此之间的现有的关系是最有益的、最有公益的关系。在所有现代经济学家的学说里,功利论都具有这种性质。"①尽管如此,马克思还是认为,相对于施蒂纳"失去了任何积极内容"、"抽掉了一切现实关系"的"空洞幻想"来说,在资产阶级经济学家那里,"功利论至少有一个优点,即表明了社会的一切现存关系和经济基础之间的联系"②。在马克思看来,政治经济学揭示了功利主义理论的社会基础,而功利主义理论则体现出了一个社会的一切既有关系与其经济基础之间的联系。正因此,马克思认为施蒂纳的利己主义是"自夸的、自我一致的利己主义",而资产阶级的利己主义则是"积极活动的资产阶级利己主义"③。可以说,这是创立历史唯物主义时期的马克思从"现实的个人"出发所能做出的最高概括了。

到《资本论》及其手稿写作阶段,随着马克思对生产、消费、分配和交换关系的辩证掌握以及他对分工与交换关系的深入研究,马克思已经不再停留在个人利益与共同利益、特殊利益与普遍利益的外在对立中,而是将它们双方的对立放置到了一定的生产方式与交往方式这个更高的社会层面进行了内在的历史考察:自有人类社会以来,人类生产的物质产品就物化着人与人的社会关系。但是,人的社会关系通过物来表现,或表现为物的关系,从而出现了社会关系的物化现象,却只有在现代资产阶级社会里才发展得最为充分、最为发达。这是因为,只有在现代资产阶级社会里即自由竞争的社会里,人的"一切劳动产品、能力和活动"才能都通过交换价值体现出来。"在交换价值上,人的社会关系转化为物的社会关系;人的能力转化为物的能力。"④由于交换价值"既要以生产中人的(历史的)一切固定的依赖关系的解体为前提,又要以生产者互相间的全面的依赖为前提",所以就形成了

---

① 《马克思恩格斯全集》第 3 卷,人民出版社 1960 年版,第 484 页。
② 《马克思恩格斯全集》第 3 卷,人民出版社 1960 年版,第 484 页。
③ 《马克思恩格斯全集》第 3 卷,人民出版社 1960 年版,第 481 页。
④ 《马克思恩格斯全集》第 30 卷,人民出版社 1995 年版,第 107 页。

“毫不相干的个人之间的互相的和全面的依赖，构成他们的社会联系”[1]这种社会幻象。对于这种由看似独立的个人组成的社会的非常奇特的矛盾景观，马克思以“毫不相干”、“漠不关心”、“彼此关系冷漠”、“互相独立和漠不关心”等语汇给予了多方面的分析与描述[2]。

在马克思看来，在现代的自由竞争社会里，毫不相干的个人或漠不关心的人们之间的“互相依赖”，无疑是通过分工与交换这两种基本的经济活动实现的，“表现在不断交换的必要性上和作为全面中介的交换价值上”[3]。然而，资产阶级经济学由于无法从“社会的个人”角度考察问题，因而将个人之间的社会联系看成是单个的孤立的个人之间的联系，从而产生了这样的社会幻象：“每个人追求自己的私人利益，而且仅仅是自己的私人利益；这样，也就不知不觉地为一切人的私人利益服务，为普遍利益服务。”[4]这种社会幻象就是两百多年来斯密经济学中的“经济人”幻象，它的根本之点有两个：一是认为私人利益就是脱离社会利益的纯粹的私人的利益；二是认为私人利益的追求可以间接地实现社会的普遍利益。

马克思对这两个根本之点进行了反驳。与这两个根本点的顺序相反，马克思的反驳是层层剥离式的，即首先针对它的第二点，然后再回过头来针对它的第一点。针对第二点，马克思指出：

> 关键并不在于，当每个人追求自己私人利益的时候，也就达到私人利益的总体即普遍利益。从这种抽象的说法反而可以得出结论：每个人都互相妨碍别人利益的实现，这种一切人反对一切人的战争所造成的结果，不是普遍的肯定，而是普遍的否定。[5]

在这里，马克思一反斯密经济学对分工与交换之于私人利益和普遍利益的“普遍的肯定”的理解，从黑格尔辩证否定的角度对分工与交换之于私

① 《马克思恩格斯全集》第 30 卷，人民出版社 1995 年版，第 105—106 页。
② 参见《马克思恩格斯全集》第 30 卷，人民出版社 1995 年版，第 106—114 页。
③ 《马克思恩格斯全集》第 30 卷，人民出版社 1995 年版，第 106 页。
④ 《马克思恩格斯全集》第 30 卷，人民出版社 1995 年版，第 106 页。
⑤ 《马克思恩格斯全集》第 30 卷，人民出版社 1995 年版，第 106 页。

人利益和普遍利益进行了“普遍的否定”的理解，实际上是从辩证肯定与否定相结合的角度对私人利益与普遍利益的关系作了总结。所以，马克思认为，问题不在于私人利益的追求是否能够达到普遍利益，而在于从什么角度出发理解这种实现过程，否则，就会像“利己主义”和“自我牺牲”两极相通那样，有人（比如斯密）认为私人利益的追求能够“互相促进”普遍利益的实现，因而具有“普遍的肯定”的历史意义，有人（比如黑格尔）则认为私人利益的追求能够“互相妨碍”普遍利益的实现，因而具有“普遍的否定”的历史意义。在马克思看来，在存在着私有制的阶级社会里，在“共同利益是‘异己的’和‘不依赖’于他们的，即仍旧是一种特殊的独特的‘普遍’利益”①的情况下，所谓私人利益与普遍利益之间的对立就只能是一种社会假象，因为它们都是某一方面特殊利益的体现，都是脱离整个社会关系的虚幻利益。由此出发，马克思又对第一点进行了反驳：

> 关键倒是在于：私人利益本身已经是社会所决定的利益，而且只有在社会所设定的条件下并使用社会所提供的手段，才能达到；也就是说，私人利益是与这些条件和手段的再生产相联系的。这是私人利益；但它的内容以及实现的形式和手段则是由不以任何人为转移的社会条件决定的。②

在这里，马克思将私人利益置于社会之中，从社会大环境为私人利益的实现“所设定的条件”和“所提供的手段”入手分析了“一定社会发展阶段”上私人利益与社会利益的一致性，从而将个人利益与普遍利益的外在对立转换成了个人利益与普遍利益同一定的生产方式和交往方式的内在关系问题。

一当马克思把私人利益与共同利益放置到一定的社会条件和社会环境中，他也就发现了“交换价值”这种“物的逻辑”背后的“人的逻辑”：

> 个人产品或活动必须先转化为交换价值的形式，转化为货币，并且

① 《马克思恩格斯选集》第1卷，人民出版社2012年版，第164页。

② 《马克思恩格斯全集》第30卷，人民出版社1995年版，第106页。

> 个人通过这种物的形式才取得和证明自己的社会权力，这种必然性本身证明了两点：(1)个人还只能为社会和在社会中进行生产；(2)他们的生产不是直接的社会的生产，不是本身实行分工的联合体的产物。个人从属于像命运一样存在于他们之外的社会生产；但社会生产并不从属于把这种生产当作共同财富来对待的个人。[①]

要改变人的这种生存与发展状况，就必须实现“联合起来的个人对全部生产力的占有”[②]、“由联合起来的个人对他们总生产实行控制”[③]这样的社会目标。我们看到，这正是马克思在《德意志意识形态》中提出的“消灭劳动”、“消灭私有制”、“消灭分工”[④]这三个本质要求的历史唯物主义意旨。

毫无疑问，现代市民社会就是为实现这一目标提供“实现的形式和手段”的社会发展阶段，它在发达的社会分工与交换体系的基础上为个人的全面自由发展提供着自身所能提供的“形式和手段”，这就是通过个人与个人互为目的与手段的生产方式与交往方式，为实现人的“自为的存在”和“为他的存在”的统一而创造历史条件。马克思说：

> 每个人为另一个人服务，目的是为自己服务；每一个人都把另一个人当作自己的手段互相利用。这两种情况在两个个人的意识中是这样出现的：(1)每个人只有作为另一个人的手段才能达到自己的目的；(2)每个人只有作为自我目的(自为的存在)才能成为另一个人的手段(为他的存在)；(3)每个人是手段同时又是目的，而且只有成为手段才能达到自己的目的，只有把自己当作自我目的才能成为手段，也就是说，每个人只有把自己当作自为的存在才把自己变成为他的存在，而他人只有把自己当作自为的存在才把自己变成为前一个人的存在。[⑤]

---

① 《马克思恩格斯全集》第30卷，人民出版社1995年版，第108页。

② 《马克思恩格斯选集》第1卷，人民出版社2012年版，第210页。

③ 《马克思恩格斯全集》第30卷，人民出版社1995年版，第108页。

④ 参见《马克思恩格斯选集》第1卷，人民出版社2012年版，第170—171、198—201、207—210页。

⑤ 《马克思恩格斯全集》第30卷，人民出版社1995年版，第198页。

在这里，马克思从目的和手段的辩证关系出发，将人看作“自为的存在”和“为他的存在”的统一。“自为的存在”就是为我的存在，即把自己当作目的；“为他的存在”就是为别人的存在，即把自己当作手段。人就是这种同时既为自己存在又为他人存在的存在物，或同时既是目的又是手段的存在物。①

显然，人以目的和手段双重角色来相互证明自己的存在，是在现实的利益关系中进行的，或者说，人们的这种相互证明为的是证明个人利益的存在，因而，人之目的和手段相统一的关系就表现为人既是实现个人利益的目的又是实现他人利益的手段。具体来说，如同每个个人之间以目的和手段的相互联系不但证明了自己的存在并且形成了人类的整体那样，在现实的利益活动中，每个个人之间以目的和手段的相互联系，不但实现了个别利益并且形成了共同利益。若说个别利益的实现有益于以别人为手段而为自我目的的服务，那么共同利益的形成则有益于以自己为手段而为他人目的的服务；也可以说，个人利益是个人积极主动地利用别人为手段而有意识地获得的，而共同利益则是个人被动消极地以自己为手段而无意识地形成的。这一现象正好说明了，个人作为目的实现个人利益，而个人作为手段则形成共同利益，正如共同利益是每个个人的“共同的”利益那样，共同利益最终还会反过来为个人服务，还会转换为不同形式的个人利益。正因此马克思才说，即使每个个人的个别利益不一致甚至相对立，它也会由于形成的共同利益而得到某种程度的实现。就此来说，无论康德的“人是目的”的思想怎样树立起了人的崇高的“内在的目的性”，黑格尔的“人（同样也）是手段”的思想也是不可轻视的。因为如果仅仅停留于人是目的，人就会因缺乏手段而无法实现每个人的个别利益，也无法形成最终于人有益的共同利益。

然而，在实践本质上人被确定为目的和手段的统一，是就人的总体而言的，具体到每一个个人，由于每个个人境遇的千差万别，个人就不可能作为

① 参见刘荣军：《财富、人与历史——马克思财富理论的哲学意蕴与现实意义》，人民出版社2009年版，第252—254页。

改造世界的手段仅仅为自己发展自身的目的服务。撇开在阶级压迫社会里人之目的和手段截然两分即统治者成为目的、被统治者仅为手段的状态不说,在这里,一个更深层的原因是,人的改造世界的活动总是一种社会性的活动,即各个个人相互联合起来的活动。在这种社会性的活动中,个人之目的和手段的统一就不可避免地要发生分解,即个人发展自身目的的实现往往要通过并不直接服务这一目的的与他人联合的改造世界的活动。这样一来,我们就走进了马克思上述揭示的人的现实的利益关系之中:在现实的利益关系中,由于利益实现的社会性,人在实践本质层面上的目的和手段的统一,就转变为现实层面上的“自为的存在”和“为他的存在”的统一;目的表现为“自为的存在”,手段表现为“为他的存在”。虽然如此,由于这种“自为的存在”和“为他的存在”的各个个人之间的相互性,别人的呈现为手段性的“为他的存在”也就体现为个人的呈现为目的性的“自为的存在”。简而言之,不能为他,就不能自为;若要自为,就应为他。从原则的高度上说,这就是市民社会的辩证法,也是马克思从考察“社会的个人”得出的解决私人利益与普遍利益的对立这一现代市民社会的人学主题的现代方案。

三、超越现代市民社会的“自由人联合体”

在马克思的语境中,“社会的个人”的基本含义有两个:一是指“还只能为社会和在社会中进行生产”的“个人”①。因此,这种“社会的个人”从根本上说“还处于创造自己的社会生活条件的过程中,而不是从这种条件出发去开始他们的社会生活”②。这种“社会的个人”就是市民社会中的“社会的个人”,它还得遵循市民社会的基本原则,因而它还只是“社会的个人”的初级含义。二是指“全面发展”的“个人”,即“他们的社会关系作为他们自己的共同的关系,也是服从于他们自己的共同的控制”③的“个人”。这

① 《马克思恩格斯全集》第30卷,人民出版社1995年版,第108页。
② 《马克思恩格斯全集》第30卷,人民出版社1995年版,第112页。
③ 《马克思恩格斯全集》第30卷,人民出版社1995年版,第112页。

种真正意义、高级意义上的“社会的个人”作为超越于“市民社会”的“人类社会”的“个人”,它本身“不是自然的产物,而是历史的产物”①。

在马克思看来,初级意义上的“社会的个人”就是与“虚幻的共同体”相结合的“偶然的个人”、“阶级的个人”,真正意义上的“社会的个人”才是与“真正的共同体”相结合的“有个性的个人”。这两种“社会的个人”的本质区别就在于:在前者那里,由于“分工还不是出于自愿,而是自然形成的”,所以“受分工制约的不同个人的共同活动”也同样“不是自愿地而是自然形成的”,所以由这种共同活动所产生出的“社会力量”即“扩大了的生产力”对这些“个人”来说“就不是他们自身的联合力量,而是某种异己的、在他们之外的强制力量”;就是说,“人本身的活动对人来说就成为一种异己的、同他对立的力量,这种力量压迫着人,而不是人驾驭着这种力量”②。而在后者那里,由于“推翻一切旧的生产关系和交往关系的基础,并且第一次自觉地把一切自发形成的前提看做是前人的创造,消除这些前提的自发性,使这些前提受联合起来的个人的支配”,所以“联合起来的个人”也就“控制了自己的生存条件和社会全体成员的生存条件”,从而“把现存的条件变成联合的条件”③。就此来说,马克思所创立的历史唯物主义不仅仅在于指出了“生产力和生产关系——这二者是社会个人的发展的不同方面”④这个“唯物主义”的基本事实,更在于它科学地阐释了下面这个“历史唯物主义”的基本事实:“各个人过去和现在始终是从自己出发的。他们的关系是他们的现实生活过程的关系。为什么会发生这样的情况:他们的关系会相对于他们而独立?他们自己生命的力量会成为压倒他们的力量?”⑤

当我们从现代社会的这种发展视角来审视马克思哲学实现的革命变革时,我们发现它不仅体现为历史唯物主义的创立,而且也体现为哲学生存论

① 《马克思恩格斯全集》第30卷,人民出版社1995年版,第112页。
② 《马克思恩格斯选集》第1卷,人民出版社2012年版,第165页。
③ 《马克思恩格斯选集》第1卷,人民出版社2012年版,第202页。
④ 《马克思恩格斯全集》第31卷,人民出版社1998年版,第101页。
⑤ 《马克思恩格斯选集》第1卷,人民出版社2012年版,第215页。

的开启。在马克思看来，只有把历史奠基在“现实的、从事实际活动的人”的基础上并且从“他们的实际生活过程”出发“描绘出这个能动的生活过程”①，我们才能把人的感性对象性活动和人的生存的社会境况联系起来，从现实世界与人的活动的关系中为人的整个生命机能发挥和实现、为人的生存意义的无穷生发做出一种符合历史事实的“本体论承诺”。正因此，我们看到，马克思和恩格斯在《德意志意识形态》中创立历史唯物主义的过程，就是通过确立“现实的个人”及其“物质生产活动”而科学合理地、富有内容地引导出“生产力”概念从而揭示“生产力与交往形式的矛盾”而建立“历史科学”的过程；而马克思在《资本论》及其手稿中进行政治经济学批判的过程，就是通过批判“从社会经济结构方面来看的社会”②从而批判与资本的“狭隘性”相适应的“创造财富的方式”的“狭隘的历史发展阶段”和“狭隘的资产阶级形式”③而推动历史唯物主义的再创造的过程。由此审视马克思从早期的异化劳动分析到后期的雇佣劳动分析，由于中间贯穿了马克思哲学中历史唯物主义的建立和哲学生存论的开启，因而也就体现了马克思对现代无产阶级生存状况和历史命运的深度关切。其具体表现，就是马克思不再笼统地谈论自由劳动、社会分工、私有制等问题，而是从人的自由全面发展与生产力的发展的结合中谈论社会历史的具体发展了。

在马克思看来，既然“生产力与交往形式的关系就是交往形式与个人的行动或活动的关系”④，既然“生产力的历史”也就是“个人本身力量发展的历史”⑤，那么，只要生产力的发展与个人自由全面的发展不再处于“对立”状态而是处于“和谐”状态了，那么劳动异化、社会分工、私有制等问题就会自然而然地消失。正因此，马克思将生产力的充分发展作为了人的自由全面发展的一个充分条件，认为各种社会“异化”的消除都必须以“生产

① 《马克思恩格斯选集》第1卷，人民出版社2012年版，第152—153页。

② 马克思：《资本论》第3卷，人民出版社2004年版，第927页。

③ 《马克思恩格斯全集》第30卷，人民出版社1995年版，第539—540、479页。

④ 《马克思恩格斯选集》第1卷，人民出版社2012年版，第203页。

⑤ 《马克思恩格斯选集》第1卷，人民出版社2012年版，第204页。

力的巨大增长和高度发展”为“物质基础”和“实际前提”①。马克思认为，人类社会只有摆脱了“极端贫困”的社会环境，才能摆脱“争取必需品的斗争”，才能实现“联合起来的个人”对“他们生产力总和”的“占有”，才能为“有个性的个人”与“真正的共同体”的统一创造出社会条件。就此来说，现代社会就是为了这样的“实际前提”而作准备的发展阶段与历史环节。所以，离开现代社会的历史发展这个“基础”，未来共产主义社会是无法历史地建立起来的，现代市民社会就是未来共产主义社会的“胎胞”，它在自己的“母体”中为未来共产主义社会提供着人的发展和生产力的发展的双重基础。马克思说：

> 发展不仅是在旧的基础上发生的，而且就是这个基础本身的发展。这个基础本身的最高发展（这个基础变成花朵；但这仍然是这个基础，是作为花朵的这株植物；因此，开花以后和开花的结果就是枯萎），是达到这样一点：这时基础本身取得的形式使它能和生产力的最高发展，因而也和个人的最丰富的发展相一致。一旦达到这一点，进一步的发展就表现为衰落，而新的发展则在一个新的基础上开始。②

可以说，“生产力的最高发展”和“个人的最丰富的发展”的相互结合成了马克思此后论述共产主义社会的基本原则。比如，在《资本论》第一卷中，马克思说：“作为价值增殖的狂热追求者，他（指资本家——引者注）肆无忌惮地迫使人类去为生产而生产，从而去发展社会生产力，去创造生产的物质条件；而只有这样的条件，才能为一个更高级的、以每一个个人的全面而自由的发展为基本原则的社会形式建立现实基础。”③在《给〈祖国纪事〉杂志编辑部的信》中，马克思又指出：一切民族，不管它们所处的历史环境如何，不管它们采取什么样的道路，最后都要达到“在保证社会劳动生产力极高度发展的同时又保证每个生产者个人最全面的发展的这样一种经济形

---

① 《马克思恩格斯选集》第1卷，人民出版社2012年版，第166页。

② 《马克思恩格斯全集》第30卷，人民出版社1995年版，第540页。

③ 马克思：《资本论》第1卷，人民出版社2004年版，第683页。

态”①。

事实上，正是从“社会的个人”作为“历史的产物”角度，马克思在《资本论》“第一版序言”中提出了两个著名的观点：一是“经济自然史”的思想。马克思说：“我的观点是把经济的社会形态的发展理解为一种自然史的过程。不管个人在主观上怎样超脱各种关系，他在社会意义上总是这些关系的产物。”②二是“社会有机体”思想。马克思说：“现在的社会不是坚实的结晶体，而是一个能够变化并且经常处于变化过程中的有机体。”③在马克思看来，人类社会的发展史从客体性角度看表现为社会生产力的历史更替，从主体性角度看则表现为人的全面自由的发展。这两个方面是有机结合在一起的，既有客观经济规律，又有主体价值选择，正是它们的结合体现了人的发展过程与社会生产过程、人的活动规律与社会发展规律、社会主体形态与社会制度形态的辩证统一，从而使人类历史的发展表现出类似“自然发展史”的过程。事实上，正是从生产力的发展与人的发展的统一角度，马克思在《资本论》中重新规划并描述了他在《共产党宣言》中曾经指出过的“每个人的自由发展是一切人的自由发展的条件”的“联合体”：

> 最后，让我们换一个方面，设想有一个自由人联合体，他们用公共的生产资料进行劳动，并且自觉地把他们许多个人劳动力当作一个社会劳动力来使用。在那里，鲁滨逊的劳动的一切规定又重演了，不过不是在个人身上，而是在社会范围内重演。鲁滨逊的一切产品只是他个人的产品，因而直接是他的使用物品。这个联合体的总产品是一个社会产品。这些产品的一部分重新用作生产资料。这一部分依旧是社会的。而另一部分则作为生活资料由联合体成员消费。因此，这一部分要在他们之间进行分配。这种分配的方式会随着社会生产机体本身的特殊方式和随着生产者的相应的历史发展程度而改变。……在那里，人们同他们的劳动和劳动产品的社会关系，无论在生产上还是在分配

① 《马克思恩格斯全集》第25卷，人民出版社2001年版，第145页。

② 马克思：《资本论》第1卷，人民出版社2004年版，第10页。

③ 马克思：《资本论》第1卷，人民出版社2004年版，第10—13页。

上，都是简单明了的。①

在这里，马克思说得很明确，未来的"自由人联合体"和现代市民社会的劳动的区别主要集中在两个方面：一是劳动的规定是"在个人身上"还是"在社会范围内"；二是劳动产品是"个人的产品"还是"社会的产品"。马克思认为，由于未来的"自由人联合体"在生产上实现了"用公共的生产资料进行劳动"的条件，因而它在分配上也实现了"生产资料"的"社会性"和"生活资料由联合体成员消费"的直接目的，正因此，马克思说在这种"自由人联合体"中"人们同他们的劳动和劳动产品的社会关系"，无论在"生产上还是分配上"都是"简单明了的"。说其"简单"，是因为它摆脱了现代社会的"理性的狡计"，人不再需要为了交换价值而互相算计与计算；说其"明了"，是因为它摆脱了劳动的异化性、强迫性与对抗性，人因为摆脱了"人的依赖性"和"物的依赖性"而"澄明"了自身。笔者以为，马克思在《资本论》第一卷第一章就从"为了同商品生产进行对比"而提出的关于"自由人联合体"的愿景性规划与描述，构成了我们理解马克思在第一卷第二十四章提出的"重新建立个人所有制"的理论原点：对"资本主义生产"的"否定之否定"之所以不是"重新建立私有制"而是"重新建立个人所有制"，最根本的原因就是这种否定能够"在协作和对土地及靠劳动本身生产的生产资料的共同占有的基础上"实现"个人所有制"和"社会所有制"的内在统一。②

在马克思看来，只有"自由人联合体"中的个人才是真正意义上的"社会的个人"，在那里，由于人类社会实现了生产力发展与人的自由发展的充分结合，因而在生产力与生产关系两个维度上同时超越了现代社会（现代市民社会）而成为了真正的"人类社会"。对此，马克思作出了这样的理论预见：一方面，"社会化的人，联合起来的生产者，将合理地调节他们和自然之间的物质变换，把它置于他们的共同控制之下，而不让它作为一种盲目的力量来统治自己"；另一方面，"靠消耗最小的力量，在最无愧于和最适合于

---

① 马克思：《资本论》第1卷，人民出版社2004年版，第96—97页。

② 马克思：《资本论》第1卷，人民出版社2004年版，第874页。

他们的人类本性的条件下来进行这种物质变换"①。在马克思看来,实现了这样两个革命,人类社会也就实现了从"必然王国"向"自由王国"的转换。虽然说这种转换并不意味着人类能够彻底地摆脱"必然王国"的限制,但它至少意味着人的自由活动与自主能力的"社会化",因而也"最无愧于和最适合于他们的人类本性"。

在《哥达纲领批判》中,马克思关于共产主义社会高级阶段的论述,其实构成了他从"社会的个人"角度对历史唯物主义这门"历史科学"的高度概括:

> 在共产主义社会高级阶段,在迫使个人奴隶般地服从分工的情形已经消失,从而脑力劳动和体力劳动的对立也随之消失之后;在劳动已经不仅仅是谋生的手段,而且本身成了生活的第一需要之后;在随着个人的全面发展,他们的生产力也增长起来,而集体财富的一切源泉都充分涌流之后,——只有在那个时候,才能完全超出资产阶级权利的狭隘眼界,社会才能在自己的旗帜上写上:各尽所能,按需分配!②

在这里,马克思不仅将"集体财富的一切源泉都充分涌流"与旧式分工的消灭和劳动性质的改变并列起来作为"按需分配"的三个历史条件,而且还将它放在它们之后同"个人的全面发展"以及"他们的生产力的增长"一并作为了未来社会发展的终极目标。

值得注意的是,这里被翻译为"资产阶级权利"的词语,在《哥达纲领批判》中的德文原词是"bürgerlich Recht"。而在德文中,bürgerlich 和 bourgeois 存在着意义上的明显不同:德文 bürger 指市民,所以 bürgerlich 既可以译作"市民阶级的",又可以译作"资产阶级的";但 bourgeois 通常只被译作"资产阶级的"。所以,笔者认为,这里的"bürgerliches Recht"译成"市民阶级权利"可能更为恰当、更为科学。道理很简单,"资产阶级社会"或者"资本主义社会"消灭后的人类社会,还不可能直接就是马克思所说的"共产主义社

---

① 马克思:《资本论》第 3 卷,人民出版社 2004 年版,第 928—929 页。

② 《马克思恩格斯选集》第 3 卷,人民出版社 2012 年版,第 364—365 页。

会高级阶段”，它必然经历一个“非市民社会阶级的市民社会阶级”的“现代市民社会”的过渡才能最终达到马克思所说的“建立在个人全面发展和他们共同的、社会的生产能力成为从属于他们的社会财富这一基础上的自由个性”的“第三个阶段”①。就此来说，共产主义社会只能是对现代市民社会的历史超越，就如同立脚于“人类社会”的真实的“社会的个人”只能是对立脚于“市民社会”的幻象的“社会的个人”的历史超越一样。

从这个意义上来看，伯恩斯坦在《社会主义的前提和社会民主党的任务》中所说的下列这段话就值得玩味了：

> 今天说到反对资产阶级和消灭资产阶级社会时，任何人毕竟都懂得指的是什么了。但是反对或者消灭市民社会是什么意思呢？特别是在德国，当它的最大的、为首的邦即普鲁士的问题仍旧在于首先摆脱阻碍市民发展的很大部分的封建主义的时候，这样说是什么意思呢？没有人想到要把作为一个根据民法维持秩序的共同体的市民社会致于死命。相反，社会民主党不想解散这一社会和把它的成员全部无产阶级化，他们宁可坚持不懈地致力于使工人从一个无产者的社会地位上升到一个市民的社会地位，从而使市民地位或市民生活普遍化。社会民主党不想用一个无产阶级社会来代替市民社会，而是想用一种社会主义社会制度来代替资本主义社会制度。②

伯恩斯坦的这段话，让笔者首先想起了当年处于社会主义革命风暴中的俄国孟什维克。他们为了反对社会主义苏俄革命而提出俄国“还没有成长到实行社会主义的地步”、“还没有实行社会主义的客观经济前提”、“俄国生产力还没有发展到可以实行社会主义的高度”③等等观点，并且受到了列宁的批判。在无产阶级革命日益高涨的情况下，这些孟什维克确实像列宁所说的那样：对“马克思主义中有决定意义的东西，即马克思主义的革命

① 《马克思恩格斯全集》第30卷，人民出版社1995年版，第107—108页。

② 伯恩斯坦：《社会主义的前提和社会民主党的任务》，生活·读书·新知三联书店1965年版，第196页。

③ 参见《列宁选集》第4卷，人民出版社2012年版，第776—777页。

辩证法”“一点也不理解”①。但是从另一方面看来，他们提出的这些思想对于革命已经取得胜利之后的现实社会主义国家的建设来说，确实具有极为重要的警示意义。

在笔者看来，过去我们从“社会革命”的逻辑出发，将伯恩斯坦斥之为修正主义，是因为轰轰烈烈的社会主义革命需要有轰轰烈烈的革命行动，任何与这种革命行为相妥协的社会理论或社会政策都会遭到反对。其实，从今天的社会主义建设、改革的“社会发展”的逻辑来看，伯恩斯坦的上述观点或许更值得我们深入思考。从今天来看，就是已经建立了社会主义制度的国家，也都没有建立起一个完全的“无阶级社会”，何况当年还处于建党风云与革命摸索中的德国社会民主党。从这个意义上来说，伯恩斯坦所说的“社会民主党不想用一个无产阶级社会来代替市民社会，而是想用一种社会主义社会制度来代替资本主义社会制度”的思想，即令不是德国社会民主党的“最高纲领”，也可以看作是它的“最低纲领”或“初级纲领”。至少，对于在经济文化比较落后的国家首先建立了社会主义制度的国家来说，伯恩斯坦给我们提出了这样一个问题：今天的社会主义究竟是什么性质、什么意义上的社会主义？社会主义能够直接否定的究竟是现代市民社会还是现代资产阶级社会？如果不否认邓小平所说的我国社会主义还是“不够格”、“不发达”②的社会主义，那么我们就得承认伯恩斯坦上述观点的有限合理性。何况，从经济社会发展的现状来说，当今的中国也正面临着当年的德国面临的那些历史难题和发展问题。

---

① 《列宁选集》第4卷，人民出版社2012年版，第775页。

② 参见《邓小平文选》第3卷，人民出版社1993年版，第225、252页。

第三篇

市民社会的现代社会转型：从哲学批判到社会建构

工人阶级并没有期望公社做出奇迹。他们不是要凭一纸人民法令去推行什么现成的乌托邦。他们知道，为了谋求自己的解放，并同时创造出现代社会在本身经济因素作用下不可遏止地向其趋归的那种更高形式，他们必须经过长期的斗争，必须经过一系列将把环境和人都加以改造的历史过程。工人阶级不是要实现什么理想，而只是要解放那些由旧的正在崩溃的资产阶级社会本身孕育着的新社会因素。工人阶级充分认识到自己的历史使命，满怀完成这种使命的英勇决心。

——马克思：《法兰西内战》

当代中国是否存在市民社会的问题,与社会主义能否容纳市民社会的问题,其实就是一个问题的两个方面。对这两个问题的回答,首先就需要我们从当下的历史语境和时代背景中,从推进马克思主义中国化、时代化与大众化的意义上,从马克思对现代市民社会的法哲学批判、政治经济学批判和意识形态批判中开掘出马克思现代社会理论对于当代中国发展的社会启蒙意义,使马克思的现代市民社会批判理论成为当代中国解决现代化发展和民族复兴问题的思想武器,成为当代中国普通大众的基本思维方式和行为方式。

第七章　现代市民社会的三重批判与历史唯物主义

马克思集四十年之力进行的主要理论工作就是政治经济学批判。这种政治经济学批判不仅是由社会政治哲学所牵引的，而且是以历史唯物主义为支撑的，这使得马克思自身的思想发展呈现出对现代社会政治国家问题进行政治经济学批判与历史唯物主义考察的整体特性。然而，更为深入地研究就会发现，马克思自身的思想发展史之所以体现出从社会政治哲学主题的确立到政治经济学批判立场的择定再到历史唯物主义的创立，乃是与他对现代市民社会的法哲学批判、政治经济学批判和意识形态批判这三重批判紧密联系在一起的。法哲学批判使马克思把政治国家与市民社会的关系同私有制和私有财产这个社会现实问题联系起来，确立了人的解放必须从现代社会的宗教崇拜、国家崇拜和金钱崇拜中超拔出来的社会政治哲学主题；政治经济学批判使马克思从私有财产、物化关系与资本逻辑的结合中诠释了现代社会中市民社会与政治国家的关系及其背后更为深层的社会政治哲学，架构出了马克思为政治国家提供政治经济学支撑的实证道路；意识形态批判则使马克思完成了对现代哲学和社会学的观念论基础的批判，为破除附着在政治国家身上的所有权崇拜和社会附咒、为消灭资产阶级国家及其世俗基础即市民社会扫清了道路。

一、法哲学批判与社会政治哲学主题的确立

众所周知,马克思最初接受的是黑格尔的理性主义国家观。然而,在《莱茵报》工作期间遭遇到“第一次遇到要对所谓物质利益发表意见的难事”①,使得马克思对黑格尔哲学的信仰动摇了,这也成为了马克思研究经济问题的“最初动因”②。为了解决“物质利益”与“理性的法”的关系这个“苦恼的疑问”,马克思写的第一部著作就是“对黑格尔法哲学的批判性的分析”③,由此架构出了马克思在《黑格尔法哲学批判》和《德法年鉴》时期的社会政治哲学主题。④

马克思的“法哲学批判”,狭义地说是指《黑格尔法哲学批判》,而广义地说也包括《德法年鉴》上的两篇文章,即《论犹太人问题》和《〈黑格尔法哲学批判〉导言》。因为这两篇文章不仅是马克思写完《黑格尔法哲学批判》之后不久写成的,而且在主题上也是与《黑格尔法哲学批判》一脉相承的。所以,我们这里所说的“法哲学批判”是从广义上说的,指的是马克思的法哲学批判时期,因而包括了《黑格尔法哲学批判》和《德法年鉴》上的两篇文章。从总体上说,《黑格尔法哲学批判》、《论犹太人问题》和《〈黑格尔法哲学批判〉导言》可以看成是马克思确立社会政治哲学主题的三个基本环节。

《黑格尔法哲学批判》的中心问题,无疑是市民社会与国家(政治国家)的关系问题。在这部未完成的手稿中,马克思对这一问题进行了由浅入深的三个方面的分析。

首先,马克思宏观地分析了“家庭和市民社会”这两个领域与“国家”的

① 《马克思恩格斯选集》第2卷,人民出版社2012年版,第1页。
② 《马克思恩格斯选集》第2卷,人民出版社2012年版,第2页。
③ 《马克思恩格斯选集》第2卷,人民出版社2012年版,第2页。
④ 参见吴晓明:《黑格尔法哲学与马克思社会政治理论的哲学奠基》,《天津社会科学》2014年第1期。

关系问题。马克思的分析是直接从《莱茵报》时期所遇到的“物质利益”和“理性的法”的关系问题出发的，因而在《黑格尔法哲学批判》中的问题意识非常明确，一上来就把矛头指向了黑格尔的“国家”问题。在利益与法的关系问题上，黑格尔在《法哲学原理》中认为，“私法和私人福利”即“家庭和市民社会”这两个领域都是“从属并依存于”“国家”的。然而，马克思从黑格尔关于国家既是家庭与市民社会的“外在必然性”又是它们的“内在目的”的矛盾论述中分析了黑格尔法哲学的思辨唯心主义实质：“观念变成了主体，而家庭和市民社会对国家的现实的关系被理解为观念的内在想像活动。”①由此出发，马克思论述了家庭与市民社会同国家之间的真正的“本质关系”、“现实关系”：“家庭和市民社会都是国家的前提，它们才是真正活动着的。”“家庭和市民社会使自身成为国家。它们是动力。”“政治国家没有家庭的自然基础和市民社会的人为基础就不可能存在。它们对国家来说是必要条件。”②

马克思所以能够开门见山地指证黑格尔法哲学原理的唯心主义本质，既是他对物质利益与理性的法的关系的亲身感悟，也是他受费尔巴哈唯物主义影响的结果。这也是我们现在指认《黑格尔法哲学批判》这部手稿是标志着马克思在批判黑格尔法哲学过程中自觉地开始向唯物主义转变的文献依据。

其次，马克思重点地分析了市民社会与政治国家的分离及其发展趋势。马克思认为，相对于古代社会中市民社会就是政治国家的社会形式，现代社会的本质就是市民社会与政治国家的分离。由于这种分离，市民社会才可能成为独立的市民社会，政治国家才可能成为真正的国家本身。“国家本身的抽象只是现代才有，因为私人生活的抽象也只是现代才有。政治国家的抽象是现代的产物。”③然而，由于现代国家是伴随着现代资产阶级政治革命而产生的，这同时也造成了市民社会与政治国家在形式上分离而在实

① 《马克思恩格斯全集》第3卷，人民出版社2002年版，第10页。

② 《马克思恩格斯全集》第3卷，人民出版社2002年版，第10—12页。

③ 《马克思恩格斯全集》第3卷，人民出版社2002年版，第42页。

质上同一的更加严峻的现实，就是说，市民社会与政治国家之间表现出一种既离异、排斥与对抗又同构、互动与共生的关系。这种矛盾关系特别明显地表现在国家制度本身内部的行政权和立法权两个方面。

在行政权方面，马克思从“国家的市民社会”与“市民社会的国家”的同一关系出发，指出：

> 同业公会是官僚政治的唯物主义，而官僚政治则是同业公会的唯灵论。同业公会构成市民社会的官僚政治，官僚政治则是国家的同业公会。因此，官僚政治实际上把自己即“国家的市民社会”，与同业公会即“市民社会的国家”对立起来。①

> “官僚政治”是市民社会的“国家形式主义”。……同业公会是市民社会企图成为国家的尝试，而官僚政治则是那种确实使自己变成市民社会的国家。②

显然，正是“国家的市民社会”与“市民社会的国家”既相互排斥又相互依存的现实关系造成了现代国家的“内容的形式主义”这种虚幻性和虚伪性。马克思说：“在官僚政治内部，唯灵论变成了粗陋的唯物主义，变成了消极服从的唯物主义，变成了信仰权威的唯物主义，变成某种例行公事、成规、成见和传统的机械论的唯物主义。”③这种情况的出现，显然是因为资产阶级革命的局限性——资产阶级革命不仅只是在理论上提出了“自由”、“平等”、“人权”等口号，而且把它们仅仅限制在资产阶级权利这个有限的权利范畴内。正因此，马克思萌生了从普遍的实际利益出发谋求人的利益和权利的设想：“铲除官僚政治，只有普遍利益在实际上而不是像在黑格尔那里仅仅在思想上、在抽象中成为特殊利益，才有可能；而这又只有特殊利益在实际上成为普遍利益时才有可能。”④显然，普遍利益成为特殊利益而特殊利益成为普遍利益的社会，也就是既超越市民社会的特殊性也超越政

---

① 《马克思恩格斯全集》第3卷，人民出版社2002年版，第58页。
② 《马克思恩格斯全集》第3卷，人民出版社2002年版，第59页。
③ 《马克思恩格斯全集》第3卷，人民出版社2002年版，第60页。
④ 《马克思恩格斯全集》第3卷，人民出版社2002年版，第61页。

治国家的虚幻普遍性，因而也就是对市民社会与政治国家的双重超越，这与黑格尔主张的以普遍的、伦理性的国家超越特殊的、有局限的市民社会的观点是大异其趣的。由此出发，马克思提出了“历史任务就是国家制度的回归”①的社会政治哲学主题。在马克思看来，由于市民社会与政治国家的对立是同一共同体内部的对立，市民社会表现出其现实的特殊性，而国家表现出其抽象的普遍性，又由于市民社会构成了国家的基础和前提，因此要想消灭政治国家的虚幻性与虚假性，就必须同时消灭它的世俗基础即市民社会。马克思说：

> 一旦现实的国家生活苏醒，市民社会由于自己固有理性的推动而逐渐摆脱同业公会，官僚政治就要竭力复兴同业公会，因为“市民社会的国家”一旦衰落，“国家的市民社会”也就衰落。唯灵论是随着与其对立的唯物主义一起消逝的。②

在立法权方面，马克思主要是结合等级制、代议制和民主制来分析市民社会与国家的关系的。等级制的根本特点是“市民社会的等级和政治意义上的等级是同一的，因为市民社会就是政治社会，因为市民社会的有机原则就是国家的原则”③。中世纪社会就是等级制即市民社会与国家同一的顶峰。以此为参照，马克思认为黑格尔“比较深刻的地方”就是抓住了“市民社会和政治社会的分离”这一历史事实。然而，由于黑格尔看不到这种市民社会还只是资产阶级国家的体现，而非普遍的人类利益的体现，因而他最终仍然无法真正区别市民社会的私人意义和政治意义，反而“把作为人民的整体存在的国家同政治国家混为一谈”，陷入到了“想用复旧的办法来消除市民社会和政治国家的二元性”的反人民性和反历史性④。在马克思看来，要想让市民社会真正参与到政治社会中，就必须实现普遍的民主。以此来看，代议制确实是“一大进步”，它虽然还是“一个未加掩饰的矛盾”，但却

① 《马克思恩格斯全集》第3卷，人民出版社2002年版，第42页。
② 《马克思恩格斯全集》第3卷，人民出版社2002年版，第58页。
③ 《马克思恩格斯全集》第3卷，人民出版社2002年版，第90页。
④ 《马克思恩格斯全集》第3卷，人民出版社2002年版，第98、103页。

是“现代国家状况的公开的、未被歪曲的、前后一贯的表现”，因而代议制构成了等级制向民主制的历史过渡形式。[①] 马克思认为，实行以普选权为形式的民主制，是超越政治国家和市民社会所必然采取的历史形式。他说：

> 民主制是一切形式的国家制度的已经解开的谜。在这里，国家制度不仅自在地，不仅就其本质来说，而且就其存在、就其现实性来说，也在不断地被引回到自己的现实的基础、现实的人、现实的人民，并被设定为人民自己的作品。国家制度在这里表现出它的本来面目，即人的自由产物。
>
> 在民主制中，形式的原则同时也是物质的原则。因此，只有民主制才是普遍和特殊的真正统一。[②]

显然，在马克思的心目中，民主制是普遍性与特殊性的真正统一，是超越市民社会的狭隘特殊性与政治国家的抽象普遍性的必然结果。

最后，马克思深入地触及到了支配着市民社会与政治国家分离的社会根源。马克思在《黑格尔法哲学批判》中对市民社会与政治国家关系的分析，是与他在《克罗茨纳赫笔记》中对欧洲国家封建社会的政治史研究结合在一起的。张一兵教授认为，马克思本来是想着力弄清楚政治在历史中的作用，但是在笔记摘录过程中，马克思却无意识地不断体认到，“围绕财产的所有制实际上才是社会历史结构的真正基础”[③]。马克思说：

> 政治制度就其最高阶段来说，是私有财产的制度。
>
> 政治国家对私有财产的权力究竟是什么呢？是私有财产本身的权力，是私有财产的已经得到实现的本质。[④]

以这种视角来审视，马克思用大量篇幅特别地分析了以长子继承权作保证的国家制度恰恰是以私有财产作保证的政治制度。由此之故，《黑格

---

① 《马克思恩格斯全集》第3卷，人民出版社2002年版，第95页。

② 《马克思恩格斯全集》第3卷，人民出版社2002年版，第39—40页。

③ 张一兵：《回到马克思——经济学语境中的哲学话语》，江苏人民出版社2003年版，第146页。

④ 《马克思恩格斯全集》第3卷，人民出版社2002年版，第123—124页。

尔法哲学批判》也就被划分成了前后两个部分：先是对市民社会与政治国家关系的探讨，再是对市民社会与政治国家同私有财产的关系的探讨。这种转换体现出来的其实也是马克思思维路径的改变，由对与政治国家相对的市民社会这一外在因素的探讨转为对与政治国家相对的市民社会背后的更为根本与深层原因的历史追问，由对黑格尔法哲学和国家哲学的批判转而对市民社会本身进行研究与批判的致思路径。从这个意义上说，马克思之所以感觉要对"金钱和教养"这些市民社会等级的划分标准"留待批判黑格尔对市民社会的看法时再来阐述"①以及对"文明时代"的"人的实物本质""在《市民社会》这一章中作进一步阐述"②，正是因为他越来越感觉到有必要对市民社会本身进行结构性研究的结果。

总之，通过对黑格尔法哲学的初步分析，马克思得出了这样的深刻认识：从表面上看是市民社会与政治国家的关系问题的黑格尔法哲学背后，深藏着等级制经代议制向民主制转变这一社会政治哲学的秘密。自此以后，马克思就开始把政治国家与市民社会的关系同私有制和私有财产这个社会现实问题联系起来了。

《黑格尔法哲学批判》这部手稿虽然没有写完，也没有发表，但它的很多没有系统表达的精辟见解，在随后的《德法年鉴》上的两篇文章中都得到了系统而明确的表现。所以一般地说，人们习惯上把《论犹太人问题》与《〈黑格尔法哲学批判〉导言》一起看成是马克思黑格尔法哲学批判的成果。这里唯一不同的是，《论犹太人问题》是从宗教与国家的关系问题入手，讲到了政治解放与人的解放的关系问题，而《〈黑格尔法哲学批判〉导言》则从天国与世俗的关系问题入手，讲到了人的解放的物质力量与精神力量的关系问题。

在《论犹太人问题》中，马克思以"犹太人的解放"这个话题入手，论述了人的解放就是人从现代社会的宗教崇拜、国家崇拜和金钱崇拜这三重崇

---

①　《马克思恩格斯全集》第3卷，人民出版社2002年版，第100页。

②　《马克思恩格斯全集》第3卷，人民出版社2002年版，第102页。

拜中超拔出来的核心思想。这篇文章一开始就抓住了德国的犹太人渴望“公民的解放、政治的解放”这一“现实性”和鲍威尔关于犹太人“作为德国人”“应该为德国的政治解放奋斗”、“作为人”“应该为人的解放奋斗”这一“抽象性”①的对立。马克思的论证方法是,通过把宗教问题还原为政治问题、又把政治问题还原为世俗问题的方法,批判了鲍威尔思想的错误实质:“他批判的只是‘基督教国家’,而不是‘国家本身’,他没有探讨政治解放对人的解放的关系,因此,他提供的条件只能表明他毫无批判地把政治解放和普遍的人的解放混为一谈。”②通过对基督教德国、立宪制法国和自由制美国的对比,马克思驳斥了鲍威尔把社会政治问题化为神学问题的错误观点,指出宗教不是政治压迫的原因,而是它的表现;只有消灭了政治压迫,才能克服宗教狭隘性。所以,政治解放与宗教自由并不冲突。阻碍犹太人获得政治解放的根本问题并不是犹太教与基督教之间的宗教对立,而是基督教国家对犹太教和犹太人的政治压迫。从这个意义上说,犹太人渴望“公民的解放、政治的解放”确实比鲍威尔关于犹太人的“人的解放”的“抽象性”提法更具有“现实性”意义,因为在受到基督教国家的统治因而受等级特权思想支配的德国,政治解放确实能够给犹太人带来“公民权”与“人权”两个方面的政治效应。所以,政治解放作为人的“现实的、实际的解放”,它是“在迄今为止的世界制度内”“人的解放的最后形式”③。然而另一方面,政治解放的限度也是明显的,它还“不是一般人的解放的最后形式”,“不是彻头彻尾、没有矛盾的人的解放形式”。④ 政治解放的这种悖谬性,导致了现代社会的二重化、人的本质的二重化和人的权利的二重化,张显了“普遍利益和私人利益之间的冲突,政治国家和市民社会之间的分裂”⑤。

① 《马克思恩格斯全集》第3卷,人民出版社2002年版,第163页。在1843年3月13日给卢格的信中,马克思就曾指出:“不管我多么讨厌犹太人的信仰,但鲍威尔的观点在我看来还是太抽象。”参见《马克思恩格斯全集》第27卷,人民出版社1972年版,第443页。

② 《马克思恩格斯全集》第3卷,人民出版社2002年版,第167—168页。

③ 《马克思恩格斯全集》第3卷,人民出版社2002年版,第174页。

④ 《马克思恩格斯全集》第3卷,人民出版社2002年版,第174、170页。

⑤ 《马克思恩格斯全集》第3卷,人民出版社2002年版,第174页。

由此出发，马克思以政治解放与人的解放的区别为根据，分析了“政治解放本身并不就是人的解放”①的社会政治意义。在马克思看来，由于“政治革命是市民社会的革命”，所以“政治解放同时也是同人民相异化的国家制度即统治者的权力所依据的旧社会的解体”②；这种政治革命“打倒了……统治者的权力，把国家事务提升为人民事务，把政治国家组成为普遍事务”③。然而，由于这种政治革命“消灭了市民社会的政治性质”，所以它在瓦解了封建社会、凸显出市民社会的同时，也把封建社会的人改造成了现代社会的人，即“利己的人”；这种“人”，即“市民社会的成员”，作为“政治国家的基础、前提”，它是“国家通过人权予以承认的”④。这样，由于“政治国家的建立和市民社会分解为独立的个体……是通过同一种行为实现的”，所以市民社会的革命既实现了“国家的唯心主义的完成”也实现了“市民社会的唯物主义的完成”⑤。在这里，“国家的唯心主义”指的是政治国家的虚假性与抽象性，“市民社会的唯物主义”指的是现实的人的利己性与狭隘性，因而以市民社会的革命为内容的政治解放并不是人的解放的最终形式。要想完成“使人的世界和人的关系回归于人自身”的人的解放，就必须具备两个社会条件：一是“现实的个人把抽象的公民复归于自身，并且作为个人，在自己的经验生活、自己的个体劳动、自己的个体关系中间，成为类存在物”；二是“人认识到自身‘固有的力量’是社会力量，并把这种力量组织起来因而不再把社会力量以政治力量的形式同自身分离”⑥。前一个条件是人的两种身份的历史回归，即“抽象的公民”向“现实的个人”的复归，后一个条件是人的两种力量的历史回归，即“政治力量”向“社会力量”的复归。很明显，这两个条件的实现也就是对现代社会两种抽象性（人自身的利己主义和国家权力的神秘主义）的超越。

---

① 《马克思恩格斯全集》第3卷，人民出版社2002年版，第180页。
② 《马克思恩格斯全集》第3卷，人民出版社2002年版，第186页。
③ 《马克思恩格斯全集》第3卷，人民出版社2002年版，第187页。
④ 《马克思恩格斯全集》第3卷，人民出版社2002年版，第187—188页。
⑤ 《马克思恩格斯全集》第3卷，人民出版社2002年版，第187—188页。
⑥ 《马克思恩格斯全集》第3卷，人民出版社2002年版，第189页。

在肯定了犹太人渴望政治解放的现实性与合理性之后，马克思也批判了犹太人的社会狭隘性，指出真正的人的解放就是把人类从做生意、从金钱势力下解放出来。马克思提醒我们，如果我们不是像鲍威尔那样停留于宗教对立的立场上，而是超出宗教对立的意义来观察，就会发现“现实的世俗犹太人”不是“安息日的犹太人”（即“安息日里的伪善的犹太人”），而是“日常的犹太人”（即“进行日常活动的犹太人”）。[①] 这种“日常的犹太人”的世俗基础是“实际需要、自私自利”，他们的世俗礼拜是“做生意”，他们的世俗的神是“金钱”[②]。这些“世俗基础”、“世俗礼拜”和“世俗的神”，正是市民社会的革命亦即资产阶级政治革命所要追求的内核。从这个意义上说，犹太人对政治解放的渴望，其实就是他们顺应历史发展趋势、彰显市民社会精神、适应资产阶级革命的必然要求。犹太人和犹太精神背后所体现出来的，其实就是现代市民社会的个人的缩影，是影缩的市民社会的个人。这种情况既决定了犹太人的现实合理性，也决定了他们的利己狭隘性。马克思说：“犹太人作为市民社会的特殊成员，只是市民社会的犹太精神的特殊表现。”[③]“实际需要、利己主义是市民社会的原则；只要市民社会完全从自身产生出政治国家，这个原则就赤裸裸地显现出来。实际需要和自私自利的神就是金钱。”[④]显然，犹太人和犹太精神所体现出来的这种“普遍的现代的反社会的要素”[⑤]，不仅决定了“犹太人”“获得解放的能力问题”就是“必须克服什么样的特殊社会要素才能废除犹太教的问题”[⑥]，而且决定了现代世界中“社会的犹太人”的自我解放。马克思说：“犹太人的解放，就其终极意义来说，就是人类从犹太精神中得到解放。”[⑦]“犹太人的社会解放就

① 《马克思恩格斯全集》第3卷，人民出版社2002年版，第191页；《马克思恩格斯全集》第2卷，人民出版社1957年版，第140页。

② 《马克思恩格斯全集》第3卷，人民出版社2002年版，第191页。

③ 《马克思恩格斯全集》第3卷，人民出版社2002年版，第194页。

④ 《马克思恩格斯全集》第3卷，人民出版社2002年版，第194页。

⑤ 《马克思恩格斯全集》第3卷，人民出版社2002年版，第192页。

⑥ 《马克思恩格斯全集》第3卷，人民出版社2002年版，第191页。

⑦ 《马克思恩格斯全集》第3卷，人民出版社2002年版，第192页。

是社会从犹太精神中获得解放。”①

这样，通过对“犹太精神的经验本质”即“做生意及其前提”的批判，马克思最终将宗教解放置换成了与政治解放不同的人类解放。它说明，当鲍威尔还“以‘宗教问题’就是‘宗教问题’为满足”的时候，马克思就已经迈出了这样的工作设想：“剥掉掩盖着犹太精神实质的宗教外壳，掏出犹太精神的经验的、世俗的、实际的内核，就能够规划一个消溶这种内核的真正的社会形式。”②

在《〈黑格尔法哲学批判〉导言》中，马克思讨论的主题依然是“人的解放”问题，所不同的是话题由“犹太人的解放”变成了“德国人的解放”。马克思仍然开门见山地指出：“就德国来说，对宗教的批判基本上已经结束；而对宗教的批判是其他一切批判的前提。”③这里所说的“其他一切批判”，首当其冲指的就是马克思对他在《黑格尔法哲学批判》和《论犹太人问题》中分析过的政治国家与市民社会及其背后的私有财产和金钱势力所进行的政治批判。在马克思看来，宗教批判的对象是“幻想的现实性”中的“超人”，而政治批判的对象则是“真正现实性”的“非人”④。为什么说是“非人”呢？因为，“人不是抽象的蛰居于世界之外的存在物。人就是人的世界，就是国家，社会”⑤。然而，由于“这个国家、这个社会”在现实中表现为“政治国家”与“市民社会”，所以它在本质上就是产生了宗教这种“颠倒的世界意识”的“颠倒的世界”⑥。在这个颠倒的世界里，人的自我异化的“神圣形象”（宗教）虽然被揭穿了，但是人的自我异化的“非神圣形象”（政治国家和金钱势力等等）依然没有被真正地揭穿。这样，马克思提出了人类历史的新的任务：“确立此岸世界的真理”，“揭露具有非神圣形象的自我异

① 《马克思恩格斯全集》第 3 卷，人民出版社 2002 年版，第 198 页。
② 《马克思恩格斯全集》第 2 卷，人民出版社 1957 年版，第 139 页。
③ 《马克思恩格斯全集》第 3 卷，人民出版社 2002 年版，第 199 页。
④ 《马克思恩格斯全集》第 3 卷，人民出版社 2002 年版，第 199 页。
⑤ 《马克思恩格斯全集》第 3 卷，人民出版社 2002 年版，第 199 页。
⑥ 《马克思恩格斯全集》第 3 卷，人民出版社 2002 年版，第 199 页。

化”。[①]

在马克思看来，“德国的现状”的最大问题就是“时代错乱”，即“现代德国制度”的“时代错乱”[②]。马克思说：

> 在法国和英国行将完结的事物，在德国现在才刚刚开始。这些国家在理论上反叛的、而且也只是当作锁链来忍受的陈旧腐朽的制度，在德国却被当作美好未来的初升朝霞而受到欢迎，这个美好的未来好不容易才敢于从狡猾的理论向最无情的实践过渡。在法国和英国，问题是政治经济学或社会对财富的统治；在德国，问题却是国民经济学或私有财产对国民的统治。因此，在法国和英国是要消灭已经发展到终极的垄断；在德国却要把垄断发展到终极。那里，正涉及解决问题；这里，才涉及到冲突。[③]

然而，从一方面来看是缺陷的事情，从另一方面来看却是极有意义的事情。正是德国现状的这种“时代错乱”充分揭示了“德国式的现代问题”，说明了“工业以至于整个财富领域对政治领域的关系”就是“现代主要问题之一”[④]。德国没有经历过英国那样的工业革命和法国那样的政治革命，这使得以思辨理性见长的德国人能够“在政治上思考其他国家做过的事情”，使得“德国的法哲学和国家哲学”成了“惟一与正式的当代现实保持在同等水平上的德国历史”，使得德国人虽然不是“当代的历史同时代人”，但却是“当代的哲学同时代人”[⑤]。因此，“一旦现代的政治社会现实本身受到批判，即批判一旦提高到真正的人的问题，批判就超出了德国现状”[⑥]。在这里，马克思透过德国现状与英法现状之间的“时代错乱”抓住了“财富领域”与“政治领域”的关系问题这个现代市民社会与政治国家关系的核心问题，也就为揭露人的自我异化的非神圣形象的“原本”问题而不是“副本”问题

---

① 《马克思恩格斯全集》第3卷，人民出版社2002年版，第200页。
② 《马克思恩格斯全集》第3卷，人民出版社2002年版，第200、203页。
③ 《马克思恩格斯全集》第3卷，人民出版社2002年版，第204页。
④ 《马克思恩格斯全集》第3卷，人民出版社2002年版，第204页。
⑤ 《马克思恩格斯全集》第3卷，人民出版社2002年版，第205页。
⑥ 《马克思恩格斯全集》第3卷，人民出版社2002年版，第204页。

打下了基础，为他后来从事“财富领域”的批判（以“商品拜物教”、“货币拜物教”和“资本拜物教”为历史幻象的“财富拜物教”）和“政治领域”的批判（“权力拜物教”）奠定了社会基础。从原则的高度来说，这是马克思在黑格尔法哲学批判时期所获得的最大成果：只有把法哲学批判推进到政治经济学批判，才能通过对现代国家世俗基础的批判而对政治国家作出更为彻底的批判。

事实上，经历了黑格尔法哲学批判而对政治经济学批判抱有更多期待的马克思，已经清醒而自觉地认识到了这两种批判之间的原则差别：法哲学批判针对的是“市民社会和国家之间”的“不一致”，是市民社会同“国家制度的后果”之间的“片面的对立”；政治经济学批判则针对的是“市民社会和市民社会本身之间”的“不一致”，是市民社会同“（国家）制度的前提”之间的“全面的对立”。① 这也许就是马克思后来指认“对市民社会的解剖应该到政治经济学中去寻求”②的理论真义了！

二、政治经济学批判与社会政治哲学的经济学求证

从 1843 年 10 月底至 1845 年 2 月初，是马克思的巴黎时期，也是马克思开始研究政治经济学的时期。在短短的一年多时间里，马克思不仅写成了九册摘录性的“巴黎笔记”，而且于 1844 年 5 月至 8 月集中写完了《1844 年经济学哲学手稿》。我们习惯上将这两个文本合起来称为“巴黎手稿”。

在这里，一个文献学的考证是很有必要的。《马克思恩格斯全集》中文第一版第 27 卷第 642 页注释 6 有这样一段重要的文字说明：

> 恩格斯在这里指的是卡·马克思曾经打算要写的一本著作《政治和政治经济学批判》。马克思从 1843 年年底起开始研究政治经济学，

---

① 《马克思恩格斯全集》第 3 卷，人民出版社 2002 年版，第 209、213 页。

② 《马克思恩格斯全集》第 31 卷，人民出版社 1998 年版，第 412 页。

> 在1844年春天已经给自己提出一个任务，就是要在报刊上从唯物主义和共产主义的立场来批判资产阶级的政治经济学。他当时所写的手稿只保存下来一部分，即《1844年经济学哲学手稿》。由于要写《神圣家族》，马克思暂时放下了对政治经济学的研究，直到1844年12月才又从事这一工作。……马克思在1845年2月1日和出版商列斯凯签订的《政治和政治经济学批判》两卷本的出版合同（见注369），在1847年2月被出版商取消。①

这条注释为我们提供了这样的重要信息：《政治和政治经济学批判》作为“两卷本”的出版计划，可能包括了“政治批判”与“政治经济学批判”这样两个具有内在联系的部分。“政治批判”指的就是马克思曾在《〈黑格尔法哲学批判〉导言》中所预告的“随导言之后将要作的探讨……首先不是联系原本，而是联系副本即联系德国的国家哲学和法哲学来进行的”②内容，也就是《黑格尔法哲学批判》这部手稿③；而《1844年经济学哲学手稿》极可能就是“政治经济学批判”的“最初草稿”（“基础手稿”），因而构成了马克思打算撰写的两卷本《政治和政治经济学批判》中的重要部分④。总之，从马克思拟订的两卷本《政治和政治经济学批判》写作计划可以推知，《1844年经济学哲学手稿》的主要内容不只是对政治经济学的研究，也包括

① 《马克思恩格斯全集》第27卷，人民出版社1972年版，第642页注释6、第707—708页注释368和369。

② 《马克思恩格斯全集》第3卷，人民出版社2002年版，第200页。

③ 据陶伯特考证，《德法年鉴》第2卷目录已经列出了《黑格尔法哲学批判》的连载计划。只是由于《德法年鉴》出版了第1、2期合刊后就停刊了，所以这一计划没有实现（参见陶伯特：《〈《黑格尔法哲学批判》导言〉的产生与流传》，载《马列主义研究参考资料》1984年第15期）。尽管如此，马克思并没有放弃公开出版《黑格尔法哲学批判》这部手稿的计划。在1844年8月11日给费尔巴哈的信中，马克思指出：“我趁此机会冒昧地给您寄上一篇我的文章，在文章中可以看到我的法哲学批判的某些成分。这一批判我已经写完，但后来又重新作了修改，以便使它通俗易懂。”（《马克思恩格斯全集》第27卷，人民出版社1972年版，第449—450页）

④ 从MEGA² 第三部分朱里斯·莱克斯和马克思的通信中可以了解到这样的背景资料：马克思认为他的这篇手稿应该称为“政治和国民经济学批判”。参见MEGA²，Ⅲ/1，第516页；Ⅲ/2，第22页。转引自艾耶克·考普夫、魏小萍：《马克思和恩格斯原始文本的研读与探讨》，《哲学动态》2003年第3期。

对政治问题的研究。毋宁说，马克思写作《1844 年经济学哲学手稿》的目的，可能就是以政治经济学研究推动此前对政治国家问题的研究。

明白于此，我们也就明白了马克思何以会以对私有财产问题的研究开始他的政治经济学研究，在《黑格尔法哲学批判》中，马克思论述了政治国家与市民社会的关系，发现了两者都与私有财产存在着密切的关系；在《论犹太人问题》和《〈黑格尔法哲学批判〉导言》中，马克思通过分析揭示了当时犹太人和德国人在政治解放和人的解放问题上所受到的双重压迫：专制权力的压迫和私有财产的压迫，指出人民生活的旧的社会组织还"没有把财产或劳动上升为社会的要素"①，因而提出了无产阶级解放的发展方向："无产阶级宣告迄今为止的世界制度的解体，只不过是揭示自己本身的存在的秘密，因为它就是这个世界制度的实际解体。无产阶级要求否定私有财产，只不过是把社会已经提升为无产阶级的原则的东西，把未经无产阶级的协助就已作为社会的否定结果而体现在它身上的东西提升为社会的原则。"②然而，由于黑格尔法哲学批判时期的马克思对政治经济学"还一无所知"③，所以他也无法对私有财产作出更多深入的论述。而要想对私有财产作出深入的分析，就必须把针对资产阶级国家"副本"的批判推进到对它的"原本"的批判，对"国民经济学和市民社会"的基本要素和结构进行更加深入的研究。

正是由于这种考量，马克思在"巴黎笔记"中，一上来就把问题集中到了"私有财产"问题上。"巴黎笔记"是从萨伊开始的。马克思在对萨伊著作的摘录中所写的唯一评注是这样的："私有制是国民经济学没有加以论述的现实，然而这个现实却形成国民经济学的基础……所以没有私有制就没有政治经济学。因此，整个国民经济学是建立在一个没有必然性的现实的基础上的。"④这个评注奠定了《1844 年经济学哲学手稿》的基调：对国民

---

① 《马克思恩格斯全集》第 3 卷，人民出版社 2002 年版，第 186 页。

② 《马克思恩格斯全集》第 3 卷，人民出版社 2002 年版，第 213 页。

③ 《马克思恩格斯全集》第 38 卷，人民出版社 1972 年版，第 480 页。

④ 《关于巴黎笔记》，载《马列主义研究资料》第 4 辑，人民出版社 1983 年版，第 44 页。

经济学没有说明的“私有财产”“这个事实”本身进行说明①！可能正是由于马克思对私有制和私有财产的过分关注,《1844 年经济学哲学手稿》的编者才按照各个部分的内容给它们加上了带有“私有财产”字样的格式化标题:“异化劳动和私有财产”、“私有财产的关系”、“私有财产和劳动”、“私有财产和共产主义”、“私有财产和需要”等。

从总体上说,《1844 年经济学哲学手稿》围绕着私有财产这个与市民社会和政治国家的关系问题紧密相关的财产权或法权概念,开始了马克思政治经济学批判的三个维度,为社会政治哲学的经济学求证作出了开创性研究。

首先,马克思分析了私有财产的本质及其发展趋势,揭示了私有财产与现代社会的关系问题。在《1844 年经济学哲学手稿》的第一手稿中,马克思取得的最大突破就是揭示了“私有财产一方面是外化劳动的产物,另一方面又是劳动借以外化的手段,是这一外化的实现”②这一历史命题,从而科学地揭示了私有财产与异化劳动的关系。这里不仅不是循环论证,而且恰恰是对私有财产与异化劳动现实状况的辩证说明。由此出发,马克思从“私有财产的普遍本质以及私有财产对真正人的财产的关系”③出发,论述了私有财产与共产主义的关系,阐述了“共产主义是私有财产即人的自我异化的积极的扬弃,因而是通过人并且为了人而对人的本质的真正占有”④的基本思想。马克思认为,现代社会人的自由的一项主要因素就是从事经济活动的自由,这其中最关键的就是拥有财产的自由。因此,归根结底,从事经济活动的自由与拥有财产的自由是人类历史变迁中最为关键和持久的社会因素。正因此,马克思并没有被社会发展的表象所迷惑,没有把私有财产的产生和发展看成是人类历史发展的一种“原罪”,而是把私有财产看成人的本质自我异化的外部表现,认为私有财产的发展包含着对人的本质的

① 马克思:《1844 年经济学哲学手稿》,人民出版社 2000 年版,第 50—51 页。
② 马克思:《1844 年经济学哲学手稿》,人民出版社 2000 年版,第 61 页。
③ 马克思:《1844 年经济学哲学手稿》,人民出版社 2000 年版,第 63 页。
④ 马克思:《1844 年经济学哲学手稿》,人民出版社 2000 年版,第 81 页。

否定和肯定这两个辩证统一的方面。马克思说："对私有财产的扬弃，是人的一切感觉和特性的彻底解放"①；"共产主义作为私有财产的扬弃就是要求归还真正人的生命即人的财产，……是以扬弃私有财产作为自己的中介的人道主义"②。以此来审视马克思关于"分工和交换是私有财产的形式，这一情况恰恰包含着双重证明：一方面人的生命为了本身的实现曾经需要私有财产；另一方面人的生命现在需要消灭私有财产"③的观点，它其实正是马克思关于私有财产与历史发展的辩证阐述。马克思在这里所说的"消灭私有财产"，并不是圣西门、傅立叶等空想社会主义者和蒲鲁东等小资产阶级社会主义者所主张的对私有财产的"绝对消灭"，而是对私有财产的"积极扬弃"。这一立场贯穿于马克思政治经济学批判的始终，成为他在《共产党宣言》中提出"共产主义的特征并不是要废除一般的所有制，而是要废除资产阶级的所有制"④这一观点以及在《资本论》中规划否定了资本主义生产后的未来共产主义社会不是要"重新建立私有制"而是要"重新建立个人所有制"⑤的理论指针。

其次，马克思深入剖析了私有财产与异化劳动背后的对象性本质及其异化逻辑，为后来政治经济学批判的物性逻辑（物化逻辑）奠定了基础。在马克思看来，私有制的存在产生了这样的社会后果："一个对象，只有当它为我们拥有的时候，就是说，当它对我们来说作为资本而存在，或者它被我们直接占有，被我们吃、喝、穿、住等等的时候，简言之，在它被我们使用的时候，才是我们的。"⑥这种情况不仅造成了劳动产品和劳动过程的物的异化，而且造成了人的类本质、人与人的关系的社会异化，其结果就是人变成了"对象性的存在"："随着对象性的现实在社会中对人来说到处成为人的本质力量的现实，成为人的现实，因而成为人自己的本质力量的现实，一切对

① 马克思：《1844年经济学哲学手稿》，人民出版社2000年版，第85—86页。
② 马克思：《1844年经济学哲学手稿》，人民出版社2000年版，第112页。
③ 马克思：《1844年经济学哲学手稿》，人民出版社2000年版，第138页。
④ 《马克思恩格斯选集》第1卷，人民出版社2012年版，第414页。
⑤ 马克思：《资本论》第1卷，人民出版社2004年版，第874页。
⑥ 马克思：《1844年经济学哲学手稿》，人民出版社2000年版，第85页。

象对他来说也就成为他自身的对象化,成为确证和实现他的个性的对象,成为他的对象,这就是说,对象成为他自身。"①人的对象化就是对象的人化,主体的客体化就是客体的主体化,这就是现代世界的发展现状。矛盾,然而是事实!正是这种奇特的矛盾景观产生出现代社会的异化现象。马克思说:"人的对象化的本质力量以感性的、异己的、有用的对象的形式,以异化的形式呈现在我们面前。"②人的"对象化"的直接结果所导致的人的异化,在本质上体现为人的"自我意识的异化",体现为人的"自我意识的外化"③。马克思说:"自我意识的外化设定物性。因为人=自我意识,所以人的外化的、对象性的本质即物性=外化的自我意识,而物性是由这种外化设定的。……自我意识通过自己的外化所能设定的只是物性,即只是抽象物、抽象的物,而不是现实的物。"④马克思认为,未来共产主义要想通过积极扬弃私有财产而"重新占有在异化规定内作为异己的东西产生的人的对象性本质"⑤,就必须具有双重扬弃的意义:"不仅具有扬弃异化的意义,而且具有扬弃对象性的意义"。⑥ 从一定意义上说,马克思在《1844年经济学哲学手稿》中关于对象性逻辑、异化逻辑与物性逻辑关系的分析,厘定了他后来政治经济学批判的基本路径,决定了他此后以物化理论为基础批判以现代资产阶级社会为典型形态的现代市民社会的理论致思取向。这种物化理论往后经历了这样几个发展阶段:在《神圣家族》中是掩盖了人的自我异化的政治经济表现的人的实物本质:"实物是为人的存在,是人的实物存在,同时也就是人为他人的定在,是他对他人的人的关系,是人对人的社会关系。"⑦在《德意志意识形态》中是屈从于分工的社会关系:"在现代,物的关系对个人的统治、偶然性对个性的压抑,已具有最尖锐最普遍的形式,……

① 马克思:《1844年经济学哲学手稿》,人民出版社2000年版,第86页。
② 马克思:《1844年经济学哲学手稿》,人民出版社2000年版,第88—89页。
③ 马克思:《1844年经济学哲学手稿》,人民出版社2000年版,第103—104页。
④ 马克思:《1844年经济学哲学手稿》,人民出版社2000年版,第104页。
⑤ 马克思:《1844年经济学哲学手稿》,人民出版社2000年版,第102页。
⑥ 马克思:《1844年经济学哲学手稿》,人民出版社2000年版,第102页。
⑦ 《马克思恩格斯全集》第2卷,人民出版社1957年版,第52页。

这种情况向他们提出了这样的任务：确立个人对偶然性和关系的统治，以之代替关系和偶然性对个人的统治。”①在《1857—1858 年经济学手稿》中则是“以物的依赖性为基础的人的独立性”：

> 在交换价值上，人的社会关系转化为物的社会关系；人的能力转化为物的能力。②

> 物的依赖关系无非是与外表上独立的个人相对立的独立的社会关系，也就是与这些个人本身相对立而独立化的、他们互相间的生产关系。③

最后，马克思揭示了以私有财产和物化逻辑为基础的资本关系，阐述了现代市民社会的基本建制。私有财产和物化逻辑作为物与社会关系的双重体现，其在现实市民社会生活中的表现就是资本逻辑及其社会关系的张显。如果说马克思在《1844 年经济学哲学手稿》中关于“资本，即对他人劳动产品的私有权”④、“资本是对劳动及其产品的支配权力”⑤的论述还只是对于资本逻辑及其社会关系本质的最初感悟，那么随着他政治经济学研究和批判的深入发展，他在后来的《资本论》及其手稿中就已经从政治经济学批判的角度更为明确地揭示了以物的关系所体现的社会关系这一资本逻辑的本质：“资本是资产阶级社会的支配一切的经济权力。”⑥马克思关于资本权力的分析包括了三个基本要素：即物化关系、社会关系和权力关系。马克思说：“每个个人行使支配别人的活动或支配社会财富的权力，就在于他是交换价值的或货币的所有者。他在衣袋里装着自己的社会权力和自己同社会的联系。”⑦“每个个人以物的形式占有社会权力。如果从物那里夺去这种

① 《马克思恩格斯全集》第 3 卷，人民出版社 1960 年版，第 515 页。
② 《马克思恩格斯全集》第 30 卷，人民出版社 1995 年版，第 107 页。
③ 《马克思恩格斯全集》第 30 卷，人民出版社 1995 年版，第 114 页。
④ 马克思：《1844 年经济学哲学手稿》，人民出版社 2000 年版，第 21 页。
⑤ 马克思：《1844 年经济学哲学手稿》，人民出版社 2000 年版，第 21 页。
⑥ 《马克思恩格斯全集》第 30 卷，人民出版社 1995 年版，第 49 页。
⑦ 《马克思恩格斯全集》第 30 卷，人民出版社 1995 年版，第 106 页。

社会权力,那么你们就必然赋予人以支配人的这种权力。"①从原则的高度来说,资产阶级社会所以能够维持资本追求剩余价值的"生命意志"和"生活本能",就是得力于这种以"对物的占有和支配"为形式的资本的社会权力。这种资本的社会权力不仅渗透到现代社会的经济生活、政治生活和社会生活的方方面面,而且还反映在社会意识形态上,以商品拜物教、货币拜物教和资本拜物教等隐蔽形式——赋予这些实体形式以"神秘感"和"物象性"的拜物教观念,即"被歪曲了的观念"和"颠倒了的意识"——表现出资本自身的意志权力和话语权力,从而颠倒了这些实体形式所体现的社会关系及其物的关系。

然而,从总体上来说,我们对马克思《1844 年经济学哲学手稿》中私有财产、物化逻辑和资本权力这三个层面的政治经济学分析以及对它们在马克思后来的思想发展史的进一步考察,并不仅仅只是揭示马克思对现代资产阶级社会的政治经济学批判,恰恰相反,我们的目的和马克思一样,是为了从政治经济学批判中追溯现代市民社会中政治国家问题背后的深层问题,是为了从法哲学批判向政治经济学批判的转换视域中透析市民社会和政治国家背后的社会政治哲学逻辑,从而还原马克思如何以政治经济学批判的方式揭示了他超越现代政治逻辑的根本路径:私有财产、物化逻辑和资本权力以相互递进的方式传递出法哲学和国家哲学这一现代资产阶级社会发展的"副本"背后的"原本"问题。

首先,私有财产是现代市民社会成立的绝对前提,现代资产阶级社会是完全按照物质生产的要求建立起来的。这决定了现代社会和现代国家所必然遵从的以私有财产运动为核心的普遍规律。马克思说:

> 私有财产的运动——生产和消费——是迄今为止全部生产的运动的感性展现,就是说,是人的实现或人的现实。宗教、家庭、国家、法、道德、科学、艺术等等,都不过是生产的一些特殊的方式,并且受生产的普遍规律的支配。因此,对私有财产的积极的扬弃,作为对人的生命的占

① 《马克思恩格斯全集》第 30 卷,人民出版社 1995 年版,第 107 页。

有，是对一切异化的积极的扬弃，从而是人从宗教、家庭、国家等等向自己的人的存在即社会的存在的复归。①

这段论述可以看成是马克思对现代市民社会发展的总原则概括。这一原则既适用于马克思此前研究的宗教异化、政治异化等"副本"问题，而且也适用于马克思终其一生都在进行的经济异化这一"原本"问题。这决定了集法哲学批判与政治经济学批判于一体的马克思对现代社会和现代国家问题最终解决的历史期待。马克思说："宗教的异化本身只是发生在意识领域、人的内心领域中，而经济的异化是现实生活的异化，——因此对异化的扬弃包括两个方面。"②以这种眼光来观察，马克思认为，在以无神论为前提的共产主义社会，要想真正解决国家和法的问题，就必须在扬弃掉人的自我异化的"神圣形象"即宗教异化的基础上，彻底扬弃掉人的自我异化的"非神圣形象"即经济异化。从根本上说，这既是无神论与共产主义的根本区别，也是扬弃了宗教异化的政治革命与扬弃了经济异化的人类革命的根本区别。马克思说：

共产主义是径直从无神论开始的，而无神论最初还根本不是共产主义；那种无神论主要还是一个抽象。——因此，无神论的博爱最初还只是哲学的、抽象的博爱，而共产主义的博爱则径直是现实的和直接追求实效的。③

无神论是对神的否定，并且通过这种否定而设定人的存在；但是，社会主义作为社会主义已经不再需要这样的中介；它是从把人和自然界看作本质这种理论上和实践上的感性意识开始的。社会主义是人的不再以宗教的扬弃为中介的积极的自我意识，正像现实生活是人的不再以私有财产的扬弃即共产主义为中介的积极的现实一样。④

将无神论与共产主义这两种思想进行相互对勘，从而形象地刻画了人

① 马克思：《1844年经济学哲学手稿》，人民出版社2000年版，第82页。
② 马克思：《1844年经济学哲学手稿》，人民出版社2000年版，第82页。
③ 马克思：《1844年经济学哲学手稿》，人民出版社2000年版，第82页。
④ 马克思：《1844年经济学哲学手稿》，人民出版社2000年版，第92—93页。

的自我异化的“神圣形象”与“非神圣形象”、“宗教异化”与“经济异化”以及以它们为基础的政治解放与人类解放的根本区别，这在当时的思想界确实不失为一种以现实问题为入口的思想革命。

其次，物化逻辑加速了以私有财产为根基的市民社会的对象化与物象化。“自我意识的外化设定物性”①。这种物性的最大表现就是货币。继《论犹太人问题》对货币作出了充分论述之后，马克思在《1844年经济学哲学手稿》和《穆勒摘要》中再次对货币给予了充分阐述。他说：“货币，因为它具有购买一切东西的特性，因为它具有占有一切对象的特性，所以是最突出的对象。货币的特性的普遍性是货币的本质的万能；因此，它被当成万能之物。”②货币所具有的最普遍而突出的“对象”和“物性”能力必然使得私有财产发展到货币本身。马克思说：“货币按照自己的概念最初代表：(1)为了私有财产的私有财产；(2)为了私有财产的社会；(3)为了社会的私有财产。”③货币作为中介而在“私有财产的社会”和“社会的私有财产”之间的舞动，使人在“对象化”的现实运动中变成了互为手段的工具性目的，这就是现代社会(现代市民社会)的社会现实。马克思说：“在国民经济学家看来，社会是市民社会，在这里任何个人都是各种需要的整体，并且就人人互为手段而言，个人只为别人而存在，别人也只为他而存在。”④从一定意义上说，对象化与物象化的发展规定了私有财产异化的扬弃也就是对“对象世界的异化”的扬弃，因而就是对人的自我异化的“神圣形象”与“非神圣形象”即宗教异化、政治异化、经济异化的现实基础的扬弃。这种物性逻辑发展到《资本论》及其手稿中，就成了“以物的依赖性为基础”的现代市民社会的物质基础与世俗基础，不仅成了一切形式的奴役、社会贫困、精神屈辱和政治依附的基础，而且成了以自由与平等为核心的资产阶级社会制度、经济制度与政治制度的基础。马克思说：

① 马克思：《1844年经济学哲学手稿》，人民出版社2000年版，第104页。
② 马克思：《1844年经济学哲学手稿》，人民出版社2000年版，第140页。
③ 马克思：《1844年经济学哲学手稿》，人民出版社2000年版，第165页。
④ 马克思：《1844年经济学哲学手稿》，人民出版社2000年版，第134页。

> 如果说经济形式，交换，在所有方面确立了主体之间的平等，那么内容，即促使人们去进行交换的个人和物质材料，则确立了自由。可见，平等和自由不仅在以交换价值为基础的交换中受到尊重，而且交换价值的交换是一切平等和自由的生产的、现实的基础。作为纯粹观念，平等和自由仅仅是交换价值的交换的一种理想化的表现；作为在法律的、政治的、社会的关系上发展了的东西，平等和自由不过是另一次方上的这种基础而已。①

显然，只有消灭了市民社会的物化逻辑，才能消灭建立在这种平等与自由基础上的现代国家制度和社会制度，确立起真正的实践的共产主义社会。

最后，资本关系是建制现代社会的基本逻辑，也是支配现代国家制度的核心力量。物化逻辑在观念上的反映就是拜物教，包括商品拜物教、货币拜物教和资本拜物教。而资本拜物教作为更甚于商品拜物教和货币拜物教的逻辑结构，更加明显地表现了资本主义商品社会中被"物"的力量所奴役和支配的主客体关系的颠倒现象，它不仅使"物的依赖性关系"贯穿到了"普遍的社会物质变换、全面的关系、多方面的需要以及全面的能力的体系"②的各个方面，而且使社会生活中人们对商品和金钱的崇拜成为了一种社会性和时代性的社会心态，使"物化"思维渗透到人们的精神深处，甚至使人的人格和心灵也被物性化了。资本关系逻辑所以能够成为一种无孔不入、无处不在的社会力量，就是因为它是私有财产逻辑和物化物象逻辑的延伸与拓展，体现了一种物化了社会关系的权力关系。马克思指出："资本显然是关系，而且只能是生产关系。"③"资本不是一种物，而是一种以物为中介的人和人之间的社会关系。"④"资本不是物，而是一定的、社会的、属于一定历史社会形态的生产关系，后者体现在一个物上，并赋予这个物以独特的社

① 《马克思恩格斯全集》第30卷，人民出版社1995年版，第199页。
② 《马克思恩格斯全集》第30卷，人民出版社1995年版，第107页。
③ 《马克思恩格斯全集》第30卷，人民出版社1995年版，第510页。
④ 马克思：《资本论》第1卷，人民出版社2004年版，第877—878页。

会性质。”①

显然,在资本的生产关系和社会关系基础上衍生出来的资本权力关系,不仅渗透到现代社会的经济生活、政治生活和社会生活的方方面面,而且还反映到了社会意识形态上,以商品拜物教、货币拜物教和资本拜物教等隐蔽的形式表现出资本自身的意志权力和话语权力,从而在赋予法哲学、国家哲学、道德哲学这些问题以“神秘感”和“物象性”的拜物教观念(即“被歪曲了的观念”和“颠倒了的意识”)的同时,颠倒了政治国家和市民社会这些实体形式所体现的物的关系及其社会关系。所以,从原则的高度来认识,正是资本关系的拜物教观念赋予了资产阶级政治制度、经济制度和社会制度以自然必然性和历史永恒性的本能性社会心态与自足性阶级心理。因此,要消灭现代资产阶级社会的一切上层建筑和意识形态,就必须消灭资产阶级制度这种有利于财富积累与创造的所有权制度,消灭资产阶级社会这种追求利润与拜物教文明的社会意识形态。

总之,通过从巴黎到布鲁塞尔再到伦敦的政治经济学研究,马克思集40年之力所进行的政治经济学批判的根本目的,就是“科学地表述了对社会关系具有重大意义的观点”②,从私有财产、物化关系与资本逻辑的结合中揭示了市民社会与政治国家关系背后更为深层的社会政治逻辑,从而在政治经济学批判的价值取向上架构出了他为政治国家提供政治经济学支撑的实证道路。

三、意识形态批判与历史唯物主义的创立

在《德意志意识形态》中,马克思曾经提出过这样两个理论问题:一个是“国家的起源和国家同市民社会的关系”,另一个是“国家和法同所有制的关系”③。在笔者看来,前一个问题主要讲的是政治国家如何产生的问

① 马克思:《资本论》第3卷,人民出版社2004年版,第922页。
② 《马克思恩格斯〈资本论〉书信集》,人民出版社1976年版,第137页。
③ 《马克思恩格斯选集》第1卷,人民出版社2012年版,第168、211页。

题,讲的是政治国家与市民社会的关系问题,因而可以看作现代国家的“外在问题”;后一个问题主要讲的是政治国家如何存在的问题,讲的是国家形式同法的关系与所有制的关系问题,因而可以看作现代国家的“内在问题”。马克思从法哲学批判到政治经济学批判转变的实质,也就是从国家的“外在问题”到国家的“内在问题”的转变。与这一转变本质相关的,就是马克思在政治经济学批判中对蒲鲁东的特别批判,以及由批判蒲鲁东转而批判鲍威尔从而引致对整个现代科学基础即德意志意识形态的批判。在《德意志意识形态》中,这种批判展开成了通过对分工与私有制的批判而对德意志意识形态的批判,由此确立了马克思对现代资产阶级社会进行政治经济学批判的哲学世界观和方法论。

在《1844年经济学哲学手稿》中,马克思通过政治经济学批判得出了这样两个总体性结论:

> 国民经济学虽然从劳动是生产的真正灵魂这一点出发,但是它没有给劳动提供任何东西,而是给私有财产提供了一切。蒲鲁东从这个矛盾得出了有利于劳动而不利于私有财产的结论。然而,我们看到,这个表面的矛盾是异化劳动同自身的矛盾,而国民经济学只不过表述了异化劳动的规律罢了。①

> 社会从私有财产等等解放出来、从奴役制解放出来,是通过工人解放这种政治形式来表现的,这并不是因为这里涉及的仅仅是工人的解放,而是因为工人的解放还包含普遍的人的解放;其所以如此,是因为整个的人类奴役制就包含在工人对生产的关系中,而一切奴役关系只不过是这种关系的变形和后果罢了。②

依马克思的看法,第二个结论是从第一个结论即“从异化劳动对私有财产的关系”中“进一步得出”的论述,我们可以得到这样的推论:如果说,马克思从法哲学批判转向政治经济学批判的主要任务就是探讨决定并制约

① 马克思:《1844年经济学哲学手稿》,人民出版社2000年版,第62页。
② 马克思:《1844年经济学哲学手稿》,人民出版社2000年版,第62—63页。

市民社会和政治国家关系的私有财产的社会根源,那么第二个结论无疑就是马克思社会政治哲学的核心结论。显然,这一阐述人的解放的政治形式的结论,成了马克思后来理论研究的核心问题。

撇开第二个结论不说,当我们把注意力集中到第一个结论上的时候,我们就会发现第一个结论中所包含的两个重要信息:首先,马克思之所以得出第二个结论,是因为他发现了国民经济学自身的矛盾:国民经济学"虽然从劳动是生产的真正灵魂这一点出发,但是它没有给劳动提供任何东西,而是给私有财产提供了一切"①。这个事实的出现是由国民经济学的基本立场即以资本家利益为最终根据所决定的。马克思说:

> 国民经济学把无产者即既无资本又无地租,全靠劳动而且是靠片面的、抽象的劳动为生的人,仅仅当作工人来考察。②

> 国民经济学不考察不劳动时的工人,不把工人作为人来考察。③

> 国民经济学把工人只当作劳动的动物,当作仅仅有最必要的肉体需要的牲畜。④

> 国民经济学由于不考察工人(劳动)同产品的直接关系而掩盖劳动本质的异化。⑤

这种狭隘的阶级立场不仅决定了"替私有制辩护"的国民经济学必然"用各种各样的方式设定劳动和资本的统一",而且还"把劳动和资本的原初的统一假定为资本家和工人的统一",将其看成是"一种天堂般的原始状态"。⑥ 其次,与国民经济学无视它的理论要求和实践要求之间的矛盾而得出了有利于私有财产的结论不同,小资产阶级社会主义者蒲鲁东却"从这

---

① 马克思:《1844 年经济学哲学手稿》,人民出版社 2000 年版,第 62 页。
② 马克思:《1844 年经济学哲学手稿》,人民出版社 2000 年版,第 14 页。
③ 马克思:《1844 年经济学哲学手稿》,人民出版社 2000 年版,第 14 页。
④ 马克思:《1844 年经济学哲学手稿》,人民出版社 2000 年版,第 15 页。
⑤ 马克思:《1844 年经济学哲学手稿》,人民出版社 2000 年版,第 54 页。
⑥ 马克思:《1844 年经济学哲学手稿》,人民出版社 2000 年版,第 127 页。

个矛盾得出了有利于劳动而不利于私有财产的结论"①。在这里,马克思所说的"有利于劳动而不利于私有财产的结论",就是蒲鲁东在 1840 年出版的《什么是所有权》一书中阐述的"所有权就是盗窃"这个结论。

事实上,将"所有权"和"盗窃"这两个词并列在同一语句中使用,在蒲鲁东之前就有很多人,比如卢梭、巴贝夫、圣西门、布里索等人的著作。② 但是,在蒲鲁东之前,把所有者比作盗贼的那些人,仅仅是从财产分配中的不平等现象出发看问题的;而在蒲鲁东那里,他所注意的则是所有者"不劳而获"的"行为"。由此,马克思认为,蒲鲁东这个命题抓住了所有权中"天然"的"反社会性"与"劳动"的"社会性"的矛盾对立,因而触及到了生产关系问题——财产为个人所有的权利,其实是在社会之外的一种反社会的东西,它的背后隐含着所有权的实质及其对资本主义制度所造成的非人性的社会后果。然而,令马克思感到遗憾的是,蒲鲁东从对私有财产的批判中虽然得出了许多有利于劳动的结论,但他的最大问题却是从小资产阶级社会主义立场出发,把工资平等看成社会平等的最终目的,因而主张把社会一切成员都变成小资产者和小农,提倡建设一个没有资产阶级的资产阶级社会、一个没有资本和地租统治的商品社会。马克思认为,这种企图通过改良主义而实现社会变革的小资产阶级幻想,注定是无法实现的。正因此,马克思在《1844 年经济学哲学手稿》中一方面指出了蒲鲁东从国民经济学的矛盾出发"得出了有利于劳动而不利于私有财产的结论"③这个异质于国民经济学的东西,另一方面也指出要通过政治经济学批判揭示像蒲鲁东那样"把工资的平等看作社会革命的目标"的人"究竟犯了什么错误"④。马克思说:"工资和私有财产是同一的……蒲鲁东所要求的工资平等,也只能使今天的工人对自己的劳动的关系变成一切人对劳动的关系。这时社会就被理解

① 马克思:《1844 年经济学哲学手稿》,人民出版社 2000 年版,第 62 页。
② 参见蒲鲁东:《什么是所有权》,商务印书馆 1963 年版,第 37—38 页注文。
③ 马克思:《1844 年经济学哲学手稿》,人民出版社 2000 年版,第 62 页。
④ 马克思:《1844 年经济学哲学手稿》,人民出版社 2000 年版,第 14 页。

为抽象的资本家。"①正因此,马克思从"平等原则"的政治性与抽象性相统一角度出发对蒲鲁东的政治经济学和社会主义思想进行了社会批判。马克思说:

> 平等不过是德国人所说的自我=自我译成法国的形式即政治的形式。平等,作为共产主义的基础,是共产主义的政治的论据。这同德国人借助于把人理解为普遍的自我意识来论证共产主义,是一回事。不言而喻,异化的扬弃总是从作为统治力量的异化形式出发:在德国是自我意识。在法国是平等,因为这是政治;在英国是现实的、物质的、仅仅以自身来衡量自身的实际需要。从这一点来看应该批判和承认蒲鲁东。②

有了这种理论见识,我们就会明白:《神圣家族》不仅是接着《1844年经济学哲学手稿》进行的③,而且是以对蒲鲁东的分析与评述开始的④。《神圣家族》虽然是马克思和恩格斯合写的第一部著作,但它的绝大部分或主要部分却是由马克思完成的,而马克思最先完成的主要内容,就是该书第四章第四节的"蒲鲁东"。这一部分共包括四个"赋予特征的翻译"和五个"批

---

① 马克思:《1844年经济学哲学手稿》,人民出版社2000年版,第62页。

② 马克思:《1844年经济学哲学手稿》,人民出版社2000年版,第128页。

③ 1927年,苏联出版的《马克思恩格斯文库》第3卷附录将《1844年经济学哲学手稿》中的《第三手稿》(即笔记本Ⅲ)的大部分以俄文发表,但错误地将其命名为《〈神圣家族〉的准备材料》。1932年,苏联出版的《马克思恩格斯全集》历史考证版第一部分第3卷以德文原文发表了全部手稿,并冠以标题《1844年经济学哲学手稿》。如果说,1932年版的正确命名表明《1844年经济学哲学手稿》是个独立文本,那么1927年版的错误命名在事实上的意义则是揭示了《1844年经济学哲学手稿》与《神圣家族》这两个文本在论题上的前后承继性。

④ 据史料记载,蒲鲁东于1844年2—4月、1844年9月至1845年2月在巴黎活动。在巴黎时期,蒲鲁东主要与卢格、巴枯宁、格律恩、青年马克思交往。马克思与蒲鲁东的私人交往主要就是在1844年9月至1845年2月这段时期建立起来的。(参见张一兵:《回到马克思》,江苏人民出版社2003年版,第104页)据马克思所说:"1844年我居住在巴黎的时候,曾经和蒲鲁东有过私人的交往。……在长时间的、往往是整夜的争论中,我使他感染了黑格尔主义,这对他是非常有害的,因为他不懂德文,不能认真地研究黑格尔主义。"(参见《马克思恩格斯选集》第3卷,人民出版社2012年版,第15页)蒲鲁东的《什么是所有权》在圣西门、傅立叶之后起了某种划时代的作用。从《1844年经济学—哲学手稿》到《哲学的贫困》(1847年),马克思的每一部重要著作,几乎都对蒲鲁东有所涉及,并且每次评论的观点都不尽相同。

判性的评注”。在笔者看来，这四个“赋予特征的翻译”和五个“批判性的评注”反映出来的，恰恰包含着马克思通过政治经济学批判而对批判对象和批判主题这两个历史唯物主义创立时期的关键问题的前期探讨。

首先，在批判对象上，马克思揭示了蒲鲁东在与国民经济学存在异质性差异的同时，又与他们保持着同质性相通；这种同质性相通作为历史唯心主义的表现，与鲍威尔兄弟所说的“批判的批判”具有同根同源的理论性质。

在马克思看来，“政治经济学的一切论断都以私有制为前提”①。然而，当“这个基本前提被政治经济学当做确定不移的事实，而不加以任何进一步的研究……甚至被当做只是‘偶然’为政治经济学所涉及的事实”时，蒲鲁东却“对政治经济学的基础即私有制做了批判的考察，而且是第一次带有决定性的、严峻而又科学的考察”②。马克思认为，蒲鲁东在科学上所完成的这个巨大进步“使政治经济学革命化了，并且第一次使政治经济学有可能成为真正的科学”③。对此，无论是在巴黎与蒲鲁东熟知而写作《神圣家族》时，还是在后来为蒲鲁东盖棺论定而写的《论蒲鲁东》中，马克思都对其给予了充分肯定与评价。

然而，马克思在对蒲鲁东的研究中，一开始就保留着十分谨慎的科学态度。由此，当马克思“超出国民经济学的水平”而站在“使政治经济学革命化”的“真正的科学”立场上重新审视蒲鲁东的时候，他就发现了蒲鲁东与政治经济学的同质性本质：“蒲鲁东的‘什么是财产？’这部著作也是从政治经济学的观点对政治经济学所做的批判。”④马克思认为，由于“蒲鲁东的著作”与“政治经济学”一样，都“把私有制的实质问题看做政治经济学和法学的根本问题”，因而蒲鲁东“并未因他否定私有制而有了任何新的发现。他不过是泄露了批判的批判所讳莫如深的秘密罢了”⑤。在马克思看来，与

① 《马克思恩格斯全集》第 2 卷，人民出版社 1957 年版，第 38 页。
② 《马克思恩格斯全集》第 2 卷，人民出版社 1957 年版，第 38—39 页。
③ 《马克思恩格斯全集》第 2 卷，人民出版社 1957 年版，第 39 页。
④ 《马克思恩格斯全集》第 2 卷，人民出版社 1957 年版，第 38 页。
⑤ 《马克思恩格斯全集》第 2 卷，人民出版社 1957 年版，第 40—41 页。

“以往的政治经济学从私有制的运动似乎使人民富有这个事实出发，得出了替私有制辩护的结论”相反，尽管“蒲鲁东从政治经济学中被诡辩所掩盖的相反的事实出发，即从私有制的运动造成贫穷这个事实出发，得出了否定私有制的结论”①，但是蒲鲁东对这种事实本身的解释却是不符合历史的，是反历史、非历史的。为什么？因为蒲鲁东“按法国的方式”所表达的东西同德国人“按德国的方式”所表达的东西具有相同的哲学世界观和方法论基础，即观念论的哲学基础。马克思指出，只要我们把蒲鲁东所讲的“法国的平等”和鲍威尔所讲的“德国的‘自我意识’”稍加比较，就会发现其中所表现出来的共同哲学基础：“前一个原则按法国的方式即用政治和思维直观的语言所表达的东西”，就是“后一个原则按德国的方式即用抽象思维的形式所表达的东西”。② 因此，薄鲁东所讲的法国的“平等原则”和鲍威尔所讲的德国的“自我意识原则”在哲学基础上是相通的。马克思说：

> 自我意识是人在纯思维中和自身的平等。平等是人在实践领域中对自身的意识，也就是人意识到别人是和自己平等的人，人把别人当做和自己平等的人来对待。平等是法国的用语，它表明人的本质的统一、人的类意识和类行为、人和人的实际的同一，也就是说，它表明人对人的社会的关系或人的关系。因此，德国的破坏性的批判，在以费尔巴哈为代表对现实的人进行考察以前，力图用自我意识的原则来铲除一切确定的和现存的东西，而法国的破坏性的批判则力图用平等的原则来达到同样的目的。③

从这种“平等原则”的抽象性出发，蒲鲁东给自己提出了这样的问题：“平等作为理性的创造原则是财产赖以构成的基础，而作为这种理性的根据，它又是证明财产的一切论据的基础。”④然而，由于这种理性主义原则，蒲鲁东最终在政治经济学的范围内得出了与政治经济学相反的观点：“以

---

① 《马克思恩格斯全集》第 2 卷，人民出版社 1957 年版，第 42 页。
② 《马克思恩格斯全集》第 2 卷，人民出版社 1957 年版，第 48 页。
③ 《马克思恩格斯全集》第 2 卷，人民出版社 1957 年版，第 48 页。
④ 《马克思恩格斯全集》第 2 卷，人民出版社 1957 年版，第 50 页。

政治经济学的观点对政治经济学所进行的批判，承认人类活动的一切本质规定，但只是在异化、外化的形式中来承认。”①这样，蒲鲁东的观点最终成了与其他政治经济学家的愿望完全相同的抽象的观点：

> 蒲鲁东想消灭不拥有和拥有的旧形式的愿望，和他想消灭人对自己的实物本质的实际异化关系、想消灭人的自我异化的政治经济表现的愿望是完全同一的。但是，由于他对政治经济学的批判还受着政治经济学的前提的支配，因此，蒲鲁东仍以政治经济学的占有形式来表现实物世界的重新争得。②

总之，把蒲鲁东平等原则的哲学基础还原到与德国自我意识原则的哲学基础相同的历史语境中，我们就会明白马克思选择蒲鲁东作为批判对象的深层用意了：蒲鲁东对私有财产的批判虽然凸显出了与英国政治经济学和德国思辨哲学的不同态度（政治经济学是非反思的，而思辨的批判的批判则是纯抽象的），因而体现了对私有财产的现实的反思性批判，但它的批判立场却是一种形而上学的断裂，是“英国人”的经验现实与“德国人”的抽象观念的混合体。马克思作为现实的批判的思想家，当然要对蒲鲁东的这种“双重错误”进行批判。③ 明于此，我们就会明白在《神圣家族》中给予蒲鲁东过高评价的马克思为什么在时隔三年之后的《哲学的贫困》中会对蒲鲁东作出重新评价——它说明，如同马克思通过批判对他有过强烈影响的费尔巴哈的唯物主义的唯心主义本质才完成了他的德意志意识形态批判，马克思只有通过批判对他有过强烈影响的蒲鲁东的政治经济学的形而上学

---

① 《马克思恩格斯全集》第 2 卷，人民出版社 1957 年版，第 62 页。

② 《马克思恩格斯全集》第 2 卷，人民出版社 1957 年版，第 52 页。

③ 马克思在《哲学的贫困》“序言”中说得很明确：“蒲鲁东先生不幸在欧洲异常不为人了解。在法国，人家认为他理应是一个拙劣的经济学家，因为他在那里以卓越的德国哲学家著称。在德国，人家却认为他理应是一个拙劣的哲学家，因为他在那里以最杰出的法国经济学家著称。我们是德国人同时又是经济学家，我们要反对这一双重错误。读者将会明白，为什么我们在做这件不讨好的工作时常常不得不放下对蒲鲁东先生的批判，而去批判德国的哲学，同时还要对政治经济学作某些评论。”参见《马克思恩格斯全集》第 4 卷，人民出版社 1958 年版，第 75 页。

本质才能实现他对政治经济学的最后批判。①

其次，在批判主题上，马克思辩证分析了蒲鲁东平等原则与德国自我意识原则的抽象性与虚幻性后，谋划了对“平等占有”的“私有制”进行符合历史主义、唯物主义的理论考察的批判主题。这一主题在《德意志意识形态》中的展开，最终为马克思识破思辨哲学的幻想、清算从前的哲学信仰、创立历史唯物主义奠定了坚实的哲学基础。

识破了蒲鲁东与鲍威尔、法国平等原则与德国自我意识原则之间的抽象性，当然就要对之进行符合社会现实的超越。这种超越要“使人不仅能在思维中、意识中，而且也能在群众的存在中、生活中真正成其为人”，就“必须用实际的和具体的方式来消灭”“财产、资本、金钱、雇佣劳动以及诸如此类的东西”②。由此出发，马克思在《神圣家族》中确立了“历史的发源地”不在“天上的云雾中”而在“尘世的粗糙的物质生产中”③的历史唯物主义观点，科学地阐述了“思想”和“利益”、“思想”和“群众”这两个影响历史唯物主义的关键性关系问题。我们看到，随着马克思思想的深入发展，马克思对德国思辨哲学和意识哲学的超越最终在《德意志意识形态》中实现了。

---

① 恩格斯在《路德维希·费尔巴哈和德国古典哲学的终结》中说过：“这时，费尔巴哈的《基督教的本质》出版了。它直截了当地使唯物主义重新登上王座，这就一下子消除了这个矛盾。……这部书的解放作用，只有亲身体验过的人才能想象得到。那时大家都很兴奋：我们一时都成为费尔巴哈派了。马克思曾经怎样热烈地欢迎这种新观点，而这种新观点又是如何强烈地影响了他（尽管还有种种批判性的保留意见），这可以从《神圣家族》中看出来。”（《马克思恩格斯选集》第4卷，人民出版社2012年版，第228页）恩格斯所论述的费尔巴哈对马克思的影响，同样适用于蒲鲁东对马克思的影响。这从马克思在《神圣家族》和《论蒲鲁东》中对蒲鲁东的诸多誉美之词可以清楚地看出来。事实上，把马克思1843年10月3日和1844年8月11日写给费尔巴哈的信和1846年5月5日写给蒲鲁东的信进行比较，就可以看出蒲鲁东对马克思的影响足以和费尔巴哈对马克思的影响相提并论，正如马克思在《论蒲鲁东》中说蒲鲁东和费尔巴哈都“起了划时代的作用”（《马克思恩格斯选集》第3卷，人民出版社2012年版，第13页）那样。可能正是由于这个原因，蒲鲁东几乎成了马克思终生的论敌。在近40年的政治经济学研究和批判的几乎所有重要著作，如《1844年经济学哲学手稿》、《神圣家族》、《德意志意识形态》、《致安年柯夫的信》、《哲学的贫困》、《论蒲鲁东》和《资本论》及其手稿中，马克思都批判过蒲鲁东。只是在《1844年经济学哲学手稿》和《神圣家族》中马克思“还有种种批判性的保留意见”。

② 《马克思恩格斯全集》第2卷，人民出版社1957年版，第66页。

③ 《马克思恩格斯全集》第2卷，人民出版社1957年版，第191页。

从原则的高度来分析，《德意志意识形态》的批判主题体现在两个方面：一方面是对德意志意识形态的批判，另一方面是对分工和私有制的批判。这两个方面的批判又是紧密地、内在地联系在一起的。概而言之，马克思正是从“分工是迄今为止历史的主要力量之一”①的基本判断出发，详细地探讨了分工的起源及其与私有制的真正关系，从而在哲学的意义上突出了分工的历史哲学意义，批判了德意志意识形态的唯心主义实质。在马克思的视野里，只要分工“还不是出于自愿”，则劳动活动就不可能是“自主活动”；由于分工与私有制是“相等的表达方式”——“对同一件事情，一个是就活动而言，另一个是就活动的产品而言”②——因此，“消灭分工”（“消灭旧式分工”）同“消灭私有制”是同一的，二者都是将旧有性质的劳动提升为“自主活动”的必要条件。可以看出，分工从一个经济学的实证范畴，被马克思成功地改造成了一个哲学批判的逻辑范畴，成了马克思建构历史唯物主义的科学术语。也许正是在这个意义上，恩格斯晚年才强调指出：关于历史唯物主义的问题“从分工的观点来看是最容易理解的”③。

事实上，马克思通过对分工和私有制的批判而张显出对德意志意识形态的批判的理论动机背后，透露出马克思从政治经济学批判转向历史唯物主义的更为深层的理论，从对法哲学批判转向政治经济学批判，就是从对国家的外在问题的探讨转向对国家的内在问题的挖掘，从“国家的起源和国家同市民社会的关系”转向“国家和法同所有制的关系”。从这个角度上说，“国家和法同所有制的关系”作为《德意志意识形态》中的“未完成稿”，其意义恰恰在于它既继承了自《黑格尔法哲学批判》以来马克思持续关注的私有财产或私有制问题及其背后的所有制问题，又开启了马克思后来在《资本论》及其手稿中关于“商品生产所有权规律”转变为“资本主义占有规律”的现代社会生产主题，从而为马克思提出“重建个人所有制”奠定了社会政治哲学、政治经济学批判与历史唯物主义相统一的理论基础。

---

① 《马克思恩格斯选集》第1卷，人民出版社2012年版，第179页。

② 《马克思恩格斯选集》第1卷，人民出版社2012年版，第163页。

③ 《马克思恩格斯选集》第4卷，人民出版社2012年版，第609页。

事实上,经过从《1844年经济学哲学手稿》到《神圣家族》再到《德意志意识形态》的转变,当马克思批判了意识哲学、创立了历史唯物主义之后,随着他在《致安年柯夫》的信和《哲学的贫困》中对蒲鲁东以及整个德国思辨哲学批判的完成,马克思在后来的《资本论》手稿和《资本论》第一卷中,也就完成了他对政治国家及其世俗基础即市民社会的双重批判,而这双重批判的核心就是马克思对私有制与所有制的关系问题或者说是“占有”与“所有”的关系问题的最后厘定。马克思说:

> 财产最初无非意味着这样一种关系:人把他的生产的自然条件看作是属于他的、看作是自己的、看作是与他自身的存在一起产生的前提;把它们看作是他本身的自然前提,这种前提可以说仅仅是他身体的延伸。①

> 财产意味着:个人属于某一部落(共同体)(意味着在其中有着主客体的存在),并以这个共同体把土地看作是它的无机体这种关系为中介,个人把土地,把外在的原始生产条件(因为土地同时既是原料,又是工具,又是果实)看作是属于他的个体的前提,看作是他的个体的存在方式。我们把这种财产关系归结为对生产条件的关系。②

> 财产最初(在它的亚细亚的、斯拉夫的、古代的、日耳曼的形式中)意味着,劳动的(进行生产的)主体(或再生产自身的主体)把自己的生产或再生产的条件看作是自己的东西这样一种关系。③

既然财产从其“最初”的“起源”意义上就体现为一种“对生产条件的关系”,体现为一种建立在生产关系基础上的社会关系,所以财产关系就不能是一种“想像的关系”而必须是一种“现实的关系”。马克思说:

> 既然财产仅仅是有意识地把生产条件看作是自己的东西这样一种关系(对于单个的人来说,这种关系是由共同体造成、并宣布为法律和

① 《马克思恩格斯全集》第30卷,人民出版社1995年版,第484页。
② 《马克思恩格斯全集》第30卷,人民出版社1995年版,第485页。
③ 《马克思恩格斯全集》第30卷,人民出版社1995年版,第488页。

> 加以保证的），也就是说，既然生产者的存在表现为一种在属于他所有的客观条件中的存在，那么，财产就只是通过生产本身才实现的。实际的占有，从一开始就不是发生在对这些条件的想象的关系中，而是发生在对这些条件的能动的、现实的关系中，也就是这些条件实际上成为的主体活动的条件。①

如果说，马克思在《黑格尔法哲学批判》中在研究罗马法的基础上曾提出过"私有财产的真正基础，即占有，是一个事实，是无可解释的事实，而不是权利。只是由于社会赋予实际占有以法律规定，实际占有才具有合法占有的性质，才具有私有财产的性质"②这样的观点时，他还因为当时没有政治经济学方面的知识基础而对"私有财产的本质"是什么的问题无法作出更为深入的阐述，那么现在，当马克思从生产的客观条件和生产关系角度对"财产"进行了社会历史的规定时，他实际上就是从"想象的关系"与"现实的关系"、"生产关系"与"意志关系"的对勘中对所有制问题进行了符合历史发展的本质界定。正如马克思在对蒲鲁东进行"盖棺论定"时所论述的：政治经济学"这种批判性分析对财产关系的总和，不是从它们的法律表现上即作为意志关系来把握，而是从它们的现实形态上即作为生产关系来把握"③。马克思的阐述说明，实际占有与合法占有是性质不同的两个问题：实际占有讲的是一种经济事实；合法占有讲的是一种法律权利。因此，"法的关系，是一种反映着经济关系的意志关系。这种法的关系或意志关系的内容是由这种经济关系本身决定的。"④

从归根结底的意义上说，马克思通过政治经济学批判而对所有制的阐述，不仅具有重要的政治经济学意义，而且具有重要的社会政治哲学意义。它说明：对于认识到私有财产是政治国家存在的基础、维护私有财产就是政

---

① 《马克思恩格斯全集》第30卷，人民出版社1995年版，第486页。

② 《马克思恩格斯全集》第3卷，人民出版社2002年版，第137页。

③ 《马克思恩格斯选集》第3卷，人民出版社2012年版，第14页。

④ 马克思：《资本论》第1卷，人民出版社2004年版，第103页。王逸舟对马克思的上述观点作出了这样的解读："所有是占有的法律'外壳'，占有是所有的经济内容。"参见王逸舟：《对马克思所有制理论中"占有"范畴的研究》，《学习与思考》1984年第4期。

治国家的内容和目的的马克思来说，破除附着在政治国家身上的所有权崇拜，就是破除政治国家身上的社会附咒，就是破除资产阶级政治国家的社会附咒。正因此，马克思在《1857—1858年经济学手稿》中对以交换价值这种经济关系为经济基础和法权基础的资产阶级国家的虚伪本质进行了深刻批判。马克思说：

> 所有现代的经济学家，无论偏重经济学方面或偏重法学方面，都把个人自己的劳动说成最初的所有权依据，而把对自己劳动成果的所有权说成资产阶级社会的基本前提。这种前提本身是建立在交换价值这种支配着生产关系和交往关系的总和的经济关系的前提上的，因而它本身是资产阶级社会即发达的交换价值的社会的历史产物。……既然通过自己的劳动进行占有的规律是前提，并且这个前提是从考察流通本身中显露出来的，而不是随意的假定，那么在流通中自然就会得出一个建立在这一规律基础上的资产阶级自由和平等的王国。①

这种批判在《资本论》中，则体现为马克思对自由、平等、所有权等资产阶级国家观念的科学揭示。马克思讽刺地指出："劳动力的买和卖是在流通领域或商品交换领域的界限以内进行的，这个领域确实是天赋人权的真正伊甸园。那里占统治地位的只是自由、平等、所有权和边沁。"②"平等地剥削劳动力，是资本的首要的人权。"③"资本是天生的平等派，就是说，它要求把一切生产领域内剥削劳动的条件的平等当作自己的天赋人权。"④由此，在《资本论》第1卷中，马克思通过对"剩余价值怎样从资本产生"以及"资本怎样从剩余价值产生"的生产过程的双向研究，揭示了"商品生产按自己本身内在的规律越是发展成为资本主义生产，商品生产的所有权规律也就越是转变为资本主义的占有规律"⑤。马克思认为，人类历史要想摆脱

---

① 《马克思恩格斯全集》第31卷，人民出版社1998年版，第349—350页。

② 马克思：《资本论》第1卷，人民出版社2004年版，第204页。

③ 马克思：《资本论》第1卷，人民出版社2004年版，第338页。

④ 马克思：《资本论》第1卷，人民出版社2004年版，第457页。

⑤ 马克思：《资本论》第1卷，人民出版社2004年版，第677—678页。

受这一规律制约的资本主义积累的一般规律及其历史趋势，就必须按照无产阶级的社会的、经济的平等要求"重新建立个人所有制"。马克思说：

> 从资本主义生产方式产生的资本主义占有方式，从而资本主义的私有制，是对个人的、以自己劳动为基础的私有制的第一个否定。但资本主义生产由于自然过程的必然性，造成了对自身的否定。这是否定的否定。这种否定不是重新建立私有制，而是在资本主义时代的成就的基础上，也就是说，在协作和对土地及靠劳动本身生产的生产资料的共同占有的基础上，重新建立个人所有制。①

总之，正是对社会政治哲学与政治经济学批判这两个致思路径背后所映射出来的"现实的人"及其"物质生产活动"等"社会现实"的发现，马克思最终才寻获了隐含在市民社会与政治国家关系背后的现代所有关系的秘密，架构出了他的历史唯物主义的哲学世界观和方法论，为社会政治哲学作出了充分的哲学奠基。这种哲学奠基既体现在从《1844 年经济学哲学手稿》到《德意志意识形态》的历史唯物主义的创立过程中，也体现在从《1857—1858 年经济学手稿》到《资本论》的历史唯物主义的再创造过程中。它说明，只要"现代国家"仍然建立在"现代资产阶级社会"的基础上，只要"现代国家制度"的根基仍然是"现代资产阶级社会"，那么即使人们把"人民"和"国家"这两个词联结一千次，也丝毫不会对现代国家的科学建构有所帮助。② 从原则的高度说，这正是马克思从法哲学批判转向政治经济学批判和意识形态批判进而创立历史唯物主义的背后所隐含着的社会政治哲学的深层意蕴。

---

① 马克思：《资本论》第 1 卷，人民出版社 2004 年版，第 874 页。

② 《马克思恩格斯选集》第 3 卷，人民出版社 2012 年版，第 373 页。

第八章　市民社会向现代社会的理论转型

经历了从法哲学批判、政治经济学批判向意识形态批判的转变，马克思和恩格斯最终在《德意志意识形态》中创立了历史唯物主义。而马克思创立这一“新唯物主义”和“新历史观”的核心范畴，就是抽象的市民社会概念的确立。然而，创立了历史唯物主义的马克思，在运用历史唯物主义的世界观和方法论诉诸他的革命理想与革命实践过程中，却再一次从具体的市民社会形象中界分出了“现代市民社会”和“现代资产阶级社会”，从而不仅确立了他从“资产阶级社会”（特殊）和“现代社会”（一般）考察“现代市民社会”的两个理论视角，而且完成了他从市民社会向现代社会的理论转型。

一、政治经济学批判与抽象的“市民社会”概念

对于马克思来说，只有经历了从法哲学批判到政治经济学批判的转变，才能提炼出抽象的“市民社会”概念这个基础概念，从而创立历史唯物主义。所以，这里的关键问题是，为什么只有经历了从法哲学批判到政治经济学批判的转变才能提炼出抽象的“市民社会”概念？笔者认为，这得益于两个方面的原因。

首先，在研究内容上，抽象的“市民社会”概念只能是从法哲学批判转向政治经济学批判的产物。道理很简单，法哲学批判主要探讨的是市民社会与政治国家之间的关系，因而只需把“市民社会”作为一个总体概念把握

就足够了。但是，对于自觉认识到“对市民社会的解剖应该到政治经济学中去寻求”①的马克思来说，政治经济学批判本身就意味着对市民社会自身各个要素的结构性分析。这就是马克思在《巴黎手稿》中对私有财产、异化劳动、分工、交换、货币、需要等“国民经济学和市民社会”②的基本要素进行批判性分析的根本原因。由于这种分析已经深入到了市民社会内部，因而“市民社会”这个总体概念自然也就成了“暂时消失”的范畴。事实上，经历了黑格尔法哲学批判而对政治经济学批判抱有更多期待的马克思对法哲学批判与政治经济学批判之间的原则界限已经有了一定的理论自觉：法哲学批判针对的是“市民社会和国家之间”的“不一致”，是市民社会同“国家制度的后果”的“片面的对立”；政治经济学批判则针对的是“市民社会和市民社会本身之间”的“不一致”，是市民社会同“(国家)制度的前提”的“全面的对立”。③ 这种原则区分意味着，只有深入到政治经济学批判中，马克思才能通过对现代国家及其现实基础的批判对现代社会政治哲学作出更为彻底的批判，从而确立起社会政治哲学更加广泛和深入的基础。

显然，在法哲学批判向政治经济学批判的转变这一问题上，日本的“市民社会派马克思主义”是充分地理解了马克思的。第二次世界大战后，大冢久雄和高岛善哉等人通过让马克思与韦伯对话、内田义彦通过让马克思与斯密对话，逐渐酝酿出了一个以“市民社会”概念为核心来重新解读马克思的潮流。④ 比如，高岛善哉在《亚当·斯密的市民社会体系》、《现代国家理论的原点》等著作中，基于对市民社会体现了近代启蒙“自由、平等、博爱”精神的正面理解，一反日本学界长期附从德国学术传统主要关注市民社会的消极方面、肆意贬低市民社会的做法，竭力为英法学术传统所代表的积极的“市民社会”正名。他从“日本尚不存在西方近代式的市民社会，必

---

① 《马克思恩格斯选集》第2卷，人民出版社2012年版，第2页。

② 马克思：《1844年经济学哲学手稿》，人民出版社2000年版，第14页。

③ 《马克思恩格斯选集》第1卷，人民出版社2012年版，第11、15页。

④ 韩立新：《“日本马克思主义”：一个新的学术范畴》，参见望月清司：《马克思历史理论的研究》，北京师范大学出版社2009年版，“总序”第12页。

须全力开创出这样一种社会”的判断出发，认为对“什么是市民社会”这一问题的探讨无论如何都不能绕过马克思。他说：

> 教会我们从总体上看待市民社会的是马克思，教会我们市民社会的科学思维方法的是马克思，明言经济学为市民社会解剖学的也是马克思，引导我们将经济与政治两相结合考察，把近代市民社会对社会与国家关系的感性认识上升为概念把握的是马克思，指出市民社会为生产力体系的也是马克思。此外，同样重要的是，教导我们必须从内部超越市民社会这一体系的仍是马克思。①

在大冢久雄、高岛善哉和内田义彦等人之后，平田清明、城塚登和望月清司等人更是通过自己的努力使市民社会的研究成为了“日本马克思主义”的一个研究主题，以至于生成了“市民社会派的马克思主义”。平田清明在他的《市民社会和社会主义》中指出，在马克思理论体系中存在着很多曾经发挥了巨大作用但后来却“消失了的范畴”，市民社会就是其中之一，所以当代马克思研究的主要任务应该是“恢复市民社会的权威”，在挖掘、复原和探索市民社会中重新认识马克思。② 城塚登在他的《青年马克思的思想》中，致力于从法哲学批判向政治经济学批判的转变中复原“市民社会”概念在马克思早期思想发展中的重要作用。他说：

> 从巴黎时代起直到逝世之前，马克思专心致力于从政治经济方面分析市民社会即资产阶级社会，不外乎是因为，他认为必须通过市民社会的人自身的实践来完成市民社会的人的自我异化的克服，恢复类存在，完成人的解放，而这一市民社会的人又受经济运动全面支配，所以，要到市民社会人的实践中寻求人的解放，无论如何必须从政治经济上对市民社会进行研究。这一认识是通过对市民社会进行法哲学的分析

---

① 高岛善哉：《什么是市民社会》，参见韩立新主编：《当代学者视野中的马克思主义哲学·日本学者卷》，北京师范大学出版社2014年版，第64页。

② 韩立新：《马克思关于市民社会的历史理论》，参见望月清司：《马克思历史理论的研究》，北京师范大学出版社2009年版，“关于望月清司《马克思历史理论的研究》的译者解说”第10页。

才明确的，因而法哲学的分析决不是无益的。相反，它是政治经济学分析的前提和基础。……它像一根红线一样贯串在马克思整个经济学的研究之中。①

望月清司在他的《马克思历史理论的研究》中将马克思的历史观（历史理论）解释成市民社会的历史，从而积极回应了平田清明的倡议，公开声明要为马克思市民社会正名。他期望从本源共同体——市民社会——社会主义的历史贯通性中对“市民社会”概念的消失给出符合马克思思想发展史的求解。他说：

“市民社会”一词在《经济学哲学手稿》和《穆勒评注》中几乎完全消失或缺失了。这一奇妙现象并不意味着马克思暂时——当时也许是永远——放弃了“市民社会”概念，正好相反，它表明了马克思那一不寻常的决心：要从一个对自己而言全新的角度，即“国民经济学”——英国政治经济学——来重新获得自己早已在批判黑格尔时习惯了的那一“市民社会”概念。②

马克思正是为了批判地洞察眼前的资本家社会，认识作为资本家社会基础的市民社会，为将市民社会确认为人类历史长期积累的产物，才追溯到了本源共同体。就这样，马克思发现了面向未来的市民社会的集结原理，这一原理既是资本家市民社会的实现，同时又必然继承了资本家社会的成果。这才是马克思的历史理论。……“政治经济学”将西欧的市民社会想象为人类永恒的社会形态，而马克思历史理论则通过对“政治经济学”的批判，将过去、现在、未来看成是一个关于共同体、市民社会、社会主义的理论。③

总之，通过强调市民社会可以更好地把握资本主义社会的本质，因而能

① 城塚登：《青年马克思的思想——社会主义思想的创立》，求实出版社 1988 年版，第 66 页。

② 望月清司：《马克思历史理论的研究》，北京师范大学出版社 2009 年版，第 37 页。

③ 望月清司：《马克思历史理论的研究》，北京师范大学出版社 2009 年版，第 498—499 页。

够更好地把握马克思的历史理论和社会理论,"市民社会论"成了堪与"物象化论"相媲美的20世纪六七十年代以来"日本马克思主义"中"最重要的两项成果"①。

其次,研究方法上,抽象的市民社会概念只能是对发达的资产阶级关系进行理论分析的产物。在《〈政治经济学批判〉导言》中,马克思曾经对以逻辑与历史相统一的科学抽象法作过极其经典的分析与阐述。他不仅以"生产一般"为例说明了科学抽象("合理的抽象")的重要性,而且以"劳动一般"这个"现代的范畴"的历史生成为例阐述了科学抽象法形成的社会基础。对于前者,马克思说:"生产一般是一个抽象,但是只要它真正把共同点提出来,定下来,免得我们重复,它就是一个合理的抽象。"②对于后者,马克思说:劳动"这个被现代经济学提到首位的、表现出一种古老而适用于一切社会形式的关系的最简单的抽象,只有作为最现代的社会的范畴,才在这种抽象中表现为实际上真实的东西"③;"劳动这个例子令人信服地表明,哪怕是最抽象的范畴,虽然正是由于它们的抽象而适用于一切时代,但是就这个抽象的规定性本身来说,同样是历史条件的产物,而且只有对于这些条件并在这些条件之内才具有充分的适用性。"④把对"生产一般"、"劳动一般"的抽象推而广之,马克思总结出了科学抽象法的基本精神:

> 比较简单的范畴,虽然在历史上可以在比较具体的范畴之前存在,但是,它在深度和广度上的充分发展恰恰只能属于一个复杂的社会形式,而比较具体的范畴在一个比较不发展的社会形式中有过比较充分的发展。⑤
>
> 最一般的抽象总只是产生在最丰富的具体发展的场合,在那里,一种东西为许多东西所共有,为一切所共有。这样一来,它就不再只是在

① 韩立新:《"日本马克思主义":一个新的学术范畴》,参见望月清司:《马克思历史理论的研究》,北京师范大学出版社2009年版,"总序"第15页。

② 《马克思恩格斯选集》第2卷,人民出版社2012年版,第685页。

③ 《马克思恩格斯选集》第2卷,人民出版社2012年版,第705页。

④ 《马克思恩格斯选集》第2卷,人民出版社2012年版,第705页。

⑤ 《马克思恩格斯选集》第2卷,人民出版社2012年版,第703页。

特殊形式上才能加以思考了①。

显然，这种科学抽象法同样适用于马克思对抽象的“市民社会”概念的把握。

在马克思看来，现代市民社会尽管有自己的生成、发展与演化的历史，但它作为最抽象的概念却只能出现在现代资产阶级社会中。诚如恩格斯所说：“关于市民社会的科学，也就是政治经济学”②，而“政治经济学是现代资产阶级社会的理论分析，因此它以发达的资产阶级关系为前提”③。从原则的高度来说，马克思在《德意志意识形态》中对作为“物质的生活关系的总和”的“市民社会”概念的科学抽象是至关重要的，因为它标志着马克思在对“发达的资产阶级关系”这一“现代的市民社会”的睿智理解中，捕捉到了与世俗生活原则本质相关着的历史运会的最深刻的东西，迎来了自己由法哲学批判向政治经济学批判的第一次转变之后的又一次“思想转变”——由政治经济学批判转而寻求哲学世界观在根基处的建构。这就是马克思在给列斯凯的信中谈及他“把《政治经济学》的写作工作搁下来”的根本原因：

> 我认为，在发表我的正面阐述以前，先发表一部反对德国哲学和那一时期产生的德国社会主义的论战性著作，是很重要的。为了使读者能够了解我的同迄今为止的德国科学根本对立的政治经济学的观点，这是必要的。……这就是我在一封信中告诉过您的在《政治经济学》出版以前必须完成的那部论战性著作。④

如果说，马克思正是在对现代资产阶级关系的政治经济学批判中确立了自己在哲学世界观和方法论上的革命性变革，从而看似偶然实则必然地创立了历史唯物主义，那么，与历史唯物主义的创立过程相伴随的，恰恰就是马克思对抽象的“市民社会”概念的科学提炼。对此，马克思给予了充分的阐述与说明：

---

① 《马克思恩格斯选集》第 2 卷，人民出版社 2012 年版，第 704 页。

② 《马克思恩格斯全集》第 16 卷，人民出版社 1964 年版，第 409 页。

③ 《马克思恩格斯选集》第 2 卷，人民出版社 2012 年版，第 6 页。

④ 《马克思恩格斯全集》第 27 卷，人民出版社 1972 年版，第 473 页。

> 受到迄今为止一切历史阶段的生产力制约同时又反过来制约生产力的交往形式,就是市民社会。……这个市民社会是全部历史的真正发源地和舞台。①

> 市民社会包括各个人在生产力发展的一定阶段上的一切物质交往。它包括该阶段的整个商业生活和工业生活,因此它超出了国家和民族的范围,……市民社会这一名称始终标志着直接从生产和交往中发展起来的社会组织,这种社会组织在一切时代都构成国家的基础以及任何其他的观念的上层建筑的基础。②

马克思认为,他和恩格斯创立的"新历史观"就是建立在这种市民社会基础上的:

> 这种历史观就在于:从直接生活的物质生产出发阐述现实的生产过程,把同这种生产方式相联系的、它所产生的交往形式即各个不同阶段上的市民社会理解为整个历史的基础,从市民社会作为国家的活动描述市民社会,同时从市民社会出发阐明意识的所有各种不同的理论产物和形式,如宗教、哲学、道德等等,而且追溯它们产生的过程。③

值得注意的是,学术界往往过多地注意了马克思上述观点中的世界观和历史观内容,而对其背后的方法论意义则没有太多关注:马克思何以在经历了法哲学批判向政治经济学批判的转变后能够在《德意志意识形态》中提炼出"市民社会"这个"合理的抽象"概念作为创立历史唯物主义的基础概念?

在这里,除了法哲学批判向政治经济学批判的转变外,不能不本质重要地涉及马克思对黑格尔辩证法的批判性继承。用恩格斯的话说,在这里"必须解决与政治经济学本身无关的另外一个问题"——"应该用什么方法对待科学?"④恩格斯认为,对"经济学的批判"可采用"按照历史"和"按照

① 《马克思恩格斯选集》第1卷,人民出版社2012年版,第167页。

② 《马克思恩格斯选集》第1卷,人民出版社2012年版,第211页。

③ 《马克思恩格斯选集》第1卷,人民出版社2012年版,第171页。

④ 恩格斯在这里所说的"与政治经济学本身无关",并非真的无关,而是从平庸的形而上学角度来说的。参见《马克思恩格斯选集》第2卷,人民出版社2012年版,第11页。

逻辑”两种方法，而它们在本质上其实是统一的：如果说“逻辑的方式是唯一适用的方式”，那么这种方式实际上“无非是历史的方式，不过是摆脱了历史的形式以及起扰乱作用的偶然性而已”，它恰恰说明了“历史从哪里开始，思想进程也应当从哪里开始，而思想进程的进一步发展不过是历史过程在抽象的、理论上前后一贯的形式上的反映”的科学方法的社会基础。正因此，恩格斯认为黑格尔的思维方式不同于其他哲学家的地方，就是他的思维方式“有巨大的历史感做基础”，而“这个划时代的历史观”构成了“新的唯物主义世界观的直接的理论前提”。① 恩格斯的分析恰恰说明了马克思何以非常重视对黑格尔辩证思维方式的批判与继承：政治经济学批判“决不是对经济学的个别章节作零碎的批判，决不是对经济学的某些争论问题作孤立的研究。相反，它一开始就以系统地概括经济科学的全部复杂内容，并且在联系中阐述资产阶级生产和资产阶级交换的规律为目的”②；这种批判唯一可以借用的方法就是将历史现象学批判融入精神现象学分析的“黑格尔的辩证法”。当然，由于黑格尔辩证法具有完全抽象的“思辨的形式”，所以，“从黑格尔逻辑学中把包含着黑格尔在这方面的真正发现的内核剥出来，使辩证方法摆脱它的唯心主义的外壳并把辩证方法在使它成为唯一正确的思想发展形式的简单形态上建立起来”，就成了马克思以“对这个方法（即黑格尔的唯心主义辩证法——引者注）的批判”做基础而制定“对于政治经济学的批判”的科学方法来说的一个“其意义不亚于唯物主义基本观点的成果”。③

明白了上述道理，也就明白当19世纪60年代德国知识界中平庸的模仿者们把黑格尔当做“一条死狗”来对待的时候，马克思为什么要“公开承认”他是“这位大思想家的学生”④。从归根结底的意义上说，这是因为不仅黑格尔的市民社会理论推动了马克思从法哲学批判转向政治经济学批

---

① 《马克思恩格斯选集》第2卷，人民出版社2012年版，第12—14页。
② 《马克思恩格斯选集》第2卷，人民出版社2012年版，第10页。
③ 《马克思恩格斯选集》第2卷，人民出版社2012年版，第13页。
④ 《马克思恩格斯选集》第2卷，人民出版社2012年版，第94页。

判，而且黑格尔的辩证思维方法帮助马克思实现了对政治经济学批判的材料加工。正如马克思所说："我又把黑格尔的《逻辑学》浏览了一遍，这在材料加工的方法上帮了我很大的忙。"①如果说这种"逻辑学"方法还只是浮在表面的东西，那么其深层的东西无疑正是黑格尔哲学中的"历史学"方法，即黑格尔对市民社会这种历史现象学的精神现象学分析。这也是马克思在《黑格尔法哲学批判》中分析了黑格尔关于市民社会与政治国家的关系之后，何以在对政治经济学进行了初步研究之后便在《1844 年经济学哲学手稿》中提出要对"黑格尔的辩证法和整个哲学"进行批判的根本原因。在马克思看来，要探索黑格尔哲学的整个体系，就必须"从黑格尔的《现象学》即从黑格尔哲学的真正诞生地和秘密开始"②。通过对黑格尔以《现象学》和《逻辑学》为核心的《哲学全书》的整体考察，马克思不仅揭示了黑格尔《现象学》的最后成果就是对"作为推动原则和创造原则的否定性"的"辩证法"③的展开，而且还从"人的存在和存在方式"的"运动的环节"中还原了黑格尔在《法哲学原理》中对"感性的现实的运动"所作的哲学扬弃的历史本质：

> 在黑格尔法哲学中，扬弃了的私法=道德，扬弃了的道德=家庭，扬弃了的家庭=市民社会，扬弃了的市民社会等于国家，扬弃了的国家=世界历史。在现实中，私法、道德、家庭、市民社会、国家等等依然存在着，它们只是变成环节，变成人的存在和存在方式，这些存在方式不能孤立地发挥作用，而是互相消融，互相产生等等。运动的环节。④

将"法哲学"的这些环节看成"伦理的客观精神"，也就形成了黑格尔《哲学全书》的基本纲要：

> 扬弃了的质=量，扬弃了的量=度，扬弃了的度=本质，扬弃了的本质=现象，扬弃了的现象=现实，扬弃了的现实=概念，扬弃了的概念=

① 《马克思恩格斯〈资本论〉书信集》，人民出版社 1976 年版，第 121 页。
② 马克思：《1844 年经济学哲学手稿》，人民出版社 2000 年版，第 97 页。
③ 马克思：《1844 年经济学哲学手稿》，人民出版社 2000 年版，第 101 页。
④ 马克思：《1844 年经济学哲学手稿》，人民出版社 2000 年版，第 110 页。

> 客观性，扬弃了的客观性＝绝对观念，扬弃了的绝对观念＝自然界，扬弃了的自然界＝主观精神，扬弃了的主观精神＝伦理的客观精神，扬弃了的伦理精神＝艺术，扬弃了的艺术＝宗教，扬弃了的宗教＝绝对知识。①

正因为马克思通过解密黑格尔的《法哲学》和《精神现象学》中的这两个圆圈循环而发现了其《逻辑学》的秘宗要义，就是关于法哲学的历史形式的抽象唯心论的逻辑学精髓，马克思才从历史现象学与精神现象学、思想史批判和方法论批判的结合中分析了对黑格尔批判的重要意义：当着“现代德国的批判着意研究旧世界的内容，而且批判的发展完全拘泥于所批判的材料，以致对批判的方法采取完全非批判的态度”的时候，“如何对待黑格尔的辩证法”这个“表面上看来是形式的问题”也就变成了“实际上是本质的问题”。② 正如马克思所总结的那样：黑格尔“在他的思辨的逻辑学里”“所完成的积极的东西在于：独立于自然界和精神的特定概念、普遍的固定的思维形式，是人的本质普遍异化的必然结果，因而也是人的思维普遍异化的必然结果”③。如果说，“人的本质普遍异化的必然结果”就是政治国家及其世俗基础即市民社会的自我分裂和自我矛盾，那么，“人的思维普遍异化的必然结果”就是法哲学、国家哲学、政治经济学等资产阶级“教义学”体系所表现出来的抽象性和唯心性及其反现实性、反社会性和反历史性。这一结论，与其说是马克思从“对黑格尔的辩证法和整个哲学的批判”中得出来的，毋宁说是马克思“通过完全经验的、以对国民经济学进行认真的批判研究为基础的分析得出的”④，而马克思得出这个结论的社会基础就是对私有财产、异化劳动、分工、交换、交往、货币、需要等这些“国民经济学和市民社会”的基本要素所作的历史分析与社会考察。

以上述视角来审视，马克思在政治经济学批判过程中对蒲鲁东的批判，

① 马克思：《1844 年经济学哲学手稿》，人民出版社 2000 年版，第 111 页。
② 马克思：《1844 年经济学哲学手稿》，人民出版社 2000 年版，第 94 页。
③ 马克思：《1844 年经济学哲学手稿》，人民出版社 2000 年版，第 114 页。
④ 马克思：《1844 年经济学哲学手稿》，人民出版社 2000 年版，第 3 页。

就是他从历史唯物主义的意义上对从自然出发的李嘉图经验自然主义（“把人变成帽子”）和从抽象出发的黑格尔逻辑神秘主义（“把帽子变成观念”）的双重批判：蒲鲁东之流把资本主义经济范畴看成是非历史的、永恒的、固定不变的和抽象的概念，而马克思认为只有赋予这些范畴以历史的、社会的性质才能说明和理解它们的相对性和暂时性。明白了这个道理，也就明白马克思的《哲学的贫困》的整个理论架构了：在第一章“科学的发现”中对蒲鲁东的经济学观点进行了批判之后，第二章“政治经济学的形而上学”不仅以阐述“方法”这一节来开场，而且还“做了七个比较重要的说明”。显然，正是通过《哲学的贫困》中对以蒲鲁东为关节点的黑格尔和李嘉图的双重批判，马克思才真正赋予历史唯物主义以“历史科学”的地位，也真正赋予了“市民社会”以历史唯物主义基础概念的意义。正如马克思所说：

> 社会——不管其形式如何——是什么呢？是人们交互活动的产物。人们能否自由选择某一社会形式呢？决不能。在人们的生产力发展的一定状况下，就会有一定的交换和消费形式。在生产、交换和消费发展的一定阶段上，就会有相应的社会制度形式、相应的家庭、等级或阶级组织，一句话，就会有相应的市民社会。有一定的市民社会，就会有不过是市民社会的正式表现的相应的政治国家。①

值得注意的是，由于马克思早期更加强调和关注“随同资产阶级发展起来”的“现代市民社会”，所以学术界普遍认为，马克思早期的“市民社会”概念具有广义和狭义两种含义：广义的“市民社会”是指社会发展各历史时期的经济制度，即决定政治制度和意识形态的“物质生活关系的总和”；狭义的“市民社会”是指资产阶级社会的物质关系。这种理解虽然过于笼统，但它至少说明马克思早期的“市民社会”概念包括有不同含义。正如俞可平所说：在马克思早期文本中，“经济基础”、“生产关系”、“资产阶级社会”这些概念都不完全等同于“市民社会”概念，“市民社会”的外延比它们要宽

---

① 《马克思恩格斯选集》第4卷，人民出版社2012年版，第408页。

泛得多,是一个任何其他概念都不能替代的概念。① 就此来说,那些认为“市民社会”概念的“永久消失”是因为它是马克思早期使用的一个不科学、不成熟的概念,所以被后来的马克思弃之不用的观点,以及那些认为“市民社会”概念从来就没有消失,因为“市民社会”指的就是“资产阶级社会”的观点,都是对马克思“市民社会”概论的简单化、片面化理解:前者无力解答马克思中后期除使用“资产阶级社会”(德语 kapitalisitischen Gesellschaft 和英语 bourgeois society)这个词语外为什么还继续使用 bürgerliche Gesellschaft 的文本事实;后者无法面对现代资产阶级社会与现代市民社会在概念内涵与发展逻辑上的交叉与重叠问题。

二、“市民社会”的“消失”与“资产阶级社会”的“凸现”

接下来的问题是,在《德意志意识形态》中运用“市民社会”这一基础概念创立了历史唯物主义之后,“市民社会”概念为什么在此后却像平田清明所说的那样,成了一个“消失了的范畴”? 对这个问题的回答如果不能用上面第一种解释即“市民社会”是个不成熟、不科学的概念所以被后来的成熟的、科学的“生产关系”、“经济基础”概念“取而代之了”来解释和说明,那么就只剩下第二种可能的解释了:“市民社会”概念被更为具体、更为恰当的“资产阶级社会”概念取代了。

然而,当我们深入而透彻地思考马克思早期文本中的“市民社会”概念在经历了对其抽象意义的剥离后是否就完全萎缩成了“资产阶级社会”的代名词,从而使“市民社会”真地成了一个“永久消失”了的范畴这个问题时,我们得出了完全不同的结论:认为“市民社会”是个“消失了的范畴”的说法完全是一个“学术假象”而非“文本事实”! 这个学术假象的出现,从表面上看是个词汇选择与翻译的问题,但从根本上看则涉及无产阶级革命的

① 俞可平:《马克思的市民社会理论及其历史地位》,《中国社会科学》1993 年第 4 期。

彻底性问题。就是说,“市民社会”是个“消失了的范畴”这个“学术假象”的出现,是没有从政治经济学批判与社会政治哲学批判相统一的角度解读马克思文本的结果,亦是没有从思想革命家与革命思想家相统一的角度理解马克思思想的结果。

据学者考证,马克思不仅在中后期(1848 年《共产党宣言》问世之后)的许多文本(如《1848 年至 1850 年的法兰西阶级斗争》、《路易·波拿巴的雾月十八日》、《政治经济学批判》、《资本论》、《法兰西内战》、《哥达纲领批判》等)中继续而频繁地使用了 bürgerliche Gesellschaft 这个德文词语,而且在马克思和恩格斯亲自校订的《资本论》第一卷法文版和英文版中,bürgerliche Gesellschaft 这个德文词语还被分别译成了法语的 société civile(“市民社会”)和 société bourgeoisie(“资产阶级社会”)以及英语的 civil society(“市民社会”)和 bourgeois society(“资产阶级社会”)。不仅如此,在马克思用英文写成的《法兰西内战》中,他还同时使用了 civil society 和 bourgeois society 这两个词。这说明,在马克思、恩格斯心目中,“市民社会”与“资产阶级社会”并不是毫无差别的概念。①

这样,新的问题就出来了:既然马克思在中后期多次使用了 bürgerliche Gesellschaft 并且将它拆分成法语和英语的“市民社会”和“资产阶级社会”这样两个不同的词,那么为什么人们会把这个词仅仅翻译成“资产阶级社会”的代名词从而造成了“市民社会”好像是个“消失了的范畴”这种学术假象呢? 笔者认为,这其中既有马克思的原因,也有我们的原因;既有主观的原因,也有客观的原因。

我们知道,在黑格尔法哲学批判时期,马克思把黑格尔国家理念决定家庭和市民社会的唯心主义国家观颠倒成了家庭、市民社会是国家的“前提”和“基础”的唯物主义国家观。在马克思看来,既然市民社会是政治国家的“前提”和“基础”,那么政治国家与市民社会在现代社会的分离和对立就是

---

① 俞可平:《马克思的市民社会理论及其历史地位》,《中国社会科学》1993 年第 4 期,第 69 页。

同一共同体内部的分离和对立。马克思说：

> 黑格尔的出发点是作为两个固定的对立面、两个真正有区别的领域的“市民社会”和“政治国家”的分离。当然，在现代国家中这种分离实际上是存在的。市民等级和政治等级的同一就是市民社会和政治社会同一的表现。这种同一已经消失了。黑格尔是以同一已经消失为前提的。如果市民等级和政治等级的同一曾表现出实际情况，那么它现在自然就只能是市民社会和政治社会分离的表现！或者更确切地说：只有市民等级和政治等级的分离才表现出现代的市民社会和政治社会的真正的相互关系。①

既然市民社会与政治社会的分离和对立只是同一共同体内部的分离和对立，那么，为着要彻底消灭具有阶级性、虚幻性的政治国家，就必须将政治国家连同它的世俗基础即“市民社会”一起消灭掉。由此出发，马克思一方面超越了黑格尔力图以普遍的、至善的伦理国家超越特殊的、有缺陷的市民社会的发展路径，提出了“历史任务就是国家制度的回归”②、“为消灭国家和市民社会而斗争”③的理论任务。另一方面，马克思又从“政治革命是市民社会的革命”④的历史进步性和“政治解放本身并不就是人的解放”⑤的历史限度出发，主张把“政治解放”推进并提升到“彻底的革命、全人类的解放”的高度。显然，将这一理想叙事具体到革命实践中，就是无产阶级革命相对于资产阶级革命所应有的彻底性：无产阶级革命不仅要消灭“资产阶级社会”，最终也要消灭资产阶级社会的世俗基础即“市民社会”，因而必须消灭整个 bürgerliche Gesellschaft。换言之，以消灭 bürgerliche Gesellschaft 为己任的无产阶级革命，其最直接、最现实的革命目标是“资产阶级社会”这一特殊社会形式，但其更根本、更基础的革命目标则是“市民社会”这一普

---

① 《马克思恩格斯全集》第 3 卷，人民出版社 2002 年版，第 90—91 页。

② 《马克思恩格斯全集》第 3 卷，人民出版社 2002 年版，第 42 页。

③ 《马克思恩格斯全集》第 42 卷，人民出版社 1979 年版，第 238 页。

④ 《马克思恩格斯全集》第 3 卷，人民出版社 2002 年版，第 186 页。

⑤ 《马克思恩格斯全集》第 3 卷，人民出版社 2002 年版，第 180 页。

遍社会形式。这是作为思想家的马克思对无产阶级革命的基本态度。

然而,马克思不仅仅是一个思想家,他“首先是一个革命家”:“他毕生的真正使命,就是以这种或那种方式参加推翻资本主义社会及其所建立的国家设施的事业,参加现代无产阶级的解放事业。”①1848 年欧洲革命的爆发给马克思提供了一个实现他的抱负、运用和检验历史唯物主义的机会。1848 年欧洲革命爆发后不久,马克思和恩格斯就辗转回到了德国。他们不仅积极筹办《新莱茵报》和建立全德工人党,而且亲自参加了多次起义。1848 年欧洲革命虽然失败了,但在为总结这次革命经验教训而写的《资产阶级和反革命》、《1848 年至 1850 年的法兰西阶级斗争》和《路易·波拿巴的雾月十八日》等著作中,马克思使用的 bürgerliche Gesellschaft 一词,除了个别情况下具有“市民社会”的含义外②,更多情况下指的都是“资产阶级社会”这一无产阶级革命的直接对象,从而使“资产阶级社会”成为了与无产阶级革命紧密联系着的“不断革命”、“阶级斗争”和“无产阶级专政”等理论的针对对象。通过对 1848 年欧洲革命与 1648 年英国革命和 1789 年法国革命的比较,马克思将资产阶级革命区分成了“沿着上升的路线行进”和“沿着下降的路线行进”③两种情况。在马克思看来,当着资产阶级革命处于下降过程的时候,资产阶级革命就很可能辩证地转化为自己的直接对立面——无产阶级革命。因此,在沿着下降路线行进的资产阶级革命中,作为独立的政治力量登上历史舞台的无产阶级不仅要完成资产阶级革命的任务,而且要把这一革命适时地转变成无产阶级革命,建立无产阶级专政国家。马克思说:

> 社会主义就是宣布不断革命,就是无产阶级的阶级专政,这种专政

---

① 《马克思恩格斯选集》第 3 卷,人民出版社 2012 年版,第 1003 页。

② 以《马克思恩格斯选集》中文第 3 版第 1 卷为例,bürgerlische Gesellchaft 这个词语,在《法兰西阶级斗争》中有一处被译为“市民社会”(参见《马克思恩格斯选集》第 1 卷,人民出版社 2012 年版,第 519 页第 7 行),在《路易·波拿巴的雾月十八日》中有四处被译为“市民社会”(参见《马克思恩格斯选集》第 1 卷,人民出版社 2012 年版,第 704 页第 7 行、第 708 页第 10 行、第 708 页第 15 行和第 761 页第 11 行)。

③ 参见《马克思恩格斯选集》第 1 卷,人民出版社 2012 年版,第 691—692 页。

> 是达到消灭一切阶级差别，达到消灭这些差别所由产生的一切生产关系，达到消灭和这些生产关系相适应的一切社会关系，达到改变由这些社会关系产生出来的一切观念的必然的过渡阶段。①

这个思想在马克思 1852 年 3 月 5 日写给魏德迈的信中得到了更加明确的阐述。在这封信中，马克思称自己在阶级斗争问题上“所加上的新内容”就是证明了这样几点：

> (1)阶级的存在仅仅同生产发展的一定历史阶段相联系；(2)阶级斗争必然导致无产阶级专政；(3)这个专政不过是达到消灭一切阶级和进入无阶级社会的过渡……②

可以说，通过无产阶级革命、实行无产阶级专政，构成了马克思关于无产阶级解放的两个相辅相成的基本要点，也构成了马克思一生都始终坚持的基本观点，贯穿到了马克思中后期的《资本论》、《法兰西内战》、《哥达纲领批判》等经典著作中。

然而，利之所在，弊亦随之。关于 bürgerliche Gesellschaft 就是“资产阶级社会”的说法也就出现在 1848 年欧洲革命之后。正是由于马克思一方面频繁地使用 bürgerliche Gesellschaft 指称“资产阶级社会”，另一方面把无产阶级革命与不断革命、阶级斗争和无产阶级专政理论联系起来，所以给人们造成了一种 bürgerliche Gesellschaft 就是“资产阶级社会”的主观感觉。这种感觉不仅因为第二国际理论家在宣传、捍卫与发展马克思主义而与机会主义和修正主义的斗争中得到了强化，而且还叠加上了 19 世纪晚期无产阶级革命高涨带来的无产阶级与资产阶级的“阶级矛盾激化”以及 20 世纪上半叶社会主义国家诞生后带来的社会主义与资本主义的“意识形态对立”，从而使得用“资产阶级社会”对译 bürgerliche Gesellschaft 成了一个历史传统。而当人们用“资产阶级社会”格式化地对译 bürgerliche Gesellschaft 时，就会习惯成自然地认为“市民社会”成了一个“消失了的范畴”。

---

① 《马克思恩格斯选集》第 1 卷，人民出版社 2012 年版，第 532 页。

② 《马克思恩格斯选集》第 4 卷，人民出版社 2012 年版，第 426 页。

另一方面，这种情况也与德语 bürgerliche Gesellschaft 的多义性客观相关。德语中没有与法语或英语的“市民社会”和“资产阶级社会”分别对应的固有词汇，只有 bürgerliche Gesellschaft 这个意义不是很明确的词语。这使人们对它的理解产生出两种截然不同的思想效应：从好的方面说是双关性，从坏的方面说就是歧义性。具体来说，马克思是从双关性来理解无产阶级革命的彻底性的，认为无产阶级革命既要消灭“资产阶级社会”，又要消灭它的世俗基础即“市民社会”，因而要以消灭 bürgerliche Gesellschaft 为己任；而伯恩斯坦则是从歧义性方面理解的，认为无产阶级革命只应针对“资产阶级社会”，而不应针对文明地发展起来的“市民社会”。

伯恩斯坦青年时期曾受到资产阶级软弱的反普鲁士君主专制运动的影响，具有一些自由主义和民主主义的思想。后在倍倍尔和李卜克内西等人的影响下加入德国社会民主工人党。然而，他所接受的社会主义从根本上是拉萨尔和杜林的机会主义。当 1878 年 10 月德国的俾斯麦政府颁布了“镇压社会民主党企图危害治安的法令”（即通常所说的“社会党人法”）而迫使德国社会民主党转入地下工作后，伯恩斯坦的取消主义和投降主义随机抬头。他和另外两个党内的右倾机会主义者赫希伯格和施拉姆（即后来的“苏黎世三人团”）在合写的《德国社会主义运动的回顾》一文中，集中表达了他们的取消主义和投降主义的思想。针对于此，马克思和恩格斯立即写了《给奥·倍倍尔、威·李卜克内西、威·白拉克等人的通告信》，明确阐述了他们对于无产阶级革命的态度：“根据我们的全部经历，摆在我们面前的只有一条路。将近 40 年来，我们一贯强调阶级斗争，认为它是历史的直接动力，特别是一贯强调资产阶级和无产阶级之间的阶级斗争，认为它是现代社会变革的巨大杠杆；所以我们决不能和那些想把这个阶级斗争从运动中勾销的人们一道走。”①在这封通告信和社会民主党的努力下，伯恩斯坦等人受到了严重打击，重新表现出了“向左转”的思想倾向。但是，随着马

① 《马克思恩格斯选集》第 3 卷，人民出版社 2012 年版，第 739 页。

克思和恩格斯的相继逝世，在党内思想界日益发挥着重要影响的伯恩斯坦思想又重新抬头了。这些思想主要体现在他1896—1898年发表在考茨基主编的《新时代》上以“社会主义问题”为总标题、以“个人的观点和传统的观点”为副标题的一组论文①以及1899年1月出版的《社会主义的前提和社会民主党的任务》一书中。

在《社会主义的前提和社会民主党的任务》中，伯恩斯坦通过对马克思主义哲学、政治经济学和科学社会主义的全面“修正”，企图以无产阶级在议会斗争中取得的暂时的和小范围的政治成绩来否定“无产阶级专政”和“阶级斗争”这个无产阶级革命的“法宝”。伯恩斯坦说：

> 在这张口闭口以人民代表和人民立法这些与独裁不相容的东西为立脚点的时候，还是固执无产阶级专政这样的名词究竟有什么意义呢？这个名词在今天已经大大落后于时代了，只有除去这个名词的事实上的意义，而赋与它以稍微缓和的意义，它才能同现实相一致。社会民主党的实际行动的目标，是避免痉挛的破裂，把近代社会秩序推向更高的社会秩序，并且创造为保障这种社会秩序所需要的状态和条件。社会民主党是从更高度文明的开拓者这种意识中汲取鼓舞和动力的，而且正是在这里面存在着他们所渴望的社会剥夺的道德权利。然而阶级的专政却是属于较低的文化。不管事情的当否与实现的可能性如何，阶级的专政必须看做是一种倒退或政治的隔世遗传。②

否定了无产阶级专政，认为资产阶级社会可以提供给无产阶级所渴望的道德权利，当然无须对资产阶级社会的世俗基础即市民社会进行革命了。

---

① 这些论文以《社会主义问题》为总标题，共有5篇，分别是《空想社会主义——折衷主义》、《区域理论和集体主义的界限》、《英国农业状况的新发展》、《空间和数字在社会政策上的意义》、《德国工业发展的现状》等。在这些文章中，伯恩施坦提出，时代已经发生了重大变化，完全不同于《共产党宣言》发表的那个年月了，因此，德国社会民主党应当检查一下自己的精神武器——马克思主义。他认为，由于客观条件的变化，资本主义能够自行长入社会主义，德国社会民主党应当致力于社会改良和反对暴力革命。

② 伯恩斯坦：《社会主义的前提和社会民主党的任务》（节译本），生活·读书·新知三联书店1958年版，第89页。

伯恩斯坦接着说：

> 我明白地用从资本主义的社会向社会主义的社会推移这种说法，而不用今天习用的“从市民的社会”这种说法。“市民的”(bürgerlich)这个词的这种用法，也是一种隔世遗传的东西，它在任何情形下都是意义不明的说法。它一方面可做德国社会民主党的熟语用法不良的例证，同时又是把敌我双方的误解巧妙地连接起来的东西。在这件事情上，责任的一半在于德语。在德语里面，没有表示与特权市民的概念有别的有平等权力的市民概念的固有的词。①

在这里，伯恩斯坦看到了“敌我双方”都有利用 bürgerliche 的歧义性为自己辩护的可能性，但他却明显地误读了马克思，把马克思归结为“故意”混淆“敌我双方”之间对立的人。显然，正是这种简单化、片面化的理解最终使伯恩斯坦走向了彻头彻尾的“修正主义”。他说：

> 在今天，任何人都清楚知道，所谓对资产阶级斗争、所谓消灭资产阶级社会是意味着什么。可是所谓对市民的社会斗争，或消灭市民的社会，究竟是什么意思呢？特别是在德国，这意味着什么呢？在德国的最大而且居于首位的国家，即在甚至取消妨碍市民发展的封建制度的大部分尚且成为问题的普鲁士，这究竟意味着什么呢？没有人想破坏作为文明地组织起来的共同体的市民社会。无宁恰恰相反。社会民主党既不想瓦解这个社会，也不想使这个社会的全体成员无产阶级化。不，无宁说社会民主党所不断努力追求的，是把劳动者从无产者的社会地位提高到市民的社会地位，使市民阶级或市民的地位普遍化。就是说，社会民主党不是要建立无产者的社会来代替市民的社会，而是要建立社会主义的社会组织来代替资本主义的社会组织。所以，与其使用前者那种意义不明的词，不如采用后者那种意义极为明确的解释。这样就可以避免论敌所指责的在社会民主

---

① 伯恩斯坦：《社会主义的前提和社会民主党的任务》(节译本)，生活·读书·新知三联书店 1958 年版，第 89—90 页。

> 党的用语和实践之间存在的大部分其他矛盾。少数的社会主义报刊现在满足于玩弄反市民的词句。如果我们过着神人一般的宗教式的生活,这些词句也许是适当的。但是当个人生活即使是"资产阶级式的",也不能算作违反社会主义感情的今天,这些词句实在是难于令人满意的。①

这里暴露出来的,正是伯恩斯坦主义与马克思主义之间的原则性区别:无产阶级革命,除了要消灭资产阶级社会,还要不要消灭市民社会?

进一步说,伯恩斯坦主义与马克思主义之间的对立是否仅仅意味着革命目标上的对立而非革命策略上的对立?笔者认为不是的!在被称为恩格斯"政治遗嘱"的《卡·马克思〈1848年至1850年的法兰西阶级斗争〉一书导言》中,恩格斯曾如此坦陈:

> 历史表明我们也曾经错了,暴露出我们当时的看法只是一个幻想。历史走得更远:它不仅打破了我们当时的错误看法,并且还完全改变了无产阶级进行斗争的条件。1848年的斗争方法,今天在一切方面都已经过时了。②
>
> 历史表明,我们以及所有和我们有同样想法的人,都是不对的。历史清楚地表明,当时欧洲大陆经济发展的状况还远没有成熟到可以铲除资本主义生产的程度;历史用经济革命证明了这一点,从1848年起经济革命席卷了整个欧洲大陆,在法国、奥地利、匈牙利、波兰以及最近在俄国刚刚真正确立了大工业,并且使德国简直就变成了一个头等工业国——这一切都是以资本主义为基础的,可见这个基础在1848年还具有很大的扩展能力。……既然连这支强大的无产阶级大军也还没有达到目的,既然它还远不能以一次重大的打击取得胜利,而不得不慢慢向前推进,在严酷顽强的斗争中夺取一个一个的阵地,那么这就彻底证明了,在1848年要以一次简单的突然袭击来实现社会改造,是多么不

---

① 伯恩斯坦:《社会主义的前提和社会民主党的任务》(节译本),生活·读书·新知三联书店1958年版,第90页。

② 《马克思恩格斯选集》第4卷,人民出版社2012年版,第382页。

可能的事情。①

然而,如果就此断章取义地以为恩格斯是对无产阶级革命目标与斗争策略的根本改变,甚至认为恩格斯就是修正主义的"鼻祖",那也未免太过草率了。因为恩格斯这篇"导言"强调的是无产阶级政党应根据变化了的条件制定新的斗争策略,从而实事求是地坚持马克思主义的革命辩证法。正因此,恩格斯一方面充分肯定德国社会民主党应当利用"普选权"这一合法斗争形式为未来的决战积蓄和准备力量,另一方面也强调不能放弃暴力革命和"革命权",强调"革命权是唯一的真正'历史权利'"。恩格斯说:"不言而喻,我们的外国同志们没有放弃自己的革命权。须知革命权是唯一的真正'历史权利'——是所有现代国家无一例外都以它为基础建立起来的唯一权利。"②显然,这与伯恩斯坦把议会斗争夸大为唯一合法的斗争形式、企图用修正主义的改良主义替代马克思主义关于无产阶级彻底革命的思想是大相径庭的。

事实上,伯恩斯坦提出的问题和恩格斯坦陈的问题,马克思不是没有思考过。早在1850年11月,马克思就在《1848年至1850年的法兰西阶级斗争》中指出:"在这种普遍繁荣的情况下,即在资产阶级社会的生产力正以在整个资产阶级关系范围内所能达到的速度蓬勃发展的时候,也就谈不到什么真正的革命。只有在现代生产力和资产阶级生产方式这两个要素互相矛盾的时候,这种革命才有可能。"③面对革命失败后欧洲资本主义进入的相对平静的经济繁荣时期,再加上对政治经济学的不辍研究,马克思最终在1859年1月的《〈政治经济学批判〉序言》中提出了"两个决不会"的观点:"无论哪一个社会形态,在它所能容纳的全部生产力发挥出来以前,是决不会灭亡的;而新的更高的生产关系,在它的物质存在条件在旧社会的胎胞里成熟以前,是决不会出现的。"④从根本上说,"两个决不会"是对《共产党宣

① 《马克思恩格斯选集》第4卷,人民出版社2012年版,第384—385页。
② 《马克思恩格斯选集》第4卷,人民出版社2012年版,第395页。
③ 《马克思恩格斯选集》第1卷,人民出版社2012年版,第541页。
④ 《马克思恩格斯选集》第2卷,人民出版社2012年版,第3页。

言》中“两个必然”的补充、完善与发展，两者辩证地说明了无产阶级革命所应持有的科学态度：既要坚信“两个必然”的历史趋势，又要正视“两个决不会”的客观现实。

正是有了这种科学的历史的态度，马克思才能在《资本论》中解剖了“资本主义生产方式以及和它相适应的生产关系和交换关系”从而回答了资产阶级社会“由何而来”、“因何而在”、“向何而去”的历史发展之后，在总结1871年巴黎公社起义的经验教训中对无产阶级革命必须运用无产阶级专政建立无产阶级国家机器的实践构想给予了充分的关注与分析。马克思说：

> 公社的真正秘密就在于：它实质上是工人阶级的政府，是生产者阶级同占有者阶级斗争的产物，是终于发现的可以使劳动在经济上获得解放的政治形式。①

> 公社并不取消阶级斗争，工人阶级正是通过阶级斗争致力于消灭一切阶级，从而消灭一切阶级统治。②

总之，马克思对无产阶级革命和无产阶级专政所采取的这种历史辩证法和革命辩证法的科学态度是极其重要的，它决定了既是革命家又是思想家的马克思此后的理论致思路向：既然历史用经济革命证明了资本主义的基础“还具有很大的扩展能力”，无产阶级革命“还远不能以一次重大的打击取得胜利，而不得不慢慢向前推进”，既然资本主义的新变化、新现象表明社会主义代替资本主义将是一个长久得多、复杂得多、曲折得多的历史过程，那么重新审视作为无产阶级革命对象的“现代市民社会”就是一件非常重要的理论事件。由此，马克思的市民社会概念作为他的社会历史理论的核心概念，迎来了它的又一次深刻转型：在经历了“完整的表象蒸发为抽象的规定”，从“关于整体的一个混沌的表象”的市民社会中抽象出了作为“物质的生活关系的总和”的“市民社会”概念之后，

① 《马克思恩格斯选集》第3卷，人民出版社2012年版，第102页。

② 《马克思恩格斯选集》第3卷，人民出版社2012年版，第143页。

还得经历“抽象的规定在思维行程中导致具体的再现”①,从“资产阶级社会”这个“特殊”概念中重新概括并提炼出“现代社会”这个“现代市民社会”的基本性概念。

三、“资产阶级社会”与“现代社会”的双重理论视角

通过对马克思恩格斯著作的中文译本、德文原本(或译本)和英文译本(或原本)的对比,我们发现了这样几个问题:

首先,马克思对 bürgerliche Gesellschaft 这个德文词,在早期与中后期都频繁地使用着,不存在早期使用而中后期不使用的情况。但是,在这个词被翻译成中文的“市民社会”和“资产阶级社会”的两种含义中,却有一个微妙的变化:在《德意志意识形态》中,在第一卷第一章即《费尔巴哈》章中,中文翻译全部为“市民社会”,而在第一卷其他章节和第二卷中除三处被翻译为“市民社会”②外,其他的全部被翻译为“资产阶级社会”。不仅如此,以《德意志意识形态》为界,对 bürgerliche Gesellschaft 的中文翻译几乎出现了一个反转现象:在《德意志意识形态》以前的文本中,翻译为“市民社会”的情况占了绝大多数,而在《德意志意识形态》以后的文本中,翻译为“市民社会”的情况成了极其稀有的现象,而翻译为“资产阶级社会”的情况则占了绝大多数,甚至在《共产党宣言》中全部被翻译成了“资产阶级社会”。或许,这正是人们认为“市民社会”成为“消失了的范畴”的文本依据。但是仔细推敲就会发现,这种说法其实是站不住脚的:没有理由表明马克思中后期依然频繁使用的 bürgerliche Gesellschaft,指的只是“资产阶级社会”这个意思而没有了“市民社会”这个意思。从前面的分析中我们知道,虽然“市民社会”

---

① 《马克思恩格斯选集》第 2 卷,人民出版社 2012 年版,第 701 页。

② 《马克思恩格斯全集》第 3 卷,人民出版社 1960 年版。除第一卷第一章外,其他部分只有三处被翻译成“市民社会”。这三处中有两处是马克思自己的使用,即第 395 页第 6—7 行、第 469 页第 12 行。另外一处即第 524 页第 1 行则是马克思引用的施蒂纳的话。

因为马克思的主观使用,以及革命形势的高涨、阶级斗争的凸现和意识形态的宣扬而更多地具有了“资产阶级社会”的含义,但它依然没有完全地绝缘过它的本义。管中窥豹,从中文版本对 bürgerliche Gesellschaft 这个词在马克思中后期的《法兰西阶级斗争》、《雾月十八日》、《福格特先生》、《法兰西内战》等著作中基本上都有被翻译成“市民社会”的现象(虽然不是很多)就可以看出来。排除了这些已经被翻译成“市民社会”的用法,再加上正在进行的对 $MEGA^2$ 的重新编译与整理中,那些因为种种原因被误译或错译成“资产阶级社会”因而现在可能被重新校正为“市民社会”的翻译①,相信“市民社会”是个“消失了的范畴”的认识是会不攻自破的。

其次,如果说马克思中后期使用的 bürgerliche Gesellschaft 一词在“市民社会”的含义上有所下降是个事实,那么与此相伴随的则是另一个事实:伴随着马克思对作为“现代市民社会”典型表现与现实形态的“资产阶级社会”的深入研究,bürgerlichen Gesellschaft 这个词语亦随着 modernen bürgerliche Gesellschaft 意义的增强而相应地转化成了“现代社会”。事实上,马克思中后期文本中不仅继续使用了 bürgerliche Gesellschaft 这个具有双关性的固定用语,而且还分别地使用了“资产阶级社会”(德文 Bourgeoisgesellschaft,英文 bourgeois society)和“现代社会”(德文 modernen/jetzige/heutige Gesellschaft,英文 modern society)这样两组不同的词语。笔者认为,这种现象说明了两个方面的问题:首先,从总体上来看,bürgerliche Gesellschaft 这个词在马克思后期的文本中依然有两种基本含义:在直接意义上指的是“资产阶级社会”这个“个别”,但在间接意义上指的就是“现代市民社会”这个“特殊”,就是“随同资产阶级发展起来的”的“真正的市民社会”,就是以“资产阶级社会”为典型形态的“现代市民社会”。正如内奥

---

① 以《哲学的贫困》为例,在《马克思恩格斯选集》中文第 1 版第 1 卷(人民出版社 1972 年版)中分别译为“旧日市民社会”(第 119 页)、“旧的资产阶级社会”(第 160 页)、“资产阶级社会”(第 160 页)的三个地方,在《马克思恩格斯选集》中文第 3 版第 1 卷(人民出版社 2012 年版)中则分别译为了“旧日市民社会”(第 233 页)、“旧的市民社会”(第 275 页)、“市民社会”(第 275 页)。就是说,只有第 1 处译为“市民社会”的地方没有变化,而第 2、第 3 处都由原来的“资产阶级社会”改译成了现在的“市民社会”。

克利奥斯所说:“在马克思的后期著作中,凡是在讨论‘资产阶级社会’(bourgeois society)的地方,他同样是意味着在讨论‘市民社会’(civil society)。”①其次,分别地说,“资产阶级社会”和“现代社会”这两组词都与“现代市民社会”(modernen bürgerlichen Gesellschaft)密切相关,都是伴随着“现代市民社会”的发展而产生和发展起来的,因而在本质上都有着共同的市民社会的历史根基和世俗基础。正因此,不仅“资产阶级社会”是“现代市民社会”的典型形态,即就是“现代社会”概念也是马克思对他早期使用的“现代市民社会”的重新概括与提炼。然而,由于期间贯穿了历史唯物主义的建立和政治经济学批判,并且经历了1848年欧洲革命和1871年巴黎公社起义后马克思两次“从社会舞台退回书房”的自我反思与超越,因而这种以“现代社会”对“现代市民社会”的重新概括与提炼,也就表现为了马克思所说的“抽象的规定在思维行程中导致具体的再现”②,亦即城塚登所说的“使抽象形象重新向具体形象复归”③。

为了验证上面的分析,笔者提供三组相关例证。

第一组例证,是“现代的”“bürgerliche Gesellschaft”的中文翻译问题。我们发现,在不同时期、相对于不同对象,“现代的”“bürgerliche Gesellschaft”的中文翻译出现了三种不同情况:(1)在1843年的《黑格尔法哲学批判》中,相对于“先前的市民社会”序列而翻译成“现代的市民社会”。比如,bürgerliche und politischen modernen Gesellschaft(“现代的市民社会和政治社会”④)、jetzige bürgerlichen Gesellschaft(“现代的市民社会”⑤)。在这种意义上,“现代的市民社会”可以看成是从政治国家中分离出来的区别于“先前的市民社会”的一种现代社会的新生力量;(2)在1844—1875年的著作中,特别是在反思1848年欧洲革命和1871年巴黎公社起义的

① 转引自单提平:《市民社会的拯救与发展》,《济南大学学报》2007年第4期。

② 《马克思恩格斯选集》第2卷,人民出版社2012年版,第701页。

③ 城塚登:《青年马克思的思想——社会主义思想的创立》,求实出版社1988年版,第156页。

④ 《马克思恩格斯全集》第1卷,人民出版社1956年版,第334页。

⑤ 《马克思恩格斯全集》第1卷,人民出版社1956年版,第345页。

政治著作中，相对于无产阶级革命和无产阶级专政而翻译成“现代资产阶级社会”。这种翻译尤其以 modernen bürgerlichen Gesellschaft 为最多，几乎出现在《德意志意识形态》、《共产党宣言》、《法兰西阶级斗争》、《雾月十八日》、《政治经济学批判》、《资本论》、《法兰西内战》、《哥达纲领批判》等众多著作中。在这种意义上，“资产阶级社会”无疑是无产阶级革命与无产阶级专政的对象，因而含有极其强烈的阶级对抗意味；(3) 在 1850—1881 年的有关著作中，与“现代资产阶级社会”相平行，马克思更多地使用了“现代社会”这样的用语（最典型的是 modernen Gesellschaft、heutige Gesellschaft 和 jetzigen Gesellschaft 这三种说法）。但是与早期的“现代的市民社会”那种浑沌意义相比，中后期的“现代社会”明显具有了与“旧社会”相对而言的“新社会”的意义。在这种意义上，“现代社会”其实就是以“资产阶级社会”为典型表现的“现代市民社会”的重新概括与提炼，是去掉了“资产阶级的”这个特殊的修饰用语之后所留存下来的“现代市民社会”的一般特征。

第二组例证，是 bürgerliche Gesellschaft、Bourgeoisgesellschaft 和 kapitalistischen Gesellschaft 这三个词语的使用情况。根据中文的翻译，bürgerliche Gesellschaft 既可以翻译为“市民社会”也可以翻译为“资产阶级社会”，Bourgeoisgesellschaft 一般翻译为“资产阶级社会”，kapitalistischen Gesellschaft 一般翻译为“资本主义社会”。但这种情况也不绝对。比如，也有 Bourgeoisgesellschaft 被翻译成“资本主义社会”、kapitalistischen Gesellschaft 被翻译成“资产阶级社会”的情况。甚至在同一文本中指称“资产阶级社会”的词语，有时用的是 bürgerliche Gesellschaft，有时用的是 Bourgeoisgesellschaft。① 这些情况说明，bürgerliche 这个词既可以指“资产阶级的”，也可以指以资产阶级为根本特征的“资本主义的”。这种情况同样适用于 Bourgeois。比如，在《共产党宣言》中，马克思明确地使用 Bourgeois 和

① 《哲学的贫困》中关于“资产阶级社会”的中文翻译就存在这种情况。参见《马克思恩格斯选集》中文第 3 版第 1 卷有关“资产阶级社会”的中译及其德译的比较。

Proletarier 指代“资产者”(“资产阶级”)和“无产者”(“无产阶级”),甚至用 Epoche der Bourgeoisie 指称“资产阶级时代”,用 modernen Bourgeoisie 指称“现代资产阶级”,但是却没有用 Bourgeoisgesellschaft 而是用 bürgerlichen Gesellschaft 指称“资产阶级社会”。这至少说明,bürgerlichen Gesellschaft 并不是和 Bourgeoisgesellschaft 完全等同的说法。如果联系到马克思《共产党宣言》第一章其实是关于资产者(资产阶级)和无产者(无产阶级)的生成与发展史的阐述,那么 bürgerlichen Gesellschaft 与 Bourgeoisgesellschaft 并不完全等同的观点更值得重视。

第三组例证,是马克思在《法兰西内战》中对“市民社会”向“中产阶级社会”变型的理论思考。《法兰西内战》是马克思用英文写作并发表的一部重要著作,其先后经历了初稿、二稿和定稿三个阶段。值得注意的是,在初稿中曾经出现过三次的“civil society”一词,在二稿中只出现过一次,而在正文中则消失不见了。[①] 正因此,绝大多数学者认为,“civil society”(“市民社会”)在《法兰西内战》初稿中使用而在二稿和正文中很少或不再使用的现象,恰恰说明它是一个正在被马克思遗弃不用的概念。对此,有学者提出了完全不同的观点,认为应该历史地辩证地看待这一现象:“civil society”(“市民社会”)虽然在二稿和正文中不再使用了,但“middle-class [bourgeois] society”(“中产阶级社会”)这个概念却日益重要地凸显出来了。如果说“middle-class [bourgeois]”(“中产阶级”)恰恰就是“civil society”(“市民社会”)的“特征阶级”,那么这正好说明马克思就是在把“civil society”(“市民社会”)转型成“middle-class [bourgeois] society”的思考中开始了“市民社会的拯救与发展”:“拯救市民社会,意味着市民社会的重

① 参见《马克思恩格斯全集》中文第1版第17卷(人民出版社1963年版)第662页第2—4行,该中文译文“表面上凌驾于市民社会之上的国家”,其英文原文是“The State thus seemingly lifted above civil society”。遗憾的是,在现有的《马克思恩格斯选集》中文1版(1972年)、2版(1995年)和3版(2012年)以及《马克思恩格斯文集》(2009年)中,《法兰西内战》的二稿都只节选了“(6)公社”中的部分内容,因而没有出现这一处“市民社会”。正因此,有学者根据这部分节选内容简单地得出了二稿中没有 civil society“市民社会”的错误结论。

新激活”。①

事实上，如果说马克思终其一生都是对资产阶级的“法的关系”和“国家的形式”的社会政治哲学批判，因而是对“资产阶级社会”及其世俗基础即“市民社会”的政治经济学批判，那么马克思的批判恰恰是以对“市民社会”的“阶级结构”的批判性分析为理论基础的。而马克思对市民社会阶级结构的分析，就体现在《德意志意识形态》、《共产党宣言》、《法兰西阶级斗争》、《雾月十八日》、《法兰西内战》、《哥达纲领批判》等重要文本中。正因此，无论马克思还是恩格斯都没有把“市民社会”的“市民等级”完全等同于“资产阶级社会”的“资产阶级”（占统治地位的“大资产阶级”），而是对资产阶级作出了各种界划，以至于他们在《德意志意识形态》中阐述“商业和工场手工业产生了大资产阶级，而集中在行会里的是小资产阶级，现在它已经不再像过去那样在城市里占统治地位了，而是必须屈从于大商人和工场手工业主的统治”的时候加了这样一个边注：“小资产者——中间等级——大资产阶级”（德文原文为：Kleinbürger—Mittelstand—Große Bourgeoisie）②。显然，马克思在《法兰西内战》二稿和正文中使用的 middle-class，就是他们早期所说的 Mittelstand 和 Mittelklasse。对此，恩格斯在《英国工人阶级状况》中曾作过这样一个明确“声明”：“Mittelklasse［中等阶级］这个词我经常用来表示英文中的 middle-class（或通常所说的 middle-classes），它同法文的 bourgeoisie（资产阶级）一样是表示有产阶级，即和所谓的贵族有所区别的有产阶级，这个阶级在法国和英国是直接地、而在德国是假借‘社会舆论’间接地掌握着国家政权。”③马克思和恩格斯所加的“边注”以及恩格斯的“声明”说明，“有产阶级”并不就是（并不都是）“资产阶级”，“市民社会”也并不就是

---

① 单提平：《市民社会的拯救与发展》，《济南大学学报》2007 年第 4 期。

② 《马克思恩格斯选集》第 1 卷，人民出版社 2012 年版，第 190—191 页。

③ 《马克思恩格斯全集》第 2 卷，人民出版社 1957 年版，第 280 页。中文在这段话末尾加了一个“编者注”：根据恩格斯的这一解释，原作中凡用《Mittelkasse》（“中等阶级”）的地方，在本书中以后均译为“资产阶级”。

（并不总是）“资产阶级社会”①。从最初的“现代的市民社会”（感性总体）向“现代资产阶级社会”（思维抽象）再向“现代社会”（思维具体）的理论转型，就是马克思从“资产阶级社会”（特殊）和“现代社会”（一般）这两个理论视角出发对“现代市民社会”的确证。

以上述分析来看，马克思在《资本论》“第一版序言”中关于他的研究对象和最终目的的两个判断就具有统一性了。马克思说：“我要在本书研究的，是资本主义生产方式以及和它相适应的生产关系和交换关系。”“本书的最终目的就是揭示现代社会的经济运动规律。”②如果说，“生产方式以及和它相适应的生产关系和交换关系”决定了这里的“经济运行规律”不能只从“现代经济学”或“经济学原理”这样的“作为知性科学的经济学”出发进行简单、片面、机械的理解，而必须从人类历史发展规律这样的历史唯物主义高度、从“政治经济学批判”这样的“艺术的整体”来理解，那么马克思用“资本主义”与“现代社会”这两个特定用语所展示出来的，恰恰是一种互文性理解：一方面，“资产阶级社会”是“现代社会”的典型形态与现实形态；另一方面，“现代社会”的发展主题只有在对“资产阶级社会”的解剖中才能历史地呈现出来。这决定了马克思创立的历史唯物主义在事实上包括“人类史观”（即恩格斯《在马克思墓前的讲话》中所说的马克思发现的“人类历史的发展规律”）和“现代史观”（即恩格斯《在马克思墓前的讲话》中所说的

---

① 实际上，马克思和恩格斯对他们使用的描述资产阶级社会的词语是相当严格、谨慎的。恩格斯在1852年9月23日致马克思的信中曾就“资产阶级社会”的翻译做过这样的说明：“‘资产阶级社会’被译成‘中等阶级社会’，这从语法和逻辑的角度严格说来是不对的，就好像把‘封建社会’译成‘贵族社会’一样。……我们建议用‘资产阶级社会’和‘工业和商业社会’这样的说法来表示同一个社会发展阶段，虽然前一种说法更多地是指这样一个事实，即资产阶级是统治阶级，不同于它取而代之执政的那个阶级（封建贵族），或者不同于它使之在社会和政治上处于从属地位的那些阶级（无产阶级或产业工人阶级），农民，等等，——而‘商业和工业社会’这个说法更多地是专门指这个社会历史阶段所特有的生产和分配方式。”（参见《马克思恩格斯〈资本论〉书信集》，人民出版社1976年版，第74页）在这里，撇开恩格斯所说的“商业和工业社会”是否就是马克思所说的“市民社会”不说，恩格斯至少给我们说明了“资产阶级社会”与“商业与工业社会”是对“同一个社会发展阶段”的两种不同取向：前者重在强调政治统治，后者重在强调经济方式。

② 马克思：《资本论》第1卷，人民出版社2004年版，第8、10页。

马克思发现的“现代资本主义生产方式和它所产生的现代资产阶级社会的特殊的运动规律”，因而是“现代社会的发展规律”）这样两个基本维度。对此，孙承叔教授作了极其深刻的分析：“对《资本论》哲学思想的阐释，可以从研究和叙述方法的角度，也可以从一般历史规律的角度，但是最本质、最重要、最具有当代意义的是马克思的现代史观”；“马克思的历史观是建立在现代史观基础上的，并且以现代史观为最高表现”；“在马克思的现代史观与马克思的人类史观的关系问题上，我们必须把马克思的现代史观看作马克思人类史观的一个重要的组成部分，反对离开现代史观对人类历史作抽象研究。不仅如此，我们还必须把马克思的现代史观看作马克思人类史观的最高表现，是最真、最活的历史唯物主义，因为正是在这里才真正体现着马克思哲学的时代性和人民性。离开了现代史观，我们不能真正把握马克思的历史唯物主义”。①

历史地考察，由市场经济所架构、以“私有财产”和“独立于国家”为“两个中心特征”②的现代市民社会，是资产阶级社会与现代社会的共同的历史根基和世俗基础。“资产阶级社会”和“现代社会”构成了马克思考察“现代市民社会”的两个不完全相同的理论视角：“资产阶级社会”是以雇佣劳动为基础的生产关系，作为一种特殊的社会制度形态，它在社会革命（包括资产阶级革命和无产阶级革命两层含义）的意义上含有更大的阶级斗争品性与意识形态特性；“现代社会”是以发达的商品经济即市场经济为条件的生产关系，作为一种普遍的经济社会形态或社会经济形态，它在社会发展意义上含有更大的经济发展品性和商品经济特性。

然而，进一步的分析就会发现，马克思对“现代市民社会”的分析虽然存在着“资产阶级社会”与“现代社会”这样两个相互耦合着的发展逻辑与理论视角，但这种分析充其量只是说明马克思在发生学角度揭示了资产阶级社会与现代社会同现代市民社会的“同步性”，却并不能说明马克思承认

---

① 孙承叔：《资本与历史唯物主义》，复旦大学出版社2013年版，“序”第3—5页。

② 希尔斯：《市民社会的美德》，载邓正来、亚历山大主编：《国家与市民社会》（增订版），上海人民出版社2006年版，第54页。

资产阶级社会就是现代社会或现代市民社会本身。马克思确实说过这样的话:“现代社会即资产阶级社会。”①“‘现代社会’就是存在于一切文明国度中的资本主义社会,它或多或少地摆脱了中世纪的杂质,或多或少地由于每个国度的特殊的历史发展而改变了形态,或多或少地有了发展。”②然而,马克思的分析只是确认了在他所处的那个时代“资产阶级社会”、“资本主义社会”作为“现代社会”或“现代市民社会”的典型形态和现实形态这个事实,并不表明马克思承认现代社会永远都只能是现代资产阶级社会。毋庸置疑,世界历史是由资产阶级开辟的,现代社会也是由资产阶级开创的。但是同样毋庸置疑,资产阶级社会只是现代社会的发展起点,但却未必就是现代社会的发展终点。至少,站在马克思三大社会形态角度来看,马克思曾经对“现代社会”的本质特征作过这样的概括:“现代社会”就是“以物的依赖性为基础的人的独立性”的人类社会发展的“第二大形式”,它的根本特征就是形成了“普遍的社会物质变换、全面的关系、多方面的需要以及全面的能力的体系”;当着“家长制的、古代的(以及封建的)状态”“随着商业、奢侈、货币、交换价值的发展”而“没落下去”的时候,“现代社会”则“随着这些东西同步发展起来”。所以,只有作为“第二大形式”和“第二个阶段”的“现代社会”才能“为第三个阶段创造条件”。③ 如果说,马克思关于现代社会就是“资产阶级社会”和“资本主义社会”的说法只是他对现代社会的“描述性说明”,而他关于现代社会就是人类社会发展的“第二大形式”和“第二个阶段”的说法则是他对现代社会的“分析性说明”,那么很显然,“现代社会”无疑包含着比“资产阶级社会”和“资本主义社会”外延更宽广、内涵更深厚的意义,因为它在当代现实层面上包括了现代资本主义社会与现代社会主义社会两种社会制度形态。它说明,马克思只是把资本主义社会当成了现代社会的典型形态,并没有承认现代社会永远都只能是资本主义社会。所以,“资产阶级社会”和“现代社会”这两种理论视角既有重叠,也有交叉,

---

① 《马克思恩格斯全集》第4卷,人民出版社1958年版,第89页。

② 《马克思恩格斯选集》第3卷,人民出版社2012年版,第373页。

③ 《马克思恩格斯全集》第30卷,人民出版社1995年版,第107—108页。

但不完全相同。这正是人们为把“bürgerliche Gesellschaft”翻译成 bourgeois society(“资产阶级社会”)还是 civil society(“市民社会”)以及把《哥达纲领批判》中的“bürgerliche Recht”翻译成“资产阶级权利”还是“市民权利”争论的深层社会原因。就此来说,翻译问题本身就是一个学术问题,是一个作者、译者与时代相互对话的结果。魏小萍教授就曾以马克思和恩格斯在《德意志意识形态》第一卷第三章分析施蒂纳唯一者的私有财产时所说的 Vermögende 一词究竟应当理解并翻译为“能力”还是“资产”为例指出:“翻译中词汇的取舍在这里不仅取决于知识背景,也取决于文化生活背景:对这一段文字里面所体现出来的西方观念如果没有了解,对这一段话就难以作出准确的理解。如果读者对文章的理解又有赖于译者的导向性取舍,那么可想而知,无论他在阅读过程中作了多少努力,结果都将是徒劳的。”①

显然,从翻译问题就是学术问题、就是社会文化生活背景问题的角度来理解,马克思使用的 bürgerlichen Gesellschaft 究竟在什么情况下译成“资产阶级社会”、在什么情况下译成“市民社会”的问题,不仅涉及马克思哲学思想的理论动向问题,而且涉及当今世界与当代中国的经济社会发展问题,因而必须科学对待。正如韩立新教授在评价日本的“市民社会派马克思主义”对“市民社会”与“资产阶级社会”的区分的理论贡献时所指出的:

> “市民社会派马克思主义”对马克思的解读有两个鲜明的特点:(1)区分“市民社会”(bürgerliche Gesellschaft)和“资产阶级社会”(Bourgeoisgesellschaft)。传统的马克思主义体系直接将市民社会等同于资产阶级社会,其后果就是将市民社会也看成是一个只具有消极意义的阶级社会,从而将近代资产阶级社会的本质简单地归结为阶级斗争。而区分市民社会和资产阶级社会,不仅可以避免这一弊病,而且还可以从二者统一的角度全面地认识资本主义的内在结构。平田就提出市民社会和资产阶级社会是同一个近代社会的两个方面,近代社会的

---

①　魏小萍:《词汇选择与哲学思考:财富的来源、性质与功能》,《哲学研究》2008 年第 2 期。

本质是“从市民社会向资本主义社会的过渡”。(2)与上述特点相关,强调市民社会的内在必然性及其积极意义。在他们的著作中,常常会出现“历史贯通性”这一说法,所谓“历史贯通性”是指市民社会贯穿于从本源共同体到近代资本主义社会和未来的社会主义社会的始终,也就是说它作为一种基本的社会结构,存在于任何社会形态当中。在他们看来,市民社会首先是一个商品世界,在商品世界中,货币君临一切,物支配人。但是,在这一世界中,至少商品所有者在商品交换中是平等关系,这与人支配的世界,例如君主统治奴隶的世界相比是一种进步;而且,它也会使分工和交换得到全面的发展,能够为人类进入社会主义社会做好准备。在这个意义上,市民社会是历史的必然。①

事实上,由于“资产阶级社会”与“现代社会”的理论视角在历史和现实中所具有的重叠性和交叉性,又由于现实社会主义国家的发展起点都比较低,基本上诞生在经济文化比较落后的国家,这就使得在逻辑上本应是“后现代社会的社会主义”在历史上现实地表现为了“现代社会的社会主义”。这种情况决定了社会主义与资本主义虽然同处于现代社会(现代市民社会),但却处在现代社会的不同发展阶段上,由此导致了二者之间的异同:面临现代社会发展的同样问题,却存在着发展立场、价值观念与意识形态上的根本对立。这种发展背景同时决定了当代中国特色社会主义的历史方位与现实任务:既要把社会主义与现代社会的关系看成当代中国社会主义现代化发展的一个根本问题,又要把社会主义与资本主义的关系看成中国特色社会主义发展的一个主导话题。

---

① 韩立新:《“日本马克思主义”:一个新的学术范畴》,参见望月清司:《马克思历史理论的研究》,北京师范大学出版社 2009 年版,“总序”第 13 页。

第九章　现代社会建构与中国特色社会主义

中国特色社会主义的发展，就是中国社会主义现代化的发展。马克思的市民社会理论向现代社会理论转变的现实意义，就是为社会主义现代社会的当代建构提供了合法基础，为中国社会主义市民社会的当代建构和中国社会主义和谐社会的现代培育提供了理论基础。就此来说，当代中国是否存在市民社会的问题，与社会主义能否容纳市民社会的问题，其实就是一个问题的两个方面。对这两个问题的回答，首先就需要我们从当下的历史语境和时代背景中，从推进马克思主义中国化、时代化与大众化的意义上，从马克思对现代市民社会的哲学批判中开掘出马克思现代社会理论对于当代中国发展的社会启蒙意义，使马克思的现代市民社会批判理论成为当代中国解决现代化发展和民族复兴问题的思想武器，成为当代中国普通大众的基本思维方式和行为方式。

一、现代社会建构与中国特色社会主义的逻辑前提和历史前提

如马克思早期所指出的那样："新思潮的优点就恰恰在于我们不想教条式地预料未来，而只是希望在批判旧世界中发现新世界。"①马克思的历

① 《马克思恩格斯全集》第1卷，人民出版社1956年版，第416页。

史研究是为现实研究服务的，马克思的理论研究也是为现实服务的。同样的道理，马克思对现代市民社会的思想考察与理论批判，不是为了批判的批判，而是为了建设的批判，是通过对现代市民社会的批判而达至对现代社会的发展主题与历史任务的批判性建构。

通过前面第七、八两章的分析，我们知道，在从1843年开始写作《黑格尔法哲学批判》手稿到1846年和恩格斯合作写成的《德意志意识形态》手稿的三年时间里，马克思在市民社会理论上取得了两个富有创见性的理论成就：一是概括出了抽象的市民社会概念。这种抽象的市民社会概念，作为马克思创立历史唯物主义的基础概念，是同马克思后来所使用的"经济基础"、"生产关系"等概念具有同等程度的概念，它不仅"是全部历史的真正发源地和舞台"，而且"在一切时代都构成国家的基础以及任何其他的观念的上层建筑的基础"①。在《德意志意识形态》之后于1846年12月28日写给安年科夫的信中，马克思对蒲鲁东《贫困的哲学》中的唯心主义和形而上学观点所做的详细批判的指导思想，就是以这种抽象的市民社会概念为基础总结出了下面这段经典阐述：

> 社会——不管其形式如何——是什么呢？是人们交互活动的产物。人们能否自由选择某一社会形式呢？决不能。在人们的生产力发展的一定(bestimmten)状况下，就会有一定的(bestimmte)交换和消费形式。在生产、交换和消费发展的一定(bestimmte)阶段上，就会有相应的(entsprechende)社会制度形式、相应的(entsprechende)家庭、等级或阶级组织，一句话，就会有相应的(entsprechende)市民社会(法文原文 société civile)。有一定的(solche)市民社会，就会有不过是市民社会的正式表现的相应的(entsprechende)政治国家。这就是蒲鲁东先生永远不会了解的东西，因为，当他从诉诸国家转而诉诸市民社会，即从诉诸社会的正式表现转而诉诸正式社会的时候，他竟认为他是在完成

① 《马克思恩格斯选集》第1卷，人民出版社2012年版，第167、211页。外文为笔者所加。

一桩伟业。①

正是以这段话为指导思想和理论基础,马克思才在《哲学的贫困》中批判了蒲鲁东为维护资本主义私有制而散布的取消阶级斗争和社会革命的改良主义观点,批判了他的唯心主义历史观和形而上学方法论,同时阐明了自己的新的历史观和经济观。正如马克思后来回忆时所说:“我们见解中有决定意义的论点,在我的 1847 年出版的为反对蒲鲁东而写的著作《哲学的贫困》中第一次作了科学的、虽然只是论战性的概述。”②

值得注意的是,在上面所引的马克思致安年科夫的信中,马克思通过四个“一定的”和四个“相应的”历史情境所阐述的三个“就会有”的思想逻辑:有一定的生产力发展状况,就会有一定的交换和消费形式;有一定的生产、交换和消费发展阶段,就会有相应的市民社会;有一定的市民社会,就会有不过是市民社会的正式表现的相应的政治国家。在笔者看来,这三个“就会有”的思想逻辑实际上蕴涵着马克思在市民社会概念上的第二个理论贡献:对具体的市民社会形象的历史区分。显然,这第二个理论成就是与第一个理论成就紧密联系着的。

从总体上来看,马克思文本中对“市民社会”概念的使用,具有三种不

① 《马克思恩格斯选集》第 4 卷,人民出版社 2012 年版,第 408 页。括号内的说明为笔者所加。马克思写给安年科夫的这封信的原文是法文(参见《马克思恩格斯全集》第 27 卷,人民出版社 1972 年版,第 488 页马克思在信末附加的“又及”)。在 1970 年版的德文译文中,这段话中共出现了 3 次 bestimmte(n)(一定的)、1 次 solche(这样的)和 4 次 entsprechende(相应的)(参见 Karl Marx & Friedrich Engels,Band 27,Dietz Verlag,Berlin,1970,p452)。1972 年《马克思恩格斯选集》中文第 1 版第 4 卷第 320—321 页,上述 8 个地方统一被翻译成了“一定(的)”。而在 1995 年《马克思恩格斯选集》中文第 2 版第 4 卷第 532 页、2012 年《马克思恩格斯选集》中文第 3 版第 4 卷第 408 页,原先 8 个“一定(的)”翻译则被修改成了 4 次“一定(的)”和 4 次“相应的”的翻译。按照张一兵教授的看法,马克思在这里很突出地集中使用了 8 个“一定的”定语,实际上构成了马克思历史唯物主义和历史辩证法表述中一个最重要的界定,它的话语内涵就是历史的、现实的、具体的分析原则和本质规定:历史唯物主义的前提不仅仅是社会存在决定社会意识这个“抽象的一般规定”,而恰恰是一定时空联结中的社会存在决定一定的社会意识这个“特殊的历史规定”,即“特定的时间与空间接合中的人类历史存在”。参见张一兵:《回到马克思——经济学语境中的哲学话语》,江苏人民出版社 2003 年版,第 505—506 页。

② 《马克思恩格斯选集》第 2 卷,人民出版社 2012 年版,第 4 页。

同的历史语境:一是与“古典古代的和中世纪的共同体”即“先前的市民社会”相对照的“现代的市民社会”,二是与“人类社会”相对照的“市民社会”,三是与“政治国家”相对照的“市民社会”。站在抽象的市民社会概念就是经济基础和生产关系概念的意义上来看,如果说“古典古代的和中世纪的共同体”属于“先前的市民社会”、“人类社会”属于“未来的市民社会”,那么既与“先前的市民社会”相对照又与“未来的市民社会”相对照的,自然就是与“政治国家”相对应的“现代市民社会”。显然,这种“现代市民社会”不仅仅是抽象的市民社会概念在历史唯物主义意义上的一般表现,即由“物质的生活关系的总和”这个经济基础和生产关系所决定的那个抽象的“市民社会一般”,更主要的是这种“市民社会一般”在一定历史时空条件下的具体化、特殊化和时代化,因而明白无误地体现了抽象的“市民社会一般”的开放性和动态性。①

这样,在马克思的语境中,“现代市民社会”就具有了学术界通常所说的双重意义:在广义和一般意义上说,“现代的市民社会”中的“市民社会”与“先前的市民社会”和“未来的市民社会”中的“市民社会”一样,是与“经济基础”、“生产关系”相等同的“物质的生活关系的总和”;在狭义和特殊意义上说,“现代的市民社会”又是与“先前的”和“未来的”市民社会相区别的“现代的”市民社会。这种现代市民社会的本质特点,就是随着市场经济的发展和资产阶级政治革命的完成这两个现代性因素的生成而实现的政治国家与市民社会的分离。正是这种分离,把人类解放区分成了政治解放和社会解放这样两个相互联系的发展阶段。在马克思看来,无产阶级革命作

① 冯景源教授认为,市民社会需要从两个方面进行分析。一方面,市民社会中的衣、食、住、行是各种社会及其发展阶段所共同的方面,即它不仅存在于各个社会形态中,也存在于各不同社会的发展阶段中。因此,它始终是唯物史观必须具体研究的方面。另一方面,市民社会中的衣、食、住、行又都是处于一定生产力条件下的社会制度之中,这是一个动态的对象。二者结合起来,就是唯物史观的研究对象。这就决定了唯物史观从它诞生的那一天起,其研究方法就必须是具体的。由于这两个方面,市民社会作为唯物史观的研究对象和史学方法永远是常青的。参见冯景源:《马克思主义哲学探寻马克思哲学“原生态”的意义——重读〈马克思致帕·瓦·安年科夫〉》,《清华大学学报·哲学社会科学版》2012 年第 3 期。

为人类解放的政治途径,不仅要推翻资产阶级性质的政治国家,而且要推翻这种政治国家的世俗基础,即市民社会。正因此,马克思才批判了蒲鲁东为资产阶级私有制社会即资产阶级社会这个现代市民社会的特殊表现与现实形态所作的辩护:在无产阶级革命问题上,蒲鲁东的错误就在于没有看到一定的“政治国家”只是一定的“市民社会”的“正式表现”。因此,当他从“诉诸国家”转而“诉诸市民社会”,即从“诉诸社会的正式表现”转而“诉诸正式社会”去寻求无产阶级解放的途径时,他竟认为他是在完成一桩伟业,而浑然不知对资产阶级政治国家的彻底解放只有诉诸市民社会的彻底解放才是可能的。

在马克思看来,既然政治国家与市民社会是同一共同体内部的矛盾与对立,因此,通过无产阶级革命和无产阶级专政所完成的人类解放,首先要实现的任务就是要变资产阶级专政的国家政权为无产阶级专政的国家政权,变资产阶级国家世俗基础的市民社会为无产阶级国家世俗基础的市民社会。这种作为无产阶级革命和无产阶级专政的国家基础的市民社会,作为由市民社会向人类社会发展的转变环节和过渡阶段,当然要从被资产阶级专政的政治国家的束缚与桎梏中解放出来才有可能。这样,我们看到,与马克思既批判“诉诸国家”又批判“诉诸市民社会”的双重逻辑相适应,马克思在《哲学的贫困》的末尾阐述了“劳动阶级在发展进程中将创造一个消除阶级和阶级对抗的联合体来代替旧的市民社会;从此再不会有原来意义的政权了。因为政权正是市民社会内部阶级对抗的正式表现”①、“只有在没有阶级和阶级对抗的情况下,社会进化将不再是政治革命”②的基本思想。这两个基本思想与马克思和他在《共产党宣言》中所阐述的“代替那存在着阶级和阶级对立的资产阶级旧社会的,将是这样一个联合体,在那里,每个人的自由发展是一切人的自由发展的条件”③、“当阶级差别在发展进程中已经消失而全部生产集中在联合起来的个人的手里的时候,公共权力就失

① 《马克思恩格斯选集》第1卷,人民出版社2012年版,第275页。

② 《马克思恩格斯选集》第1卷,人民出版社2012年版,第275页。

③ 《马克思恩格斯选集》第1卷,人民出版社2012年版,第422页。

去政治性质”①这两个重要思想的语境是极其相似的。如果说,恩格斯曾经将前引《共产党宣言》两个重要思想中的第一个重要思想指认为是“未来新时代的精神”,从而答复了卡内帕期望他在为《新纪元》的题词中用简短的字句来表述“未来的社会主义纪元的基本思想”的请求,那么这恰恰说明了这样的思想逻辑:与但丁对“旧社会”即“旧纪元”所作的“一些人统治,另一些人受苦难”的概括不同,马克思和恩格斯在《共产党宣言》中的这一重要思想构成了他们关于“新社会”即“新纪元”的富有时代精神的概括;②而这一思想,恰恰是马克思从对市民社会与政治国家及其关系的批判中概括与总结出来的。显然,这一思想逻辑体现了马克思既对现代政治国家进行批判也对现代政治国家的世俗基础即现代市民社会进行批判的革命彻底性。这里唯一不同的是,这时的马克思还处于革命理论建构时期,他的理想叙事还没有经受活生生的革命实践的锤炼。

事实上,经受了1848年欧洲革命和1871年巴黎公社起义的两次自我反思与超越后,马克思在反思无产阶级革命与无产阶级专政的经验时,最为重要的思想变化就是他在《1848年至1850年的法兰西阶级斗争》、《路易·波拿巴的雾月十八日》和《法兰西内战》中对市民社会与政治国家及其关系问题的看法。这可以从思想同质性与思想异质性两个方面加以分析。

首先需要说明的,是我们发现的这样一个文本事实:在《法兰西阶级斗争》中,马克思所使用的25处bürgerliche Gesellschaft,2012年版《马克思恩格斯选集》的中文翻译中有24处翻译成了“资产阶级社会”,只有1处翻译成了“市民社会”③;在《雾月十八日》中,马克思所使用的14处bürgerliche Gesellschaft,2012年版《马克思恩格斯选集》的中文翻译中有10处翻译成了“资产阶级社会”,有4处翻译成了“市民社会”④。在用英文写成的《法

① 《马克思恩格斯选集》第1卷,人民出版社2012年版,第422页。

② 参见《马克思恩格斯选集》第4卷,人民出版社2012年版,第647—648页“恩格斯致朱泽培·卡内帕”的信和第779页注释513。

③ 参见《马克思恩格斯选集》第1卷,人民出版社2012年版,第519页(第7—8行)。

④ 参见《马克思恩格斯选集》第1卷,人民出版社2012年版,第704页(第17行)、第708页(第10行)、第708页(第15行)、第761页(第11行)。

兰西内战》中，初稿中三处使用 civil society 的地方，德文译文是 bürgerlichen Gesellschaft，中文译文是“市民社会”①。然而，二稿中唯一一处使用 civil society 的地方，德文译文是 bürgerlichen Gesellschaft，中文译文是“市民社会”②；而二稿中 4 次使用 middle-class society（其中 3 次是 nascent middle-class society，一次是 modern middle-class society）和 2 次使用 bourgeois society 的地方，德文不加区分地翻译成了 Bourgeoisgesellschaft，中文也不加区分地翻译成了“资产阶级社会”。同样的情况也发生在正文中。在正文中，马克思确实没有使用 civil society，但他却使用了 2 次 middle class society（这 2 次的文本语境都是 nascent middle class society）和 4 次 bourgeois society。而在德文译文中，这 6 处中有 5 处被翻译成了 Bourgeoisgesellschaft，有 1 处被翻译成了 bürgerlichen Gesellschaft。更为值得注意的是，德文译文翻译为 bürgerlichen Gesellschaft 的这 1 处，不仅是马克思使用了 2 次 nascent middle class society 中的 1 处，而且是马克思明确地将之与 full-grown bourgeois society 进行对比的地方。考虑到马克思在这里进行的是对比分析，笔者认为，当德文译文分别用 entstehenden bürgerlichen Gesellschaft 和 vollentwickelte Bourgeoisgesellschaft 来对译马克思的英文原文 nascent middle class society 与 bourgeois society 时，恰恰正确地捕捉到了隐秘在马克思心底里关于“新兴的—市民社会”与“成熟了的—资产阶级社会”之间所具有的那种细微的然而是根本性的差异——前者具有后者可能正在丧失或已经失去的那种活生生的解放手段和社会

---

① 参见《马克思恩格斯选集》第 3 卷，人民出版社 2012 年版，第 136 页（第 2 行）、第 136 页（倒数第 3 行）、第 137 页（第 1 行）。

② 参见《马克思恩格斯全集》第 17 卷，人民出版社 1963 年版，第 662 页（第 3 行）。《法兰西内战》是马克思用英文写作并出版的。关于《法兰西内战》的初稿和二稿，现有的《马克思恩格斯选集》的三个版本（1972 年版、1995 年版、2012 年版）都没有完整地翻译出来。特别是二稿，《选集》都只摘录了其中的“（6）公社”部分的内容，而没有其他部分的翻译，包括含有这一处 bürgerlichen Gesellschaft 的内容。这也许正是国内学术界认为马克思只在“初稿”中使用了三次 bürgerlichen Gesellschaft，而在二稿和正文中都没有再使用 bürgerlichen Gesellschaft 这个词的以讹传讹的文本依据。然而，在全文收录了初稿和二稿的《马克思恩格斯全集》第 17 卷中，二稿中唯一一处含有 civil society 的这个地方，被明确地翻译成了“市民社会”。

功能。以此来看,当中文译文不加区分地将这 2 处 middle class society 和 4 处 bourgeois society 翻译为“资产阶级社会”时,恰恰遮蔽了英文原文和德文译文背后的这种社会历史文化差异。

显然,对于上述这个重要的文本事实,我们可以从两个方面进行分析。

首先,从思想同质性来看。如果说上述文本分别是马克思对 1848 年欧洲革命和 1871 年巴黎公社起义进行反思的理论成果,那么马克思的反思恰恰是以现代市民社会与资产阶级社会的区分及其与资产阶级国家的关系为核心进行展开的。这一点,可以从上述文本所具有的相同的话语语境中体现出来。在《雾月十八日》中被翻译为“市民社会”的 4 个地方,马克思在最核心的 2 个地方所谈论的就是无产阶级革命所必须面对的市民社会与政治国家的关系问题。马克思说:

> 在法国这样的国家里,行政权支配着由 50 多万人组成的官吏大军,也就是经常和绝对控制着大量的利益和生存;在这里,国家管制、控制、指挥、监视和监护着市民社会——从其最广泛的生活表现到最微不足道的行动,从其最一般的生存形式到个人的私生活;在这里,这个寄生机体由于极端的中央集权而无处不在、无所不知,并且极其敏捷、极其灵活,而现实的社会机体却极无独立性、极不固定;在这样一个国家里,国民议会如果不同时简化国家管理,不尽可能缩减官吏大军,最后,如果不让市民社会和舆论界创立本身的、不依靠政府权力的机关,那么它一旦失掉分配阁员位置的权限,也就失掉任何实际影响了。但是,法国资产阶级的物质利益恰恰是和保持这个庞大而分布很广的国家机器最紧密地交织在一起的。它在这里安插自己的多余的人口,并且以国家薪俸形式来补充它用利润、利息、租金和酬金形式所不能获得的东西。另一方面,资产阶级的政治利益又迫使它每天都要加强压制,即每天都要增加国家政权的经费和人员,同时又必须不断地进行反对社会舆论的战争,并由于猜疑而去摧残和麻痹独立的社会运动机关,如果不能把它们根本割掉的话。这样,法国资产阶级的阶级地位就迫使它一方面要根本破坏一切议会权力、包括它自己的议会权力的存在条件,另

一方面则使得与它相敌对的行政权成为不可抗拒的权力。①

笔者认为,这段极其重要的论述,从表面上看是马克思对法国革命的特殊分析,但从原则高度上说则是他对无产阶级革命的一般分析。它阐述了这样三个基本思想:第一,市民社会作为现实的“社会机体”,包括了“从其最广泛的生活表现到最微不足道的行动,从其最一般的生存形式到个人的私生活”的各个方面;第二,“国家”作为“市民社会”这个现实的“社会机体”的“寄生机体”,以其无处不在、无所不知的极端的中央集权束缚了市民社会的独立性和鲜活性;第三,市民社会的“物质利益”在资产阶级“政治利益”的压制下,丧失掉了它的“任何实际影响”。在马克思看来,无产阶级革命要想彻底推翻资产阶级社会制度,首先就必须推翻建立在其上的资产阶级国家制度,通过市民社会的政治解放实现无产阶级专政。

马克思在《雾月十八日》中从法国问题的特殊性来谈论市民社会与政治国家的关系的一般性思想语境在《法兰西内战》中得到了重现与继承。在《法兰西内战》的初稿中,马克思 3 次使用 civil society 而被德文译为 bürgerliche Gesellschaft、被中文译为“市民社会”的地方,正是马克思从市民社会与政治国家的关系角度集中阐述“公社的性质”的地方。马克思说:

> 以其无处不在的复杂的军事、官僚、宗教和司法机构像蟒蛇似的把活生生的市民社会从四面八方缠绕起来(网罗起来)的中央集权国家机器,最初是在专制君主制时代创造出来的,当时它是作为新兴的现代社会在争取摆脱封建制度束缚的斗争中的一个武器。……由各社会集团的彼此关系产生出来的各个细小的个别的利益,同社会本身相分离并以国家利益的形式固定下来,成为独立于社会而且与社会对立的利益,这种国家利益由担任严格规定的、等级分明的职务的国务祭司们管理。市民社会身上的这个冒充为其完美反映的寄生赘瘤,在第一个波拿巴的统治下得到了充分的发展。复辟王朝和七月王朝除了使这个寄生赘瘤有更大程度的分工之外,并未增添什么新东西;这种分工是随着

① 《马克思恩格斯选集》第1卷,人民出版社 2012 年版,第 708 页。

> 市民社会内部分工创造出新利益集团，从而为国家活动创造出新对象而扩大的。……所有的革命只是使国家机器更加完善，而没有甩掉这个令人窒息的梦魇。轮流争夺霸权的统治阶级中的各集团各党派，都把占据（控制）（夺得）和操纵这个庞大的政府机器看做胜利者的主要战果。①

把《法兰西内战》中的这段话与前面引用的《雾月十八日》中的那段话进行比较，可以发现：马克思把市民社会比作“活生生的”社会机体的思想没有变，把政治国家比作“寄生赘瘤”的思想没有变。正是这种没有变化的思想逻辑决定了马克思虽然在二稿和正文中很少或不再使用“市民社会”的说法，但他依然从市民社会（或“第三等级社会”）与政治国家的关系中阐述了巴黎公社起义所具有的世界历史意义。

显然，从思想同质性角度来看，《雾月十八日》和《法兰西内战》中这种基本相同的思想逻辑，其实就是马克思和恩格斯在《共产党宣言》中所阐述的下列思想的逻辑延伸：

> 工人革命的第一步就是使无产阶级上升为统治阶级，争得民主。
>
> 无产阶级将利用自己的政治统治，一步一步地夺取资产阶级的全部资本，把一切生产工具集中在国家即组织成为统治阶级的无产阶级手里，并且尽可能快地增加生产力的总量。②

其次，从思想异质性来看。尽管马克思对1848年欧洲革命和1871年巴黎公社起义的反思，都是关于无产阶级革命与无产阶级专政的经验总结，但作为前者的《法兰西阶级斗争》和《雾月十八日》显然更加侧重于对无产阶级革命方式的反思，无产阶级专政只是作为无产阶级革命没有实现的目的而出现在思想反思中，而作为后者的《法兰西内战》显然更侧重于对无产阶级专政经验的总结。道理很简单，在1848年欧洲革命中，无产阶级革命并没有取得实质性的革命成果，而在1871年的巴黎公社起义中，“巴黎公社”作为无产阶

① 《马克思恩格斯选集》第3卷，人民出版社2012年版，第136—137页。

② 《马克思恩格斯选集》第1卷，人民出版社2012年版，第421页。

级革命和无产阶级专政的实践产物，虽然只存在了 72 天（从 1871 年 3 月 18 日到 5 月 28 日），但它无疑却是人类历史上第一次无产阶级专政的伟大尝试，是第一个无产阶级政权的雏形。正因此，马克思对“公社的性质”和公社的“社会措施”进行了极其深刻、极富深意的经验概括和理论反思。

对于前者，马克思指出：

> 公社——这是社会把国家政权重新收回，把它从统治社会、压制社会的力量变成社会本身的充满生气的力量；这是人民群众把国家政权重新收回，他们组成自己的力量去代替压迫他们的有组织的力量；这是人民群众获得社会解放的政治形式，这种政治形式代替了被人民群众的敌人用来压迫他们的假托的社会力量（即被人民群众的压迫者所篡夺的力量）。①

对于后者，马克思对巴黎公社的社会措施进行了详细而深刻的分析与说明。这些社会措施后来被恩格斯概括为“公社”“为了防止国家和国家机关由社会公仆变为社会主人”而“不可避免”地采取的“两个可靠的办法”：

> 第一，它把行政、司法和国民教育方面的一切职位交给由普选选出的人担任，而且规定选举者可以随时撤换被选举者。第二，它对所有公职人员，不论职位高低，都只付给跟其他工人同样的工资。②

从一定意义上说，正是因为马克思把握住了巴黎公社性质上的两个“重新收回”和社会措施上的两个“可靠办法”，我们才有充分的根据认为，从《法兰西阶级斗争》到《法兰西内战》的转变，也就是从无产阶级革命向无产阶级专政的转变，是从革命话语体系向建设话语体系的转变。正是根据这种转变，马克思和恩格斯才在《共产党宣言》“1872 年德文版序言”中对 1848 年出版的《共产党宣言》中关于无产阶级革命的那个结论做出了这样的修改说明：

> 由于最近 25 年来大工业有了巨大发展而工人阶级的政党组织也跟着发展起来，由于首先有了二月革命的实际经验而后来尤其是有了

---

① 《马克思恩格斯选集》第 3 卷，人民出版社 2012 年版，第 140 页。

② 《马克思恩格斯选集》第 3 卷，人民出版社 2012 年版，第 55 页。

无产阶级第一次掌握政权达两月之久的巴黎公社的实际经验，所以这个纲领现在有些地方已经过时了。特别是公社已经证明："工人阶级不能简单地掌握现成的国家机器，并运用它来达到自己的目的。"①

在1917年的《国家与革命》中，列宁认为，马克思和恩格斯的这个修改是马克思根据巴黎公社战士的革命经验对《共产党宣言》作出的"唯一修改"②。

事实上，正是遵循着这种思想逻辑的变化，再加上马克思经历了1848年欧洲革命和1871年巴黎公社起义失败后两次"从社会舞台退回书房"的自我反思以及马克思对资产阶级社会政治经济现实的自我反思，马克思才在1875年写成的《哥达纲领批判》中，站在历史辩证法的角度对现代市民社会与资本主义社会和共产主义社会之间的关系问题作出了更为现实的理性分析。马克思说："我们这里所说的是这样的共产主义社会，它不是在它自身基础上已经发展了的，恰好相反，是刚刚从资本主义社会中产生出来的，因此它在各方面，在经济、道德和精神方面都还带着它脱胎出来的那个旧社会的痕迹。"③既然"这样的共产主义社会"还是"刚刚从资本主义社会中产生出来的"而不是"在它自身基础上已经发展了的"，那么很显然，它就还不是马克思所说的处于人类历史发展的"第三个阶段"上的"共产主义"，而是"在经过长久阵痛刚刚从资本主义社会产生出来的共产主义社会第一阶段"④。以此为据，马克思对"这样的共产主义社会"的历史定位与时代坐标给予了科学的阐述。他说："在资本主义社会和共产主义社会之间，有一个从前者变为后者的革命转变时期。同这个时期相适应的也有一个政治上的过渡时期，这个时期的国家只能是无产阶级的革命专政。"⑤

值得注意的是，马克思对共产主义社会与资本主义社会同 bürgerliche Recht 和 bürgerlichen Gesellschaft 之间关系的分析与说明。毋庸置疑，马克

① 《马克思恩格斯选集》第1卷，人民出版社2012年版，第377页。
② 《列宁选集》第3卷，人民出版社2012年版，第142页。
③ 《马克思恩格斯选集》第3卷，人民出版社2012年版，第363页。
④ 《马克思恩格斯选集》第3卷，人民出版社2012年版，第364页。
⑤ 《马克思恩格斯选集》第3卷，人民出版社2012年版，第373页。

思在这里使用的 bürgerliche 一词，在翻译时应该具有一致性，要么是“市民的”，要么是“资产阶级的”。但遗憾的是，由于列宁在《国家与革命》中将之明确地称为“资产阶级权利”[①]，由此导致了后来中文翻译清一色地将这两个词语译成了“资产阶级权利”和“资产阶级社会”。但是，从改革开放以来人们为把 bürgerliche Gesellschaft 翻译成“资产阶级社会”还是“市民社会”的争论以及把 bürgerliche Recht 翻译成“资产阶级权利”还是“市民权利”争论中[②]可以看出，对这两个词语的正确翻译已经成了我们能否正确理解现代市民社会与作为资本主义社会向共产主义社会在革命转变时期与政治过渡时期的社会主义社会的理论“瓶颈”。这说明，当 bürgerliche Gesellschaft 依然是“现代国家制度”的“现在的根基”时，无产阶级专政可以改变的只能是变资产阶级专政的国家制度为无产阶级专政的国家制度，而还不能一劳永逸地解决国家与社会亦即政治国家与市民社会的关系问题。这一问题只能在未来的“共产主义高级阶段”，通过对现代市民社会的经济本性与政治本性的双重变革而得到改变。而在经过长久阵痛刚刚从资本主义社会产生出来的“共产主义社会第一阶段”，我们只能从“权利决不能超出社会的经济结构以及由经济结构制约的社会的文化发展”[③]的立场和角度出发，既对现代资本主义社会予以全面认识，又对现代社会主义社会予以科学理解。

如果说，创立了历史唯物主义之后的马克思，在从《哲学的贫困》和《共产党宣言》到《法兰西阶级斗争》、《雾月十八日》再到《法兰西内战》直至《哥达纲领批判》的一系列著作中，从市民社会与政治国家的角度所揭示的从革命到建设的思想发展构成了我们今天建构社会主义市民社会的逻辑前提，那么马克思晚年对东方国家社会主义革命的分析以及 20 世纪落后国家建立社会主义的过程，无疑构成了社会主义市民社会建构的历史前提。

---

① 《列宁选集》第 2 卷，人民出版社 2012 年版，第 194 页。

② 参见沈越：《“资产阶级权利”应译为“市民权利”》，《天津社会科学》1986 年第 4 期；何小平：《“资产阶级权利”还是“市民权利”》，《社会科学战线》1991 年第 3 期；魏小萍：《资产阶级权利与市民权利：同质与否?》，《马克思主义研究》2005 年第 5 期；等等。

③ 《马克思恩格斯选集》第 3 卷，人民出版社 2012 年版，第 364 页。

我们知道，马克思在他生命的最后几年里，出人意料地放下了正在进行的《资本论》第二卷、第三卷的整理与出版工作，集中精力研读了大量的古代社会史著作，写下了长达数十万字的“人类学笔记”（又称《古代社会史笔记》或《民族学笔记》）和数百万字共四册的《历史学笔记》。在以这些读书笔记和摘录为基础而写作的《给〈祖国纪事〉杂志编辑部的信》（1877 年）、《给维·伊·查苏利奇的复信》（1881 年）、《〈共产党宣言〉俄文第二版序言》（1882 年）等著述中，马克思提出了一个大胆预言：俄国农村公社在一定社会历史条件下，有可能跨越资本主义制度的“卡夫丁峡谷”，直接过渡到更高类型的公有制社会。这就是人们现在常说的马克思晚年提出的跨越资本主义“卡夫丁峡谷”的理论设想。

在马克思提出跨越资本主义“卡夫丁峡谷”理论设想数十年后，包括俄国、中国在内的一系列经济、政治、文化都比较落后的国家先后建立了社会主义国家。革命发展顺序上的这一颠倒，给十月革命乃至苏东剧变后反马克思主义、反社会主义阵营的东西方人士提出了口实，诸如社会主义革命的“早产论”、“失败论”、“原罪论”等论调泛滥成灾。事实上，苏东剧变后类似布热津斯基声称在 20 世纪兴起的社会主义将在 20 世纪灭亡、福山宣称 20 世纪社会主义与资本主义的斗争以资本主义的胜利告终，人类历史已经终结了以及俄罗斯理论界出现的企图否定十月革命的社会主义性质和我们国家出现的“告别革命”的宣示等等，与十月革命后第二国际的一些理论家如伯恩斯坦、考茨基等，以及俄国的孟什维克分子如普列汉诺夫、苏汉诺夫等甚至还有部分布尔什维克分子如李可夫、加米涅夫等企图借助于革命顺序之颠倒而否定社会主义革命之现实发生，犯了同样性质的理论错误，这就是列宁当年批判他们所说的对“马克思主义中有决定意义的东西，即马克思主义的革命辩证法”“一点也不理解”①的根本错误。

然而，只要我们抱着科学的、理性的态度审视就会发现，当年孟什维克所提出的反对十月革命的理论前提，如俄国“还没有成长到实行社会主义

① 《列宁选集》第 4 卷，人民出版社 2012 年版，第 775 页。

的地步”、“还没有实行社会主义的客观经济前提”、“俄国生产力还没有发展到可以实行社会主义的高度”①，等等，对于革命已经取得胜利之后的现实社会主义国家的建设来说，无疑具有极为重要的理论启发意义和现实警示意义：它有利于我们深刻反思社会主义首先在经济文化比较落后的国家取得胜利的历史必然性以及由此带来的在经济文化比较落后的国家如何建设社会主义的历史规律性这两个高难度的历史课题。而对这两个历史课题的正确理解，无疑都涉及市民社会与社会主义的关系问题。

毋庸置疑，马克思对社会主义的历史界定，是从社会主义高于资本主义的生产力角度作出的科学分析，因而主张从经济前提和政治前提两方面寻求社会主义取代资本主义的有效路径。然而，在社会主义革命的基础究竟是经济革命优先还是政治革命主导的问题上，马克思最初确实偏向于能够引起政治革命的经济革命。正如马克思在1854年《给工人议会的信》中指出的：实现解放劳动应具备两个条件：“第一个条件”即实现社会主义的经济条件，指的是资本主义时代创造的社会生产力；“第二个条件”即实现社会主义的政治条件，指的是无产阶级夺取政权，剥夺剥夺者。② 然而，如果说社会主义革命还可能在马克思所说的“第二个条件”即政治前提下取得一蹴而就的成功，那么社会主义建设无论如何必须以“第一个条件”即一定的社会物质文化特别是经济前提的持续发展和高度发展作为根本保障。就此而言，当年列宁在同普列汉诺夫等人进行论战时，他是承认在他们的批评中蕴含着“俄国生产力还没有发展到足以实现社会主义的水平”这样一个“无可争辩的论点”③的。他们的本质区别只在于：普列汉诺夫等人主张创造这一“前提”是资本主义的“历史使命”，因而理应由资本主义来完成；而列宁则认为这一历史使命也可以在俄国革命面临的“特殊形势”下、在“工农政权和苏维埃制度的基础上”由社会主义来完成④。就是说，社会主义的

① 《列宁选集》第4卷，人民出版社2012年版，第776—777页。

② 《马克思恩格斯全集》第10卷，人民出版社1962年版，第134页。

③ 《列宁选集》第4卷，人民出版社2012年版，第777页。

④ 杨筱刚：《马克思主义："硬核"及其剥取》，人民出版社2006年版，第222页。

发展逻辑由马克思原来所设想的正向逻辑(在“第一个条件”相当发达的基础上实现“第二个条件”,从而把“那些在旧的正在崩溃的资产阶级社会里孕育着的新社会因素”解放出来)变成了列宁现在所设想的反向逻辑(在马克思所说的“第一个条件”尚不具备的情况下,首先创造“第二个条件”,然后再回过头去发展“第一个条件”,从而通过夺取政权将实现社会主义所必需的那些“新社会因素”创造出来)。

可以看出,无论是马克思的正向逻辑还是列宁的反向逻辑,都蕴含着一个极其重要的道理:社会主义建设必须以一定的社会物质条件特别是经济条件作为自身的内在基础才能真正建立起来。就此而言,20世纪跨越资本主义“卡夫丁峡谷”相继建立起来的社会主义国家,就其政治制度和意识形态而言毫无疑问是先进的,是优越于资本主义的;但是就其生产力发展水平和社会文化水平而言,则还远远落后于发达资本主义国家。这就决定了这些国家尽管在政治上跨越了资本主义制度“卡夫丁峡谷”,但在经济上并没有跨越资本主义的生产力发展阶段,在文化上并没有充分吸收资本主义社会的优秀文化成果,因而还没有实现对资本主义的整体性跨越,还不是发达的或成熟的社会主义;由此,社会主义是资本主义的最后产物,社会主义能够避免资本主义道路却不能跳过资本主义条件下形成的社会主义所需要的物质和文化基础,这个基础即使不能在社会主义制度建立之前完全准备就绪,也必须在社会主义制度初步建立之后立即着手来进行创造,以便使自己建立在巩固的基础上。显然,这样的历史情境决定了社会主义发展的历史前提必须正确处理好现实社会主义与现代市民社会之间的现实关系。

二、现代社会主义社会与当代中国发展进步的社会启蒙

从前面的分析中我们得到了这样的认识:社会主义市民社会的建构具有自身发展的逻辑前提与历史前提!因为历史就是这样提出问题的!站在人类社会发展的大视野和世界历史发展的长时段来考察,现实社会主义社

会所处的历史时代虽然已经开始了从“第二个阶段”向“第三个阶段”的历史发展过程,但它并没有开始从“真正的社会主义”(即共产主义的初级阶段)向“完备的共产主义”(即共产主义的高级阶段)过渡的历史过程,它还只是处于从资本主义向“真正的社会主义”过渡的历史起点上,就是说,它还只是“走向社会主义”的社会主义,亦即共产主义的初级阶段的初级阶段,因而还只是处于从资本主义向社会主义高级阶段的过渡的历史过程中;由此,当代社会主义社会就还不是马克思、恩格斯所论述的那种建立在高度发达的生产力和充分发展的市场经济基础之上的“后现代社会的社会主义”,而只能是建立在生产力比较落后、市场经济极不发达基础上的“现代社会的社会主义”①。这样的社会主义,当然必须在正确认识和理解现实社会主义与现代市民社会关系的基础上,现实地面对与解决现代市民社会的发展难题与历史任务。就此来说,相对于马克思的时代重点探讨的是市民社会的被超越和被克服,我们的时代则必须重点地探讨市民社会的社会启蒙意义和社会建构价值。道理很简单,走出市民社会只能以走进市民社会为历史前提,超越市民社会必须以市民社会的存在为现实依据。在市民社会还不存在或者才刚刚开始发育的时候,对市民社会的超越与克服就只能像马克思所说的那样是一种“时代错乱”②。

在这里,我们有必要简单回顾一下 20 纪以来市民社会理论的主要成果。

第一个需要介绍的就是意大利著名哲学家葛兰西(1891—1937)。作为与匈牙利的卢卡奇(1885—1971)、德国的柯尔施(1886—1961)相提并论

① 马仲良:《世界现代化进程中的中国社会主义》,同心出版社 1997 年版,第 395 页。

② 马克思在《〈黑格尔法哲学批判〉》中针对“现代德国制度是时代错乱”指出:“如果想从德国的现状本身出发,即使采取唯一适当的方式,就是说采取否定的方式,结果依然是时代错乱。即使对我国当代政治状况的否定,也已经是现代各国的历史废旧物品堆藏室中布满灰尘的史实。即使我否定了敷粉的发辫,我还是要同没有敷粉的发辫打交道。”(《马克思恩格斯选集》第 1 卷,人民出版社 2012 年版,第 3 页)马克思的论述说明,批判和否定是一回事,实际面对与“打交道”是另一回事!在今天,当超越与克服市民社会的历史时代还没有到来的时候,脱离现实的超越与克服就只能是一种“时代错乱”。

的早期西方马克思主义的主要代表人物，其主要理论成就之一就是从知识界与生产界的关系出发提出了"上层建筑等于市民社会加政治社会"的观点。葛兰西说：

> 我们目前可以确定两个上层建筑"阶层"：一个可称作"市民社会"，即通常称作"私人的"组织的总和，另一个是"政治社会"或"国家"。这两个阶层一方面相当于统治集团通过社会行使的"霸权"职能，另一方面相当于通过国家和"司法"政府所行使的"直接统治"或管辖职能。这些职能都是有组织的、相互关联的。知识分子便是统治集团的"代理人"，所行使的是社会霸权和政治统治的下级职能。①

在这里，与马克思明确地把"市民社会"归结到经济基础的范围之内的做法不同，葛兰西明确地把"市民社会"划入到了上层建筑的范围之内。他从"市民社会"与"政治社会"的统一出发，认为代表知识界和舆论界的"市民社会"（即意识形态—文化方面）起着比"政治社会"（即社会霸权和政治统治）更重要的作用：现代资产阶级的统治在相当程度上不只是靠军队和暴力来维持的，而是靠知识界和舆论界的广泛宣传而被人民群众普遍吸收的意识形态来维持的。显然，葛兰西关于市民社会的这一见解由于因应了资产阶级统治在现代社会中地位的变化，即它们不再是单纯的经济意义上的阶级，而且也成为政治上和文化上的阶级，因而隐含着他对现代资产阶级统治及其社会上层建筑结构的独特理解。

葛兰西从知识界与生产界的关系出发研究市民社会的思想理路深深地影响了犹太裔美国政治理论家汉娜·阿伦特（1906—1975）。在《极权主义的起源》（1951）②中，深受反犹主义的迫害与影响的阿伦特，从政治哲学的普遍人权与民族国家的民族主权的结构性张力中考察了极权主义产生的

---

① 葛兰西：《狱中札记》，中国社会科学出版社2000年版，第7页。

② 该书在1951年初版时的书名是《我们当前的负担》（*The Burden of Our Time*）。1958年的修订版，阿伦特增加了一篇题名为"意识形态与恐怖统治"的类似结论的文章，分析了极权主义政制跟过去的专制政体的本质差异，书名也改成了《极权主义的起源》（*The Origins of Totalitarianism*）。

"三部曲",即从反犹主义到帝国主义再到极权主义的发展路径中现象学地揭示了极权主义产生的社会条件,认为极权主义的产生除了现代化的技术支持外,更为重要的是现代社会的政治制度本身,很容易与传统的专制经验和社会文化结合起来,从而通过意识形态宣传制度性地剥夺人权,使人们丧失掉其公民身份。由此出发,阿伦特在《人的境况》(1958)中,从政治及其公共性的关系出发重点阐述了公共领域的衰落及其重建问题。在阿伦特看来,公共领域就是政治领域,它既是一个自由的领域,也是一个平等的领域。进入公共领域的人只能是公共人,不能是私人。只有这样的人才能由于地位上的平等而保证他们在自由和平等的公共领域中实行既不同于"贵族之治"也不同于"民主之治"的"法律之治"。正因此,阿伦特从她所钟情的希腊城邦政制出发认为,当亚里士多德的"人是天生的政治动物(zoon politikon)"被塞涅卡翻译成"人是天生的政治动物,也就是社会动物(animal socialis)"进而被托马斯·阿奎那修改成"人是社会的动物"时,就在"用社会性置换了政治性"的"无意识的置换"中模糊了希腊人对私人领域与公共领域区分的"传统分界"而步入了公共领域衰落的过程。① 由此出发,阿伦特不仅把公共领域的衰落归结为社会领域的兴起,认为正是社会的出现即"家政的兴起、它的活动、问题和组织手段"②的出现和上升完成了人从政治动物向社会动物的蜕变,而且批判了马克思的社会历史理论:认为马克思正确的一面是从传统上称为国家和政府的东西"让位于单纯的行政管理"的事态中正确地预见到了"国家的衰落"的趋势,但其错误的一面则是相信只有通过"一场革命"(即我们通常所说的区别于"政治解放"的"人类解放")才能实现"社会的彻底胜利"并导致"自由王国"的最终出现。③ 尽管阿伦特从政治领域与社会领域的对抗中错误地批判了马克思,但她第一个明确

---

① 阿伦特:《公共领域和私人领域》,汪晖、陈燕谷主编:《文化与公共性》,生活·读书·新知三联书店1998年版,第58页。

② 阿伦特:《公共领域和私人领域》,汪晖、陈燕谷主编:《文化与公共性》,生活·读书·新知三联书店1998年版,第69—70页。

③ 阿伦特:《公共领域和私人领域》,汪晖、陈燕谷主编:《文化与公共性》,生活·读书·新知三联书店1998年版,第76页。

地论述了因公共领域的丧失和封闭而使得孤立的自我很可能成为专制极权的温床，因而只有公共领域的存在和重建才能成为个人自由的保障的思想，无疑超越了古典自由主义专注于私人领域的狭隘眼界，在很大程度上成为当代新自由主义和社群主义的思想渊源。

如果说阿伦特是从极权主义与公共领域的关系入手探讨现代市民社会的，那么哈贝马斯（1929—　）则是从公共领域与生活世界的关系着手探讨了现代市民社会理论。同样是对与私人领域相分离的公共领域的结构转型的理论分析，然而不同于阿伦特关于公共领域就是"政治领域"的逻辑设定，哈贝马斯所探讨的公共领域则是"资产阶级公共领域"（bürgerliche Öffentlichkeit）。需要说明的是，既承继了由黑格尔和马克思所开创的、强调经济意义的近代市民社会理论传统，又受领了由葛兰西和阿伦特所开创的、强调文化意义和政治影响的当代市民社会理论传统，哈贝马斯对"公共领域"和"市民社会"的概念界定表现出了十足的二重性、动态性与阶段性。在早期的《公共领域的结构转型》（1962）中，哈贝马斯主要是通过理想的"资产阶级公共领域"的形成、结构以及功能问题来讨论了"市民社会的重新发现"这个"中心问题"①。哈贝马斯指出："资产阶级公共领域首先可以理解为一个由私人集合而成的公众的领域；但私人随即就要求这一受上层控制的公共领域反对公共权力机关自身，以便就基本上已经属于私人，但仍然具有公共性质的商品交换和社会劳动领域中的一般交换规则等问题同公共权力机关展开讨论。"②显然，哈贝马斯早期所理解的社会结构模式是"政治国家"（公共权力领域）+"市民社会"（市场领域+公共领域）。这种模式无疑受到了黑格尔和马克思认为市民社会就是随着市场经济的发展而形成的独立于政治国家的私人自主领域的思想的影响。然而，时隔30年后，哈贝马斯不仅在《公共领域的结构转型》的"1990年版序言"中提出了对"公共领域的结构转型"的"三点修正"，而且在《在事实与规范之间》（1992）中

① 哈贝马斯：《公共领域的结构转型》，学林出版社1999年版，"1990年版序言"第29页。

② 哈贝马斯：《公共领域的结构转型》，学林出版社1999年版，第32页。

再次明确重申了他理解社会结构的新的思路：与自由主义传统中的那个“资产阶级社会”（bürgerliche Gesellschaft）不同，“今天称为‘市民社会’（Zivilgesellschaft）的，不再像在马克思和马克思主义那里包括根据私法构成的，通过劳动市场、资本市场和商品市场导控的经济。相反，构成其建制核心的，是一些非政府的、非经济的联系和自愿联合，它们使公共领域的交往结构扎根于生活世界的社会成分之中。组成市民社会的是那些或多或少自发地出现的社团、组织和运动，它们对私人生活领域中形成共鸣的那些问题加以感受、选择、浓缩，并经过放大以后引入公共领域。旨在讨论并解决公众普遍关切之问题的那些商谈，需要在有组织公共领域的框架中加以建制化，而实现这种建制化的那些联合体，就构成了市民社会的核心。”[①]显然，哈贝马斯后期所理解的社会结构模式就是“系统”（即以权力为媒介的政治领域+以货币为媒介的经济领域）+“市民社会”（即以语言为媒介的社会文化交往领域，也就是作为系统的对立与批判力量的“生活世界”）。这种社会结构模式明显地受到了葛兰西和阿伦特的影响。

值得注意的是，尽管哈贝马斯对于“公共领域”和“市民社会”这两个概念的界定是极其暧昧的——正如他所说：“要在有关书籍中寻找关于市民社会的清晰定义自然是徒劳的”[②]，——但是无论如何，哈贝马斯市民社会理论有两个基本的东西没有改变：一是“市民社会”的“核心机制”是由非国家和非经济组织在自愿基础上组成的；二是“市民社会”与“政治国家”的良性互动关系。而这两个方面显然都受益于他对黑格尔—马克思理路和葛兰西—阿伦特理路的批判吸收与继承发展。[③] 如果说哈贝马斯的整个政治哲

---

① 哈贝马斯：《在事实与规范之间》，生活·读书·新知三联书店2003年版，第453—454页。

② 哈贝马斯：《公共领域的结构转型》，学林出版社1999年版，“1990年版序言”第29页。

③ 学术界对哈贝马斯与黑格尔—马克思的思想理路以及哈贝马斯与葛兰西的思想理路之间的继承多有谈及，但对哈贝马斯与阿伦特之间的思想理路则乏人问津。而哈贝马斯则对此有着非常清醒的认识。他说：“市民社会这一概念的总体发展趋势应当归功于国家社会主义的叛离者对极权主义毁灭政治公共领域所作出的批判。其中，汉娜·阿伦特提出的极权主义这一交往理论概念起到了十分重要的作用。”哈贝马斯：《公共领域的结构转型》，学林出版社1999年版，“1990年版序言”第29页。

学理论，主要是通过“公共领域”和“生活世界”这两个概念的引入为“重建市民社会理论”提供某种新的手段，从而为“重建历史唯物主义”提供了某种新的理论支撑，那么其思想主旨正是“重建国家与社会之间的良性互动关系”。而哈贝马斯着力探讨的这“三个重建”，正是通过对经济自由主义的市民社会概念和政治自由主义的市民社会概念的批判来进行的。哈贝马斯通过公共领域来阐述市民社会的思想理路，正像基恩所正确地指出的那样：“通过两个相互依赖而且同时发生的过程，来维系并重新界定市民社会与国家的界限：一个过程是社会平等与自由的扩展，另一个过程是国家的重建与民主化”①。就此来说，无论是哈贝马斯早期提出的“政治国家”（公共权力领域）+“市民社会”（市场领域+公共领域）的社会结构模式，还是他晚期提出的“系统”（政治领域+经济领域）+“市民社会”（作为社会文化交往领域的“生活世界”），哈贝马斯所致力于建构的都是一种不同于他之前的二分式社会结构模型的三分式社会结构模型。这种三分式社会结构模型，通过把社会划分成政治领域、经济领域和社会文化领域三个部分，进而通过非政治和非经济的“公共领域”和“生活世界”对融政治体系和经济体系于一体的强大“系统”的穿透和渗透而达到既“去政治化”（早期）又“再政治化”（晚期）的过程，从而实现了“国家的社会化”和“社会的国家化”的双向运动过程。从一定意义上说，这既是哈贝马斯对“资产阶级公共领域”这一理论课题的历史探索，也是他对“全球市民社会”（包括“社会主义市民社会”）这一时代课题的当代求解。

明白了从葛兰西到阿伦特再到哈贝马斯有关市民社会理论探索的世界历史意义，我们也就明白了这样一个基本事实：随着人们对国家社会主义特别是极权主义者对毁灭政治公共领域所作的批判，随着20世纪六七十年代以来市场化和民主化的全球性潮流以及社会主义国家纷纷走上改革的道路之后，市民社会的复兴与重建构成了“全球性”的“市民社会浪潮”的总体发

① 基恩：《民主与市民社会》，参见哈贝马斯：《公共领域的结构转型》，学林出版社1999年版，“1990年版序言”第29—30页。

展趋势。在这一过程中，国外学者最先展开了关于市民社会理论研究，涌现出了一大批研究市民社会理论的知名学者，诸如查尔斯·泰勒（Charles Taylor）、爱德华·希尔斯（Edward Shils）、亚当·塞利格曼（Adam Seligman）、约翰·基恩（John Keane）、琼·科恩（Jean L.Cohen）和安德鲁·阿拉托（Andrew Aroto）、杰弗里·亚历山大（Jeffrey C.Alexander），等等，他们通过对市民社会的历史考证、基础研究、现状分析、国别探讨与当代建构，形成了市民社会理论研究的又一个思想高峰。

在众多有关当代市民社会理论研究的西方学者中，值得注意的是英国威斯敏斯特大学的政治学教授约翰·基恩（John Keane）。这不仅因为他关于市民社会的著述丰富而占有重要地位①，最为主要的就是他是最早提出并详细论证了"社会主义市民社会"观念的西方左翼思想家。在1984年出版的 *Public Life and Late Capitalism Toward a Socialist Theory of Democracy*（《公共生活与晚期资本主义》，中译的最早版本是社会科学出版社1992年版）和1988年出版的 *Democracy and Civil Society*（《民主与市民社会》，很奇怪目前还没有中文译本面世）中，基恩就论述了"社会主义市民社会"存在的可能性，提出了"在自由主义之后重建市民社会——一个由非家长制的公共领域构成的'社会主义市民社会'"的命题。在CNKI里检索题目中同时含有"社会主义"和"市民社会"的文章，可以发现，国内最早刊发的文章是《国外社会科学》1985年第12期上的一篇译文《政治制度危机与社会主义市民社会模式》，这是前南斯拉夫学者L.塞凯利发表在《社会学》杂志1985年第1—2期上的一篇文章。

无论如何，随着全球性市民社会理论的复兴与中国社会主义改革开放事业的深入发展，中国的市民社会理论研究也从20世纪80年代中期开始出现了。经过30多年的发展与拓展，现在已经成了中国学术界的一个重要的时代课题。如果说，中国市民社会的理论研究在20世纪80年代起步时

---

① 约翰·基恩关于市民社会理论研究的著作包括有：Democracy and Civil Society；Civil Society and State；Global Civil Society；Civil Society：Old Images，New Visions；等等。

还是以马克思对黑格尔市民社会理论的哲学批判为研究起点的，那么这种研究在进入90年代以后就开始了它的社会建构过程，直接进入了“社会主义市民社会”的理论场景。开启这一研究场域的，是邓正来、景跃进的《建构中国的市民社会》①一文和俞可平的《社会主义市民社会：一个新的研究课题》②一文。此后，朱宝信、袁祖社、郁建兴、童世骏、韩立新等学者都纷纷撰文，对“社会主义市民社会”的提法和观念进行了富有启发性的研究与探讨。③

毋庸置疑，在理论界有关“中国市民社会”和“社会主义市民社会”的理论研究与社会建构中体现出来的，正是马克思在对市民社会的显性批判中所隐含着的对于市民社会的肯定性、积极性成果的剥离与抽取。在这里，不管现代市民社会理论的研究如何把市民社会从马克思所强调的社会与国家（市民社会与政治国家、经济社会与政治社会）的二分结构中抽离出来构造成了政治、经济和社会文化的三分结构，从而使市民社会成为了与经济社会和政治社会相平等的第三个子系统，但市民社会作为政治国家的世俗基础的根本观点依然没有改变。因此，从概念的“所指”与“能指”的关系来说，当代中国的“市民”是否真正是“市民”并不重要，重要的是我们能否从中借鉴出它所包含的一些必要的社会元素，即我们能否从市场经济的改革中发育出个人的主体性并将其积极地投身到社会的公共生活和国家的全面治理中去。如此，“中国市民社会”和“社会主义市民社会”的当代建构，其实构成了当代中国进一步深化改革开放的历史语境：如同改革开放之初，我们通过市场化的改革孕育出了个体主体性的生成，在新一轮的改革开放中，我们必须通过民主化的

---

① 邓正来、景跃进：《建构中国的市民社会》，《中国社会科学季刊》1992年创刊号（总第1期）。

② 俞可平：《社会主义市民社会：一个新的研究课题》，《天津社会科学》1993年第4期。

③ 参见朱宝信：《培育有中国特色的市民社会刍议》，《文史哲》1994年第6期；袁祖社：《中国特色“市民社会”的发育及其文化价值探究》，《北京师范大学学报》1999年第1期；郁建兴：《社会主义市民社会的当代可能性》，《文史哲》2003年第1期；童世骏：《探索“社会主义的市民社会”的可能性》，《市民社会：旧形象　新观察》中文版“序”，上海远东出版社2006年版；韩立新：《市民社会与社会主义的关系》，《学习时报》2008年5月19日；等等。

治理实现社会公共性的回归和国家合法性的落实。就是说，中国社会主义市民社会的当代建构，必须借助于“市民社会的两个中心特征——私有财产和独立于国家”①，弘扬市民社会的美德，抑制市民社会的恶德。

在这里，问题的关键是如何通过正确理解市民社会与社会主义的统一关系来切实把握市民社会与市场经济的本原关系以及市民社会与政治国家的互动关系。这个问题在本质上就是现代市民社会的社会建制及其历史合理性问题：唯有建构以自由、平等和人权为基础的健全、发达而成熟的社会主义市民社会，中国特色社会主义才能以社会主义社会“合法性”的落实与现代市民社会“公共性”的回归为归依，建构起真正的社会主义市场经济、社会主义法治国家和社会主义民主政治，既防止市场经济的神话又破除国家主义的神话，在“个人主义”与“自我牺牲”的“抽象对立”中寻找“社会个人”与“政治国家”之间良性博弈的社会机制，创造“偶然的个人”向“真实的个人”、“虚假的共同体”向“真正的共同体”转变所需的社会制度和文化条件，在私人与公人、市民与公民、个人与社会的对立统一中实现人的个体性、私利性、特殊性向社会的公共性、公益性、普遍性的跃迁与转变。显然，这中间隐含着建构社会主义和谐社会、推进社会主义国家治理的应然逻辑与历史任务。

首先，社会主义市场经济为社会主义和谐社会的建构提供了动力激励机制。市民社会是通过市民社会中的人现实地表现出来的，而市民社会中的人在本质上就体现为它一方面是“原子的个人”，另一方面又是“自由的个人”。市场经济从两个基本维度上充实着市民社会中“自由的个人”的形成与发展：一是自主性维度。个人的发展，就是生命潜能和现实人性的解放，其实质是要在一切人之间建立一种真正的人格平等关系，其核心是要确立个人独立的自我人格，形成具有自我特征的个性。而市场经济能够通过个人劳动的自主性全方位地培植个人的独立人格，通过商品交换的开放性赋予人以平等自由的主体地位，通过公平合理的竞争性提高了人的自主活

① 希尔斯：《市民社会的美德》，载邓正来、亚历山大主编：《国家与市民社会》（增订版），上海人民出版社2006年版，第50页。

动能力；二是动力性维度。作为主体性的人的发展，就是通过个人强大的意志力量和能动作用，为个人和社会创造新的期望和出路。然而说到底，人仍是一种动物，如果没有“外在的压力和刺激”来引起和激发“人所应有的能动性、积极性和创造性”，每个人都可能有一种惰性，都会“自动放弃自己的意志行为和能动作用”而满足于“片刻的肌肤之逸乐和肌体感官的刺激和放松”；但人若处于一种“边际状态”，即“任何一个能给人带来危机感而又尚有希望和出路可争取的状态”，则“人的意志力量和能动作用”就会最大限度地发挥出来。① 而市场经济之所以能激发个人的能动性、积极性和创造性，正是因为它把每一个人都置于一种永恒的边际状态，通过生存的压力、生活的压力、发展的压力而使个人获得了发展的动力。可以说，建立在市场经济基础上的理想人格之所以是真实的、现实的个人，就是因为它不仅体现了人的自主、自强、自立精神，而且体现了人的进取、开拓、创新精神，因而是一种主体性的、积极性的自由人格。正是这种现实的、主体性的自由人格，一方面为社会生产力的大力发展和社会物质财富的充分创造作出了巨大的贡献，另一方面也为人自身的全面自由发展奠定了坚实的物质基础和经济前提，从而把人从“人的依赖关系”提升到了“以物的依赖性为基础的人的独立性”的历史阶段，开始了“从身份到契约”（From Status to Contract）②的人的解放运动。

其次，社会主义法治国家为社会主义和谐社会的建构提供了整合治理机制。市民社会的存在总是与政治国家的存在相对而言的。就现代国家来说，它一般包括了两个基本维度：一是与市场经济紧密相关的市民社会相对而言的政治国家，二是与世界历史内在相关的世界市场相对而言的民族国家。在这里，无论是改革对政治国家与市民社会的关系的调整，还是开放对民族国家与世界市场的关系的改善，都本质重要的涉及了对国家治理体系和治理能力现代化的现实要求。道理很简单，随着社会主义市场经济改革方向的深入

① 舒化鲁：《经济学上的新探索——主体主义经济学述要》，《生产力研究》1995 年第 4 期。

② 梅因：《古代法》，商务印书馆 1959 年版，第 97 页。

发展,以往那种以科层制官员为治理主体的治理体系以及与之相适应的治理理念、治理手段与治理方式的滞后性越来越凸显出来。这种国家治理体系的滞后再加上传统思想观念的束缚和既有利益固化的藩篱,使得改革逐渐失去了最初的动力和活力,既无法保障经济体制改革的成果,也无法促进国家治理能力的提升,许多重要的改革无法推进或者没有完全到位,许多旧体制的遗留物还顽强地不肯退出,新体制存在重大缺陷,由此影响了改革的系统性、整体性与协同性发展。在这种情况下,以"推进国家治理体系和治理能力现代化"为手段实现"完善和发展中国特色社会主义制度"的目标,恰恰凸显了我们党和国家在治理理念和治理方式上的巨大政治勇气和智慧。如果说,这种国家治理体系和治理能力的现代化建设,要求我们首先必须建立起一种坚持党的领导、人民当家作主、依法治国相统一的现代国家治理体系,以此强化国家在促进经济社会发展、提升人民幸福指数、应对重大突发事件、维护国家安全利益等方面的治理能力的合法性、正当性、科学性与艺术性,那么这种治理体系和治理能力恰恰正是一种以民主和法治为基础的市场经济的治理体系与治理能力,即一种以社会权利对抗和平衡国家权力为根本特征的集社会整合机制、社会治理机制和社会平衡机制于一体的成熟的国家治理体系和高超的国家治理能力。这种与社会主义市场经济改革方向相适应的社会主义法治中国建设的跟进与推进,其最直接的诉求就是在更加注重改革的系统性、整体性与协同性的基础上,"坚持依法治国、依法执政、依法行政共同推进,坚持法治国家、法治政府、法治社会一体建设"①。

最后,社会主义民主政治为社会主义市民社会的建构提供了权利保障机制。与封建专制的传统社会不同,现代市民社会的人通过国家这个中介取得了政治解放,不仅得到了公民权这个政治权利,而且得到了不同于公民权(*droits du citoyen*)的人权(*droits de l' homme*),即作为市民社会的成员的"利己的人"的权利、同其他人并同共同体分离开来的人的权利。② 正如马

① 《中共中央关于全面深化改革若干重大问题的决定》,人民出版社2013年版,第31—32页。

② 《马克思恩格斯全集》第3卷,人民出版社2002年版,第182页。

克思所说：

> 政治国家的建立和市民社会分解为独立的个体——这些个体的关系通过法制表现出来，正像等级制度中和行帮制度中的人的关系通过特权表现出来一样——是通过同一种行为实现的。①

如果说“人权”如黑格尔所说只能通过以物权为保障的人格权体现出来，那么现代市民社会正是通过“私有财产”才达到了“人权的实际应用”，体现出它的自由、平等、所有权等“天赋人权”的秘密，正如马克思所说：如果说“特权、优先权”是“符合于与等级相联系的私有制”，那么“权利”就是“符合于竞争、自由私有制的状态”②；如果说在个人之间的商品交换中就已经“第一次出现了人格这一法的因素以及其中包含的自由的因素”，那么由交换形式确立的“平等”和由交换内容确立的“自由”，“不仅在以交换价值为基础的交换中受到尊重，而且交换价值的交换是一切平等和自由的生产的、现实的基础。作为纯粹观念，平等和自由仅仅是交换价值的交换的一种理想化的表现；作为在法律的、政治的、社会的关系上发展了的东西，平等和自由不过是另一次方上的这种基础而已。”③马克思由此认为，建立在“交换价值”基础上的“所有权、自由和平等的三位一体”也“只是在现代的市民社会中才能得到实现”④。就此来说，如果说把“资产阶级法权”这个概念修改成“资产阶级权利”的概念⑤，曾经成为中国改革开放的思想舆论先声之一，那么主张把“资产阶级权利”这个概念再修改成“市民的权利”概念的理

---

① 《马克思恩格斯全集》第3卷，人民出版社2002年版，第188页。

② 《马克思恩格斯全集》第3卷，人民出版社1960年版，第229页。

③ 《马克思恩格斯全集》第30卷，人民出版社1995年版，第198—199页。

④ 《马克思恩格斯全集》第31卷，人民出版社1998年版，第362页。这句话中中文翻译为“现代的资产阶级社会”的地方，德文原文是modernen bürgerlichen Gesellschaft。笔者在引文中将其修改成了“现代的市民社会”。

⑤ 1977年12月12日，中共中央编译局在《人民日报》发表了题为《“资产阶级法权”应改译为“资产阶级权利”》的文章（“通知”），成为了此后改革开放的思想舆论先声之一。而在此前二十年的讨论中，就有学者提出了“资产阶级法权”应译为“资产阶级权利”的观点。参见张仲实：《对于“资产阶级法权”一语译法的意见》，《人民日报》1959年3月28日；陈忠诚、邵爱红：《“法权”还是“权利”之争——建国以来法学界重大事件研究（25）》，《法学》1999年第6期。

论吁求①，则很可能是中国新一轮改革开放（进一步深化改革开放）的思想舆论先声之一。它说明，由“商品是天生的平等派”和“资本是天生的平等派”②所决定的市场经济本身所蕴含着的关于自由、平等、人权等精神的运作逻辑与基本原则，必然会衍生、拓展并辐射到现代经济社会与政治生活的其他领域，由此孕育出现代市民社会的个体主体性、社会公共性与国家合法性等基本论题。这对于社会主义市民社会的合法性的落实、社会权利的强化以及公民国家的建构无疑都具有一种“世俗基础”的现实意义。

廓清了上述社会主义市民社会的三个基本要素，我们也就能够很好地把握社会主义市民社会的核心问题了：无论是对社会主义市场经济、社会主义法治国家还是社会主义民主政治的把握，都需要我们从市民社会与政治国家的二元互动中把握市民社会与社会主义、私人领域与公共领域的现实关系。站在当代中国发展进步的实践语境来考察，社会主义市民社会的建构并不只是一个完善社会主义市场经济的纯粹的经济发展问题，而是一个与经济、政治、社会、文化、生态、党的建设等紧密联系的综合性社会发展问题，是一个关于人的发展和社会发展相统一的经济哲学与社会政治哲学问题。这一问题虽然在现实的经济社会发展中直接表现为政府与市场的关系问题，但其背后所投射、折射并映射出来的却是国家、社会与个人的关系问题，牵涉到市民与公民、个人与社会的关系这样两个社会秩序重建与社会道德培育的现实性问题，因而是马克思在《德意志意识形态》和《资本论》手稿中提出的特殊利益与普遍利益、私人利益与共同利益的关系这样一个现代社会发展的内在矛盾性问题。它说明，马克思虽然揭示了现代经济社会或者现代市民社会中的人“不得不使自己在本质上二重化了”即“现实地”表现为“私人—公人”的双重人格③，但它所提出的问题却是极具“超越性”的：即人的个体性、私利性、特殊性能否以及如何上升为社会的公共性、公益性、普遍性？对市场经济与市民社会这一基本问题的正确解答，是马克思科

① 参见本书第九章第一节的相关论述及其参考文献。
② 马克思：《资本论》第1卷，人民出版社2004年版，第104、457页。
③ 《马克思恩格斯全集》第3卷，人民出版社2002年版，第96—97页。

学解决国家、社会与个人关系问题的总钥匙，也是我们正确把握和处理政府与市场关系的理论基础。

总之，“在市民社会中，正义是一件大事”①。从推进马克思主义中国化、当代化与大众化的意义上说，社会主义市民社会的建构对于中国特色社会主义的发展无疑具有一种社会启蒙的意义。这种社会启蒙也就是以现代市民社会启蒙为核心的马克思主义的启蒙、历史唯物主义的启蒙和科学社会主义的启蒙。这种社会启蒙迫切需要我们从社会现实、学术观念与个人生活的多个层面，使马克思的市民社会理论成为当代中国解决现代化和民族复兴问题的思想武器，成为当代中国普通大众的基本思维方式和行为方式。人类社会发展的经验证明，没有健全的私人，就不可能有负责任的公民；没有正常的私人社会与私人生活，就不可能有成熟的市民社会与市民生活。所以，个人只有经过私人社会与私人生活的驯化才有可能节制自己的利己本能，使人自身的良知良能展露出来。就此来说，市民社会内部发展起来的以利益博弈和社会自治为基础的社会动力机制和社会制衡机制，市民社会内部发展起来的契约性规则、自治能力和利益博弈机制[即“从身份到契约”(From Status to Contract)和“以权利制约权力”(To Check Power with Rights)的活动规则]，是当代中国建构和谐社会、建设法治国家、发展民主政治、推进国家治理的理论基石。当代中国要正确处理个人与社会、劳动与资本、精英与大众、经济与政治、效率与公平、发展与和谐等关系问题，就必须建构一个以发达市场经济为基础的健全发展的市民社会，建构一个个人在与社会和国家的对抗中具有“讨价还价的能力”(bargaining power)的社会性的“利益博弈机制”。

三、现代社会的双重视域与中国特色社会主义的发展任务

在本章的最后，我们有必要结合马克思对现代市民社会的分析，从社会

① 黑格尔：《法哲学原理》，商务印书馆1961年版，第237页。

主义市民社会的建构角度谈谈中国特色社会主义发展进步的时代任务。

众所周知，马克思不仅将其一生中最重要的著作命名为《资本论》，而且还给它加了一个副标题“政治经济学批判”。对马克思来说，“政治经济学批判”所指称的，既是一种方法论批判，也是一种主题性批判，正如马克思所说：“不论我的著作有什么缺点，它们却有一个长处，即它们是一个艺术的整体；但是要达到这一点，只有用我的方法，……用雅科布·格林的方法不可能达到这一点，他的方法一般地比较适用于那些不是辩证地分解了的整体的著作。”①格林的方法，就是格林在日耳曼学方面广泛使用的归纳历史比较法；马克思的方法，就是他在《政治经济学批判〈导言〉》中提出的具体与抽象相统一、逻辑与历史相结合的整体性研究方法。在马克思看来，格林的归纳历史比较法也是一种整体性研究方法，但是这种方法的优点同时也是它的缺点：它能够忠实地把收集到的东西整理成文字，因而有利于历史资料的收集与整理，但却仅仅适用于那些“不是辩证地分解了的整体性的著作”。对于类似《资本论》这样的“辩证地分解了的整体的著作”来说，要想了解其中的真谛，显然只能使用马克思自己的方法，即具体与抽象相统一、逻辑与历史相结合的整体性研究方法。

那么，隐含在这种方法论批判背后的主题性批判是什么呢？我认为就是马克思对现代社会（以“现代资产阶级社会”为现实形态和典型表现的“现代市民社会”）发展主题的历史呈现与逻辑揭示。正如马克思所说：《资本论》的“最终目的就是揭示现代社会的经济运动规律”②。显然，这里所说的“现代社会”的“经济运动规律”，不能只从“现代经济学”或“经济学原理”这样的学科建制和理论范式出发进行简单、片面、机械的理解，而必须将之放到“政治经济学批判”这样的“艺术的整体”、“辩证地分解了的整体”中来理解，才能逻辑与历史地把握以资本为建制的现代社会的发展主题，即如何处理经济社会（市民社会）与政治社会（政治国家）的关系问题：

---

① 《马克思恩格斯〈资本论〉书信集》，人民出版社1976年版，第196页。

② 马克思：《资本论》第1卷，人民出版社2004年版，第10页。

一方面，现代社会作为一种经济社会，一种以现代分工和交换体系为支撑的发达的市场经济社会，它有着自身的经济内容或财富生产的内容，因而应该以国民财富和私人财富的大力生产与合理分配为核心问题；另一方面，现代社会作为一种政治社会，一种以政治国家和民族国家为表现形式的高效的民主政治社会，它有着自身的政治内容或国家权力的内容，因而应该以政治权威和法律权威的正当建构为核心问题。显然，在现代社会的发展过程中，经济社会与政治社会这两个方面既是高度分离的，又是相互依存的，它们之间构成了一种既离异、排斥与对抗又同构、互动与共生的关系。而正是经济社会与政治社会之间这种非常奇特而矛盾的辩证关系，构成了现代社会发展的两个基本视域。正如马克思所说："工业以至于整个财富领域对政治领域的关系，是现代主要问题之一。"①显然，对财富领域与政治领域、经济社会与政治社会、市民社会与政治国家这两个现代社会发展的基本视域及其相互关系的本质揭示，构成了马克思分析现代市民社会的理论主题，也构成了我们建设中国特色社会主义的两大理论依据。

首先，从现代社会的经济本性来分析中国特色社会主义的建构。

马克思《资本论》的整个逻辑，就是以劳动价值论和剩余价值论为基础，通过再生产理论剖析了资本主义经济运行规律，揭示了资本主义积累的一般规律，从而阐述了资本主义必然灭亡的历史趋势。因此，再生产理论就成了揭示资本主义积累规律及其发展趋势的核心理论。在马克思看来，任何形式的社会再生产都包括物质财富再生产和生产关系再生产两个方面，前者是"物质内容"，后者是"社会形式"，后者决定着前者究竟是"在什么条件下、用什么方式和为了什么目的而进行"②的，因而决定着前者的社会性质与历史阶段。具体到"现代资产阶级生产"这个"本题"，资本主义再生产就是以物质财富再生产为依托的资本主义生产关系的再生产。马克思说：资本主义生产方式"不仅生产出物质的产品，而且不断地再生产出产品在

① 《马克思恩格斯选集》第1卷，人民出版社2012年版，第6页。

② 《马克思恩格斯选集》第1卷，人民出版社2012年版，第160页。

其中生产出来的那种生产关系，因而也不断地再生产出相应的分配关系”①；“这种社会关系，生产关系，实际上是这个过程的比其物质结果更为重要的结果”②。生产关系再生产所以比物质财富再生产更为重要，不仅因为它从根本上体现了资本主义生产过程是“维系”和“延续”资本主义生产关系的过程，是借助于财富再生产的一切要素而“生产”并“创新”资本主义生产方式的过程，而且还因为它从辩证否定的意义上揭示了资本主义生产过程的“矛盾性”与“悖谬性”，即资本主义生产过程必须是“本身不停顿的运动过程”。它一旦失去了“再生产”与“新生产”资本主义生产关系的动力和能力，必然会被新的社会形态所“否定”。

对于马克思来说，看到了资本主义生产方式在物质财富再生产和生产关系再生产方面的根本症结，从“生产是总体”出发揭示资本主义生产方式以及和它相适应的生产关系和交换关系就成了他的政治经济学批判的理论主题。在马克思看来，现代资产阶级社会的经济运行过程是由生产、分配、交换和消费等环节构成的一个“生产的总体”③，各个环节之间密切联系、共同制约，分配仅仅是其中一个环节。如果把分配从“生产的整体”中抽离出来进行孤立的、单独的研究，那就根本无法得出科学的历史结论。要想从根本上解决资本主义的分配正义问题，就必须彻底改造资本主义生产方式，改变人们在生产要素分配上的不平等地位。正如日本学者田中孝一所正确理解的那样：

> 马克思之所以如此重视生产的一个原因是，他批判持乐观态度的资产阶级经济学，因为其否定生产方式的历史可变性，在把生产看做是不变的自然性的前提下，认为只要改善分配就可以解决问题。马克思认为只要不改变生产状态就不可能真正解决分配问题。资本主义不进行变革，就无法实现分配的正义。④

---

① 马克思：《资本论》第3卷，人民出版社2004年版，第995页。

② 《马克思恩格斯全集》第30卷，人民出版社1995年版，第450页。

③ 《马克思恩格斯选集》第2卷，人民出版社2012年版，第686页。

④ 田中孝一：《马克思的分配正义论》，《国外理论动态》2008年第1期。

从一定意义上说，正因为领悟到了生产与分配之间的这种历史辩证法，马克思才从根本上揭露了那些“不是把生产而是把分配说成现代经济学的本题”的资产阶级经济学家“把生产当做永恒真理来论述而把历史限制在分配范围之内”①的非历史性、反历史性本质。

以此来看，当皮凯蒂在其《21 世纪资本论》中提出要“把分配问题重新置于经济分析的核心”②时，这就说明被马克思批判过的分配决定论的思想并没有退出历史舞台。在这里，皮凯蒂强调要把分配问题“重新置于”经济分析的核心，显然是相对于 19 世纪曾经将分配置于经济分析的核心的“资产阶级经济学家”和“庸俗社会主义者”而言的。毫无疑问，皮凯蒂通过历史资料的分析不仅看到了 21 世纪初期与整个 19 世纪财富分配和收入不平等问题上所面临的共同的社会处境，而且抓住了资本收益率在大多数时期都高于经济增长率这个新的强大的经济决定机制，揭示了资本收入的不平等总是大于劳动收入的不平等、大资本的收益率总是高于小资本的收益率这样两个经济事实，因而重新唤起了人们对于财富分配以及与此相关的公平与效率这个古老话题的讨论。但是同样毫无疑问，皮凯蒂的数据分析实际上只是用历史资料进一步证明了马克思在《资本论》中阐述的资本主义积累的一般规律，尽管他并没有完全认识到他所揭示的资本收益率高于经济增长率的规律与马克思所揭示的资本积累规律与利润率趋向下降规律之间的内在一致性。显然，无论如何，皮凯蒂都没有达到马克思那样的理论视野和理论深度：从资本是物又不是物的二重性辩证图式（一方面，资本是剥削劳动力的生产资料或剥削工具；另一方面，“资本不是物，而是一定的、社会的、属于一定历史社会形态的生产关系”③）出发，对“现代资产阶级生产”这个“本题”进行历史唯物主义研究和政治经济学批判，“彻底弄清了资本和劳动的关系，换句话说，就是揭示了在现代社会内，在现存资本主义生

① 《马克思恩格斯选集》第 2 卷，人民出版社 2012 年版，第 696 页。

② 皮凯蒂：《21 世纪资本论》，中信出版社 2014 年版，第 16 页。

③ 马克思：《资本论》第 3 卷，人民出版社 2004 年版，第 922 页。

产方式下，资本家对工人的剥削是怎样进行的"[①]，从而科学地阐释了资本主义生产方式以及和它相适应的生产关系和交换关系"由何而来"、"因何而在"、"向何而去"的历史哲学。

当然，不够严谨、不够科学的东西并不一定就是完全错误的、没有意义的东西。事实上，皮凯蒂对分配问题的强烈关注虽然没有触及资本的本质，但他对财富不平等的讨论仍然具有非常重要的意义。他不仅在现实意义上重新唤起了我们对于财富分配和社会公平这个古老话题的现代关注与现实关切，而且在理论意义上重新唤起了我们对于马克思《资本论》的现实聚焦和学术关注。事实上，皮凯蒂主张从收入分配与产出分配、资本收入与劳动收入以及财富继承、投资收入与薪酬收入的对比中对财富分配和收入不平等进行历史长时段和全球大视野研究的态度和结论，深化、精化且细化了我们对于马克思资本积累规律与利润率趋向下降规律的重新认识。就此来说，马克思更关注产品分配背后的社会根源的历史本质性揭示，而皮凯蒂则更重视分配不平等的社会后果的历史现象学分析。套用恩格斯在《路德维希·费尔巴哈和德国古典哲学的终结》中对费尔巴哈相对于黑格尔关系的评论来说，对于驳斥分配正义"具有决定性的东西""所能说的"，马克思"都已经说了"；皮凯蒂"所增加的"历史描述性的东西，"与其说是深刻的，不如说是机智的"[②]：对于强调分析资本主义经济形式必须使用抽象力的马克思来说，皮凯蒂的历史分析方法及其直观结论无疑更有利于我们对马克思抽象结论的具体化、形象化把握，他们两者相得益彰地揭示了利润率下降规律下的资本高积累规律。

其次，从现代社会的政治本性来看中国特色社会主义社会的建构。

按照马克思主义的基本观点，国家是"从社会中产生但又自居于社会之上并且日益同社会相异化的力量"[③]。从历史上看，国家的产生既是阶级矛盾不可调和的产物与表现，又与社会分工和社会职能的分化紧密相连。

---

① 《马克思恩格斯选集》第3卷，人民出版社2012年版，第724页。

② 参见《马克思恩格斯选集》第4卷，人民出版社2012年版，第232页。

③ 《马克思恩格斯选集》第4卷，人民出版社2012年版，第187页。

国家的起源说明，国家在本质上是经济上占统治地位的阶级进行阶级统治的工具，阶级性是国家的本质属性，但国家作为缓和社会冲突的力量，却在表面上具有一种凌驾于社会之上的公共权力性的形式和外观。国家的阶级性本质和公共权力性表现在国家内部，就是它的政治统治职能和社会管理职能。而这两种职能的实现都需要有一定的税收作为经济基础和物质保障。正因此，哈贝马斯和皮凯蒂都把“征税方式以及税收上来之后的用途”看成现代国家的“合法性之源”①。

然而，国家的存在毕竟是一种历史性存在。国家的政治统治职能和社会管理职能必然会随着它面临的历史情境和时代任务而发生侧重点上的更替与聚焦点上的变化。在历史上国家发展的低级阶段上，公民的权利基本上都是按照他们的财产状况分级规定的，比如，在奴隶制国家的雅典和罗马、在中世纪的封建国家中都是这样的。而现代国家作为国家发展的高级阶段，其最大的优越性就是不再对财产差别给予政治上的承认，从而不再把财产问题看成国家问题的本质的东西。但是，现代国家在其建立和发展的初期，都是伴随着资产阶级政治革命和民主革命而建立起来的，这就使得“现代国家”从本质上表现出与“现代私有制”（即“抛弃了共同体的一切外观并消除了国家对所有制发展的任何影响的纯粹私有制”②）相适应的根本特征：“由于私有制摆脱了共同体，国家获得了和市民社会并列并且在市民社会之外的独立存在；实际上国家不外是资产者为了在国内外相互保障各自的财产和利益所必然要采取的一种组织形式。”③资产阶级的阶级本性决定了这种现代国家（现代资产阶级国家）必然“由于税收而逐渐被私有制所操纵，由于国债而完全归他们掌握”④的现象，从而使现代国家的职能主要表现为资产阶级发财致富的物质手段和维护其经济利益与阶级统治的政治

① 参见哈贝马斯：《重建历史唯物主义》，社会科学文献出版社 2000 年版，第 308 页；皮凯蒂：《21 世纪资本论》，中信出版社 2014 年版，第 496 页。

② 《马克思恩格斯选集》第 1 卷，人民出版社 2012 年版，第 212 页。

③ 《马克思恩格斯选集》第 1 卷，人民出版社 2012 年版，第 212 页。

④ 《马克思恩格斯选集》第 1 卷，人民出版社 2012 年版，第 212 页。

工具。正如马克思所说:认为“财富的创造仅仅是为了国家”的观念是“一种还不自觉的伪善形式”,通过这种形式,“财富本身和财富的生产被宣布为现代国家的目的,而现代国家被看成只是生产财富的手段”①。在这种情况下,国家的阶级性本质决定了国家的政治统治职能必然成为国家最主要的内部职能,因而国家从本质上表现为一种“政治国家”,“国—民”财富之间的张力使得政治国家必然把数量有限的税收主要用于强化国家的政治统治能力上。正如皮凯蒂指出的:由于税收收入只占国民收入的很小一部分,“政府只能履行其基本的‘王权’职能(警察、法庭、军队、外交以及一般管理等),而不能介入太多的经济和社会生活。在维护秩序、保护产权以及供养军队之后,政府预算所剩无几了”②。

与此相对应,通过无产阶级革命建立起来的现代无产阶级国家,作为在价值理念和社会目标上高于现代资产阶级国家的更高层次的现代国家,它虽然也离不开国家的政治统治职能,尤其是无产阶级国家建立之初和发展的早期阶段,如十月革命后的苏联和新中国成立之初面临的复杂国际国内环境,必然要求这些社会主义国家在政权巩固和经济建设中加强国家的政治统治职能和阶级斗争理念。问题的关键是,当经济文化落后国家建立并巩固了社会主义制度而走上社会主义建设的正轨之后,就必须把工作重心由阶级斗争转向经济建设、由政治统治转向社会管理,以此实现既“强国”又“富民”的经济发展与政治清明的双重发展目标。正如斯密所说:

> 被看作政治家或立法家的一门科学的政治经济学,提出两个不同的目标:第一,给人民提供充足的收入或生计,或者更确切地说,使人民能给自己提供这样的收入或生计;第二,给国家或社会提供充足的收入,使公务得以进行。总之,其目的在于富国裕民。③

显然,社会主义国家要实现从“国富”到“民富”、从“国计”到“民生”的

① 《马克思恩格斯全集》第30卷,人民出版社1995年版,第49—50页。

② 皮凯蒂:《21世纪资本论》,中信出版社2014年版,第489页。

③ 斯密:《国民财富的性质和原因的研究》(下卷),商务印书馆1972年版,第1页。

转变,就必须实现从"政治国家"向"社会国家"的历史转型①。

在这里,"社会国家"具有两个方面的基本含义:一方面,社会国家是以社会财富的大力创造来保障和改善民生的。社会财富充盈了,国家富强了,国家财政收入才会在国民收入的份额中得到合理合法的增长;政府税收增加了,才能拿出更多的钱财物投入到民生和社会公共服务事业中。所以,这里涉及的就是"征税方式以及税收上来之后的用途"这个现代国家的"合法性之源"。在皮凯蒂看来,政府税收收入出现历史性增长的用途主要就是"建设'社会国家'","税收收入的增长使得政府可以承担更多的社会职能"②。这种"社会国家"的"社会职能"主要包括了两个方面:一是替代收入和转移支付,即我们常说的非市场性的"再分配机制";二是教育、医疗、养老、住房、失业等社会民生保障体系,比如近十多年来我国免除农业税、实行免费的九年义务教育、实行覆盖城乡的低保制度等等。另一方面,社会国家是以政治权力的有效改革来推进和维护民权的。民生问题与民权(民主)问题息息相关。从总体上看,现代再分配是基于"权利的逻辑"以及人人都可获得基本公共服务的"平等原则",所以现代国家行政背后的权力逻辑就必须站在"民主共和国"和"社会共和国"的立场上,使社会主义国家成为"人民群众获得社会解放的政治形式",使"国家政权"重新变成"社会本身的充满生气的力量"和人民群众组成的"自己的力量"③。由此,对民生的改善、对民权(民主)的维护,构成了现代国家能否以"社会国家"名义获取"合法性来源"的两个基本支柱。在这里,民权(民主)问题(权的问题)是一个比民生问题(利的问题)更为重要的政治问题:没有充分的民权(民

① 这里所说的"政治国家"和"社会国家",是就国家的政治统治职能和社会管理职能这两种所发挥作用的重点性差别而言的两种国家职能的区别,而非两种不同的国家形式的区别。就是说,笔者把主要发挥阶级统治与政治统治的国家职能简称为"政治国家",而把主要发挥公共事务与社会管理的国家职能简称为"社会国家"。就如同哲学上的"绝对真理"与"相对真理"的区分,只是真理的绝对性与相对性的两种特性的说法一样。然而,由于这里的"社会国家"包括了两个方面的含义,所以它不完全等同于北欧国家的"福利国家"。

② 皮凯蒂:《21 世纪资本论》,中信出版社 2014 年版,第 491 页。

③ 《马克思恩格斯选集》第 3 卷,人民出版社 2012 年版,第 140 页。

主)，就难以真正地保障民生；只有充分发扬民权(民主)，才能有效地保障民生。所以，真正意义上的现代国家不能仅仅满足于民生问题的简单改善，而必须以此为契机推进民权(民主)问题的现代建构。

以社会国家所包括的民生问题与民权(民主)问题这两个基本面相来审视皮凯蒂和马克思对现代国家的基本看法，可以发现：在皮凯蒂那里，与其说财富分配和收入不平等是资本主义的根本问题，还不如说它是市场经济的根本问题，就是说，两极分化是市场经济的结构性、内生性问题。以此来看，当皮凯蒂在《21世纪资本论》中在事实上批判了自由主义经济学所主张的市场经济能够自行消除财富不平等的理论"幻想"①的同时，不仅明显地将资本主义的内在矛盾转嫁到了市场经济的内在矛盾之上，而且在无形中用民生问题这个表面问题消解掉了社会解放与政治国家之间的民权(民主)问题这个深层问题。而在马克思那里，民生问题的根本解决则有待于民权(民主)问题这个政治问题的最终解决。马克思认为，"现代国家"作为"不同的文明国度中的不同的国家"的"一种虚构"，尽管它们形式纷繁但却有一个共同点："它们都建立在现代资产阶级社会的基础上，只是这种社会的资本主义发展程度不同罢了"②。所以，只要"现代国家"的"现在的根基即资产阶级社会"没有消亡，那么即使它"把'人民'和'国家'这两个词联接一千次，也丝毫不会对这个问题(即"在共产主义社会中国家制度会发生怎样的变化?""那时有哪些同现在的国家职能相类似的社会职能保留下来?"这个问题)的解决有所帮助"③。显然，被皮凯蒂称之为"社会国家"的资本主义"福利国家"就是马克思所批判的"现代国家"的一种典型代表：它们企图通过创办并资助社会公共事业，实行和完善一套社会福利政策和制度，对社会经济生活进行干预，以调节和缓和阶级矛盾，保证社会秩序和经济生活正常运行，维护资产阶级的利益和统治。

最后，我们从现代社会作为经济社会与政治社会、经济本性与政治本性

---

① 皮凯蒂：《21世纪资本论》，中信出版社2014年版，第386、437页。

② 《马克思恩格斯选集》第3卷，人民出版社2012年版，第373页。

③ 《马克思恩格斯选集》第3卷，人民出版社2012年版，第373页。

的统一角度谈谈中国特色社会主义的当代建构问题。

在《资本论》“第一版序言”中，马克思在谈及他的政治经济学批判的研究目的时曾对当时资本主义生产还远不如英国那样发达的“德国读者”说过这样一番话：

> 我要在本书研究的，是资本主义生产方式以及和它相适应的生产关系和交换关系。到现在为止，这种生产方式的典型地点是英国。因此，我在理论阐述上主要用英国作为例证。但是，如果德国读者看到英国工农业工人所处的境况而伪善地耸耸肩膀，或者以德国的情况远不是那样坏而乐观地自我安慰，那我就要大声地对他说：这正是说的阁下的事情！
>
> 问题本身并不在于资本主义生产的自然规律所引起的社会对抗的发展程度的高低。问题在于这些规律本身，在于这些以铁的必然性发生作用并且正在实现的趋势。工业较发达的国家向工业较不发达的国家所显示的，只是后者未来的景象。①

在马克思看来，与英国资本主义生产的发达程度相比，德国资本主义生产的不发达在事实上导致了它的双重灾难。马克思说：

> 在其他一切方面，我们也同西欧大陆所有其他国家一样，不仅苦于资本主义生产的发展，而且苦于资本主义生产的不发展。除了现代的灾难而外，压迫着我们的还有许多遗留下来的灾难，这些灾难的产生，是由于古老的、陈旧的生产方式以及伴随着它们的过时的社会关系和政治关系还在苟延残喘。不仅活人使我们受苦，而且死人也使我们受苦。死人抓住活人！②

我认为，马克思在这里所概括的其实正是落后国家在现代社会发展中所面临的双重灾难，即“现代的灾难”和“遗留下来的灾难”。

“现代的灾难”，就是以财富生产与分配为外在表现的“资本拜物教”的

① 马克思：《资本论》，人民出版社2004年版，第8页。
② 马克思：《资本论》，人民出版社2004年版，第9页。

灾难，这是由现代经济社会本身的发展所决定了的。黑格尔在《法哲学原理》中就曾对这种“现代的灾难”做了预见性的分析。他说：“怎样解决贫困，是推动现代社会并使它感到苦恼的一个重要问题。”①现代社会解决贫困问题的苦恼，就是为了摆脱贫困而必须（不得不）采用对立的形式，从而使现代社会生产体制表现为“以资本为基础的生产”或“由资本推动的生产”。正如马克思所说：“只有资本才掌握历史的进步来为财富服务。”②“资本一出现，就标志着社会生产过程的一个新时代。”③

然而，在现代社会里，资本力求全面地发展社会生产力的伟大“历史使命”和“文明作用”却是以追求剩余价值的无限增长与抽象财富的无限扩大为目的而达到的，这就使得现代社会生产在充当了“最发达的和最多样性的历史的生产组织”④的同时又从资本追求财富创造与积累的“狭隘本性”中产生出了它的内在的对立性，如资本生产的悖谬，人的发展的异化，生态环境的失调，社会关系的对抗，等等。正因此，马克思才对现代社会生产发出了“不仅苦于资本主义生产的发展，而且苦于资本主义生产的不发展”的历史喟叹：说“苦于资本主义生产的发展”，是因为现代社会的生产体制是以资本和劳动的关系为旋转轴心的，资本逻辑的极端发展不仅会导致劳资双方的矛盾与冲突，而且会使物质财富再生产表现出两极分化与收入不平等的严重事实；说“苦于资本主义生产的不发展”，是因为现代社会要想以强大的经济基础和物质财富为后盾，就必须遵循现代社会的资本原则与资本逻辑，大力发展社会生产力，大力创造社会财富，大力进行经济建设。正是看到了现代“资本主义生产”在“发展”与“不发展”之间的这种二重性矛盾本质，马克思才将之称作“现代的灾难”。在这里，与其说马克思当年分析的是“落后的德国”的“资本主义生产”的“发展”与“不发展”，不如说是一种以“资本主义生产”为当时唯一现实表现的“现代社会生产”的“发展”

---

① 黑格尔：《法哲学原理》，商务印书馆 1961 年版，第 245 页。

② 《马克思恩格斯全集》第 30 卷，人民出版社 1995 年版，第 593 页。

③ 马克思：《资本论》第 1 卷，人民出版社 2004 年版，第 198 页。

④ 《马克思恩格斯选集》第 2 卷，人民出版社 2012 年版，第 705 页。

与“不发展”。在今天,社会主义作为现代社会的另一种现实表现,当然同样会面临“现代社会生产”的“发展”与“不发展”这个矛盾问题[①]。具体到我国,从总体上和从根本上说,虽然中国特色社会主义进入了新时代,我国社会主要矛盾已经由此前的“人民日益增长的物质文化需要同落后的社会生产之间的矛盾”转变成了“人民日益增长的美好生活需要和不平衡不充分的发展之间的矛盾”,但我们依然存在着“两个没有变”的客观情况(“我国社会主要矛盾的变化,没有改变我们对我国社会主义所处历史阶段的判断,我国仍处于并将长期处于社会主义初级阶段的基本国情没有变,我国是世界最大发展中国家的国际地位没有变”)[②],所以在以经济建设为中心是兴国之要,发展仍是解决我国所有问题的关键的今天和今后很长一段时间内,我们国家始终都会面临马克思所揭示的现代社会生产“发展”与“不发展”这个“资本拜物教”的“现代的灾难”的现实考量。

不仅如此,在改革开放特别是1992年后社会主义市场经济的双重刺激下,我们国家在长期的快速发展中,同样出现了20世纪80年代以来西方国家所出现的收入差距不断扩大的趋势,在财富生产与分配方面也积聚了很多“贫富分化、社会不公”的严峻问题。正因此,尽管皮凯蒂在《21世纪资本论》中对“关于财富及其分配不平等所引发的社会、政治和文化矛盾的历史”的梳理“主要基于现今发达国家的历史经验”,但他还是在该书“中文版自序”中对“中国读者”说了类似当年马克思对“德国读者”所说的一番话:“中国读者初读时可能会觉得事不关己,甚至以为目前欧美这种日益增长的对不平等现状的担忧仅限于发达国家,这些富国的烦恼与中国相去甚远,中国的要务是全力以赴发展经济,保持20世纪80—90年代以来的迅猛势头,改变贫困人口的命运。这恐怕是完全想错了。”[③]在皮凯蒂看来,“尽管

① 参见刘荣军:《市场经济的意识形态还原与中国实践》,《马克思主义研究》2014年第12期。

② 习近平:《决胜全面建成小康社会 夺取新时代中国特色社会主义伟大胜利——在中国共产党第十九次全国代表大会上的报告》,人民出版社2017年版,第11—12页。

③ 皮凯蒂:《21世纪资本论》,中信出版社2014年版,“中文版自序”第Ⅵ页。

（中国的）经济增长与趋同的速度令人惊叹”，但是“不能因此忘记贫富不均问题在发达国家和中国都存在，而且在未来数十年里中国存在的不平等问题会日趋突显，因为经济增长终究会不可避免地放缓”①。正因此，尽管皮凯蒂虽然苦于在中国很难找到具有说服力的统计资料与数据，但是他依然善意地提醒中国读者对财富不平等问题“不能继续置之不理”②。这说明，能否在现代社会生产的“发展”与“不发展”的二元悖论中有效解决财富生产与财富分配的关系问题，确实构成了“现代的灾难”对我国经济社会发展的一个严峻挑战。

然而，对于落后国家的现代社会发展来说，除了这个“现代的灾难”外，马克思还提出了一个“遗留下来的灾难”，即“由于古老的、陈旧的生产方式以及伴随着它们的过时的社会关系和政治关系还在苟延残喘”而产生出来的灾难。如果说“现代的灾难”可以概括为“资本拜物教”的灾难，那么这个“遗留下来的灾难”就可以概括为“权力拜物教”的灾难。就此来说，马克思分析的是当年的德国，但是同样也适合于当今的中国：在中国这样一个封建主义传统特别浓厚的国家，权力拜物教不仅影响着中国政治社会的发展，而且也影响着中国经济社会的发展。

解读当代中国的现代社会发展，一个毋庸置疑的历史事实是，中国既是一个经历了长期农耕文明的社会，又是一个经历了长期封建专制的社会，农耕文明和封建专制使得中国保持着根深蒂固的“重农抑商”和“权力至上”传统。这种情况再叠加上新中国成立后长期实行的计划经济体制，使得我们国家在政治权力和领导体制方面依然存在着邓小平所说的“封建主义残余影响”：不仅表现为官僚主义现象、权力过分集中的现象、家长制现象、干部领导职务终身制现象和形形色色的特权现象等五大现象，而且同时表现为社会关系中残存的宗法观念、等级观念；上下级关系和干群关系中的身份上的某些不平等现象；经济领域中的某些“官工”、“官商”、“官农”式的体

---

① 皮凯蒂：《21 世纪资本论》，中信出版社 2014 年版，“中文版自序”第Ⅵ页。
② 皮凯蒂：《21 世纪资本论》，中信出版社 2014 年版，“中文版自序”第Ⅵ—Ⅶ页。

制和作风；片面强调经济工作中的地区、部门的行政划分和管辖；等等①。这些社会政治经济现象从本质上说，都是由于权力拜物教而产生出来的，其根本就是没有清楚地认识到“权为民所赋、权为民所用、权为民所制”的社会主义国家的权力本质。当前述不正确的权力观面临改革开放与市场经济的双重考验时，就可能出现政治权力与资本权力之间的合谋，表现出权钱交易、贪污腐败、买官卖官等权力异化现象，使政治权力和公共权力成为非法致富的便捷手段和有效途径。正如马克思所说：不仅活人（作为现代社会典型表现的“资本”拜物教的人格化）使我们受苦，而且死人（作为封建社会典型表现的“权力”拜物教的人格化）也使我们受苦。死人抓住活人！——权力拜物教不仅借助资本拜物教的伪装达到了发财致富的目的，而且通过权力商品化直接产生了危害社会最严重的腐败现象！显然，相对于基于资本的财富不平等来说，这种基于权力的财富不平等更应该引起我们的反思。事实上，当代中国财富分配和收入不平等的问题固然应该引起人们的重视，但最应该反思的则是“富起来”的途径与手段这个形式问题：相当部分民众对现阶段中国财富的集聚抱有高度的警惕和不信任，就是因为“无商不奸”、“为富不仁”（资本拜物教）和“无官不贪”、“有权任性”（权力拜物教）的传统观念构成了很多人讨论贫富问题的“背景性知识”和“社会学常识”。这说明，如何防止国有企业和政府官员凭借权力拜物教或权力拜物教与资本拜物教的合谋而贪污腐败、非法致富的问题，已经成了对我国经济社会发展的另一个严峻挑战。

由此来看，党的十八大以来，在我国经济增长速度处于调速换挡的“新常态”下，党和国家选择了共识度最高、见效最快的反腐来为“全面深化改革”攻关破局，确实具有极其深远的社会历史意义：改革是由问题倒逼而产生的，改革也是在不断解决问题中得以深化的。腐败现象与特权问题不仅关系到经济社会领域的财富分配和收入不平等，而且也影响到政治领域的国家治理能力和民主法治的有效推进，已经成为一个危害当代中国经济、政

① 参见《邓小平文选》第2卷，人民出版社1994年版，第327—338页。

治、社会、文化、生态和党的建设发展全局的普遍性社会现象。在我们国家处于增速放缓与结构调整共存的经济新常态下，在我们国家全面深化改革面临必须突破发展与转型关、政府与市场关、公平与正义观这三个关键隘口的历史关头，我们党和国家能否确立起一套制度性反腐机制，能否确立起一种为民、务实、清廉、高效的政治权力和领导体制，从而为“四个全面”（全面建成小康社会、全面深化改革、全面推进依法治国、全面从严治党）夯实基础，就成了一个对于我们党、对于我们社会主义国家具有决定意义的关键问题。十八大以来的实践表明，新一届中央领导集体正在以毅然决然的反腐新政展示出其治国理政的总体框架。

总之，经济上的市场化与再分配问题，政治上的反腐败与制度化问题，构成了当代中国社会主义市民社会建构必须正确处理的两个核心问题。能否对这两个问题作出符合历史实际和中国国情的科学解决，确实构成了社会主义市民社会对当代中国党和国家领导人理论勇气和政治智慧的历史考验。而对这两个问题的最终解决，则必须回到马克思政治经济学批判的总体框架中来：身处发展与转型的当代中国，只有以政府与市场的科学划界为基础，正确处理经济社会与政治社会的关系问题，将市场活力与国家权力、资本逻辑与正义逻辑有效结合起来，才能一方面将市场化的改革蕴含于法治化市场经济的建设之中，另一方面将共富性的理念寓意于民生化社会国家的发展之中，从而克服“资本拜物教”这个“现代的灾难”和“权力拜物教”这个“遗留下来的灾难”的不当结合所引起的违法之举与败德行为，有效解决现代社会发展在财富生产与财富分配中的贫富差距与公平正义问题。

第 四 篇

现代社会发展规律与中国特色社会主义伟大实践

没有一个人能对自然界主张权利，但是在社会状态中，匮乏立即采取了不法的形式，这种不法是强加于这个或那个阶级的。怎样解决贫困，是推动现代社会并使它感到苦恼的一个重要问题。

市民社会才是惊人的权力，它把人扯到它自身一边来，要求他替它工作，要求他的一切都通过它，并依赖它而活动。如果人在市民社会中是这样一个成员，他对市民社会所得主张的权利和提出的请求，就应同他已往对家庭所主张的和提出的一样。市民社会必须保护它的成员，防卫他的权利；同样，个人也应尊重市民社会的权利，而受其约束。

在市民社会中，正义是一件大事。好的法律可以使国家昌盛，而自由所有制①是国家繁荣的基本条件。

——黑格尔：《法哲学原理》

① 马克思追求的共产主义社会，当然不是黑格尔讲的现代资产阶级社会意义上的“自由所有制”，而是“个人所有制”与“社会所有制”相统一的“真正的共同体”、“自由人联合体”。

中国特色社会主义的发展也就是中国特色社会主义现代化的发展，必须依据我国具体国情和时代发展条件，既深刻认识和把握现代社会发展的一般规律和社会主义现代化发展的普遍规律，又深刻认识和把握我国社会主义现代化发展的特殊规律，处理好社会主义社会与现代市民社会的关系问题。从现代社会发展规律高度审视坚持社会主义市场经济改革方向的中国特色社会主义，要求我们从科学社会主义理论逻辑和中国社会发展历史逻辑的辩证统一角度出发，不懈探索和把握共产党执政规律、社会主义建设规律和人类社会发展规律。

第十章　现代社会发展的三维历史图景

如马克思在《1857—1858年经济学手稿》中所说：

> 人的依赖关系（起初完全是自然发生的），是最初的社会形式，在这种形式下，人的生产能力只是在狭小的范围内和孤立的地点上发展着。以物的依赖性为基础的人的独立性，是第二大形式，在这种形式下，才形成普遍的社会物质变换、全面的关系、多方面的需要以及全面的能力的体系。建立在个人全面发展和他们共同的、社会的生产能力成为从属于他们的社会财富这一基础上的自由个性，是第三个阶段。第二个阶段为第三个阶段创造条件。因此，家长制的，古代的（以及封建的）状态随着商业、奢侈、货币、交换价值的发展而没落下去，现代社会则随着这些东西同步发展起来。①

以笔者的研究，马克思在这里不仅论述了人类社会发展三个阶段的基本特征，而且科学地考察了人类社会发展"第二个阶段"即"现代社会"的历史起源、现实意义与未来归宿。具体来说，当马克思把人类社会发展的第二个阶段看作是与"传统社会"相区别意义上的"现代社会"，并认为它"为第三个阶段创造条件"的时候，他实际上已经从现代社会发展图景的历史叙事中揭示了现代社会所处的资本逻辑的发展语境及其"由何而来"、"因何而在"、"向何而去"的生成与发展路径。显然，在现代社会发展日益深入和现代化、现代性理论研究日趋广泛的当今时代，对现代社会及其资本逻辑发

① 《马克思恩格斯全集》第30卷，人民出版社1995年版，第107—108页。

展图景的深入解读本身就是一个具有重大现实意义的历史唯物主义问题。

一、从社会发展角度来看资本的伟大文明面

在社会发展的角度上，当马克思说“第二个阶段为第三个阶段创造条件”的时候，他实际上已经承认了现代社会的历史必然性与合理性：“第二个阶段”之所以负有“为第三个阶段创造条件”的“历史使命”，乃在于它自身所蕴涵的资本的“伟大文明面”、“存在理由”、“社会职能”与“历史意义”。马克思说：“资本的文明面之一是，它榨取这种剩余劳动的方式和条件，同以前的奴隶制、农奴制等形式相比，都更有利于生产力的发展，有利于社会关系的发展，有利于更高级的新形态的各种要素的创造。”①

首先，资本能够最大限度地促进社会生产力的发展，因而具有无限发展生产力的历史趋势。这是资本最为突出的文明作用和历史意义。

在马克思看来，资本作为“生产和流通的直接统一”，它对于社会生产力发展的促进作用和历史意义也就体现在资本的生产与资本的流通这两个方面。一方面，就资本的生产来说，以赚钱为第一目的的资本生产的本性，作为推动资本主义生产的最大动力，必然造成资本发展生产力的内在冲动和历史趋势。这种追求剩余价值的财富动机在客观现实中表现出来，就是资本生产的社会性发挥或者说资本的社会性生产功能，使得现代社会生产以过去任何社会所无法比拟的形势推动了社会生产力的极大发展，这种发展生产力的倾向既是“永不停息”的也是“无孔不入”的。这是因为，资本作为一种社会要素和社会力量，它能够将社会生产过程的多种要素结合在一起，由此不仅最大限度地发挥各个生产要素原有的力量，而且发挥由资本的社会结合而产生出的新的力量。正是在这种意义上，马克思从“资本关系具有较高的生产效率”②的原则高度揭示了现代社会的资本建制：

---

① 马克思：《资本论》第3卷，人民出版社2004年版，第927—928页。

② 《马克思恩格斯全集》第47卷，人民出版社1979年版，第258页。

只有资本才掌握历史的进步来为财富服务。①

资本一出现,就标志着社会生产过程的一个新时代。②

另一方面,就资本的流通来说,资本力图全面地扩展其生产内容的动机的趋势必然表现为资本的流通的全面性和普遍性。这是因为,资本"流通"作为在资本"生产本身"中发生的各种活动、能力和产品的交换,它不仅"直接属于生产",并且"从本质上组成生产"。③ 因此,资本无限扩大生产力的趋势,也就内在地包含着资本扩大流通与创造世界市场的历史趋势。正如马克思所说:

资本按其本性来说,力求超越一切空间界限。因此,创造交换的物质条件——交通运输工具——对资本来说是极其必要的:用时间去消灭空间。④

资本一方面要力求摧毁交往即交换的一切地方限制,征服整个地球作为它的市场,另一方面,它又力求用时间去消灭空间,就是说,把商品从一个地方转移到另一个地方所花费的时间缩减到最低限度。资本越发展,从而资本借以流通的市场,构成资本流通空间道路的市场越扩大,资本同时也就越是力求在空间上更加扩大市场,力求用时间去更多地消灭空间。⑤

在马克思看来,正是资本在其自身的生产与流通的统一中无限发展生产力的趋势和创造世界市场的趋势,才赋予了资本双重的文明意义:一是资本相对于以往生产方式而言的特有的"传布的(传播文明的)趋势"⑥;二是资本以自身生产为基础所创立的特殊的社会历史阶段。马克思说:

只有资本才创造出资产阶级社会,并创造出社会成员对自然界和

---

① 《马克思恩格斯全集》第30卷,人民出版社1995年版,第293页。

② 马克思:《资本论》第1卷,人民出版社2004年版,第198页。

③ 《马克思恩格斯选集》第2卷,人民出版社2012年版,第698页。

④ 《马克思恩格斯全集》第30卷,人民出版社1995年版,第521页。

⑤ 《马克思恩格斯全集》第30卷,人民出版社1995年版,第538页。

⑥ 《马克思恩格斯全集》第30卷,人民出版社1995年版,第542页。

社会联系本身的普遍占有。由此产生了资本的伟大的文明作用；它创造了这样一个社会阶段，与这个社会阶段相比，一切以前的社会阶段都只表现为人类的地方性发展和对自然的崇拜。①

显然，正是资本无限发展生产力的伟大意义及其创造世界市场的作用，把人类社会提升到了一个崭新的历史阶段。

其次，资本能够最大限度地促进个人关系和个人能力的普遍性和全面性发展，因而为个人的全面自由发展提供历史条件。这是资本对于人的发展的最为重要的意义。

在马克思看来，资本的生产与流通分别在无限发展生产力和创造世界市场的方面为人的全面发展创造了历史的前提和基础。马克思说：

> 生产力——财富一般——从趋势和可能性来看的普遍发展成了基础，同样，交往的普遍性，从而世界市场成了基础。这种基础是个人全面发展的可能性，而个人从这个基础出发的实际发展是对这一发展的限制的不断扬弃。②

在这里，资本生产给个人的全面发展带来的“限制”和“基础”同时并存的现实恰恰说明了资本对于人的发展的历史辩证法：个人的全面性作为“他的现实联系和观念联系的现实性”，不可能是“想象的或设想的全面性”，而只能是从现实的基础出发的“实际发展”③。这种实际发展不仅是在先前的社会发展的基础上进行的，而且也是在现有的社会发展的基础上进行的，其最终结果就是要达到这样一点：“它能和生产力的最高发展，因而也和个人的最丰富的发展相一致”④。由此出发，马克思不仅认为资本所创造的无限生产力能够给人的发展创造出直接的物质基础和物质条件，而且认为资本的生产和流通本身就有促进人的全面发展的内在功能。对此，马克思既从资本和劳动的关系角度也从人的需要的广泛性角度分析了资本

① 《马克思恩格斯全集》第30卷，人民出版社1995年版，第390页。
② 《马克思恩格斯全集》第30卷，人民出版社1995年版，第541页。
③ 《马克思恩格斯全集》第30卷，人民出版社1995年版，第541页。
④ 《马克思恩格斯全集》第30卷，人民出版社1995年版，第540页。

之于人的“丰富的个性”的重要意义。他说:“资本作为孜孜不倦地追求财富的一般形式的欲望,驱使劳动超过自己自然需要的界限,来为发展丰富的个性创造出物质要素,这种个性无论在生产上和消费上都是全面的,因而个性的劳动也不再表现为劳动,而表现为活动本身的充分发展。”①很显然,资本生产不仅能够创造以前所无法创造的巨大的物质财富,而且能够解除以前社会的种种人身依附关系,从而为人的需要的发展和人的能力、人的关系的全面发展创造条件。正是在这种意义上,马克思才对资本生产创造出来的剩余劳动和自由时间对于人的自由全面发展的伟大“历史使命”给予了充分肯定——资本生产能够在必要劳动时间之外为整个社会以及社会的每个成员创造出大量可以自由支配的时间,由此“为个人生产力的充分发展,因而也为社会生产力的充分发展创造广阔余地”②。在这里,说资本生产为个人生产力的发展创造了“广阔余地”,实际上就是从发展人的个性、开发人的潜能、把人作为丰富的完美的人生产、创造出来的意义上肯定资本生产之于人的发展的社会历史意义。

最后,资本能够最大限度地促进社会关系的发展。这是资本对于促进人类制度文明、政治文明与精神文明方面的突出贡献。

在马克思看来,现代社会的资本生产在本质上就是一种社会化生产,它的最大特点就在于促进了以物的社会关系(商品关系、货币关系和资本关系等)为表征的人的“物化了的社会关系”的极大发展。相对于传统社会的自然血缘关系、狭隘地域关系和统治服从关系等“人的依赖关系”,一方面,这种“物化的社会关系”能够把一切封建宗法和田园诗般的关系都破坏掉,把人格从属的等级关系、奴役关系和依附关系都融解掉,从而使得社会关系对个人来说不再是不可改变和与生俱来的命运——个人由于获得了人身在时间、空间、居留地点和社会关系等方面的独立性,因而能够自主地支配自己的劳动力,自愿地选择自己的工作,自由地从事自己的事业;另一方面,这

① 《马克思恩格斯全集》第30卷,人民出版社1995年版,第286页。
② 《马克思恩格斯全集》第31卷,人民出版社1998年版,第103页。

种“物化的社会联系”能够最大限度地扩大人们生产和交往的活动范围,把传统的自然性联系变成现代的普遍的社会性联系,因而淡化了人们的原始自然共同体意识(如家庭意识、乡土观念等),培养和强化了人们的社会意识和主体意识。正是在这种意义上,马克思曾经把“商品交换领域”称为“天赋人权的真正伊甸园”,并提出了“商品是天生的平等派”和“资本是天生的平等派”①的睿智思想。不仅如此,由于资本文明本身能够把它在经济领域中确立的以交换价值为核心的平等和自由理念拓展、辐射并贯穿到社会政治生活的其他领域,因而能够为法律的、政治的、社会的等等现实生活领域奠定平等与自由的现实基础,由此形成与传统政治国家相区别的、人们共同生活的健全发展的社会生活领域——现代市民社会。这种社会因其强调对个人权利和财产的保护、抵抗国家权力对个人事务的干预和对公民权利的侵犯而培育了法治精神,因其注重对社会和国家的影响和支配力量,使大量的以前属于国家的事务转化为私人的事务而形成了社会权力、消解了国家压力。正因如此,马克思对资本生产所催生出的平等与自由观念这一“现代文明的土壤”给予了充分的肯定。他说:“如果说经济形式,交换,在所有方面确立了主体之间的平等,那么内容,即促使人们去进行交换的个人和物质材料,则确立了自由。可见,平等和自由不仅在以交换价值为基础的交换中受到尊重,而且交换价值的交换是一切平等和自由的生产的、现实的基础。作为纯粹观念,平等和自由仅仅是交换价值的交换的一种理想化的表现;作为在法律的、政治的、社会的关系上发展了的东西,平等和自由不过是另一次方上的这种基础而已。”②

因此,如果说现代社会的一切政治尝试和制度文明都是建立在平等和自由这两个基本理念上的,那么这也恰恰说明了建立在以交换价值为特征的“物化关系”之上的资本生产,具有非常强大的促进社会关系发展的文明作用。

---

① 马克思:《资本论》第1卷,人民出版社2004年版,第104、457页。

② 《马克思恩格斯全集》第30卷,人民出版社1995年版,第199页。

二、从社会批判角度来看资本的历史狭隘性

利之所在，弊已随之。站在社会批判的角度上，当马克思说“第二个阶段为第三个阶段创造条件”的时候，他实际上已经坦承了现代社会的历史狭隘性与局限性：“第二个阶段”既然负有“为第三个阶段创造条件”的“历史使命”，就说明了它本身并不具有历史的永恒性，它不过是历史地产生也历史地消亡的东西。因此，资本在彰显其伟大“历史使命”和“文明作用”的同时，必然暴露出其自身的“历史狭隘性”与“历史局限性”。

在马克思看来，资本尽管在历史上具有非常重大的文明作用和历史意义，但是资本的本性毕竟是以追求无限的剩余价值为目的的，因此，这就造成了资本本身的二重性特征，即资本在发挥它的伟大文明作用的同时也具有相反的“限制文明发展”的趋势，马克思将资本的这种特征称之为资本的“狭隘性”，就是说，资本无止境地追求发财致富的欲望，导致了它在质上的无限性（使用价值的丰富性）始终是与它的量的有限性（交换价值的单一性）相矛盾的，由此形成了资本生产中无限和有限、生产与市场、扩张与约束之间的经常的矛盾运动，使得资本在增值自身的同时也设置了自身增值的界限，从而导致了“资本是一个活生生的矛盾”①、“资本本身是处于过程中的矛盾”②这样一种奇特的社会发展景观。正如马克思所说：“按照资本的本性来说，它本身是狭隘的”，因而必然创造出与它自身的狭隘性相匹配的“生产力的狭隘的历史发展阶段”和“创造财富的方式的狭隘的历史发展阶段”。③

首先，资本既有“无限度地提高生产力”的历史趋势，同时也在相当程度上具有“限制生产力”的历史趋势④。这是资本狭隘性最为突出的表现。

---

① 《马克思恩格斯全集》第 30 卷，人民出版社 1995 年版，第 405 页。
② 《马克思恩格斯全集》第 31 卷，人民出版社 1998 年版，第 101 页。
③ 《马克思恩格斯全集》第 30 卷，人民出版社 1995 年版，第 539—540 页。
④ 《马克思恩格斯全集》第 30 卷，人民出版社 1995 年版，第 406 页。

资本作为以交换价值为基础并受其支配、控制的生产方式，其目的毫无疑问是以狂热地、不停顿地扩大剩余价值生产的方式来提高原有价值的价值额而无限度地增加剩余价值。然而，资本的这种目的只有在它自身的矛盾运动中才能实现。这种矛盾运动，从资本的生产过程来看，表现为资本既要肯定必要劳动时间又要最大限度地否定必要劳动时间；从资本的流通过程来看，表现为资本既要在空间上扩大流通领域又要在时间上缩短流通时间；从资本的生产与流通相统一的总过程来看，表现为资本的生产和价值增值之间的矛盾这样一种资本主义的基本矛盾。资本的这三个方面的矛盾运动说明，资本既是现代生产的“主体力量”，也是现代生产的“内在界限”——资本本身“只有当生产力需要外部的刺激而这种刺激同时又表现为对生产力的控制的时候，才表现为生产力发展的条件”，否则，它会在生产力发展的一定阶段上“完全像行会等等那样成为多余和累赘”。[①] 更为诡异的是，资本的发展程度越高，它就越是成为生产的界限，从而也越是成为消费的界限和交往的界限。资本生产的这种矛盾运动虽然会被不断地加以克服，但也会不断地被重新产生出来，由此，“资本不可遏止地追求的普遍性，在资本本身的性质上遇到了限制，这些限制在资本发展到一定阶段时，会使人们认识到资本本身就是这种趋势的最大限制，因而驱使人们利用资本本身来消灭资本”[②]。

其次，资本在促进个人关系和个人能力的发展的同时，也造成了物化的社会关系和人的发展的片面化和外在化，因而会“使主要生产力，即人本身片面化，受到限制等等”[③]。这是资本在人的发展方面的二重性后果。

在马克思看来，资本在无限地提高生产力的发展的同时也产生了物化的社会关系，即人与人之间的关系通过物与物之间的关系表示出来。虽然说“这种物的联系比单个人之间没有联系要好，或者比只是以自然血缘关系和统治从属关系为基础的地方性联系要好”，但是无论如何，这种物的社

---

① 《马克思恩格斯全集》第30卷，人民出版社1995年版，第396页。

② 《马克思恩格斯全集》第30卷，人民出版社1995年版，第390—391页。

③ 《马克思恩格斯全集》第30卷，人民出版社1995年版，第406页。

会联系都只能是“各个人在一定的狭隘的生产关系内的自发的联系”，因而只是“同个人相对立而存在的异己性和独立性”①。既然如此，那么很显然，这样的社会关系其实依然属于一种“依赖性”关系，它只是将古代社会的那种“表现为人的限制”的依赖性关系转化成了“表现为物的限制”的依赖性关系，并且赋予了这种物的关系以“普遍形式”而已。马克思说：“物的依赖关系无非是与外表上独立的个人相对立的独立的社会关系，也就是与这些个人本身相对立而独立化的、他们互相间的生产关系。”②

从某种程度上说，正是看到了资本所体现出来的这种物化的社会关系，马克思才对资本促进人的发展的历史作用进行了有保留的批判和极理性的审视。就是说，尽管资本在无限度地提高生产力发展的同时，的确也促进了人的发展特别是个人关系和个人能力的普遍性和全面性发展，但是，由于资本的本性就是追求剩余价值的无限增长与抽象财富的无限扩大，因而资本之提高生产力的方式、方法，却恰恰是以牺牲个人的发展为代价的。这种个人发展的代价性体现在两个方面：一方面，是人的发展相对于物的发展的异化性。这不仅因为从资本的生产过程来说，它无限度地提高生产力发展的方式、方法始终是以对工人的身心健康的残酷压榨为条件的，而且因为从资本的生产后果来说，它无限度地提高生产力发展的结果总是表现为人的“全面的异化”与“完全的空虚化”。正如马克思所说：伴随着生产力的最高度的发展和社会财富的最大程度的扩大而来的，是“物的世界的增值同人的世界的贬值成正比”③，是“人的社会关系转化为物的社会关系；人的能力转化为物的能力”④。另一方面，是一些人（占有者阶级或资产阶级）的发展相对于另一些人（生产者阶级或工人阶级）受剥削、受奴役的对抗性。就是说，以资本与雇佣劳动的对立为其社会形式的现代生产，必须使这一对立的社会形式不断地发展下去才不至于丧失自身的生产能力，由此必然产生

① 《马克思恩格斯全集》第30卷，人民出版社1995年版，第107—112页。
② 《马克思恩格斯全集》第30卷，人民出版社1995年版，第114页。
③ 马克思：《1844年经济学哲学手稿》，人民出版社2000年版，第51页。
④ 《马克思恩格斯全集》第30卷，人民出版社1995年版，第107页。

出现代社会财富生产的极化效应以及建立在其上的社会关系的对抗性质（工人把生产财富的力量让渡出去而资本则把这种力量作为它发家致富的手段占为己有）。正如马克思所说：资本积累的历史趋势是，“在一极是财富的积累，同时在另一极，即在把自己的产品作为资本来生产的阶级方面，是贫困、劳动折磨、受奴役、无知、粗野和道德堕落的积累”①。明白于此，也就会明白马克思何以会在“平等地剥削劳动力，是资本的首要的人权”②这一特别的感悟中对人类社会的发展发出这样的一般悲叹了：

> 只要存在着一些人不劳动（不直接参加使用价值的生产）而生活的社会，那么，很清楚，这个社会的整个上层建筑就把工人的剩余劳动作为生存条件。这些不劳动的人从这种剩余劳动中取得两种东西：首先是生活的物质条件，他们分得赖以和借以维持生活的产品……其次是他们支配的自由时间……
>
> 不劳动的社会部分的自由时间是以剩余劳动或过度劳动为基础的，是以劳动的那部分人的剩余劳动时间为基础的；一方的自由发展是以工人必须把他们的全部时间，从而他们发展的空间完全用于生产一定的使用价值为基础的；一方的人的能力的发展是以另一方的发展受到限制为基础的。迄今为止的一切文明和社会发展都是以这种对抗为基础的。③

最后，资本生产的社会性在提高生产力发展的同时，也产生出了一种资本自身的权力（话语权力与意志权力），进而产生了与之相适应的资产阶级意识形态。这是资本生产在上层建筑与意识形态方面的必然后果。

在马克思看来，现代社会生产在形式上之所以能够表现为受资本逻辑支配的商品生产和货币交换，恰恰在于资本生产自身所包含着“劳动一般”和“财富一般”等能够“抽象”出来“统治个人”的现实的“物的社会关系”。由此，资本之无限发展生产力的趋势和扩大流通的趋势，必然也创造出以

---

① 马克思：《资本论》第1卷，人民出版社2004年版，第743—744页。

② 马克思：《资本论》第1卷，人民出版社2004年版，第338页。

③ 《马克思恩格斯全集》第47卷，人民出版社1979年版，第215页。

“对物的占有和支配”为形式的资本的社会权力，以此维持资本追求剩余价值的“生命意志”和“生活本能”。马克思说：随着资本积累的增长以及资本积聚的增长而来的，也是资本权力的增长，在这里，“每个个人以物的形式占有社会权力。如果从物那里夺去这种社会权力，那么你们就必然赋予人以支配人的这种权力。”①“每个个人行使支配别人的活动或支配社会财富的权力，就在于他是交换价值的或货币的所有者。他在衣袋里装着自己的社会权力和自己同社会的联系。”②资本权力不仅渗透到现代社会的经济生活、政治生活和社会生活的方方面面，而且还反映在社会意识形态上，以商品拜物教、货币拜物教和资本拜物教等隐蔽的形式——赋予这些实体形式以“神秘感”和“物象性”的拜物教观念，即“被歪曲了的观念”和“颠倒了的意识”——表现出资本自身的意志权力和话语权力，从而颠倒了这些实体形式所体现的社会关系及其物的关系。从原则的高度来认识，这些拜物教观念所揭示出来的，其实正是资产阶级思想家赋予资本主义以自然必然性和历史永恒性的本能性社会心态与自足性阶级心理。因此，现代资产阶级社会的一切上层建筑和意识形态，都是为资本的生产直接服务的，它是把资产阶级制度看成了一种有利于财富积累与创造的所有权制度，看成了一种追求利润与拜物教文明的社会意识形态。很显然，马克思已经从现代社会的生产灵魂和能动主体角度确认了资本权力的历史性存在：“资本是资产阶级社会的支配一切的经济权力。”③

三、从社会革命角度来看资本的历史过渡性

站在社会革命的角度上，当马克思说“第二个阶段为第三个阶段创造条件”的时候，他实际上已经揭示了现代社会的历史阶段性与过渡性：“第二个阶段”既然只是“为第三个阶段创造条件”，那么，随着资本文明作用的

① 《马克思恩格斯全集》第30卷，人民出版社1995年版，第107页。
② 《马克思恩格斯全集》第30卷，人民出版社1995年版，第106页。
③ 《马克思恩格斯选集》第2卷，人民出版社2012年版，第707页。

充分发挥与它的社会职能的历史临界,“人类社会的史前时期”就会以现代资产阶级社会这个“社会生产过程的最后一种对抗形式”而“告终”,并由此开始“真正的人类历史时期”。①

首先,现代资本主义社会作为阶级社会发展的最后一种对抗形式,既决定了它具有最大限度地提高社会生产力发展的历史机缘,同时也注定了它无法摆脱私有制的制度架构而被终结的历史宿命。这种二重性存在决定了现代资本主义必然灭亡的历史必然性。

在马克思看来,历史在本质上是一种生成着的人的社会存在。由于“人们的存在就是他们的现实生活过程”②,而这种生活过程只有依赖一定数量的物质财富才能延续下去,因此,社会发展的历史在实际上也就表现为一部财富生产从无到有、从贫乏到丰裕的发展过程;由此,当马克思站在现代社会发展的角度指认阶级的存在“仅仅同生产发展的一定历史阶段相联系”并且认为建立在阶级斗争基础上的无产阶级专政“不过是达到消灭一切阶级和进入无阶级社会的过渡”③这一历史事实时,他实际上是对人类社会发展作出的一种历史承诺:当低下的社会生产力还不能创造出更多剩余产品时,人类就只能停留在原始文明阶段;当社会生产力发展到能够创造一定的剩余产品但社会总体还处于匮乏状态时,阶级社会便应运而生;只有当社会生产力发展到能够使社会财富极大地涌现出来的时候,全人类才会进入丰裕社会。站在这种历史唯物主义高度来看,现代资本主义社会在本质上乃是一种由资本关系所决定和支配了的雇佣劳动制度,即一种与以往“直接的强制劳动”(如奴隶制)相区别的“间接的强制劳动”,它虽然能够把财富从古代的“享乐的意义”提升为现代的“生产的意义”(在古代社会,“财富本身只有享乐的意义,而没有作为财富本身的意义”)④,从而最大限度地激发资本的社会性生产功能,但是另一方面,由于资产阶级的狭隘阶级

① 《马克思恩格斯选集》第2卷,人民出版社2012年版,第3页。
② 《马克思恩格斯选集》第1卷,人民出版社2012年版,第152页。
③ 《马克思恩格斯选集》第4卷,人民出版社2012年版,第426页。
④ 《马克思恩格斯全集》第30卷,人民出版社1995年版,第287页。

本性就是发财致富,因而资本愈是通过“掌握全部生产”而生产出更多的财富,它就愈是“使财富具有资本的性质”①;由此,资产阶级生产制度就走向了自己的反面:“资产阶级生产并不是为生产者生产财富,因此资产阶级财富的生产完全不是为‘充裕’而生产,不是为生产生活必需品和奢侈品的人生产生活必需品和奢侈品。”②正是看到了资本虽然能够最大限度地“创造财富”但却无法“实现财富”的历史悖论,马克思才得出了资本主义必然在它自身生产的手段(即社会生产力的无条件发展)与有限目的(即资本自身的增值)的“反复的冲突”和“经常的矛盾”所引起的一次强过一次的经济危机中走向灭亡的历史命运。

其次,现代社会生产作为以资本为基础或者说由资本所推动的生产时代,本质上是一个资本“自己确立自己并扬弃自己”③的发展过程。随着资本关系“由生产力的发展形式变成生产力的桎梏”,“社会革命的时代”也必然会到来④。

在马克思看来,资本主义作为一种生产方式和社会制度,既不是创世之初就有的,也不是能够永世长存的。随着资本生产的历史使命的完成及其社会职能的最大化发展,随着资本掌握历史进步而为财富服务的历史意义的完成,资本必将退出历史舞台。这一时代到来的标志,就是资本由“生产力的发展形式”变成“生产力的桎梏”这样一个“历史拐点”。马克思说:

> 资本本身在其历史发展中所造成的生产力的发展,在达到一定点以后,就会不是造成而是消除资本的自行增殖。超过一定点,生产力的发展就变成对资本的一种限制;因此,超过一定点,资本关系就变成对劳动生产力发展的一种限制。一旦达到这一点,资本即雇佣劳动就同社会财富和生产力的发展发生像行会制度、农奴制、奴隶制同这种发展所发生的同样的关系,就必然会作为桎梏被摆脱掉。于是,人类活动所

① 《马克思恩格斯全集》第44卷,人民出版社1982年版,第161页。

② 《马克思恩格斯全集》第26卷第3册,人民出版社1974年版,第53—54页。

③ 《马克思恩格斯全集》第30卷,人民出版社1995年版,第295页。

④ 《马克思恩格斯选集》第2卷,人民出版社2012年版,第3页。

采取的最后一种奴隶形式，即一方面存在雇佣劳动，另一方面存在资本的这种形式就要被摆脱掉，而这种脱皮本身是同资本相适应的生产方式的结果。①

在这里，马克思用类似经济学上的“倒U型理论”（盛极而衰）以及生物学上的“脱皮”现象（孕育新生）这两个非常形象的说法，历史而辩证地论述了资本生产的历史后果：历史的发展不仅不会终结于资本主义社会，而恰恰是以资本主义社会为自己开辟走向未来共产主义社会的道路的。正是在这种意义上，马克思说：“资产阶级的生产关系是社会生产过程的最后一个对抗形式。……但是，在资产阶级社会的胎胞里发展的生产力，同时又创造着解决这种对抗的物质条件。”②

最后，资本孜孜不倦地追求剩余价值的生命意志和生活本能，在其历史发展进程中不可避免地要暴露出它的社会对抗性和历史反动性。为此，无产阶级革命要想获得最后胜利，就必须选取既符合历史辩证法又富有政治灵活性的具体的社会革命方式。

在马克思看来，受资本伟大文明面及其历史狭隘性的双重意义的影响，现代资产阶级对于资本在现代社会发展的不同时期会采取不同的历史态度：最初，当资本的力量“还薄弱”时，它就必须在以往的或随着资本的出现而正在消逝的生产方式中为自己“寻求拐杖”；往后，一当资本感到自己的力量“强大起来”的时候，它就会抛开这种拐杖而“按它自己的规律运动”；最后，当资本开始感到并意识到自身“成为发展的限制”的时候，它就在这样的发展形式中为自己“寻找避难所”③。正如马克思所说：

一旦资产阶级占领了地盘，一方面自己掌握国家，一方面又同以前掌握国家的人妥协；一旦资产阶级把意识形态阶层看作自己的亲骨肉，到处按照自己的本性把他们改造成为自己的伙计；一旦资产阶级自己不再作为生产劳动的代表来同这些人对立，而真正的生产工人起来反

① 《马克思恩格斯全集》第31卷，人民出版社1998年版，第149页。
② 《马克思恩格斯选集》第2卷，人民出版社2012年版，第3页。
③ 参见《马克思恩格斯全集》第31卷，人民出版社1998年版，第43页。

对资产阶级,并且同样说它是靠别人劳动生活的;一旦资产阶级有了足够的教养,不是一心一意从事生产,而是也想从事"有教养的"消费;一旦连精神劳动本身也愈来愈为资产阶级服务,为资本主义生产服务,——一旦发生了这些情况,事情就反过来了。这时资产阶级从自己的立场出发,力求"在经济学上"证明它从前批判过的东西是合理的。①

就此来说,资产阶级经济学家企图撇开生产关系的抽象而单单从生产角度提出"历史终结论"、"科技决定论"、"市场万能论"、"交换平等论"、"生产要素论"等种种理论的实质,就在于通过把这些现象说成是现代社会发展的"决定"力量而人为制造"生产力与生产关系的矛盾构成了社会的基本矛盾"这一历史唯物主义原理在资本主义已然"失效"的"虚假事实",为资本主义的生产制度乃至社会制度进行理论辩护。难怪恩格斯说资产阶级具有"把历史变成商品"的阶级本性:"资产阶级把一切都变成商品,对历史学也是如此。资产阶级的本性,它生存的条件,就是要伪造一切商品,因而也要伪造历史。伪造得最符合于资产阶级利益的历史著作,所获得的报酬也最多。"②从一定意义上说,正是看到了资产阶级经济学家这种超历史、反历史、非历史的社会态度与阶级本性,马克思才告诫我们:无产阶级在进行社会革命的过程中,要把"用暴力消灭资本"和"让科学忠告资本退位"③这两种革命方式辩证地结合起来,从而自主而灵活地探求无产阶级社会革命的具体方式。显然,马克思的这个论述对于我们具体地分析其他社会经济因素在现代社会发展中的历史意义具有相同的理论指导意义。

总之,站在社会三大形态演进的历史高度来看,马克思从社会发展、社会批判与社会革命这三个角度对现代社会发展的历史考察表明:资本作为人类社会进程中财富的社会生产的特有形式,它既发挥着自己独特的伟大的"文明作用",也具有其与生俱来的"狭隘性"和"局限性"。正因为如此,马克思虽然从不隐讳自己的政治目的就是通过埋藏资本主义而建设共产主

① 《马克思恩格斯全集》第26卷第1册,人民出版社1972年版,第315页。
② 《马克思恩格斯全集》第16卷,人民出版社1964年版,第573页。
③ 《马克思恩格斯全集》第31卷,人民出版社1998年版,第149—150页。

义，但他却始终正视资本生产在现代社会发展中为未来共产主义创造“物质基础”的社会价值，从而对资产阶级社会作出了符合历史辩证法的分析。确如马克思所说：在以交换价值为基础的资产阶级社会内部，虽然已经产生出“炸毁这个社会”的“一些交往关系和生产关系”，但是，“如果我们在现在这样的社会中没有发现隐蔽地存在着无阶级社会所必需的物质生产条件和与之相适应的交往关系，那么一切炸毁的尝试都是唐·吉诃德的荒唐行为”。①

① 《马克思恩格斯全集》第30卷，人民出版社1995年版，第109页。

第十一章　现代社会财富生产的发展悖论与理性重建

马克思的财富理论是在现代社会的历史语境中生成的，也是在阐释现代社会的财富生产过程中提升出来的，这决定了马克思财富理论与现代社会特别是现代化和现代性之间的必然联系。因此，如何从历史唯物主义角度研究财富生产与现代社会的发展问题，就成了一个具有重大现实意义的理论问题。

一、财富生产与现代社会的发展主题

毋庸讳言，无论是就财富与社会历史的发展而言，还是就财富与人的发展而言，财富问题都是涉及当代世界与当今中国发展进步的一个重大问题。如果说，发展的本质就在于建构起以剩余劳动为基础的自由时间与以人的发展为目的的社会发展之间的内在关系，从而建构起财富生产与人的发展之间的内在关系，那么，由市场经济和现代科技所推动的财富生产恰恰构成了现代社会生产的本质特征。

在最为直观的意义上，马克思所说的现代社会无疑是以以商品生产为根本内容的现代生产为根本前提的，是以与传统社会相区别的现代生产方式的存在为根本前提的。对此，马克思在《资本论》第 3 卷中给予了明确的说明与指认。他说：

资本主义生产方式一开始就有两个特征。

> 第一，它生产的产品是商品。使它和其他生产方式相区别的，不在于生产商品，而在于，成为商品是它的产品的占统治地位的、决定的性质。……
>
> 资本主义生产方式的第二个特征是，剩余价值的生产是生产的直接目的和决定动机。资本本质上是生产资本的，但只有生产剩余价值，它才生产资本。①

也许正是出于这种考虑，马克思在《资本论》第1卷开篇就提出了“从分析商品开始”研究现代社会财富生产的思想理路。他说：“资本主义生产方式占统治地位的社会的财富，表现为‘庞大的商品堆积’，单个的商品表现为这种财富的元素形式。因此，我们的研究就从分析商品开始。”②毫无疑问，马克思正是将现代社会的形成与财富生产联系起来，才科学地揭示了现代社会在本质上是一种以财富生产为内容的商品生产的根本特征，从而为考察现代社会提供了科学的方法论指导。

在马克思看来，现代社会的根源就蕴藏在商品生产的秘密中。因为资本主义以前的社会生产并不以商品生产占据其主流地位，而资本主义的社会生产则始终围绕着商品的生产、交换、分配和消费来组织。在这里，不仅一切生产要素，而且劳动力本身都变成了商品；在这里，商品颠倒了交换价值和使用价值的地位，商品本身作为一个媒介符号，成了为交换而存在、为利润而滋生的抽象存在物；由此，商品生产和财富生产成了一件合二而一、一分为二的事情。正是在这种意义上，马克思认为，当“家长制的、古代的（以及封建的）状态随着商业、奢侈、货币、交换价值的发展而没落下去”的时候，“现代社会则随着这些东西同步发展起来”③。就是说，现代社会与商品生产、财富生产有着一种天然的联系。

然而，问题并不仅限于此，因为马克思写作《资本论》及其手稿的最大意义，就在于给我们提供了一种与经济现象之批判分析本质相关的社会历

---

① 马克思：《资本论》第3卷，人民出版社2004年版，第995—997页。

② 马克思：《资本论》第1卷，人民出版社2004年版，第47页。

③ 《马克思恩格斯全集》第30卷，人民出版社1995年版，第108页。

史理论,即“从商品世界到‘新的历史形式’”①的关于“资产阶级制度的生理学”②。正如马克思在 1859 年 7 月 22 日给恩格斯的信中所透露的那样:“通过最简单的形式、即商品形式,阐明了资产阶级生产的特殊社会的,而决不是绝对的性质。”③以此来看,马克思“从分析商品开始”分析现代社会财富生产的思想理路实际上蕴含着非常重要的哲学意义:既然商品之为商品,就是因为它包含着使用价值和价值这两个方面,而现代社会财富又表现为“庞大的商品堆积”,因此,现代社会财富也就不仅表现为使用价值的总量,而且也表现为价值的总量;既然使用价值和价值分别由具体劳动和抽象劳动创造出来,因此,现代社会财富的源泉也就表现为不同的方面,即虽然价值财富的源泉只能表现在劳动(抽象劳动)上,但使用价值财富的源泉却并不唯一地表现在劳动上,而是由劳动和自然物质(自然力)一同创造出来的;因此,要想理解现代社会财富的生产方式,就不能像资产阶级经济学家那样,仅仅将商品这种价值形式视为超历史、非历史甚至反历史的现实规定,而必须将商品作为特殊的历史形成的内容,从它的两个要素即使用价值和交换价值出发,才能把商品纯粹地分离为“自然的东西”和一定历史时期所规定了的“社会的东西”的直接统一。只有这样,才能在商品形式所蕴涵的价值规律的逻辑展开中,从抽象与具体、逻辑与历史的统一中把握现代社会产生与发展的历史前提和现实进程。

事实上,正是在商品生产与财富生产的过程中,马克思发现了现代社会的历史性悖论:一方面,现代社会“在历史上曾经起过非常革命的作用”。对此,马克思在《共产党宣言》中给予了集中而深刻的论述。他说:

> 资产阶级在它已经取得了统治的地方把一切封建的、宗法的和田园诗般的关系都破坏了。它无情地斩断了把人们束缚于天然尊长的形形色色的封建羁绊,它使人和人之间除了赤裸裸的利害关系,除了冷酷

① 梅扎罗斯:《超越资本——关于一种过渡理论》(下),中国人民大学出版社 2003 年版,第 520 页。

② 《马克思恩格斯全集》第 26 卷第 2 册,人民出版社 1973 年版,第 182—183 页。

③ 《马克思恩格斯〈资本论〉书信集》,人民出版社 1976 年版,第 149 页。

无情的“现金交易”，就再也没有任何别的联系了。它把宗教虔诚、骑士热忱、小市民伤感这些情感的神圣发作，淹没在利己主义打算的冰水之中。它把人的尊严变成了交换价值，用一种没有良心的贸易自由代替了无数特许的和自力挣得的自由。总而言之，它用公开的、无耻的、直接的、露骨的剥削代替了由宗教幻想和政治幻想掩盖着的剥削。

资产阶级抹去了一切向来受人尊崇和令人敬畏的职业的神圣光环。它把医生、律师、教士、诗人和学者变成了它出钱招雇的雇佣劳动者。

资产阶级撕下了罩在家庭关系上的温情脉脉的面纱，把这种关系变成了纯粹的金钱关系。……

资产阶级，由于开拓了世界市场，使一切国家的生产和消费都成为世界性的了。……

资产阶级，由于一切生产工具的迅速改进，由于交通的极其便利，把一切民族甚至最野蛮的民族都卷到文明中来了。……

资产阶级在它的不到一百年的阶级统治中所创造的生产力，比过去一切世代创造的全部生产力还要多，还要大。①

然而另一方面，现代社会在其财富生产过程中也产生了与之相适应的巨大魔力——“资产阶级的关系已经太狭窄了，再容纳不了它本身所造成的财富了”②。吊诡之处就在于，资产阶级正是在“按照自己的面貌为自己创造出一个世界”③的同时，它也带来了现代社会发展“以物的依赖性为基础的人的独立性”④的奇特的矛盾景观。由此，现代社会将人本身放置到了一个畸形发展着的财富生产的环境中，放置到了一个资产阶级经济以及与之相适应的生产时代中。在这里，人成为单纯的理性动物、经济动物而直接成为物欲社会、物化社会的原子构件与个体存在，而不再拥有自得的精神家

① 《马克思恩格斯选集》第1卷，人民出版社2012年版，第402—405页。
② 《马克思恩格斯选集》第1卷，人民出版社2012年版，第406页。
③ 《马克思恩格斯选集》第1卷，人民出版社2012年版，第404页。
④ 《马克思恩格斯全集》第30卷，人民出版社1995年版，第107页。

园和自觉的生存谋划,而完全转向了金钱至上的世俗教义,从而陷入了被马克思称为“坟墓”而被韦伯称为“铁笼”的社会组织状态中。正是在这种意义上,马克思认为现代社会在给人类带来文明作用的同时也给人类带来了物化与异化的社会后果。马克思说:“过去表现为个人对个人的统治的东西,现在则是物对个人、产品对生产者的普遍统治。”①

总之,从人的发展和社会发展的总体性角度看,现代社会发展的一个最为突出的表现就是,它在把改善人的生存和发展条件作为现代社会财富生产的最高目的从而最大限度地解放并发展了生产力的同时,却又把人的解放和发展放置到了物的解放和生产的社会氛围与历史桎梏中,从而凸显了以商品生产和货币交换为支撑的资本逻辑在现代社会财富生产中的历史意义,将财富的“物性”和“人性”这两种意义都发挥到了淋漓尽致的境界。②也许正是在这种意义上,马克思才从资产阶级的生产关系是社会生产过程的最后一个对抗形式的角度,对现代社会发出了“不仅苦于资本主义生产的发展,而且苦于资本主义生产的不发展”③的历史喟叹。

二、现代社会财富生产的历史困境与发展悖论

就现代社会财富的特有性质而言,它不仅仅要求能够表现出财富的使用价值,而且更为重要的是能够表现出财富的交换价值,从而体现出财富的“内容规定”与“形式规定”的统一;由此,资本的产生与发展就与现代社会的财富生产联系在了一起,与财富生产的特定历史阶段联系在了一起。正是资本逻辑与财富生产这种特定联系,造成了现代社会的基本建制。马克思说:“只有资本才掌握历史的进步来为财富服务。”④“资本一出现,就标

① 马克思:《1844 年经济学哲学手稿》,人民出版社 2000 年版,第 176 页。

② 刘荣军:《“以人为本”的财富发展观与我国社会主义发展的基本要求》,《马克思主义研究》2008 年第 6 期。

③ 马克思:《资本论》第 1 卷,人民出版社 2004 年版,第 9 页。

④ 《马克思恩格斯全集》第 30 卷,人民出版社 1995 年版,第 293 页。

志着社会生产过程的一个新时代。”①

在马克思看来，资本关系毫无疑问就是现代社会的“普照的光”和“特殊的以太”，就是现代社会财富的生产灵魂和能动主体。“生产剩余价值和赚钱”这种资本的生命意志和生活本能，必然会要求资本能够最大限度地保持自身并扩大自身，使资本自身交替地表现为商品与货币的形式，成为生产资本与流通资本（商品资本和货币资本）相交替的“永不停息”和“无孔不入”的运动过程。

由此，现代社会的财富生产也就具有了两个相互联系的基本特征：首先，内容上表现为财富增值的无限性和资本家的极大贪婪性。在马克思看来，资本是能够带来剩余价值的价值，因而资本概念本身就蕴涵着“在流通中保持自己并通过劳动使自己倍增”的历史本能，体现出它在质的单一性与量的无限性上的历史张力，由此也决定了资本的目的本身就是“发财致富”，就是“使自身变大或增值”。正如马克思所说：

> 对资本来说，任何一个对象本身所能具有的唯一的有用性，只能是使资本保存和增大。……因此，发财致富就是目的本身。资本的合乎目的的活动只能是发财致富，也就是使自身变大或增大。
>
> 作为财富，作为财富的一般形式，作为起价值作用的价值而被固定下来的货币，是一种不断要超出自己的量的界限的欲望：是无止境的过程。它自己的生命力只在于此；它只有不断地自行倍增，才能保持自己成为不同于使用价值的自为的交换价值。②

既然资本在本质上必然体现为“一定量的货币”，体现为“一种不断要超出自己的量的界限的欲望”，因此，现代社会财富生产必然产生出它的第二个特点，即外在形式的抽象性和外在表现的虚幻性。说现代社会财富具有“外在形式的抽象性”，是指它在外在形式上总是表现为受资本逻辑掌控的一定量的货币即“抽象一般财富”的统治与支配。正如马克思所说：“个

---

① 马克思：《资本论》第1卷，人民出版社2004年版，第198页。

② 《马克思恩格斯全集》第30卷，人民出版社1995年版，第227—228页。

人现在受抽象统治,而他们以前是互相依赖的。但是,抽象或观念,无非是那些统治个人的物质关系的理论表现。”①在马克思看来,由于资产阶级财富生产表现为受资本逻辑支配的商品生产和货币交换,而商品之能够作为“商品”进行生产和货币之能够充当“媒介”进行交换,恰恰是因为在它们自身之中都包含了劳动一般和财富一般等能够“抽象”出来“统治个人”的现实的“物质关系”(如生产关系和交换关系),因而具有了扬弃“偶然性”于自身的“普遍性”形式,即“赋予自己的思想以普遍性的形式,把它们描绘成唯一合乎理性的、有普遍意义的思想”②;说现代社会财富具有“外在表现的虚幻性”,是指它在外在表现上总是以商品、货币、资本等“独立的物质形式”式的“财富世界的幻影”而存在,从而以这些财富幻影所表现出来的人与物的“物质关系”遮蔽了隐含在其背后的更为深刻的人与人的“社会关系”。正如马克思所说:“在交换价值上,人的社会关系转化为物的社会关系;人的能力转化为物的能力。”③“一种社会生产关系采取了一种物的形式,以致人和人在他们的劳动中的关系倒表现为物与物彼此之间的和物与人的关系。”④可以说,正是这种外在表现的虚幻性,使资产阶级学者能够以“自由劳动”、“平等交换”、“三位一体”等等虚假的意识形态观念堂而皇之地蒙蔽为他们创造了大量私人财富的普通劳苦大众。

现代社会财富增值的无限性以及与之相适应的财富表现的抽象性与虚幻性,必然赋予以财富生产为内容的现代社会某种内在性特征,产生出与现代社会相伴而生的现代性问题,诸如社会关系的物化、形式化的控制、科技理性的张扬、普遍性的异化、消费主义的靡障等等。如果说,所有这些现象都是伴生着现代社会的发展而表现出来的必然现象,那么我们完全可以将它们纳入现代社会财富生产的发展悖论中来看待——现代社会对财富追求的无限性与贪婪性,既是产生现代社会的内在矛盾的主要源泉,也是引发现

① 《马克思恩格斯全集》第 30 卷,人民出版社 1995 年版,第 114 页。
② 《马克思恩格斯选集》第 1 卷,人民出版社 2012 年版,第 180 页。
③ 《马克思恩格斯全集》第 30 卷,人民出版社 1995 年版,第 107 页。
④ 《马克思恩格斯全集》第 31 卷,人民出版社 1998 年版,第 427 页。

代社会一切冲突和矛盾的社会根源。正如马克思所说:现代社会一方面“产生了以往人类历史上任何一个时代都不能想象的工业和科学的力量”,而另一方面“却显露出衰颓的征兆”:

> 在我们这个时代,每一种事物好像都包含有自己的反面。我们看到,机器具有减少人类劳动和使劳动更有成效的神奇力量,然而却引起了饥饿和过度的疲劳。财富的新源泉,由于某种奇怪的、不可思议的魔力而变成贫困的源泉。技术的胜利,似乎是以道德的败坏为代价换来的。随着人类愈益控制自然,个人却似乎愈益成为别人的奴隶或自身的卑劣行为的奴隶。甚至科学的纯洁光辉仿佛也只能在愚昧无知的黑暗背景上闪耀。我们的一切发现和进步,似乎结果是使物质力量成为有智慧的生命,而人的生命则化为愚钝的物质力量。现代工业和科学为一方与现代贫困和衰颓为另一方的这种对抗,我们时代的生产力与社会关系之间的这种对抗,是显而易见的、不可避免的和毋庸争辩的事实。①

显然,正是现代社会与财富生产的这种悖谬性,导致了“现代社会的财富悖论”或者说“现代社会的发展悖论”。这主要体现在三个方面:

首先,现代社会的“生产悖论”。现代社会生产的直接目的和决定性动机无疑就是发财致富本身,就是最大限度地追求剩余价值量。但由于现代社会生产在总体上被分割成了直接生产过程和流通过程的统一,因此生产出来的剩余价值只有被“卖掉”才能得到“实现”(或“部分地实现”)。然而,由于“进行直接剥削的条件和实现这种剥削的条件,不是一回事”,就是说,前者“只受社会生产力的限制”而后者“受不同生产部门的比例关系和社会消费力的限制”②,由此必然产生资本主义生产在直接生产过程与流通过程上的矛盾,即随着生产出来的剩余价值的总量的“惊人的膨胀”必然会产生生产与市场之间的矛盾,正如马克思所说:“市场必须不断扩大,以致

① 《马克思恩格斯选集》第1卷,人民出版社2012年版,第776页。
② 马克思:《资本论》第3卷,人民出版社2004年版,第272—273页。

市场的联系和调节这种联系的条件,越来越取得一种不以生产者为转移的自然规律的形式,越来越无法控制。这个内部矛盾力图通过扩大生产的外部范围求得解决。但是生产力越发展,它就越和消费关系的狭隘基础发生冲突。"①这种生产与消费、生产与市场的冲突必然导致资本主义的"生产悖论",从而在产生出资本主义生产的目的与手段的"经常的矛盾"运动中引发出反复出现且一次强过一次的资本主义"经济危机",最终导致资本主义的灭亡。马克思说:

> 以广大生产者群众的被剥夺和贫困化为基础的资本价值的保存和增殖,只能在一定的限制以内运动,这些限制不断与资本为它自身的目的而必须使用的并旨在无限制地增加生产,为生产而生产,无条件地发展劳动社会生产力的生产方法相矛盾。手段——社会生产力的无条件的发展——不断地和现有资本的增殖这个有限的目的发生冲突。因此,如果说资本主义生产方式是发展物质生产力并且创造同这种生产力相适应的世界市场的历史手段,那么,这种生产方式同时也是它的这个历史任务和同它相适应的社会生产关系之间的经常的矛盾。②

其次,现代社会的"生活悖论"。现代社会生产作为"由资本推动的生产"和"受资本支配的生产",其生产交换价值虽然必须以使用价值为载体,但其生产出来的使用价值除了供给人们正常的消费与享用外,还必须能够把人制造成"消费机器",否则便无法实现其以使用价值为载体的交换价值。然而,撇开现代资本主义社会中由于工人的相对购买力不足而产生的"商品过剩"不说,现代社会生产必然随着其社会生产力的提高而生产出使用价值的"惊人的膨胀",由此必然产生出人们的购买能力溢出其消费能力而带来的"物质过剩",把人们带入一个受物裹挟的社会。对此,鲍德里亚就曾极其深刻地指出:"今天,在我们的周围,存在着一种由不断增长的物、服务和物质财富所构成的惊人的消费和丰盛现象。它构成了人类自然环境

① 马克思:《资本论》第3卷,人民出版社2004年版,第273页。

② 马克思:《资本论》第3卷,人民出版社2004年版,第278—279页。

中的一种根本变化。恰当地说，富裕的人们不再像过去那样受到人的包围，而是受到物的包围。”①更为诡异的是，在这里，新创造的财富不是为了让社会的财富增加，而是为了让已有的财富“消解掉”、“破坏掉”。因为只有把已有的财富消解掉、破坏掉，新的财富才能成为财富；正如鲍德里亚所说：“消费社会需要商品来存在，但更确切地说，需要摧毁它们”，因为，“商品只有在破坏中才显得过多，而且在消失中才证明财富”②。正因此，现代资本主义在生产与创造出自身财富的同时，它也为自身创造出了一种集“创造性”与“破坏性”于一体的非常奇特的生产机制或者说“创造性破坏”的生产机制③。如此一来，资本主义财富就自然而然地带来了它自己的“生活悖论”：本来是财富生产为人的消费而服务，现在则是人的消费为生产财富而服务；由此，资本主义生产在使人们摆脱原先那种匮乏的生存境界的同时，却使人们落入了一个物化的生活方式中，资本主义生产通过唤醒人的“欲望”这一生活本能，既调动了人的多方面能力去创造财富，又煽起了人们的动物性本能，导致了享乐主义、拜金主义、消费主义的盲目发展和空前膨胀，对人们的世界观、价值观与人生观产生了各种各样的消极影响与追求误区。

最后，现代社会的“生态悖论”。资本增值的无限性和资本家的极大贪婪性，必然要求资本能够最大限度地提高生产力的发展和扩大世界市场的范围，而为此就必须把一切生产要素都最大限度地利用起来为资本增值进行服务，由此必然造成人与自然关系的破坏而产生“生态悖论”。姑且不说资本主义生产对于人身自然的剥削与榨取已经到了惨无人道的程度，单就自然条件这一人类生产的自然前提来说，现代社会生产为了追求剩余价值的无限增长，本身就在资本逻辑与技术逻辑的合流所造成的功利主义畸变和工具理性张扬中，在全然不顾自然条件本身的再生性与人类后代生存的可持续性的过程中，越来越多地将自然资源和自然环境吸收到资本增值的经济体系中，从而造成了人与自然关系的紧张与疏离，带来了自然资源的日

---

① 鲍德里亚：《消费社会》，南京大学出版社 2000 年版，第 1 页。

② 鲍德里亚：《消费社会》，南京大学出版社 2000 年版，第 26—27 页。

③ 熊彼特：《资本主义、社会主义与民主》，商务印书馆 1999 年版，第 147 页。

益枯竭和生态环境的日益恶化等非常惨痛的代价。如果说阿尔·戈尔在其《濒临失衡的地球》中就曾指出说“我们的文明实际上对消耗地球上了瘾”①,而康芒纳在其《封闭圈》一书中也曾指出过环境危机产生的根源乃是人类社会“为获得、分配的消耗那些通过人类劳动从星球上的资源所得到的财富时所采取的方式”②,那么马克思早就以大工业对农业的影响为题对资本主义生产的这种“暴发式致富”和“掠夺式发展”的状况与后果给予了深刻的针砭。马克思说:资本主义生产虽然一方面“聚集着社会的历史动力”,但是另一方面,它又“破坏着人和土地之间的物质变换,也就是使人以衣食形式消费掉的土地的组成部分不能回归土地,从而破坏土地持久肥力的永恒的自然条件。这样,它同时就破坏城市工人的身体健康和农村工人的精神生活。但是资本主义生产通过破坏这种物质变换的纯粹自发形成的状况,同时强制地把这种物质变换作为调节社会生产的规律,并在一种同人的充分发展相适合的形式上系统地建立起来。……在现代农业中,像在城市工业中一样,劳动生产力的提高和劳动量的增大是以劳动力本身的破坏和衰退为代价的。此外,资本主义农业的任何进步,都不仅是掠夺劳动者的技巧的进步,而且是掠夺土地的技巧的进步,在一定时期内提高土地肥力的任何进步,同时也是破坏土地肥力持久源泉的进步”。③

上述生产悖论、生活悖论与生态悖论三个方面结合起来,其实正是现代社会财富生产过程中所体现出来的“发展悖论”或者“文明悖论”,即财富生产与人、自然和社会的发展之间的矛盾。就是说,资本主义生产在极大地发展物质财富的同时,反而更为极端地淡忘了财富的人的发展的历史意义,从而把财富之“物性”与“人性”两个方面分隔开来,带来了社会发展的“物化时代”与人的发展的“异化后果”。

① 参见东西方文化发展中心:《文明的可持续发展之道》,人民出版社 1999 年版,第 105 页。

② 参见东西方文化发展中心:《文明的可持续发展之道》,人民出版社 1999 年版,第 115 页。

③ 马克思:《资本论》第 1 卷,人民出版社 2004 年版,第 579—580 页。

三、现代社会财富生产的理性重建与中国特色社会主义

既然现代社会的财富生产是一种受资本逻辑操控的狭隘片面的财富生产观，那么为要建立科学合理的现代社会的新的财富生产观，我们就必须以财富所体现的本真关系来重新建构现代社会的财富精神，而这种财富精神的重建当然首先必须回到"人的本质就是人本身"的历史唯物主义立场。正如恩格斯所说："人只须认识自身，使自己成为衡量一切生活关系的尺度，按照自己的本质去评价这些关系，根据人的本性的要求，真正依照人的方式来安排世界，这样，他就会解开现代的谜语了。"①

事实上，当我们站在科学的发展观高度上考察财富问题时，财富本身所具有的二重性本质也就自然而然地显现出来了：一方面，财富具有"物"的本性，是人通过劳动满足其需要而得到的"生产物"或"劳动物"；另一方面，财富又具有"人"的特性，是人通过劳动自证其"成为人"的"自由的有意识的活动"。由此，财富就是人通过其劳动而实现的人的"对象性本质"与"主体本质"的统一，正如马克思所说："财富的本质就在于财富的主体存在。"②如果说，任何社会生产过程都必然体现为财富生产中"物"与"人"的相互联系，那么，任何社会的财富生产过程都既是人们"更新他们所创造的财富世界"的过程同样也是人们"更新他们自身"的过程③；由此，财富生产本身就是"物"的生产与"人"的生产的双重生产过程，这是就社会生产过程的普遍性而言的。

然而，具体到社会生产过程的特殊性，由于不同社会、不同时代的人们思考问题的角度与侧重点的不同，在财富问题上也就衍生出了两种不同的财富发展理路："以物为本"的财富发展观和"以人为本"的财富发展观。

---

① 《马克思恩格斯全集》第3卷，人民出版社2002年版，第521页。

② 马克思：《1844年经济学哲学手稿》，人民出版社2000年版，第76页。

③ 《马克思恩格斯全集》第31卷，人民出版社1998年版，第108页。

所谓“以物为本”的财富发展观，指与“物的依赖性”相适应的单纯以物质财富生产为目的的财富发展观，其最大特点就是形成了人的社会发展的“物化性”或“物役性”。诚如马克思所说：“活动的社会性质，正如产品的社会形式和个人对生产的参与，在这里表现为对于个人是异己的东西，物的东西；……在交换价值上，人的社会关系转化为物的社会关系；人的能力转化为物的能力。”①很显然，这种“以物为本”的财富发展观，正是财富生产之目的与手段完全颠倒的财富发展观，因而是与那种“为了某种纯粹外在的目的而牺牲自己的目的本身”的“资产阶级经济以及与之相适应的生产时代”②相适应的财富发展观，是与“创造财富的方式”的“狭隘的历史发展阶段”和“狭隘的资产阶级形式”③相适应的财富发展观。从某种意义上说，正是这种“以物为本”的财富发展观，产生了现代社会生产中人对自然以及人对人的双重剥夺，形成了现代社会财富生产的“三大悖论”。

如果说，“以物为本”的财富发展观主要体现了财富的“物”本性，因而是与“物的依赖性”相适应的资本主义生产时代的财富发展观，那么，“以人为本”的财富发展观理应体现财富的“人”本性，因而理应是与“自由个性”的未来共产主义社会相适应的财富发展观。在这里，社会主义作为从资本主义向共产主义转变的“过渡性社会形态”，理所应当地实现从“以物为本”的财富发展观向“以人为本”的财富发展观的转变，这既是财富以及财富生产方式的历史趋势，也是社会主义优越于资本主义的现实要求。

就财富以及财富生产方式的历史趋势而言，依马克思社会发展三形态的理论，人类社会在其第一个大的阶段还因为“人的生产能力只是在狭小的范围内和孤立的地点上发展着”所导致的普遍贫困而无法真正做到“以人为本”，在其第二个大的发展阶段则因为大力发展生产力与物质财富而需要那种“为财富而财富，为发展而发展”的“以物为本”的财富发展观将财富生产的目的与手段颠倒一下，那么，当着人类由于生产力的相对提高和财

① 《马克思恩格斯全集》第30卷，人民出版社1995年版，第107页。
② 《马克思恩格斯全集》第30卷，人民出版社1995年版，第480页。
③ 《马克思恩格斯全集》第30卷，人民出版社1995年版，第540、479页。

富数量的相对增加而为人的全面发展提供了一定的物质基础和经济前提之后，它就理应走向“以人为本”的财富发展观，逐步实现财富生产过程中目的与手段之关系的真正回归，从而使财富的生产成为人的发展这一最终目的的现实手段，使财富生产从侧重于财富之“物”的本性向侧重于财富的“人”的本性的历史变迁，最终为人的发展从“物的依赖性”向“自由个性”的历史变迁提供现实基础。就此而言，“以人为本”的财富发展观不仅是对“以物为本”的财富发展观的否定与扬弃，而且本身就是财富主体性维度及财富终极性意义的历史性生成。

就社会主义优越于资本主义的现实要求而言，社会主义作为在逻辑上后于资本主义的社会生产过程，不仅体现为它有相比于资本主义的“发达”的生产力，而且更为重要的是，它使财富生产本身成为人的全面发展的手段，使人的全面发展成为社会发展的真正目的，因而开启了“以人为本”的财富发展观时代。这里的“人”，显然是马克思所说的那种自然存在物、社会存在物与精神存在物相统一意义上的“现实的个人”与“社会的个人”；这里的“本”，显然是指在财富之“物”的意义与“人”的意义相统一基础上的以人为主体和目的。

在这里，要全面理解“以人为本”的财富发展观，就必须注意两个方面的问题。

首先，在理论层面上，强调“以人为本”的财富发展观，并不意味着社会主义生产过程中就不要“物”的生产了，恰恰相反，由于社会主义必须有自身相对于资本主义而言的较为发达的物质基础与经济前提，因而社会主义还必须以财富的大力生产作为自身发展的基础。以此来看，社会主义生产与资本主义生产的本质区别并不表现为是否以财富的生产为核心，而在于二者在财富生产中究竟是注重其中的“物”的因素还是注重其中的“人”的因素；“以人为本”的财富观恰恰强调社会主义在注重“物”的生产同时也注重“人”的发展，就是说，社会主义能够在财富的物的生产过程中不断提升人的发展的“能力”和“关系”等现实因素，从而不仅在生产力维度上注重财富本身的生产与创造，而且在生产关系维度上注重人自身的全面发展与自由发展。

其次,在现实层面上,强调“以人为本”的财富发展观,在我国现阶段必须正确认识“以经济建设为中心”与“以人为本”之间的关系问题。这里必须明确的是,“以经济建设为中心”既不是与“以物为本”相对应的发展观念,也不是与“以人为本”相对立的发展观念。一方面,要摆脱那种认为“以经济建设为中心”就是以追求单纯的物质财富为目标的“以 GDP 为中心”、“以物为本”的财富发展观,从而将“以经济建设为中心”片面地理解为就是以物质财富为目的的社会发展理念;另一方面,要摆脱那种认为“以人为本”的发展观就是对“以经济建设为中心”的否定与背离的观念。事实上,提出“以人为本”的发展观不仅不是对“以经济建设为中心”的否定与背离,而恰恰正是为了更好地“以经济建设为中心”,为了更好地将“以人为本”的发展理念灌注到经济建设与社会发展过程中,从而在促进经济社会的发展的同时促进人的全面发展。

由此,从马克思财富哲学所阐述的财富之于社会生产力的关系以及财富与人的发展和财富与社会历史的发展这两个理论主题角度①来看中国特色社会主义的发展进步,我们必须从三个方面重新建构现代社会财富生产的基本精神。

首先,现代社会财富生产理应体现出新的生产力发展方向。这里所谓的新的生产力发展方向,就是在开发自然界多样性基础上大力解放并发展生产力,从而创建出人与自然和谐统一的物质财富世界。

在马克思看来,人类历史是由人创造出来的。人创造历史首先是为了改善自己生存与发展的条件,包括物质条件与精神条件,这就首先需要有大量的物质财富生产出来,而后才可能有与这些物质财富相适应的人的物质生活、社会生活、政治生活、精神生活等等。由此,人的生存和发展条件就成了物质财富生产的最高目的。然而,从最一般和最抽象的意义上来理解,人

---

① 参见刘荣军:《财富、人与历史——马克思财富理论的哲学意蕴与现实意义》,人民出版社 2009 年版,第三、四章。

类创造出来的所有社会财富都可以纳入到人类生产力的一般范畴之中，正如马克思所理解的那样："生产力"即"财富一般"；"财富本身的生产"也就是"生产力的全面的发展"①。因此，如果说生产力本身就包括着人和物两个方面，那么生产力的解放与发展自然也就包括了物的解放与发展和人的解放与发展这样两个方面；如果说生产力中物的要素与人的要素只有结合起来才能成为现实的生产力，那么物的解放与发展和人的解放与发展自然也是结合在一起的。就此而言，财富生产过程本身就是包含了人与物的关系和人与人的关系这样两个方面在内的人的发展过程，正如马克思所说：人们在他们的"再生产"和"新生产"这种"不停顿的运动过程"中，既"更新他们所创造的财富世界，同样地也更新他们自身"②。如果说马克思社会发展理论的理想目标就是为实现每个人和一切人的自由发展创造条件，那么这种条件只有在现实的世界中并使用现实的手段才能真正实现。而这个所谓的"现实的手段"，最根本的就是指生产力的解放与发展，因为只有社会生产力解放并发展到一定程度的时候，才能达到社会关系和社会制度的相应变革，从而改变人的生存状况和活动条件。正是在这种意义上，马克思才把物质财富的丰富发展与生产力的全面发展联系起来，将二者在同等程度上作为了未来共产主义社会产生的前提条件。就此而言，无论是对于物质财富已经极大丰富的当今资本主义，还是对于正在大力发展物质财富的当今社会主义，我们都必须注意从财富生产的角度转向人的发展的角度。唯此，才能真正建构起现代社会财富生产中的新的生产力发展方向。

其次，现代社会财富生产理应体现出新的文化意识发展方向。这里所谓的新的文化意识发展方向，就是在开发人的精神需要的基础上大力实现人的全面而自由的发展，从而创建出人的个性与社会性和谐统一的社会文化。

就人类历史关系的形成而言，它主要包括生产力和文化这两个要素。

---

① 《马克思恩格斯全集》第30卷，人民出版社1995年版，第540—541页。

② 《马克思恩格斯全集》第31卷，人民出版社1998年版，第108页。

人类历史的发展从实质上讲，就是后一代人对前一代人所创造出来的生产力与文化的继承与传扬而已。因此，如果说割断生产力的继承就无所谓人类历史的话，那么同样道理，割断文化的继承也就无所谓人类历史了；由此，社会生产在注重创造物质财富世界的同时还必须注意创造出适合于人类历史发展的社会文化。这种社会文化，从本质上说无非是人的对象性活动的历史产物，是依存于人类所创造出来的物质财富因而体现了人的本质力量的人类精神财富，是通过人的生产活动而赐予"自然物"以人的意志与目的后所形成的"文化物"。正如马克思所说："正是在改造对象世界中，人才真正地证明自己是类存在物。这种生产是人的能动的类生活。通过这种生产，自然界才表现为他的作品和他的现实。"①马克思的论述说明，人能够把自己的特殊本质通过自己的"自由的有意识的活动"表现出来，这就是人所特有的"文化"本性。正因此，马克思才从财富生产与社会文化的共生、同构与互动的关系角度出发，肯定了文化的社会发展动力意义，并指出现代社会的最为重要的历史意义就在于在财富生产与创造过程中创造出了非常丰富的商品文化、货币文化、资本文化以及与之相伴随的自由、平等等重要文化观念，因而认为资本具有"传布的（传播文明的）趋势"②的伟大意义。但是从另一方面看，现代社会的这种文化建制毕竟是以个人私利的追求、个人私欲的满足和个人财富的积累作为第一驱动力而构建起来的，因而从本质上说"也承认剥削，即占有他人劳动产品的暂时的历史正当性"③为前提的西方财富文化。如果说这种文化理念在现代社会形成之初还是以物质匮乏为底蕴而形成起来的，那么在当今财富已经大量涌现的时代，我们也就应当顺理成章地将这种文化基础推进到相应的以人为本或者说以人的全面而自由发展为依据的文化理念之中。如果说文化最为核心的部分就是其中的文明的话，那么，建构以人为本的新的财富文明（包括物质文明、制度文明、精神文明、社会文明和生态文明），就成了现代社会向后现代社会转变过程中

① 马克思：《1844 年经济学哲学手稿》，人民出版社 2000 年版，第 58 页。

② 《马克思恩格斯全集》第 30 卷，人民出版社 1995 年版，第 542 页。

③ 《马克思恩格斯全集》第 21 卷，人民出版社 1965 年版，第 558 页。

所必需的合乎新的文化意识发展方向的东西，它在一定意义上构成了我们现在和将来一切社会的、政治的和智力的继续发展的基础。

最后，现代社会财富生产理应体现出新的人类利益发展方向。这里所谓的新的人类利益发展方向，就是在不断发展生产力与社会文化的基础上大力实现人的类意识与类生活的高度统一，从而创建出“个人的利益”与“社会的利益”自觉统一的“公正而和谐”①的社会生产生活方式。

在现实中，每当我们提到“生产”这个词的时候，自然而然就会想到“生活”这个词，这种情况正好反映了人类的生产方式和生活方式作为人类活动的两种基本形式之间存在着紧密联系的客观事实②。生产活动作为人类特有的生命运动形式，是人类社会赖以建立的基础和发展过程的起点，因此，没有物质资料的生产以及精神产品的生产，就是说，没有物质财富与精神财富的生产，也就谈不上人们的“生活”。正是在这种意义上马克思指出：

> 人们用以生产自己的生活资料的方式，首先取决于他们已有的和需要再生产的生活资料本身的特性。这种生产方式不应当只从它是个人肉体存在的再生产这方面加以考察。更确切地说，它是这些个人的一定的活动方式，是他们表现自己生命的一定方式、他们的一定的生活方式。个人怎样表现自己的生命，他们自己就是怎样。因此，他们是什么样的，这同他们的生产是一致的——既和他们生产什么一致，又和他们怎样生产一致。因而，个人是什么样的，这取决于他们进行生产的物质条件。③

事实上，社会生产逻辑与社会生活逻辑之间本身就是一种互相影响又互相抟造的关系：一方面，生产方式的变革必然引起生活方式上的相应变

---

① 参见摩尔根：《古代社会》下册，商务印书馆 1977 年版，第 556 页；《马克思恩格斯选集》第 4 卷，人民出版社 2012 年版，第 195 页。

② 马克思不仅讲过“生产生活”，而且也讲过“生活生产”。参见马克思：《1844 年经济学哲学手稿》，人民出版社 2000 年版，第 57 页；《马克思恩格斯选集》第 1 卷，人民出版社 2012 年版，第 173 页。

③ 《马克思恩格斯选集》第 1 卷，人民出版社 2012 年版，第 147 页。

革,马克思就曾以“机械发明”“正确地表达了实际的联系”为例说明过这一问题。他说:“‘机械发明’。它引起‘生产方式上的改变’,并且由此引起生产关系上的改变,因而引起社会关系上的改变,‘并且归根到底’引起‘工人的生活方式上’的改变。”①另一方面,在一定的社会生产条件下,人们又总是通过他们来满足自身的生存、享受与发展的需要的生活方式,来推动以财富生产为核心的人类社会的再生产与新生产。明白于此,也就会明白马克思在《资本论》中对资本主义的描绘与剖析何以不完全以经济理论为限,而是在揭示资本主义生产方式的“骨骼”的同时又“随时随地”“使骨骼有血有肉”。如果说古代社会流传下来的生活方式表现为“在一定界限内闭关自守地满足于现有需要和重复旧生活方式的状况”,而现代社会的生活方式表现为“摧毁一切阻碍发展生产力、扩大需要、使生产多样化、利用和交换自然力量和精神力量的限制”的“普遍有用性的体系”②,那么共产主义社会的生活方式理应表现为既扬弃“自然必然性”也扬弃“奢侈”的“历史地自行产生的需要”③。就此而言,只有共产主义社会才能实现生产活动与生活活动的真正统一,实现财富生产基础上人的类意识与类生活的真正回升,实现马克思所宣称的“活动和享受,无论就其内容或就其存在方式来说,都是社会的活动和社会的享受”④的理想状态。如果说,这种生产活动与生活活动相统一的理想状态只能在未来的共产主义社会实现,因而有待于“旧思想的瓦解”同“旧生活条件的瓦解”的“步调一致”的历史过程,从而能够在“旧社会内部”形成“新社会的因素”⑤,那么在当今已经出现了中国特色社会主义这一代表新的生产力、新的社会文化、新的人类利益的发展方向前提下,我们就必须在财富生产与创造的同时极力实现个人财富与社会财富的共生关系,从而创建出个人利益与社会利益自觉统一的“公正而和谐”的社

① 《马克思恩格斯全集》第47卷,人民出版社1979年版,第501页。
② 《马克思恩格斯全集》第30卷,人民出版社1995年版,第390页。
③ 《马克思恩格斯全集》第30卷,人民出版社1995年版,第524—525页。
④ 马克思:《1844年经济学哲学手稿》,人民出版社2000年版,第83页。
⑤ 《马克思恩格斯选集》第1卷,人民出版社2012年版,第420页。

会生产生活方式。唯此,才能既“通过发展增加社会物质财富、不断改善人民生活”,又“通过发展保障社会公平正义、不断促进社会和谐”①。

在这里,导源于2007年的次贷危机所引起的那场蔓延全球的金融危机和经济危机,为我们从财富哲学角度重建现代社会财富生产的理性精神的必要性提供了最好的注脚。不可否认,这场全球性的金融危机,其根本起因就是一种有关财富发展的文化危机——以贪欲和致富欲为生命本能的生产主义与消费主义的财富发展的文化危机。我们知道,货币的出现产生了人类不同于贪欲的致富欲(发财欲),人们对这种致富欲的追求是通过货币“作为物质财富的物质代表”这种新的职能(即不同于作为价值尺度的货币和作为流通手段的货币的“充分发展了”的“货币的第三种规定”)来满足与实现的。然而,货币的这个“第三种职能”,虽然提供了人们发财致富的手段与途径,但却是与它的本质——固定地充当一般等价物、节约交易费用等等——相矛盾的。就是说,一旦货币丧失了其作为价值尺度和作为流通手段的本质特征而仅仅成为人们追逐的财富符号(财富代表)时,“潘多拉的魔盒”就可能打开了。这种致富欲一旦遭遇到一些外部的适宜条件,比如货币纪律的松弛,货币制度的不稳定,金融衍生品的畸形膨胀,特别是信用支撑的缺失或信用链条的断裂等等,便会以金融危机或经济危机的形式对人们的欲望进行一次突如其来的清算或清洗。就此来说,人们渴望财富、追求财富、创造财富的观念与愿望本来是无可厚非的,但在他们这样做的时候,切忌重犯马克思当年所批判的蒲鲁东所犯下的错误:“对价值规定毫无所知,价值规定总的说来决不能包含任何加价”②。由此,无论是对于货币哲学的探讨,还是对于资本精神的追寻,抑或是对财富哲学的思考,都是经济哲学在今后应当长期不懈地探讨与研究的重要理论问题。

---

① 胡锦涛:《高举中国特色社会主义伟大旗帜 为夺取全面建设小康社会新胜利而奋斗——在中国共产党第十七次全国代表大会上的报告》,人民出版社2007年版,第17页。

② 《马克思恩格斯全集》第30卷,人民出版社1995年版,第408页。

第十二章　社会主义市场经济与中国特色社会主义伟大实践

自20世纪下半叶以来，在西方国家流行的经济社会发展理论中，一个最值得回味的事情就是，几乎所有关于资本主义制度的理论论证都会以市场经济作为其理论支撑，力图利用市场经济所带来的巨大的经济社会发展效应为资本主义制度本身进行辩护。这种论点在20世纪八九十年代之交东欧剧变、苏联解体之后更是形成了一种弥漫全球的关于"历史终结论"的热潮。然而，几乎与此同时，中国特色社会主义的发展亦是伴随着改革开放事业的深入发展、社会主义市场经济体制的逐步确立与不断完善而日益成熟的。而社会主义市场经济的发展过程，历史地看，是一个从"计划经济"向"有计划的商品经济"再向"社会主义市场经济"的发展过程；面向未来看，则是一个使市场在资源配置中"起基础性作用"向"起决定性作用"①的深化发展过程。由此，如何破除附着在市场经济身上的意识形态神话，还原市场经济对现代社会特别是中国特色社会主义发展的现实意义，就成了一个具有重大现实意义的理论问题。

一、市场经济的意识形态神话及其本质还原

现代西方国家经济学家为资本主义制度进行历史辩护的"市场经济

---

① 《中共中央关于全面深化改革若干重大问题的决定》，人民出版社2013年版，第3、5页。

论”,就是通过资本主义与市场经济的共同发展来渲染资本主义与市场经济的不可分割性。在他们看来,资本主义是建立在市场经济与市场理性上的“生产的合理化机制”,具有历史合理性与天然永恒性。资本主义不仅能够通过市场化的生产制度及其与之相适应的市场交换制度为人类社会生产与创造出更为丰富、更为充裕的物质财富,而且还能够通过市场经济本身提供出人类思想深处关于自由与平等的社会发展理念,因而市场经济从一开始就具有非常革命的反封建取向的社会历史意义,同时也赋予了资本主义以永恒性的魅力。因此,只要市场经济作为人类历史发展过程中的合理性不可取代,资本主义就是不可取代的。这种“市场经济论”的实质就在于,将市场经济看成是资本主义本身的内在行为和意识结构,从而把对市场经济本身的肯定或批判幻化成了对资本主义制度本身的肯定或批判。

对西方国家这种市场经济论的意识形态神话,马克思曾以资产阶级经济学家所标榜的市场经济的“平等竞争”、“自由竞争”观念为例对其理论意图与阶级本质给予了一针见血的批判。马克思说:

> 揭示什么是自由竞争,这是对于资产阶级先知们赞美自由竞争或对于社会主义者们诅咒自由竞争所作的唯一合理的回答。……断言自由竞争等于生产力发展的终极形式,因而也是人类自由的终极形式,这无非是说资产阶级的统治就是世界历史的终结。①

在马克思看来,资产阶级经济学家与社会主义理论家对自由竞争的市场观念都是非历史的、反历史的,他们的唯一区别就在于:前者因着对于自由竞争的“赞美”而把资产阶级社会这一历史的社会发展看成了人类社会生产的绝对形式,而后者则因着对于资产阶级社会的憎恨而连同自由竞争的历史作用一同给予了“诅咒”。而马克思则认为,市场经济是经由自然经济向产品经济过渡的必然的经济形式,其自由竞争的观念乃是历史的产物。正因此,马克思对市场经济的历史必然性、正当性与局限性进行了合乎历史唯物主义的分析论证。马克思的分析论证最为集中地体现在《德意志意识

① 《马克思恩格斯全集》第31卷,人民出版社1998年版,第43—44页。

形态》和《资本论》及其手稿中。

在《德意志意识形态》中，马克思（和恩格斯）站在历史唯物主义的原则高度，分析了以市场经济为核心的现代资本主义社会必然会随着世界历史的发展和世界市场的开拓而最终被具有世界历史意义的共产主义社会所取代的客观规律。这体现在为人们所熟知和经常引用的这段论述中：

> 共产主义只有作为占统治地位的各民族"一下子"同时发生的行动，在经验上才是可能的，而这是以生产力的普遍发展和与此相联系的世界交往为前提的。……无产阶级只有在世界历史意义上才能存在，就像共产主义——它的事业——只有作为"世界历史性的"存在才有可能实现一样。而各个人的世界历史性的存在，也就是与世界历史直接相联系的各个人的存在。①

遗憾的是，人们往往过于看重或过多引用上述马克思对共产主义作为世界历史性的事业的价值性分析，而没有看到紧接着这段论述之后共产主义何以能够成为世界历史性的存在的那段实证性分析：

> 否则，例如财产一般怎么能够具有某种历史，采取各种不同的形式，例如地产怎么能够像今天实际生活中所发生的那样，根据现有的不同前提而发展呢？……至于贸易——它终究不过是不同个人和不同国家的产品交换——又怎么能够通过供求关系而统治全世界呢？用一位英国经济学家的话来说，这种关系就像古典古代的命运之神一样，遨游于寰球之上，用看不见的手把幸福和灾难分配给人们，把一些王国创造出来，又把它们毁掉，使一些民族产生，又使它们衰亡；但随着基础即随着私有制的消灭，随着对生产实行共产主义的调节以及这种调节所带来的人们对于自己产品的异己关系的消灭，供求关系的威力也将消失，人们将使交换、生产及他们发生相互关系的方式重新受自己的支配。②

笔者认为，马克思在这里以列举的方式说到的三个"怎么能够"的问

① 《马克思恩格斯选集》第1卷，人民出版社2012年版，第166—167页。

② 《马克思恩格斯选集》第1卷，人民出版社2012年版，第167页。

题，实际上是从生产实践与交往实践这两种基本的社会实践形式出发对共产主义的生产基础与交往基础的分析说明。

撇开其他不说，这里与我们的论题直接相关的当然是马克思对“贸易”问题的论述：既然以商品贸易和产品交换为表现的市场经济体系在资产阶级经济以及与之相适应的生产时代中能够产生“通过供求关系而统治全世界”这种类似于“古典古代的命运之神”一样的历史效果，因而在扬弃市场经济这种历史产物之前就必须首先消灭现代资产阶级社会的“基础”即“私有制”。唯此，才能真正区别“有个性的个人”和“偶然的个人”（“阶级的个人”）、“真正的共同体”和“虚假的共同体”（“虚幻的共同体”或“冒充的共同体”），从而实现“各个人在自己的联合中并通过这种联合获得自己的自由”①的理想境界。在马克思的视野里，共产主义绝对不可能是“狭隘地域性的”，而必须是“世界历史性的”，这种世界历史当然是由世界市场开辟出来的，因而“是以世界市场的存在为前提的”②。显然，离开了市场经济，一国范围内的社会交往都难建立起来，又谈何世界范围内的普遍交往呢！正因此，马克思后来在构想他的《政治经济学批判》的写作计划时，无论是“五篇计划”③还是“六册计划”④，他都把“世界市场”作为了最后的逻辑终点。这说明，对世界市场的要求恰恰是共产主义作为世界历史性的事业的历史前提。

在《资本论》及其手稿中，马克思又从社会发展三形态的理论中论述了市场经济的历史必然性及其合理性。他关于人类社会从“人的依赖关系”的前资本主义社会过渡到“以物的依赖性为基础的人的独立性”的资本主义社会再过渡到“建立在个人全面发展和他们的共同的、社会的生产能力成为从属于他们的社会财富这一基础上的自由个性”的未来共产主义社会的观点，以及“家长制的、古代的（以及封建的）状态随着商业、奢侈、货币、

① 《马克思恩格斯选集》第1卷，人民出版社2012年版，第199页。
② 《马克思恩格斯选集》第1卷，人民出版社2012年版，第166页。
③ 《马克思恩格斯选集》第2卷，人民出版社2012年版，第708—709页。
④ 《马克思恩格斯选集》第2卷，人民出版社2012年版，第1页。

交换价值的发展而没落下去,现代社会则随着这些东西同步发展起来"①的现代社会与传统社会的界限划定的观点,无疑就是对人类社会生产过程中以商品经济、市场经济为根本特征的"现代社会"这"第二个阶段"之必然性的合理论证。正因此,马克思才站在历史唯物主义高度对伴随着资本主义发展起来的,以商品生产、货币交换和资本建制为根本特征的现代市场经济的反封建取向给予了高度肯定。马克思说:"在 16 世纪和 17 世纪,由于地理上的发现而在商业上发生的并迅速促进了商人资本发展的大革命,是促使封建生产方式向资本主义生产方式过渡的一个主要因素。世界市场的突然扩大,流通商品种类的倍增,欧洲各国竭力想占有亚洲产品和美洲宝藏的竞争热,殖民制度,——所有这一切对打破生产的封建束缚起了重大的作用。"②从这种宏观视野来把握马克思以《资本论》及其手稿为核心的整个政治经济学批判的核心任务,正如马克思所说,就在于通过揭示"资本主义生产方式以及和它相适应的生产关系和交换关系"③,还原资本主义"由何而来"、"因何而在"、"向何而去"的历史唯物主义的生成逻辑、发展路径与历史趋势。

进一步说,既然商品交换与市场经济能够把人和社会的发展带入一个"以物的依赖性为基础的人的独立性"的"物化"时代,那么,市场经济也就赋予了人的全面发展以双重历史哲学意义:一方面,在工具理性上,市场经济能够通过劳动分工与商品交换(前者的灵魂是"效率",后者的灵魂是"平等")这两种重要的经济活动和经济行为,最大限度地提高劳动生产率、发展社会生产力,由此创造出了人的全面发展的物质条件和经济前提;另一方面,在价值理性上,市场经济能够以其社会化大生产的形式培育出个性化的"独立人格"所需的主体精神与自主能力,由此奠定了人的"自由个性"及其"自由活动"的社会基础。用马克思的话来说,正是发达的(商品)市场经济才形成了"普遍的社会物质变换、全面的关系、多方面的需要以及全面的能

---

① 《马克思恩格斯全集》第 30 卷,人民出版社 1995 年版,第 107—108 页。

② 马克思:《资本论》第 3 卷,人民出版社 2004 年版,第 371 页。

③ 马克思:《资本论》第 1 卷,人民出版社 2004 年版,第 8 页。

力的体系”①。在马克思的历史哲学视野里,只有市场经济条件下的社会形态才能为人的全面发展创造出必要的社会历史条件:由自然经济形成的自然血缘关系、狭隘地域关系、统治服从关系等等束缚个人发展的片面的固定的“人的依赖关系”,只有在市场经济的冲击下才能被彻底摧毁;而由充实和丰富个人内涵从而使它走向独立所需要的那些条件,也只有通过市场经济的发展才能被创造并提供出来。显然,市场经济对于人的全面发展的历史哲学意义,已经内在地蕴含在马克思的“三大社会形态”理论中了。

然而,倘若把马克思对市场经济的这种历史态度理解为马克思对市场经济的一般看法,那就大错特错了。在马克思那里,市场经济之社会历史意义,无论是在市场经济对人的自由发展的积极意义上,还是在市场经济对人的异化发展的消极意义上,都是既从历史的肯定意义上又从历史的否定意义上进行理解的。正因此,当马克思把市场经济的历史意义放在“世界历史”的进程中进行考察的时候,他虽然也看到了市场经济与资本主义之间在发生发展意义上的相互关系及其互动效应,但他并没有对市场经济作出具有历史永恒性的联想。恰恰相反,马克思对市场经济的发展,始终抱有一种缜密的历史唯物主义态度,认为“市场经济”仅仅是与“世界历史”进程中的“世界市场”相适应的有利于人和社会发展的“生产体制”。正是在这种意义上,马克思才提出了“世界市场是资本主义生产方式的基础和生活环境”②这样的深刻论断,并把资本主义与市场经济联系起来,提出了资本主义在与市场经济的耦合发展中具有“为新世界创造物质基础的使命”的历史哲学命题:

> 资产阶级历史时期负有为新世界创造物质基础的使命:一方面要造成以全人类互相依赖为基础的普遍交往,以及进行这种交往的工具;另一方面要发展人的生产力,把物质生产变成对自然力的科学支配。资产阶级的工业和商业正为新世界创造这些物质条件,正像地质变革

---

① 《马克思恩格斯全集》第30卷,人民出版社1995年版,第107页。

② 马克思:《资本论》第3卷,人民出版社2004年版,第126页。

创造了地球表层一样。只有在伟大的社会革命支配了资产阶级时代的成果，支配了世界市场和现代生产力，并且使这一切都服从于最先进的民族的共同监督的时候，人类的进步才会不再像可怕的异教神怪那样，只有用被杀害者的头颅做酒杯才能喝下甜美的酒浆。①

从历史发展的长时段角度考察，马克思始终坚信市场经济之于人和社会发展的历史相对意义，认为市场经济作为现代社会中最能促进财富生产与人的发展的生产制度，它始终都只能是人类社会发展的一个必经阶段，因而其退出历史舞台只能以市场经济的充分发展为其前提条件。马克思说："一旦交换价值不再成为物质生产的限制，而物质生产的限制取决于物质生产对于个人的完整发展的关系，那么，这全部历史及其痉挛和痛苦也就终止了。"②

从某种意义上说，正是看到了市场经济对人和社会发展的双重意义，即市场经济既有把人变得"人的独立化"的积极意义也有把人变成"物的依赖性"的消极意义、既有把社会推进到现代社会的积极意义也有把社会变成市民社会的消极后果，因而承认市场经济既是人的全面发展不可逾越的历史阶段也是社会发展不可逾越的历史阶段，所以，马克思才能站在历史唯物主义高度上分析以市场经济为核心的现代社会的发展趋势。在马克思的视野里，市场经济及其所带来的文明作用，虽然在资本的意义上被放大了，但它毕竟同资本主义生产方式一样具有历史地产生也历史地消亡的客观趋势。

显然，这里的关键是必须正确把握马克思关于现代社会、资本主义与市场经济这样三个相互耦合且相互交织的发展逻辑问题。简单地说，现代社会的发展逻辑包含了资本主义的发展逻辑与市场经济的发展逻辑这样两个逻辑系列。资本主义是以雇佣劳动为基础的生产关系，因而是一种基本社会形态；市场经济是以市场交换为条件的生产关系，因而是一种经济社会形

---

① 《马克思恩格斯选集》第1卷，人民出版社2012年版，第862—863页。

② 《马克思恩格斯全集》第31卷，人民出版社1998年版，第11页。

态或者社会经济形态。社会形态与社会经济形态既有重叠，也有交叉，但不完全相同。

一方面，马克思对现代社会的分析虽然存在着资本主义与市场经济这样两个相互耦合着的发展逻辑，但这种分析充其量只是说明马克思在发生发展的意义上揭示了资本主义与市场经济的“同步性”，但却并不能说明马克思承认市场经济就是资本主义制度本身的必然产物；退一步说，即使市场经济本身就是伴随着资本主义制度的产生而产生发展起来的，这也不能说明市场经济就只能为资本主义制度所独有。站在人类历史发展高度来认识，人类社会生产过程在财富生产与创造中所创造的任何先进生产力与先进文化（文明），都可以被后来的任何个人与社会制度所继承，因而可以变成人类发展的文明基因。所以，马克思从来就没有将市场经济看作资本主义生产方式的独特产物，而是在看到人们“利用资本本身来消灭资本”①的资本逻辑的同时，也看到了人们“通过市场手段来获得最终抛弃市场力量”②的历史逻辑。在这种意义上，当布罗代尔针对“市场经济与资本主义”的关系做出如下论述时，他无疑是机敏而睿智的：

> 通常，人们对于资本主义与市场经济不加区别，之所以如此，是因为二者从中世纪至今总是同步发展的，是因为人们经常将资本主义说成是经济进步的驱动力和经济进步的充分的展现。其实，一切都驮在物质生活的巨大脊背上。物质生活充盈了，一切也就前进了，市场经济也就藉此迅速地充盈起来，扩展其关系网。资本主义一贯是这种扩充的受益者。③

另一方面，从社会发展的深层次来考察，与其说市场经济是伴随着资本主义发展起来的，还不如说它是伴随着现代社会而发展起来的。就是说，现代社会的发展逻辑与资本主义的发展逻辑在历史进程中具有某种同一性的重叠。因此，尽管在马克思的时代，现代社会在现实层面上指的就是现代资

① 《马克思恩格斯全集》第30卷，人民出版社1995年版，第390—391页。
② 胡大平：《具体地历史地理解全球化与当代中国的实践》，《哲学研究》2000年第4期。
③ 布罗代尔：《资本主义的动力》，生活·读书·新知三联书店1997年版，第42页。

本主义社会,但是这并不表明马克思所说的现代社会永远只能是现代资本主义社会。至少,从与传统社会相区别的意义上,马克思所讲的“现代社会”无疑包含了比现代资本主义社会外延更宽泛、内涵更深厚的意义,因而在现实层面上已经包括了现代资本主义与现代社会主义两种社会制度。就此而言,只要市场经济在人类现代社会发展中的历史任务还没有完成,那么即使它在资本主义社会中已经到了“山穷水尽”的地步,它也会在社会主义社会的“柳暗花明”中获得新的经济社会发展功能。我认为,这也许就是党的十八届三中全会将市场在资源配置中由原来的“起基础性作用”推进到“起决定性作用”的经济哲学与社会政治哲学蕴含。

总之,马克思关于市场经济对于人类历史发展的意义具有不同于资本主义对于人类历史发展的意义的历史哲学阐述,为现代社会特别是现代社会主义社会的发展提供了现实基础,但是无论如何,这都与那些通过渲染市场经济与资本主义有着必然的“亲缘关系”与“血缘关系”的理论,诸如强调“核心”与“边陲”的“世界体系理论”,强调“中心”与“外围”的“依附理论”等等,具有完全不同的历史哲学蕴含。而那些打着市场经济的旗号而为资本主义大唱赞歌的所谓“自由市场论”、“自由竞争论”、“市场民粹主义”、“历史终结论”等,更是不可与马克思有关市场经济的历史哲学阐述相提并论。就是在今天,当包括中国在内的一些社会主义国家通过历史的发展而理性地选择了社会主义市场经济的改革方向后,既不表明发展市场经济就是发展资本主义的既有模式,也不表明发展市场经济就是发展人类社会的永恒模式。因此,理性的选择并不等于永恒的选择。马克思关于市场经济的历史哲学态度,对于破除任何形式的市场经济意识形态神话都具有强大的理论意义。

二、社会主义市场经济之动力激励机制的历史性开启

社会发展的必然性往往隐含在社会历史现象的背后,历史条件的制约

也必然会被历史的发展所突破。20 世纪社会主义运动在革命顺序上的颠倒必然为日后的社会主义建设、改革与发展设置出种种历史限制。对于 1978 年以后的中国来说，对这些历史限制的突破是在改革开放的最初 14 年里首先发生的，其最大的收获无疑是对当代中国发展的历史方位的两个科学把握：社会主义初级阶段理论的提出与社会主义市场经济体制改革目标的确立。这两个基本方位的正确把握启示我们，经济文化比较落后的社会主义中国，在实现了对资本主义的政治跨越之后，必然会经历一个相当长的社会主义初级阶段去实现经济的社会化、市场化、现代化，这是不可跨越的历史阶段。以这种科学态度来考察，我们在充分感知邓小平关于"社会主义原则，第一是发展生产，第二是共同致富"①这一论述的伟大与深刻之际，也确实感受到了社会主义市场经济对中国特色社会主义实践的恰切引领与有效推动。

从根本上说，中国特色社会主义的发展问题，既是现代化的发展，也是市场化的改革，还是民主化的治理。社会主义市场经济体制改革目标确立的伟大历史意义，首先就在于它全面启动了我国社会发展的动力问题，或者说全面开启了我国生产力发展的动力系统，并由此使中国特色社会主义的发展进程完成了从"国家革命的逻辑"向"社会发展的逻辑"的转变。② 因此，如果说 1978 年开始的改革开放从体制改革入手启动了生产力发展的动力系统，那么 1992 年被明确提出的社会主义市场经济体制则由于其对物（生产资料）和人（劳动者）的双重解放作用而成为大力发展社会生产力和充分创造物质财富的最佳手段，成为最为有效的社会生产体制。

事实也说明，社会主义市场经济体制目标的确立，从一开始就蕴含着对人的解放，蕴含着对人的物质利益与人的需要的正当性与合法性的社会确认——既要"大力发展生产力"，就必须"以经济建设为中心"，最广泛最充分地调动解放生产力和发展生产力的一切经济社会发展主体的能动性、积

---

① 《邓小平文选》第 3 卷，人民出版社 1993 年版，第 172 页。

② 刘荣军：《改革开放与当代中国的发展逻辑》，《思想战线》2009 年第 4 期。

极性与创造性；由此，人的解放与发展同生产力的解放与发展就在中国特色社会主义实践进程中获得了一种同构、互动与共生的关系。这种实践语境既充分而现实地展现了马克思历史唯物主义的生产力本原，又具体而深入地凸显了通过社会主义市场经济体制进行物质生产与财富创造的动力之源。正如邓小平所说：

> 不讲多劳多得，不重视物质利益，对少数先进分子可以，对广大群众不行，一段时间可以，长期不行。革命精神是非常宝贵的，没有革命精神就没有革命行动。但是，革命是在物质利益的基础上产生的，如果只讲牺牲精神，不讲物质利益，那就是唯心论。①

之所以说市场经济是最为有效的发展社会生产力、创造物质财富的社会生产体制，就是因为市场经济能够最大限度地发挥财富之于人的发展的主体性作用和财富之于社会发展的动力性作用的重大社会功能，能够最大限度地发挥生产力作为社会发展的“最活跃、最革命”的因素以及劳动者（人）作为生产力的“最活跃、最革命”的因素——作为发展主体和历史主体的劳动者，马克思称之为“最强大的一种生产力”②，列宁称之为“全人类的首要的生产力”③——因而能够将生产力的发展和人的发展统一起来，使社会历史的发展既以生产力的发展（客体向度）也以人的发展（主体向度）为主线得到了充分展开，从而实现了社会经济形态“在保证社会劳动生产力极高度发展的同时又保证每个生产者个人最全面的发展”④和社会发展形式“能和生产力的最高发展，因而也和个人的最丰富的发展相一致”⑤。可以说，市场经济对于生产力发展和人的发展的这双重历史意义，内在地蕴含在马克思的“三大社会形态”理论中。

如前所述，根据马克思的三大社会形态理论，生产力发展与人的发展同

---

① 《邓小平文选》第2卷，人民出版社1994年版，第146页。
② 《马克思恩格斯选集》第1卷，人民出版社2012年版，第274页。
③ 《列宁选集》第3卷，人民出版社2012年版，第821页。
④ 《马克思恩格斯全集》第25卷，人民出版社2001年版，第145页。
⑤ 《马克思恩格斯全集》第30卷，人民出版社1995年版，第540页。

市场经济之间的这种联系,既是社会实践所决定的必然趋向,也是社会形态演进过程中所表现出来的客观事实。就前者而言,社会实践作为对象化的"现实的、感性的活动本身"①,决定了个人必然趋向全面性、普遍性发展。而生产实践和交往实践作为社会实践的两种基本活动,都体现了以物为对象的关系和以人为对象的关系,因而必然使作为人的全面发展条件的经济形式演化为市场经济;就后者而言,市场经济作为生产力发展的不可逾越的经济形式与历史阶段,决定了人的发展必然经由"以物的依赖性为基础的人的独立性"才能由"人的依赖关系"过渡到人的"自由个性"②。因此,只有市场经济条件下的社会形态才能为人的全面发展创造出必要的社会历史条件。

具体来说,市场经济从两个基本维度上充实着人的"自由个性"的形成与发展:一是自主性维度。个人的发展,就是生命潜能和现实人性的解放,其实质是要在一切人之间建立一种真正的人格平等关系,其核心是要确立个人独立的自我人格,形成具有自我特征的个性。而市场经济能够通过个人劳动的自主性全方位地培植个人的独立人格,通过商品交换的开放性赋予人以平等自由的主体地位,通过公平合理的竞争性提高人的自主活动能力;二是动力性维度。作为主体性的人的发展,就是通过个人强大的意志力量和能动作用,为个人和社会创造新的期望和出路。然而说到底,人仍是一种动物,如果没有"外在的压力和刺激"来引起和激发"人所应有的能动性、积极性和创造性",每个人都可能有一种惰性,都会"自动放弃自己的意志行为和能动作用"而满足于"片刻的肌肤之逸乐和肌体感官的刺激和放松";但人若处于一种"边际状态"(即"任何一个能给人带来危机感而又尚有希望和出路可争取的状态"),则"人的意志力量和能动作用"就会最大限度地发挥出来。③ 而市场经济之所以能激发个人的能动性、积极性和创造

① 《马克思恩格斯选集》第1卷,人民出版社2012年版,第137页。

② 《马克思恩格斯全集》第30卷,人民出版社1995年版,第107—108页。

③ 舒化鲁:《经济学上的新探索——主体主义经济学述要》,《生产力研究》1995年第4期。

性,正是因为它把每一个人都置于一种永恒的边际状态中,通过生存的压力、生活的压力、发展的压力而使个人获得了发展的动力。可以说,建立在市场经济基础上的理想人格之所以是真实的、现实的,就是因为它不仅体现了人的自主、自强、自立精神,而且体现了人的进取、开拓、创新精神,因而是一种主体性的、积极性的自由人格。正是这种现实的主体性的、积极性的自由人格,一方面为社会生产力的大力发展和社会物质财富的充分创造作出了巨大的贡献,另一方面也为人自身的全面而自由发展奠定了坚实的物质基础和经济前提。

以这种历史唯物主义视角来审视,社会主义市场经济体制的确立及其完善,毫无疑问是我国改革开放 40 多年来所取得的最大的体制性成果:党的十四大明确提出了建立社会主义市场经济体制的改革目标,从根本上解除了把计划经济和市场经济看作属于社会基本制度范畴的“姓资姓社”的思想束缚;党的十五大确立了邓小平理论的历史地位和指导意义,以“什么是社会主义、怎样建设社会主义”这个根本问题为核心提出了一切符合“三个有利于”的所有制形式都可以而且应该用来为社会主义服务的理论,从根本上消除了所有制结构不合理对生产力发展的“姓公姓私”的思想羁绊;党的十六大以“三个代表”重要思想为基础,鼓励人们“要形成与社会主义初级阶段基本经济制度相适应的思想观念和创业机制,营造鼓励人们干事业、支持人们干成事业的社会氛围,放手让一切劳动、知识、技术、管理和资本的活力竞相迸发,让一切创造社会财富的源泉充分涌流,以造福于人民”①;党的十七大以科学发展观为指导,明确指出改革开放“使我国成功实现了从高度集中的计划经济体制到充满活力的社会主义市场经济体制、从封闭半封闭到全方位开放”的两个“伟大历史转折”②,因而是对改革开放前既从内部“挖除了”与市场经济的联系、又从外部“割断了”与世界市场

---

① 江泽民:《全面建设小康社会 开创中国特色社会主义事业新局面——在中国共产党第十六次全国代表大会上的报告》,人民出版社 2002 年版,第 16 页。

② 胡锦涛:《高举中国特色社会主义伟大旗帜 为夺取全面建设小康社会新胜利而奋斗——在中国共产党第十七次全国代表大会上的报告》,人民出版社 2007 年版,第 9 页。

(包括资本主义)的联系的历史性错误的纠正;由此,当党的十八大以中国特色社会主义为统领,把"必须坚持人民主体地位"、"必须坚持解放和发展社会生产力"、"必须坚持推进改革开放"①作为新的历史条件下夺取中国特色社会主义新胜利必须牢牢把握的八项基本要求的前三项要求时,特别是当党的十九大以习近平新时代中国特色社会主义思想为指导,从"中国特色社会主义进入新时代,我国社会主要矛盾已经转化为人民日益增长的美好生活需要和不平衡不充分的发展之间的矛盾"的角度提出"为把我国建设成为富强民主文明和谐美丽的社会主义现代化强国而奋斗"②的伟大目标时,就包含着对社会主义市场经济所带来的这种社会发展的动力激励机制的历史性确认。这一系列有关社会主义市场经济的理论创新与理论突破说明,只要社会主义能够实现社会主义制度的优越性与市场经济的灵活性(活力)的有机结合,实现生产力发展的制度优势与市场活力的有机结合,就能够使社会主义市场经济成为当今世界上最具活力、最为开放也最有竞争性的社会生产体制。

三、社会主义市场经济之分化抑制机制的价值性规制

从社会发展的总体角度来考察市场经济,它所蕴含的效率与公平的关系问题毫无疑问是衡量社会发展与进步的两个重要价值尺度,也是任何国家在深化市场经济进程中不可回避的重大关系问题。就此来说,社会主义市场经济既是发展生产力、提高生产效率的一种重要而有效的社会动力激励机制,但同时也是一种社会分化抑制机制。

人们常把"经济社会发展"放在一起讨论,但在实际生活中,经济发展

① 胡锦涛:《坚定不移沿着中国特色社会主义道路前进　为全面建成小康社会而奋斗——在中国共产党第十八次全国代表大会上的报告》,人民出版社2012年版,第16页。

② 习近平:《决胜全面建成小康社会　夺取新时代中国特色社会主义伟大胜利——在中国共产党第十九次全国代表大会上的报告》,人民出版社2017年版,第11—12页。

与社会发展的表现形式是不完全一样的，经济的高度增长必然带来社会的深度分化；经济发展得越快，社会分化得也越快。从一定意义上说，合理、合法、合度的收入差距与社会分化不仅是客观的、必要的，而且大多时候也不一定就是坏事，这是一切社会发展的外在表现与必然形式。但是另一方面，如果贫富差距与社会分化过大也必然会抑制经济社会的持续、健康、和谐发展，使社会发展失去活力。所以，问题的关键并不在于社会主义市场经济是否必然会带来社会分化，而在于这种社会分化是否做到了改革的力度、发展的速度与社会可承受的程度的有机统一。

事实上，如果说随着改革开放的深入人心和市场经济的快速发展，绝对贫困现象在我国正趋消除的话（党的十九大提出到2020年全面建成小康社会。为此，坚决打赢脱贫攻坚战，让贫困人口和贫困地区同全国一道进入全面小康社会，这是我们党的庄严承诺。“两不愁三保障”就是贫困人口脱贫的基本要求和核心指标），那么我国目前存在的主要是大量的相对贫困。对此，马克思早在《雇佣劳动与资本》中就深刻地指出来了：

> 一座房子不管怎样小，在周围的房屋都是这样小的时候，它是能满足社会对住房的一切要求的。但是，一旦在这座小房子近旁耸立起一座宫殿，这座小房子就缩成茅舍模样了。这时，狭小的房子证明它的居住者不能讲究或者只能有很低的要求；并且，不管小房子的规模怎样随着文明的进步而扩大起来，只要近旁的宫殿以同样的或更大的程度扩大起来，那座较小房子的居住者就会在那四壁之内越发觉得不舒适，越发不满意，越发感到受压抑。①

然而，吊诡之处恰恰在于，相对于绝对贫困下人们的心理预期还比较平衡与稳定的状态来说，相对贫困下人们极易产生贫富不均的心理失衡问题，这种心理失衡在市场经济尚不十分健全并且社会生活中不公平、非正义现象大量存在的情况下极易被放大化，因而也就最容易引发社会不满情绪与社会信任危机，积聚到一定程度就会爆发群体性社会问题。以基尼系数为

① 《马克思恩格斯选集》第1卷，人民出版社2012年版，第345页。

例,1978年时我国基尼系数还只有0.317,可是此后就开始逐年上升,2008年更是达到了0.491的最高值。据国家统计局公布的数据,2009—2015年我国的基尼系数分别为0.490、0.481、0.477、0.474、0.473、0.469、0.462,虽然连续七年缩小,但依然高于0.4的国际警戒线(2016年为0.465,2017年为0.467,小有抬升)。另据有关部门统计,如果把全社会的人按最贫、较贫、中等、较富、最富分成五个层次,那么最贫的1/5的人的收入只占全社会的4.27%,而最富的1/5的人的收入却占到了全社会的50.13%。这充分说明,我们国家的贫富差距已经远远突破了合理的限度,若不采取积极措施,还有可能继续恶化。

客观而公允地说,造成当下中国经济社会发展中贫富不均、两极分化等问题的根源,有些是市场经济本身的失灵行为或市场取向的逐利行为造成的①,但更多的则与中国在市场经济的运作过程中制度规范滞后、利益再分配不透明、权力腐败与权力寻租等现象密切相关。就目前的中国来说,导致人们社会心理失衡的主要原因并非来自市场竞争引起的收入差距,而恰恰是非市场因素所导致的机会不平等或起点不平等,是对"社会主义市场经济"的精神实质缺乏整体把握而导致的社会后果。正如经济学家刘国光指出的:

> "社会主义市场经济"是一个完整的概念,是不容割裂的有机统一体。好像这些年来,我们强调市场经济,是不是相对多了一点;强调社会主义,是不是相对少了一点。在说到社会主义市场经济时,强调它发展生产力的本质即效率优先方面,相对多了一些;而强调它的共同富裕的本质即重视社会公平方面,则相对少了一点。这是不是造成目前许多社会问题的深层背景之一?在中国这样一个法制不完善的环境下建立的

---

① 布坎南就曾以善意的口吻提醒我们:"在转型期社会里(例如眼下的我国大陆),不同于在成熟市场社会里(例如英国和美国),经济学家似乎掌握着太大的'话语霸权',似乎无意中压制了道德哲学的声音。仅此一点便足以提醒中国的经济学家:没有了道德哲学的经济学正如同失去了目的的手段:'不讲道德的经济学'移植到中国语境里,很有可能塑造出'未启蒙的利己主义'经济行为。"转引自马涛:《警惕"经济人假设"的滥用》,《社会科学报》2006年4月20日。

市场经济，如果不强调社会主义，如果忽视共同富裕的方向，那建立起来的市场经济，必然是人们所称的权贵市场经济，两极分化的市场经济。①

如果说这种“权贵市场经济”也就是吴敬琏所说的“权贵资本主义”②，那么很显然，中国的经济学家已经深切地感受到了必须用社会主义框正市场经济的必要性。

更为深入地说，社会主义市场经济的问题不仅是一个经济问题，而且更是一个社会问题、文化问题。目前社会上穷人对富人的“仇富”心态的形成与发展，从深层次上看，折射出来的正是人们如何看待市场经济中财富的“来路”与“去路”、“取之道”与“用之途”、“从何处来”与“到何处去”这两极之间的关于市场经济本身的社会文化问题。一个让人失望的社会现实是，今天不少富人不仅在市场经济的创富过程中采取了太多的败德行为甚至违法之举，其财富来源的合法性与合道德性受到了公众的质疑，而且在日常生活中的奢靡消费与穷人之间的极端贫困形成了鲜明对比，由此放大了或者说强化了贫富之间的经济对立与社会对抗，“仇富心理”成为社会中的一股强大的暗流。正因此，有学者认为：在今天这样一个财富涌动的时代，我们不仅要关注市场经济对于社会财富的创造、积累与保护问题，更应该给人们的心灵注入一种理性的市场经济观和市场责任观，让人们思考如何科学合理地品味隐含在市场经济背后的市场经济文化、市场经济伦理与市场经济责任的深义：市场经济的创富过程，不仅是一种物质占有过程，更意味着背负起更大的社会责任。③ 创造财富

---

① 《中国经济学奖刘国光、吴敬琏获奖理由及答辞》，《经济理论与经济管理》2005年第4期。

② 吴敬琏教授在2000年就提出要建立“好的市场经济”，也就是建立在法治基础上的市场经济，警惕滑入“权贵资本主义”的泥坑。参见《中国经济学奖刘国光、吴敬琏获奖理由及答辞》，《经济理论与经济管理》2005年第4期。由于吴敬琏不仅鲜明地坚持市场取向的改革主张，而且主张只有在法治的基础上才能建立一个符合全体公民利益的市场经济，所以获得了“吴市场”与“吴法治”的称号。参见吴敬琏、马国川：《从“吴市场”到“吴法治”》，《读书》2008年第9—10期。

③ 单士兵：《“大陆慈善榜”有利于财富文化与责任的辐射》，《南方周末》2005年4月21日。

的人只有勇于、善于和乐于把自己创造的财富拿来回馈社会与扶助弱者，他才是一个在证明自己的本质力量的同时获得社会的承认的有意义的人。因此，如果说市场经济中财富创造得越多的人他的创富能力也就越强的话，那么能够创造更多财富的人，也就应当拥有更多的社会责任与社会关怀，用财富反哺社会，从而为国家的富裕、社会的稳定、人民的幸福做出更多的贡献。

以此来看，我们党和国家之所以在我国改革开放产生了巨大成果的本世纪之初就不失时机地提出了构建社会主义和谐社会的发展要求，正是因应了我国改革与发展“向共同富裕转型”的现实需要：党的十六大提出了贯彻“三个代表”重要思想，要“努力形成全体人民各尽其能、各得其所而又和谐相处的局面”和“社会更加和谐、人民生活更加殷实”①的发展目标，在此基础上，党的十六届四中全会首次提出了“构建社会主义和谐社会”的概念，党的十六届六中全会则在《关于构建社会主义和谐社会若干重大问题的决定》中系统地阐述了构建社会主义和谐社会的指导思想、目标任务和基本原则，党的十七大以科学发展观为引领，突出强调了积极构建社会主义和谐社会是贯穿中国特色社会主义事业全过程的长期任务，强调“要通过发展增加社会物质财富、不断改善人民生活，又要通过发展保障社会公平正义、不断促进社会和谐”②，以此深化对社会主义市场经济规律的认识并促进经济社会又好又快地发展。由此，当党的十八大以中国特色社会主义为统领，把“必须坚持维护社会公平正义”、“必须坚持走共同富裕道路”、“必须坚持促进社会和谐”③作为新的历史条件下夺取中国特色社会主义新胜利必须牢牢把握的八项基本要求的其中三项时，特别是当党的十九大以

① 江泽民：《全面建设小康社会　开创中国特色社会主义事业新局面——在中国共产党第十六次全国代表大会上的报告》，人民出版社2002年版，第15、19页。

② 胡锦涛：《高举中国特色社会主义伟大旗帜　为夺取全面建设小康社会新胜利而奋斗——在中国共产党第十七次全国代表大会上的报告》，人民出版社2007年版，第17页。

③ 胡锦涛：《坚定不移沿着中国特色社会主义道路前进　为全面建成小康社会而奋斗——在中国共产党第十八次全国代表大会上的报告》，人民出版社2012年版，第14—15页。

“不忘初心,方得始终”的使命意义与“大道之行,天下为公”的责任担当明确提出“带领人民创造美好生活,是我们党始终不渝的奋斗目标”,并从提高保障和改善民生水平的角度提出要“不断满足人民日益增长的美好生活需要,不断促进社会公平正义,形成有效的社会治理、良好的社会秩序,使人民获得感、幸福感、安全感更加充实、更有保障、更可持续”①的要求时,就包含着对经济社会发展的分化抑制机制的价值性规制的现实性确证。这充分说明,社会主义市场经济只有真正把发展生产与共同富裕、科学发展与社会和谐统一起来了,才能有效地规制并防范社会主义市场经济的分化抑制机制的进一步扩大。这既是对邓小平晚年有关共同富裕设想②的自觉实践,也是对习近平新时代中国特色社会主义思想的发展要求③的积极探索。

四、社会主义市场经济之整合治理机制的总体性建构

用辩证唯物主义和历史唯物主义的眼光来看市场经济与社会主义的发展关系,存在两个基本的观察视角:既着眼于现在跟过去的比较,也着眼于现在对未来的影响。就是说,着眼于过去,看走了多远;着眼于未来,看有何影响。这样面向未来地看,从2012年党的十八大到2013年党的十八届三中全会再到2017年党的十九大的召开、2018年庆祝改革开放40周年和

① 习近平:《决胜全面建成小康社会　夺取新时代中国特色社会主义伟大胜利——在中国共产党第十九次全国代表大会上的报告》,人民出版社2017年版,第45页。

② 邓小平同志晚年最为牵挂、最多关注、也最常谈论的一个问题,就是如何实现共同富裕、消除贫富差距、避免两极分化的问题。参见《邓小平文选》第三卷,人民出版社1993年版,第364、373—374页;《邓小平年谱(1975—1997)》(下册),中央文献出版社2004年版,第1356—1357、1364页。

③ 2012年11月15日,习近平在十八届中央政治局常委同中外记者见面时的讲话中即指出:“人民对美好生活的向往,就是我们的奋斗目标。我们的责任,就是……努力解决群众的生产生活困难,坚定不移走共同富裕的道路。”2012年12月29—30日,习近平在河北省阜平县考察扶贫开发工作时的讲话中又指出:“消除贫困、改善民生、实现共同富裕,是社会主义的本质要求。”参见《习近平谈治国理政》第一卷,外文出版社2018年版,第4、189页。

2019年庆祝中华人民共和国成立70周年,虽然只有短短的七年时间,然而却是一个新的开始:以社会主义市场经济为方向的中国改革开放与现代化建设,在经历了最初的黄金发展期并遭遇了此后的矛盾凸显期后,无可置疑地进入了当下的改革攻坚期和发展关键期;由此,如何高举中国特色社会主义伟大旗帜,进一步解放思想、深化改革,确立适应社会主义市场经济、具有中国特色社会主义的社会整合机制与国家治理理念,就成了在我国进入全面建成小康社会决定性阶段的重大任务。正是在这种新的历史条件下,在党的十八大以中国特色社会主义为统领制定的"全面建成小康社会和全面深化改革开放的目标"①的基础上,党的十八届三中全会通过了《关于全面深化改革开放若干重大问题的决定》,更加明确、更加深刻地阐述了全面深化改革的发展方向、总体目标和核心问题。

首先,全面深化改革的发展方向,就是高举中国特色社会主义伟大旗帜,"坚持社会主义市场经济改革方向,以促进社会公平正义、增进人民福祉为出发点和落脚点,进一步解放思想、解放和发展社会生产力、解放和增强社会活力"②。这里既有继承,也有发展创新,因而构成了我们在坚持社会主义市场经济改革方向的基础上全面深化改革的新的逻辑前提和历史前提。一方面,全面深化改革是对改革开放40多年来社会主义市场经济改革方向的坚持与守护,其最终目的就是通过市场经济的改革实现社会主义既"发展生产"又"共同致富"、既"科学发展"又"社会和谐"的根本任务。另一方面,全面深化改革是对经历了40多年改革与发展的包容性创新,是对过去那种先"发展生产"再"共同致富"、先"经济建设"再"社会和谐"的发展思路的辩证性发展,因而强调"坚持社会主义市场经济改革方向"首先必须"以促进社会公平正义、增进人民福祉为出发点和落脚点"。它说明,中国特色社会主义所实现的发展,不再是把手段(生产物质财富)作为纯粹目的的"以物为本"的发展,而应是把手段作为手段服从于、服务于真正的目

---

① 胡锦涛:《坚定不移沿着中国特色社会主义道路前进　为全面建成小康社会而奋斗——在中国共产党第十八次全国代表大会上的报告》,人民出版社2012年版,第16—19页。

② 《中共中央关于全面深化改革若干重大问题的决定》,人民出版社2013年版,第3页。

的（增进人民福祉）的"以人为本"的发展。[①] 就此而言，能否在"促进社会公平正义、增进人民福祉"的基础上朝着"进一步解放思想、解放和发展社会生产力、解放和增强社会活力"的方向迈出积极的实质性的步伐，这既是衡量我们能否在坚持社会主义市场经济改革方向的同时开拓新时代中国特色社会主义事业新局面的重要标志，也是衡量我们能否在坚持中国特色社会主义发展道路的同时在全面深化改革的"新改革"与"再改革"过程中正确对待社会主义市场经济的重要标志。

其次，全面深化改革的总体目标，就是"完善和发展中国特色社会主义制度，推进国家治理体系和治理能力现代化"[②]。这一总体目标的确立体现了我们党和国家适应社会主义市场经济改革方向的实践需要而对国家治理模式进行的自觉调整与理性重构，因而是"坚持社会主义市场经济改革方向"的逻辑展开、现实要求与发展方向。一般地说，国家问题包括了两个基本维度：一是与市场经济紧密相关、与市民社会相对而言的政治国家；二是与世界历史内在相关、与世界市场相对而言的民族国家。在这里，无论是改革对政治国家与市民社会的关系的调整，还是开放对民族国家与世界市场的关系的改善，都本质重要地涉及了对国家治理体系和治理能力现代化的现实要求，而这样的国家治理在很大程度上同时意味着作为国家行为的社会治理。道理很简单，随着社会主义市场经济改革方向的深入发展，以往那种以科层制官员为治理主体的治理体系以及与之相适应的治理理念、治理手段与治理方式的滞后性越来越凸显出来。这种国家治理体系的滞后再加上传统思想观念的束缚和既有利益固化的藩篱，使得改革逐渐失去了最初的动力和活力，既无法保障经济体制改革的成果，也无法促进国家治理能力的提升，许多重要的改革无法推进或者没有完全到位，许多旧体制的遗留物还顽强地不肯退出，新体制存在重大缺陷，由此影响了改革的系统性、整体性与协同性发展。在这种情况下，以"推进国家治理体系和治理能力现

---

① 刘荣军：《"以人为本"的财富发展观与我国社会主义发展的基本要求》，《马克思主义研究》2008年第6期。

② 《中共中央关于全面深化改革若干重大问题的决定》，人民出版社2013年版，第3页。

代化”为目标“完善和发展中国特色社会主义制度”，恰恰凸显了我们党和国家在治理理念和治理方式上的巨大政治勇气和智慧。如果说，这种国家治理体系和治理能力的现代化建设，要求我们首先必须建立起一种坚持党的领导、人民当家作主、依法治国相统一的现代国家治理体系，以此强化国家在促进经济社会发展、提升人民幸福指数、应对重大突发事件、维护国家安全利益等方面的治理能力的合法性、正当性、科学性与艺术性，那么这种治理体系和治理能力恰恰正是一种以民主和法治为基础的市场经济的治理体系与治理能力，即一种以社会权利对抗和平衡国家权力为根本特征的集社会整合机制、社会治理机制和社会平衡机制于一体的成熟的国家治理体系和高超的国家治理能力。正是遵循这样的历史逻辑、实践逻辑和理论逻辑，党的十八届四中全会通过了《关于全面推进依法治国若干重大问题的决定》，把依法治国确定为党领导人民治理国家的基本方略，把依法执政确定为党治国理政的基本方式。这说明，改革开放 40 多年来，在“市场经济”已经取得了广泛共识的前提下，与之相适应的“法治国家”理应成为另一个能够凝聚社会各界的广泛共识。而这种与社会主义市场经济改革方向相适应的社会主义法治国家建设的跟进与推进，其最直接的诉求就是在更加注重改革的系统性、整体性与协同性的基础上，坚持依法治国、依法执政、依法行政共同推进，坚持法治国家、法治政府、法治社会一体建设，从而使全面依法治国成为国家治理的一场深刻革命，努力让人民群众在依法治国实践中感受到公平正义。

最后，全面深化改革的核心问题，就是围绕经济体制改革这个重点问题，“处理好政府和市场的关系，使市场在资源配置中起决定性作用和更好发挥政府作用”，从而“发挥经济体制改革的牵引作用”①。站在当代中国发展进步的实践语境来考察，全面深化改革并不只是一个完善社会主义市场经济的纯粹的经济发展问题，而是一个与经济、政治、社会、文化、生态、党的建设等紧密联系的综合性社会发展问题，是一个关于人的发展和社会发

① 《中共中央关于全面深化改革若干重大问题的决定》，人民出版社 2013 年版，第 5 页。

展相统一的经济哲学与社会政治哲学问题。这一问题虽然在现实的经济社会发展中直接表现为政府与市场的关系问题，但其背后所投射、折射并映射出来的却是国家、社会与个人的关系问题，牵涉到个人与社会的关系、私人与公民的关系这样两个社会秩序重建与社会道德培育的现实性问题，因而是马克思在《德意志意识形态》和《资本论》及其手稿中提出的特殊利益与普遍利益、私人利益与共同利益的关系这样一个现代社会发展的内在矛盾性问题。它说明，当代中国以社会主义市场经济为方向的改革能否全面深化的问题，在本质上涉及到我们能否从市场经济的发展中借鉴出它所包含的一些必要的社会元素，能否从市场经济的改革中发育出个人的主体性并将其积极地投身于社会公共性与国家合法性中；由此，马克思虽然揭示了现代经济社会或者说市民社会中的人“不得不使自己在本质上二重化了”，即“现实地”表现为“私人—公民”或“公人—私人”的双重人格①，但它所提出的问题却是极具“超越性”的：即人的个体性、私利性、特殊性能否以及如何上升为社会的公共性、公益性、普遍性？对市场经济与市民社会这一基本问题的正确解答，是马克思科学解决国家、社会与个人关系问题的总钥匙，也是我们正确把握和处理政府与市场关系的理论基础。

在马克思看来，由“商品是天生的平等派”和“资本是天生的平等派”②所决定的市场经济本身所蕴含着的关于自由、平等、竞争、开放等精神的运作逻辑与基本原则，必然会衍生、拓展并辐射到现代经济社会与政治生活的其他领域。正如马克思所说：

> 如果说经济形式，交换，在所有方面确立了主体之间的平等，那么内容，即促使人们去进行交换的个人和物质材料，则确立了自由。可见，平等和自由不仅在以交换价值为基础的交换中受到尊重，而且交换价值的交换是一切平等和自由的生产的、现实的基础。作为纯粹观念，平等和自由仅仅是交换价值的交换的一种理想化的表现；作为在法律

---

① 《马克思恩格斯全集》第3卷，人民出版社2002年版，第96—97、175页。

② 马克思：《资本论》第1卷，人民出版社2004年版，第104、457页。

的、政治的、社会的关系上发展了的东西,平等和自由不过是另一次方上的这种基础而已。①

市场经济自身所蕴含的这种平等精神与自由理念,既孕育了市民社会的个体主体性也内含着现代社会的社会公共性和国家合法性,这对于社会主义合法性的落实、社会权利的强化以及公民国家的建构具有一种"世俗基础"的现实意义;与此相适应,对政府与市场的关系这个经济体制改革的核心问题的把握与处理,也就具有了一种"划定界限"的社会功能(如同要使"上帝的事情归上帝、凯撒的事情归凯撒"那样,全面深化改革就是要使"国家的事情归国家、社会的事情归社会"),它现实地要求我们以社会主义"合法性"的落实与政府"公共性"的回归为皈依,做到"使市场在资源配置中起决定性作用"和"更好发挥政府作用"的内在统一,通过限制政府对经济资源的配置权力和消除政府对微观经济活动的过度干预而重建一种适合社会主义市场经济的社会关系、社会秩序与道德观念,以此在当代中国的经济社会发展中既破除国家主义的神话,也防止落入自由主义(个人主义)的泥淖。所以,能否把握好、处理好政府与市场的关系问题,就成了我们能否发挥经济体制改革对于社会公共领域、国家治理体系以及公民道德建设等方面的"牵引作用"、能否全面深化改革的着力点与突破口。

总之,从总体上来看党的十八届三中全会关于"全面深化改革"以及党的十八届四中全会关于"全面推进依法治国"的发展方向、总体目标和核心问题的总体设计,可以发现,这种总体设计实际上是围绕着"坚持社会主义市场经济改革方向"作出的全局性战略决策,它以环环相扣、层层推进的发展思路阐述了我们党和国家对于"完善和发展中国特色社会主义制度,推进国家治理体系和治理能力现代化"这一现代经济社会发展之整合治理机制的科学构想,申明了中国特色社会主义伟大实践在从党的十八大后直到中国共产党成立一百周年甚至中华人民共和国成立一百周年这样一个时期内的历史任务与发展方向。正是在这种意义上,党的十九大报告把"完善

① 《马克思恩格斯全集》第30卷,人民出版社1995年版,第199页。

和发展中国特色社会主义制度、推进国家治理体系和治理能力现代化”这个“全面深化改革的总目标”作为了习近平新时代中国特色社会主义思想的“八个明确”之一。[①] 在庆祝改革开放40周年大会上的讲话中，习近平总书记又从必须“牢牢把握改革开放的前进方向”的高度进一步指出：“改什么、怎么改必须以是否符合完善和发展中国特色社会主义制度、推进国家治理体系和治理能力现代化的总目标为根本尺度，该改的、能改的我们坚决改，不该改的、不能改的坚决不改。”[②]由此审视党的十九届四中全会通过的《中共中央关于坚持和完善中国特色社会主义制度　推进国家治理体系和治理能力现代化若干重大问题的决定》，可以发现：党的十八大以来我们在全面深化改革中所实现的两个新的历史性转变，即从物质文化需要向美好生活需要、从国家制度优势向国家治理效能的转变，正是中国共产党和中国共产党人站在新时代中国特色社会主义的历史方位上从“站起来、富起来”的时代走向“强起来”的时代的理论自觉与实践自觉。

我们相信，只要我们始终坚持改革开放40多年来确立的社会主义市场经济改革方向，科学把握“中国特色社会主义进入新时代”和“我国社会主要矛盾已经转化”的客观规律，以全新的视野深化对共产党执政规律、社会主义建设规律、人类社会发展规律的认识，我们就会在全面建设小康社会的进程中推进实践创新、理论创新和制度创新，夺取新时代中国特色社会主义的伟大胜利。

---

① 习近平：《决胜全面建成小康社会　夺取新时代中国特色社会主义伟大胜利——在中国共产党第十九次全国代表大会上的报告》，人民出版社2017年版，第19页。

② 习近平：《在庆祝改革开放40周年大会上的讲话》，《人民日报》2018年12月19日。

结　语　深刻把握新时代中国特色社会主义的发展逻辑

2017年10月18日，习近平总书记在中国共产党第十九次全国代表大会上的报告中指出：十八大以来的五年，是党和国家发展进程中极不平凡的五年。五年来的成就是全方位的、开创性的，五年来的变革是深层次的、根本性的。五年来，我们党以巨大的政治勇气和强烈的责任担当，提出一系列新理念新思想新战略，出台一系列重大方针政策，推出一系列重大举措，推进一系列重大工作，解决了许多长期想解决而没有解决的难题，办成了许多过去想办而没有办成的大事，推动党和国家事业发生历史性变革。正是以党的十八大以来五年所取得的历史性变革为根据，习近平总书记在党的十九大报告中提出了“经过长期努力，中国特色社会主义进入了新时代，这是我国发展新的历史方位”这样一个崭新的政治判断，并就新时代中国特色社会主义的历史飞跃（三个“意味着”）、基本内涵（五个“是”）、重要标志（我国社会主要矛盾的转化）、重大意义（四个“发展史”）等重要问题进行了科学阐述。

2018年，是马克思诞辰200周年和改革开放40周年。2019年，是中华人民共和国成立70周年。我们如何在纪念马克思的同时，以马克思主义理论为指导，在坚持改革开放的基础上把我们的人民共和国建设得更加繁荣富强，从而夺取新时代中国特色社会主义伟大胜利，就成了一个具有重大现实意义的理论问题。这一问题既需要我们紧密结合新的时代条件和实践要求，以全新的视野深化对共产党执政规律、社会主义建设规律、人类社会发展规律的认识,也需要我们结合现代社会、市民社会与资本主义社会的发展逻辑,不懈探索和持续研究中国特色社会主义的历史逻辑、实践逻辑与理论逻辑以及新时代中国特色社会主义的发展逻辑。唯此,我们才能从马克思主义关于政治革命与社会革命、政治解放与人类解放相统一的原则立场出发,把"将改革开放进行到底"与"将革命进行到底"统一起来并贯彻到"两个一百年"奋斗目标中,实现从全面建成小康社会到基本实现现代化再到全面建成社会主义现代化强国的新时代中国特色社会主义的战略安排。

众所周知,1949 年 3 月 23 日,毛泽东同志在党中央从西柏坡动身前往北京时说过:"今天是进京赶考的日子。"2016 年 7 月 1 日,习近平总书记在庆祝中国共产党成立 95 周年大会上的讲话中指出:"这场考试还没有结束,还在继续。"2018 年 1 月 5 日,习近平总书记在新进中央委员会的委员、候补委员和省部级主要领导干部学习贯彻习近平新时代中国特色社会主义思想和党的十九大精神研讨班开班式上意味深长地指出:"时代是出卷人,我们是答卷人,人民是阅卷人。"如果可以从毛泽东"进京赶考"的比喻和习近平"考试还在继续"的勉励中把"两个一百年"奋斗目标比喻成我们党以实现中华民族伟大复兴的中国梦(即建设一个以"中华人民共和国"命名的富强民主文明和谐美丽的"社会主义现代化强国")为主题的一个阶段性目标,那么是否可以找出这个阶段性目标的这样几个重要的历史节点:1921 年建立中国共产党是"立下宏愿"(定初心、明使命),1949 年成立中华人民共和国是"开题报告"("开国大典"),1978 年改革开放是"跑题纠偏",2012 年党的十八大以后是"全面深化",2021 年建党一百周年是"中期考核",2049 年中华人民共和国成立一百周年是"毕业答卷"。很显然,如果说新中国成立一百周年时的中国共产党在顺利通过"毕业答卷"之后必须为自己制定并确立新的更高的发展目标和发展愿景,那么建党一百周年时的"中期考核"承担着我们党能否胜利收官第一个百年奋斗目标、顺利开启第二个百年奋斗目标的历史重任。

由此来看,党的十八大以来,我们党为决胜全面建成小康社会、夺取新时代中国特色社会主义伟大胜利而砥砺奋进,实实在在地推动党和国家事业发生了历史性变革，取得了历史性飞跃。从原则高度上说，这些历史性变革和历史性成就的理论蕴涵有二：在面向过去的意义上，它们是在新中国成立特别是改革开放以来我国发展取得的重大成就基础上发生的；在面向未来的意义上，它们标志着我国发展站到了新的历史起点上，中国特色社会主义进入了新的发展阶段。

进一步说，十八大以来党和国家事业发生的历史性变革，奠定了中国特色社会主义不断取得的重大历史性成就，意味着近代以来久经磨难的中华民族迎来了从站起来、富起来到强起来的伟大飞跃，迎来了实现中华民族伟大复兴的光明前景；意味着科学社会主义在二十一世纪的中国焕发出强大生机活力，在世界上高高举起了中国特色社会主义伟大旗帜；意味着中国特色社会主义道路、理论、制度、文化不断发展，拓展了发展中国家走向现代化的途径，给世界上那些既希望加快发展又希望保持自身独立性的国家和民族提供了全新选择，为解决人类问题贡献了中国智慧和中国方案。在这里，如果说第一个“意味着”构成了后两个“意味着”的历史前提和逻辑前提，那么，“站起来、富起来和强起来”的“历史性飞跃”的理论内涵有二：在一般意义上，它们因应了中华民族自五四运动以后以建立中国共产党、成立中华人民共和国、推进改革开放和中国特色社会主义事业为历史节点的几个发展阶段和历史使命；在特别意义上，它们宣示了党的十八大以来的七年以及今后若干年我们党必须在“强起来”的路上迈进的新的精神状态和奋斗姿态。十八大以来的发展证明，正是在以习近平同志为核心的党中央的集中统一领导下，我们党和国家才在图强必治和有治必强的辩证统一中实现了治党治国治军与强党强国强军的有机统一，实现了中华民族和中国人民从站起来、富起来到强起来的历史性飞跃：我们国家不仅在国内具有高度的凝聚力和抗拒各种风险挑战的坚韧性，而且在世界上也具有举足轻重的地位，发挥着负责任大国的重要作用。

由此来看，如何不懈探索和持续研究中国特色社会主义这一改革开放以来党的全部理论和实践的主题，也就具有了极其重要的政治意义、理论意义和实践意义。2013 年 1 月 5 日，习近平总书记在新进中央委员会委员、候补委员学习贯彻党的十八大精神研讨班开班式上的讲话中指出：中国特色社会主义，是科学社会主义理论逻辑和中国社会发展历史逻辑的辩证统一，是根植于中国大地、反映中国人民意愿、适应中国和时代发展进步要求的科学社会主义，是全面建成小康社会、加快推进社会主义现代化、实现中华民族伟大复兴的必由之路。

我们相信，只要我们站在马克思现代社会发展的理论高度审视中国特色社会主义现代化这一当代中国的伟大实践，我们就可以正确理解习近平总书记关于中国特色社会主义是“两个逻辑”辩证统一的重要论述，不懈探索和把握共产党执政规律、社会主义建设规律和人类社会发展规律。我们同样相信，有了党的十八大以来的历史性变革与历史性飞跃，我们党必将会在习近平新时代中国特色社会主义思想指导下，为建党一百周年时胜利收官第一个百年奋斗目标、顺利开启第二个百年奋斗目标提交一份得到人民认可、经得起历史检验、令所有中国共产党人和所有中国人民都骄傲的答卷。

参考文献

《马克思恩格斯选集》第1—4卷,人民出版社2012年版(第三版)。

《马克思恩格斯选集》第1—4卷,人民出版社1995年版(第二版,供对照使用)。

《马克思恩格斯选集》第1—4卷,人民出版社1972年版(第一版,供对照使用)。

《马克思恩格斯文集》第1—3卷,人民出版社2009年版。

《马克思恩格斯全集》第1—4、6—7、10、16—17、21、26(2—3册)、27、38—40、42、44、47卷,中文第一版,人民出版社1956—1985年版。

《马克思恩格斯全集》第3卷,中文第二版,人民出版社2002年版。

《马克思恩格斯全集》第25卷,中文第二版,人民出版社2001年版。

《马克思恩格斯全集》第30卷,中文第二版,人民出版社1995年版。

《马克思恩格斯全集》第31卷,中文第二版,人民出版社1998年版。

《马克思恩格斯〈资本论〉书信集》,人民出版社1976年版。

马克思:《1844年经济学哲学手稿》,人民出版社2000年版。

马克思、恩格斯:《德意志意识形态》(节选本),人民出版社2003年版。

马克思:《资本论》第1—3卷,人民出版社2004年版。

《列宁选集》第1—4卷,人民出版社2012年版(第三版修订版)。

《列宁全集》第26卷,中文第二版,人民出版社1988年版。

《毛泽东选集》第1—4卷,人民出版社1991年版。

《邓小平文选》第2卷,人民出版社1994年版。

《邓小平文选》第3卷,人民出版社1993年版。

《邓小平年谱(1975—1997)》(下册),中央文献出版社2004年版。

《习近平谈治国理政》第一卷,外文出版社2018年版。

《习近平谈治国理政》第二卷,外文出版社2017年版。

《中共中央关于全面深化改革若干重大问题的决定》,人民出版社2013年版。

[古希腊]亚里士多德:《政治学》,吴寿彭译,商务印书馆1965年版。

[古罗马]西塞罗:《论共和国》(附《论法律》),李寅译,译林出版社2013年版。

[意]马基雅维利:《君主论》,潘汉典译,商务印书馆1985年版。

[英]霍布斯:《利维坦》,黎思复、黎廷弼译,商务印书馆1985年版。

[英]霍布斯:《论公民》,应星、冯克利译,贵州人民出版社2003年版。

[英]洛克:《政府论》(下篇),叶启芳、瞿菊农译,商务印书馆1964年版。

[荷]曼德维尔:《蜜蜂的寓言》,肖聿译,中国社会科学出版社2002年版。

[英]休谟:《人性论》(上、下册),关文运译,商务印书馆1980年版。

[英]斯密:《道德情操论》,蒋自强、钦北愚、朱钟棣等译,商务印书馆1997年版。

[英]斯密:《国民财富的性质和原因的研究》(上、下卷),郭大力、王亚南译,商务印书馆1972年版。

[英]边沁:《道德与立法原理导论》,时殷宏译,商务印书馆2000年版。

[英]弗格森:《文明社会史论》,林本椿、王绍祥译,浙江大学出版社2010年版。

[法]孟德斯鸠:《论法的精神》(下册),张雁深译,商务印书馆1961年版。

[法]伏尔泰:《哲学辞典》,王燕生译,商务印书馆1991年版。

[法]伏尔泰:《哲学通信》,高达观等译,上海人民出版社 1961 年版。

[法]卢梭:《社会契约论》,何兆武译,商务印书馆 2003 年版。

[法]卢梭:《论人类不平等的起源和基础》,李常山译,商务印书馆 1962 年版。

[法]卢梭:《政治经济学》,李平沤译,商务印书馆 2013 年版。

[法]卢梭:《忏悔录》第 2 部,范希衡译,人民文学出版社 1983 年版。

[德]康德:《历史理性批判文集》,何兆武译,商务印书馆 1990 年版。

[德]黑格尔:《精神现象学》(上、下卷),贺麟、王玖兴译,商务印书馆 1979 年版。

[德]黑格尔:《法哲学原理》,范扬、张企泰译,商务印书馆 1961 年版。

[德]黑格尔:《小逻辑》,贺麟译,上海人民出版社 2009 年版。

[德]黑格尔:《哲学史讲演录》第 4 卷,贺麟、王太庆译,商务印书馆 1979 年版。

《费尔巴哈哲学著作选集》(上卷),荣震华、李金山,商务印书馆 1984 年版。

[法]蒲鲁东:《什么是所有权》,孙署冰译,商务印书馆 1963 年版。

[德]李斯特:《政治经济学的国民体系》,陈万煦译,商务印书馆 1961 年版。

[德]施蒂纳:《唯一者及其所有物》,金海民译,商务印书馆 1989 年版。

[法]基佐:《欧洲文明史》,程洪逵、沅芷译,商务印书馆 1998 年版。

[英]梅因:《古代法》,沈景一译,商务印书馆 1959 年版。

[美]摩尔根:《古代社会》(上、下册),杨东莼、马雍、马巨译,商务印书馆 1977 年版。

[德]伯恩斯坦:《社会主义的前提和社会民主党的任务》,舒贻上、杨凡等译,三联书店 1958 年版。

[德]伯恩斯坦:《社会主义的前提和社会民主党的任务》,殷叙彝译,生活·读书·新知三联书店 1965 年版。

[德]韦伯:《非正当性的支配——城市的类型学》,康乐、简惠美译,广

西师范大学出版社 2005 年版。

［匈］卢卡奇:《青年黑格尔》(选译),王玖兴译,商务印书馆 1963 年版。

［匈］卢卡奇:《历史与阶级意识》,杜章智、任立、燕宏远译,商务印书馆 1999 年版。

［意］葛兰西:《狱中札记》,曹雷雨、姜丽、张跣译,中国社会科学出版社 2000 年版。

［德］柯尔施:《卡尔·马克思——马克思主义的理论和阶级运动》,熊子云、翁廷真译,重庆出版社 1993 年版。

［美］熊彼特:《经济分析史》第 1 卷,朱泱、李宏译,商务印书馆 1992 年版。

［美］熊彼特:《资本主义、社会主义与民主》,吴良健译,商务印书馆 1999 年版。

［美］赫希曼:《欲望与利益》,李新华、朱东进译,上海文艺出版社 2003 年版。

［法］皮凯蒂:《21 世纪资本论》,巴曙松等译,中信出版社 2014 年版。

［日］平田清明:《市民社会和社会主义》,岩波书店 1969 年版。

［日］望月清司:《马克思历史理论的研究》,韩立新译,北京师范大学出版社 2009 年版。

［日］城塚登:《青年马克思的思想——社会主义思想的创立》,尚晶晶、李成鼎等译校,求实出版社 1988 年版。

［日］广松涉:《唯物史观的原像》,邓习议译,南京大学出版社 2009 年版。

［日］植村邦彦:《何谓"市民社会"——基本概念的变迁史》,赵平等译,南京大学出版社 2014 年版。

［美］萨拜因:《政治学说史》(上、下卷),邓正来译,上海人民出版社 2008、2010 年版。

［德］卡西尔:《国家的神话》,张国忠译,浙江人民出版社 1988 年版。

［比］皮朗:《中世纪欧洲经济社会史》,乐文译,上海人民出版社 1964

年版。

[比利时]皮雷纳:《中世纪的城市》,陈国樑译,商务印书馆 2006 年版。

[美]汤普逊:《中世纪晚期欧洲经济社会史》,徐家玲等译,商务印书馆 1992 年版。

[美]汤普逊:《中世纪经济社会史》(下册),耿淡如译,商务印书馆 1963 年版。

[美]伯恩斯、拉尔夫:《世界文明史》(第 2 卷),罗经国、沈寿源、袁士槟等译,商务印书馆 1995 年版。

[英]斯金纳:《现代政治思想的基础》,段胜武译,求实出版社 1989 年版。

[瑞士]布克哈特:《意大利文艺复兴时期的文化》,何新译,商务印书馆 1979 年版。

[德]范迪尔门:《欧洲近代生活》,王亚平译,东方出版社 2004 年版。

[英]麦克里兰:《西方政治思想史》(下册),彭淮栋译,中信出版社 2014 年版。

[美]梯利:《伦理学导论》,何意译,广西师范大学出版社 2002 年版。

[英]罗素:《西方哲学史》(下卷),马远德译,商务印书馆 1976 年版。

[美]罗尔斯:《正义论》,何怀宏、何包钢、廖申白译,中国社会科学出版社 1988 年版。

[英]巴利:《社会正义论》,曹海军译,凤凰出版传媒集团、江苏人民出版社 2008 年版。

[美]布坎南:《马克思与正义》,林进平译,人民出版社 2013 年版。

[德]哈贝马斯:《公共领域的结构转型》,曹卫东、王晓珏、刘北城等译,学林出版社 1999 年版。

[德]哈贝马斯:《在事实与规范之间》,童世骏译,生活·读书·新知三联书店 2003 年版。

[德]哈贝马斯:《重建历史唯物主义》,郭官义译,社会科学文献出版社 2000 年版。

[英]吉登斯:《资本主义与现代社会理论——对马克思、涂尔干和韦伯著作的分析》,郭忠华、潘华凌译,上海译文出版社2007年版。

[英]吉登斯:《历史唯物主义的当代批判:权力、财产与国家》,郭忠华译,上海译文出版社2010年版。

[美]奥尔森:《权力与繁荣》,苏长河、嵇飞译,世纪出版集团、上海人民出版社2005年版。

[法]鲍德里亚:《消费社会》,刘成富、全志钢译,南京大学出版社2000年版。

[英]梅扎罗斯:《超越资本——关于一种过渡理论》(上、下),郑一明等译,中国人民大学出版社2003年版。

[美]施特劳施、克罗波西:《政治哲学史》,李天然等译,河北人民出版社2009年版。

[英]麦克莱伦:《青年黑格尔派与马克思》,夏威仪、陈启伟、金海民译,商务印书馆1982年版。

[法]科尔纽:《马克思恩格斯传》第1卷,刘磊等译,三联书店1963年版。

[法]阿尔都塞:《保卫马克思》,顾良译,商务印书馆2006年版。

[苏]阿尔塔蒙诺夫:《伏尔泰评传》,马雍译,作家出版社1958年版。

[加]泰勒:《黑格尔与现代社会》,徐文瑞译,吉林出版集团有限责任公司2009年版。

[意大利]洛苏尔多:《黑格尔与现代人的自由》,丁三东等译,吉林出版集团有限责任公司2008年版。

[英]基恩:《公共生活与晚期资本主义》,马音、刘利圭、丁耀琳译,社会科学文献出版社1999年版。

[英]基恩:《市民社会:旧形象 新观察》,王令愉、魏国琳译,上海远东出版社2006年版。

[英]格林:《再造市民社会——重新发现没有政治介入的福利》,邬晓燕译,陕西人民出版社2011年版。

[法]布罗代尔:《资本主义的动力》,杨起译,生活·读书·新知三联书店1997年版。

[美]罗森鲍姆:《宪政的哲学之维》,郑戈、刘茂林译,生活·读书·新知三联书店2001年版。

[苏]罗森塔尔:《马克思主义辩证法史》,汤侠声译,人民出版社1982年版。

[加拿大]梁鹤年:《西方文明的文化基因》,生活·读书·新知三联书店2014年版。

[英]米勒、波格丹诺主编:《布莱克维尔政治学百科全书》,邓正来译,中国政法大学出版社1992年版。

北京大学哲学系外国哲学史教研室编译:《十六—十八世纪西欧各国哲学》,商务印书馆1975年版。

蔡英文:《主权国家与市民社会》,北京大学出版社2006年版。

陈刚:《西方精神史》下卷,江苏人民出版社2000年版。

陈先达、靳辉明:《马克思早期思想研究》,北京出版社1983年版。

陈先达:《走向历史的深处——马克思历史观研究》,中国人民大学出版社2010年版。

邓正来:《市民社会理论研究》,中国政法大学出版社2002年版。

邓正来、亚历山大主编:《国家与市民社会》(增订版),上海人民出版社2006年版。

邓正来、郝雨凡:《转型中国的社会正义问题》,广西师范大学出版社2013年版。

丁瑞媛:《共同体、资本家社会与市民社会——平田清明的市民社会理论研究》,北京师范大学出版社2018年版。

东西方文化发展中心:《文明的可持续发展之道》,人民出版社1999年版。

丰子义:《现代化的理论基础——马克思现代社会发展理论研究》,北京大学出版社 1995 年版。

高兆明:《中国市民社会论稿》,中国矿业大学出版社 2001 年版。

《公共论丛》第八辑:《社会理论的两种传统》,生活·读书·新知三联书店 2012 年版。

郭成伟主编:《中外法学名著指要》,中国法制出版社 2000 年版。

韩水法:《正义的视野——政治哲学与中国社会》,商务印书馆 2009 年版。

韩水法、黄燎宇:《从市民社会到公民社会》,北京大学出版社 2011 年版。

洪岩:《马克思市民社会理论研究》,吉林大学出版社 2011 年版。

侯惠勤:《马克思的意识形态批判与当代中国》,中国社会科学出版社 2010 年版。

江德兴:《马克思社会化理论与政治权力的演变》,社会科学文献出版社 2005 年版。

蒋红:《马克思市民社会理论》,人民出版社 2007 年版。

李佃来:《公共领域与生活世界——哈贝马斯市民社会理论研究》,人民出版社 2006 年版。

李武林等编著:《西方哲学史教程》,山东大学出版社 1987 年版。

李永杰:《马克思市民社会思想的源流及其当代影响》,社会科学文献出版社 2016 年版。

李泽厚:《批判哲学的批判》,人民出版社 1979 年版。

刘怀玉、张锐、王友洛等:《走出历史哲学乌托邦——马克思主义发展理论的当代沉思》,河南人民出版社 2001 年版。

刘军宁等编:《经济民主与经济自由》,生活·读书·新知三联书店 1997 年版。

刘荣军:《财富、人与历史——马克思财富理论的哲学意蕴与现实意义》,人民出版社 2009 年版。

鲁品越:《走向深层的思想——从生成论哲学到资本逻辑与精神现

象》,人民出版社 2014 年版。

鲁哲:《论现代市民社会的城市治理》,中国社会科学出版社 2008 年版。

罗卫东、陈正国主编:《启蒙及其限制》,浙江大学出版社 2012 年版。

马长山:《国家、市民社会与法治》,商务印书馆 2002 年版。

马仲良:《世界现代化进程中的中国社会主义》,同心出版社 1997 年版。

秦国荣:《市民社会与法的内在逻辑》,社会科学文献出版社 2006 年版。

沈敏荣:《市民社会与法律精神》,法律出版社 2008 年版。

沈芝:《行会与市民社会》,中国社会科学出版社 2009 年版。

孙伯鍨:《探索者道路的探索》,南京大学出版社 2002 年版。

孙承叔:《真正的马克思——〈资本论〉三大手稿的当代意义》,人民出版社 2009 年版。

孙承叔:《资本与历史唯物主义》,复旦大学出版社 2013 年版。

王新生:《市民社会论》,广西人民出版社 2003 年版。

王南湜:《从领域合一到领域分离》,山西教育出版社 1998 年版。

王浩斌:《市民社会的乌托邦——马克思主义的社会历史哲学阐释》,凤凰出版传媒集团、江苏人民出版社 2011 年版。

汪辉、陈燕谷主编:《文化与公共性》,生活·读书·新知三联书店 1998 年版。

吴晓明:《历史唯物主义的主体概念》,上海人民出版社 1993 年版。

吴晓明:《马克思早期思想的逻辑发展》,云南人民出版社 1993 年版。

伍俊斌:《公民社会基础理论研究》,人民出版社 2010 年版。

熊月之主编:《都市空间、社群与市民生活》,上海社会科学院出版社 2008 年版。

晏绍祥:《古典民主与共和传统》(上卷),北京大学出版社 2013 年版。

杨筱刚:《马克思主义:"硬核"及其剥取》,人民出版社 2006 年版。

于永成:《市民社会批判与人的自由:从黑格尔到马克思》,中国社会科学出版社 2017 年版。

袁祖社:《权力与自由——市民社会的人学考察》,中国社会科学出版社 2003 年版。

张国群:《人类出路》,海南出版社 2013 年版。

张静主编:《国家与市民社会》,浙江人民出版社 1998 年版。

张一兵:《回到马克思——经济学语境中的哲学话语》,江苏人民出版社 2003 年版。

张一兵:《马克思哲学的历史原像》,人民出版社 2009 年版。

张一兵主编:《资本主义理解史》第 1 卷,江苏人民出版社 2009 年版。

赵可金:《全球公民社会与民族国家》,上海三联书店 2008 年版。

艾耶克·考普夫:《马克思和恩格斯原始文本的研读与探讨》(魏小萍译),《哲学动态》2003 年第 3 期。

高岛善哉:《什么是市民社会》,载韩立新主编:《当代学者视野中的马克思主义哲学·日本学者卷》,北京师范大学出版社 2014 年版。

《关于巴黎笔记》(卢晓萍、章丽莉译,沈渊校),《马列主义研究资料》第 4 辑,人民出版社 1983 年版。

塞凯利:《政党制度危机与社会主义市民社会模式》(文兵译),《国外社会科学》1985 年第 6 期。

陶伯特:《〈《黑格尔法哲学批判》导言〉的产生与流传》,《马列主义研究参考资料》1984 年第 15 期。

田中孝一:《马克思的分配正义论》(黄贺译),《国外理论动态》2008 年第 1 期。

卜祥记、赵得生:《"市民社会"与"人类社会"的划界及其意义》,《江西社会科学》2017 年第 1 期。

陈忠诚、邵爱红:《"法权"还是"权利"之争——建国以来法学界重大事件研究》,《法学》1999 年第 6 期。

陈浩:《从国家向市民社会的复归——黑格尔哲学视野下的〈论犹太人问题〉》,《清华大学学报》2017 年第 4 期。

程广云:《从国家到市民社会——马克思〈黑格尔法哲学批判〉的思想转向》,《哲学研究》2018 年第 2 期。

邓正来、景跃进:《建构中国的市民社会》,《中国社会科学季刊》1992 年创刊号(总第 1 期)。

方朝辉:《市民社会的两个传统及其在现代的汇合》,《中国社会科学》1994 年第 5 期。

冯景源:《马克思主义哲学探寻马克思哲学"原生态"的意义》,《清华大学学报・哲学社会科学版》2012 年第 3 期。

高全喜:《论政治社会——关于中国现代社会的一种政治经济学考察》,《历史法学》(年刊)2008 年。

韩立新:《〈巴黎手稿〉的文献学研究及其意义》,《马克思主义与现实》2007 年第 1 期。

韩立新:《市民社会与社会主义的关系》,《学习时报》2008 年 5 月 19 日。

韩立新:《"日本马克思主义":一个新的学术范畴》,《学术月刊》2009 年第 9 期。

何小平:《"资产阶级权利"还是"市民权利"》,《社会科学战线》1991 年第 3 期。

何增科:《市民社会概念的历史演变》,《中国社会科学》1994 年第 5 期。

侯惠勤:《马克思主义的个人观及其在理论上的创新》,《马克思主义研究》2004 年第 2 期。

胡大平:《具体地历史地理解全球化与当代中国的实践》,《哲学研究》2000 年第 4 期。

李佃来:《论马克思市民社会理论的两种逻辑》,《哲学研究》2010 年第 12 期。

李淑梅:《超越对市民社会的直观理解与人类解放——马克思批判费尔巴哈哲学的社会政治取向》,《吉林大学社会科学学报》2016 年第 5 期。

刘放桐:《市场经济、“市民社会”、个体主体和现代化》,《河北学刊》1997 年第 1 期。

刘景华:《中世纪晚期西欧城市危机论》,《长沙水电师院学报》(社会科学版)1990 年第 1 期。

龙太江:《社会主义市民社会的孕生及中国特色》,《衡阳师范学院学报》2000 年第 5 期。

马拥军:《“市民社会”、“公民社会”还是“城市社会”?——生活哲学视野中的“城市社会”理论》,《东岳论丛》2010 年第 11 期。

马涛:《警惕“经济人假设”的滥用》,《社会科学报》2006 年 4 月 20 日。

单士兵:《“大陆慈善榜”有利于财富文化与责任的辐射》,《南方周末》2005 年 4 月 21 日。

单提平:《市民社会的拯救与发展》,《济南大学学报》2007 年第 4 期。

沈越:《“资产阶级权利”应译为“市民权利”》,《天津社会科学》1986 年第 4 期。

舒化鲁:《经济学上的新探索——主体主义经济学述要》,《生产力研究》1995 年第 4 期。

孙承叔:《马克思主义的市民社会理论及其当代价值》,《南京大学学报》(哲学·人文科学·社会科学版)2010 年第 1 期。

王伟光:《马克思主义的世界历史理论与中国特色社会主义道路》,《哲学研究》2015 年第 6 期。

王逸舟:《对马克思所有制理论中“占有”范畴的研究》,《学习与思考》1984 年第 4 期。

王兆良:《黑格尔的市民社会理论及其历史意义》,《安徽大学学报》(哲学社会科学版)2000 年第 6 期。

魏小萍:《资产阶级权利与市民权利:同质与否?》,《马克思主义研究》2005 年第 5 期。

魏小萍:《词汇选择与哲学思考:财富的来源、性质与功能》,《哲学研究》2008 年第 2 期。

吴敬琏、马国川:《从"吴市场"到"吴法治"》,《读书》2008 年第 9—10 期。

吴晓明:《黑格尔法哲学与马克思社会政治理论的哲学奠基》,《天津社会科学》2014 年第 1 期。

伍俊斌:《马克思市民社会理论评析》,《福建论坛》(人文社会科学版)2010 年第 6 期。

徐文华:《马克思对黑格尔市民社会思想的批判和超越》,《齐鲁学刊》2003 年第 5 期。

杨桂森:《黑格尔的市民社会思想及马克思主义对它的批判改造》,《惠州大学学报》(社会科学版)1995 年第 1 期。

仰海峰:《市民社会批判:从黑格尔到马克思》,《哲学研究》2018 年第 4 期。

叶险明:《关于资本主义与社会主义关系认识的方法论批判》,《哲学研究》2013 年第 9 期。

俞可平:《马克思的市民社会理论及其历史地位》,《中国社会科学》1993 年第 4 期。

俞可平:《社会主义市民社会:一个新的研究课题》,《天津社会科学》1993 年第 4 期。

郁建兴:《伯恩斯坦的市民社会理论与马克思》,《哲学研究》1997 年第 4 期。

郁建兴:《马克思的市民社会概念》,《社会学研究》2002 年第 1 期。

郁建兴:《社会主义市民社会的当代可能性》,《文史哲》2003 年第 1 期。

袁祖社:《中国特色"市民社会"的发育及其文化价值探究》,《北京师范大学学报》1999 年第 1 期。

张盾:《马克思哲学研究的思想史路径——以"市民社会"与历史唯物

主义为案例》,《哲学研究》2010 年第 1 期。

张盾:《马克思政治哲学中的个人原则与社会原则》,《中国社会科学》2013 年第 8 期。

张康之、张乾友:《对“市民社会”和“公民国家”的历史考察》,《中国社会科学》2008 年第 3 期。

张康之、张乾友:《城市、市民社会与近代国家的产生》,《人文杂志》2009 年第 4 期。

张康之、张乾友:《新市民社会背景下的国家与社会治理》,《文史哲》2011 年第 1 期。

张文喜、包大为:《政治哲学史中“市民社会”概念之嬗变——从卢梭到马克思的辩证思维发展历程》,《西北大学学报》(哲学社会科学版)2014 年第 1 期。

张一兵:《劳动与市民社会:黑格尔与古典经济学》,《哲学动态》2012 年第 7 期。

张一兵、周嘉昕:《市民社会:资本主义发展的自我认识——来自于马克思主义的一种谱系学分析》,《南京大学学报》(哲学·人文科学·社会科学版)2009 年第 2 期。

张仲实:《对于“资产阶级法权”一语译法的意见》,《人民日报》1959 年 3 月 28 日。

朱宝信:《培育有中国特色的市民社会刍议》,《文史哲》1994 年第 6 期。

钟晓宏:《马克思主义人类社会观对黑格尔市民社会观的批判》,《马克思主义研究》2017 年第 12 期。

《中国经济学奖刘国光、吴敬琏获奖理由及答辞》,《经济理论与经济管理》2005 年第 4 期。

左伟:《社会主义市民社会及其在中国的生成》,《福建党史月刊》2005 年第 7 期。

刘荣军:《马克思新世界观形成时期的两种结构转换》,《西北师大学报》(社会科学版)2005年第4期。

刘荣军:《马克思财富思想的哲学意蕴与现实意义》,《哲学研究》2008年第5期。

刘荣军:《"以人为本"的财富发展观与我国社会主义发展的基本要求》,《马克思主义研究》2008年第6期。

刘荣军:《改革开放与当代中国的发展逻辑》,《思想战线》2009年第4期。

刘荣军:《马克思财富思想的历史本原与现代社会》,《哲学研究》2010年第12期。

刘荣军:《现代社会发展的三维历史图景及其历史唯物主义解读》,《西南大学学报》(社会科学版)2012年第1期。

刘荣军:《现代社会财富生产的发展悖论与理性重建》,《马克思主义研究》2013年第11期。

刘荣军:《市场经济的意识形态还原与中国实践》,《马克思主义研究》2014年第12期。

刘荣军:《近代市民社会的两种历史传统》,《西南大学学报》(社会科学版)2015年第4期。

刘荣军:《政治经济学批判的双重视阈及其现实意义》,《马克思主义与现实》2016年第1期。

刘荣军:《近代早期的市民社会理论及其社会政治哲学效应》,《西南大学学报》(社会科学版)2016年第4期。

刘荣军:《马克思对市民社会的三重批判及其社会政治哲学意义》,《马克思主义与现实》2017年第3期。

刘荣军:《马克思市民社会概念的现代社会转型与重要意义》,《马克思主义研究》2017年第8期。

刘荣军:《近代市民社会理论的裂变聚变及其思想史效应》,《东南学术》2018年第1期。

刘荣军:《马克思社会政治哲学及其政治经济学批判》,《哲学动态》

2018 年第 8 期。

刘荣军:《现代市民社会与中国特色社会主义》,《北京教育学院学报》2018 年第 6 期。

Marx: *Marx Early Political Writings*, Cambridge University Press, 1994。剑桥政治思想史原著系列影印本:《马克思早期政治著作选》,中国政法大学出版社 2003 年版。

Marx: *Marx Later Political Writings*, Cambridge University Press, 1996。剑桥政治思想史原著系列影印本:《马克思晚期政治著作选》,中国政法大学出版社 2003 年版。

Marx Weber: *Economy and Society*, Berkeley, University of California Press, 1978.

Jean L. Cohen and Andrew Arati: *Civil Society and Political Theory*, Cambridge, Mass: MIT Press, 1992.

Adam Seligman: *The Idea of Civil Society*, New York: Free Press, 1992.

John Keane: *Civil Society and State: New European Perspevtions*, London: Verso, 1998.

后　记

《财富、权力与正义——现代社会发展的历史唯物主义研究》就要出版了！从2009年12月立项首批西南大学中央高校基本科研业务费专项资金重点项目，到2010年10月立项教育部人文社会科学规划基金项目，再到2012年7月立项国家社会科学基金重点项目，直到2019年12月底出版，过去了整整十年。此书的出版真可谓是“十年磨一剑”！回想十年来的“磨剑”经历，不仅磨出了我的第二本财富哲学专著，也磨出了我对马克思主义哲学更加深入透彻的认识，磨出了我对现代社会和市民社会研究的很多体会。

如果说，《财富、人与历史——马克思财富理论的哲学意蕴与现实意义》（人民出版社2009年12月出版）作为我的第一本专著，主要从经济哲学角度探讨了财富与人的发展和财富与社会历史发展这两个理论主题及其现实意义，那么，即将出版的这本《财富、权力与正义——现代社会发展的历史唯物主义研究》，则主要是从社会政治哲学角度探讨了财富、权力与正义同现代社会发展的内在逻辑及其同我国社会主义现代化规律的关系问题。而当我完成了从“财富、人与历史”的经济哲学研究向“财富、权力与正义”的社会政治哲学研究的转变之后，我越来越萌发了研究财富哲学“第三部曲”的想法，希望通过研究撰写出自己的第三部财富哲学专著《财富、劳动与共和——马克思共和国思想的社会政治哲学与中国道路研究》。我希望这三本专著是自己从学理方面深化对人类社会发展规律、现代社会发展规律、社会主义发展规律的认识的接续研究。

饮水思源。我首先需要感谢的，就是在我历次课题申请和项目结项中的各位匿名的和愿意公开评审意见的评审专家。他们中愿意公开评审意见的有：南开大学哲学院王南湜教授、阎孟伟教授，上海财经大学人文学院鲁品越教授，山东大学哲学与社会发展学院刘陆鹏教授，东北师范大学哲学学院庞立生教授，上海师范大学哲学系崔平教授，中共重庆市委党校罗晓梅教授、苏伟教授，重庆邮电大学马克思主义学院代金平教授。这些匿名的和愿意公开评审意见的评审成家，他们在立项评审时对我研究选题的支持以及在结项时对我最终成果的肯定，都对我的研究工作起到了积极的、建设性的鼓励作用与指导意义！

在这里，我还要特别感谢在我的博士后工作、课题研究、论文发表与著作出版中做出过努力和贡献的以下团队和个人。他们是：

南京大学马克思主义社会理论研究中心和哲学系的张异宾教授、刘怀玉教授和唐正东教授。这本书是我在南京大学做博士后时的工作计划的拓展与深化。在南京大学马克思主义研究院做博士后时，我因为必需的院领导签字而造访过张异宾老师的校领导办公室，也有幸聆听过张老师的授课与讲座，为他那侃侃而谈的思想与学识所折服。刘老师作为我的博士后合作导师，多年来不仅热心支持我的研究工作，而且一再叮嘱我要在工作和学习之余加强锻炼，保养好自己的身体健康。他这种既是"老师"更像"兄长"的关心与呵护一直激励着我的学术研究。唐老师作为哲学系领导，为我在南大做博士后时的各种申请与报账签过太多太多的字。他作为马克思主义经济哲学的研究专家，几乎每次经济哲学会议都逢会必到的精彩发言以及对我研究兴趣的关心，令人敬佩而感动。

复旦大学哲学学院的孙承叔教授、吴晓明教授和陈学明教授。孙老师作为我的博士生导师，十几来一直鼓励我、支持我从事马克思财富哲学的研究。在这部著作即将出版前夕，我请孙老师为我"赐序"，孙老师很爽快地答应了。令我感动的是，孙老师非常负责地用了近一个月时间审阅书稿，最后竟写出了一篇近两万字的"序评"。吴老师和陈老师作为我读博士时的授课老师，多年来一直对我的研究兴趣和理论热情给予高度的支持、鼓励与帮助。吴老师对我在西南大学时教育部“新世纪优秀人才支持计划”的结项工作、调入华侨大学后组建的华侨大学现代社会与政治哲学研究中心的工作,都给予了大力支持。

上海财经大学人文学院的张雄教授和鲁品越教授。这不仅因为我在复旦大学读博士时就去上海财大选修了他们两位老师的经济哲学课程,而且因为多年来他们对我经济哲学、财富哲学研究的支持与鼓励。自参加了2010年在上海财经大学召开的“全国财富哲学高级研讨会”再到2013年全国经济哲学研究会成立直到现在,我参加了多次经济哲学年会和研讨会,张老师和鲁老师都在经济哲学和财富哲学的学术研究、会议发言方面给予了我很多的支持与照顾。

西南大学期刊社的领导和编辑同仁,特别是《西南大学学报》(社会科学版)编辑室的曹莉、张颖超、韩云波三位编辑。在我攻读博士、做博士后甚至日常生活中,他们就像姐姐和兄长一样,给予我工作、学习和生活上的诸多照顾、支持与帮助,为我营造了一个温馨友好、和谐向上的学习、工作与科研环境,使得我能够腾出更多的时间和精力而专心于课题研究。西南大学政治与公共管理学院的陈跃院长以及哲学系的各位老师。作为马克思主义哲学专业的兼职导师,他们在项目申报、理论研究、成果申报、教育教学、人才培养等方面给予了我太多太多的支持与帮助。

中国社会科学院哲学研究所李景源研究员、华侨大学哲学与社会发展学院的周世兴教授、许斗斗教授、薛秀军教授以及哲社学院的所有老师。2016年初,得力于时任华侨大学哲社学院院长李景源老师的推荐和常务副院长周世兴教授的引荐,在当时已经具有马克思主义哲学二级学科博士点而且拥有多名马哲教授因而并不是急切需要学术能力像我这样不是特别出众的马哲专业教授的情况下,依然把我作为人才引进了华侨大学,没有他们对于学院学术研究和人才队伍建设的重视与努力是不可能的。调入华侨大学以后,许斗斗院长和薛秀军书记,既作为领导也作为同行,在我的教育教学、科学研究、人才培养、团队建设等各个方面都给予了我热情周到且耐心细致的支持与帮助。这本书的顺利出版,还得到了学院学科建设经费的资金资助！调入华侨大学三年多来，我真诚地感受到，哲社学院虽然人数不多，但老师们之间的互相关心、支持与帮助，让我感到这是一个团结友好、和谐上进、充满活力的教师团队！

在研究和写作过程中，本书的大部分内容以及参考文献中自引的一些论文，都在一些刊物上公开发表过。这些刊物包括《哲学研究》、《马克思主义研究》、《哲学动态》、《马克思主义与现实》、《东南学术》、《西南大学学报（社会科学版）》、《北京教育学院学报》等。很多文章发表后，还被《新华文摘》、《中国社会科学文摘》、《高等学校文科学术文摘》以及中国人民大学书报资料中心相关刊物进行了二次转摘或全文复印。特向这些期刊社或编辑部的老师们表示由衷的敬意与谢意！

人民出版社的毕于慧老师，她作为本书的责任编辑，不辞辛劳，为本书的出版作出了重大贡献与积极努力。特别是毕老师对本书标题的修改建议，对书稿审读的认真细致，对引文校对的严谨要求，包括对文献版本、编排格式、注释格式要求的规范与细致，更加使我感受到了学术研究离不开学术编辑的职业化、专业化与学者化。她以自己的实际工作启示我们，学术研究本身就是研究者与编辑者双向努力、共同作用的结果！

通过上述几点研究体会与众多需要感谢的人，我深深地体会到，即将出版的这本著作，虽然是我自己多年认真研究、不懈努力的结果，但也凝聚了、倾注了很多专家、学者、老师、同事的关心、支持、帮助、鼓励。

"十年磨一剑，霜刃未曾试"！本书的出版能否得到学界认可、能否得到学界更多科学批评的意见，那也只有等待各位学者和读者去评判了！无论如何，我认为，用马克思在《资本论》"法文版序言和跋"中说过的一句话作为结束语以自我勉励是非常合适而且必要的：

"在科学上没有平坦的大道，只有不畏劳苦沿着陡峭山路攀登的人，才有希望达到光辉的顶点！"

刘荣军

2019 年 10 月于华侨大学

责任编辑:毕于慧
封面设计:石笑梦
版式设计:边　娜

图书在版编目(CIP)数据

财富、权力与正义:现代社会发展的历史唯物主义研究/刘荣军 著. —北京:
人民出版社,2019.12
ISBN 978-7-01-021258-6

Ⅰ.①财… Ⅱ.①刘… Ⅲ.①社会发展-研究-中国②历史唯物主义-
理论研究 Ⅳ.①D668②B03

中国版本图书馆 CIP 数据核字(2019)第 203177 号

财富、权力与正义
CAIFU QUANLI YU ZHENGYI
——现代社会发展的历史唯物主义研究

刘荣军　著

人民出版社 出版发行
(100706　北京市东城区隆福寺街 99 号)

环球东方(北京)印务有限公司印刷　新华书店经销

2019 年 12 月第 1 版　2019 年 12 月北京第 1 次印刷
开本:710 毫米×1000 毫米 1/16　印张:30.5
字数:438 千字

ISBN 978-7-01-021258-6　定价:92.00 元

邮购地址 100706　北京市东城区隆福寺街 99 号
人民东方图书销售中心　电话 (010)65250042　65289539